财政部规划教材
全国财政职业教育教学指导委员会推荐教材
全国高等院校财经类教材

金融学理论与应用

谢绵陞　李　琼　主编

中国财经出版传媒集团
经济科学出版社
Economic Science Press

图书在版编目（CIP）数据

金融学理论与应用／谢绵陛，李琼主编 . —北京：
经济科学出版社，2018.4
财政部规划教材　全国财政职业教育教学指导委员会
推荐教材　全国高等院校财经类教材
ISBN 978 - 7 - 5141 - 9236 - 0

Ⅰ . ①金…　Ⅱ . ①谢…　②李…　Ⅲ . ①金融学 - 高等
学校 - 教材　Ⅳ . ①F830

中国版本图书馆 CIP 数据核字（2018）第 080580 号

责任编辑：刘殿和　赵　岩
责任校对：靳玉环
责任印制：李　鹏

金融学理论与应用
谢绵陛　李　琼　主编
经济科学出版社出版、发行　新华书店经销
社址：北京市海淀区阜成路甲 28 号　邮编：100142
教材分社电话：010 - 88191355　发行部电话：010 - 88191522
网址：www. esp. com. cn
电子邮箱：esp@ esp. com. cn
天猫网店：经济科学出版社旗舰店
网址：http://jjkxcbs. tmall. com
北京密兴印刷有限公司印装
787 × 1092　16 开　19 印张　460000 字
2018 年 5 月第 1 版　2018 年 5 月第 1 次印刷
ISBN 978 - 7 - 5141 - 9236 - 0　定价：57. 00 元
（图书出现印装问题，本社负责调换。电话：010 - 88191510）
（版权所有　侵权必究　举报电话：010 - 88191586
电子邮箱：dbts@ esp. com. cn）

编写说明

本课程是高等院校经济类专业的核心课程，是金融学专业的基础理论课程。本课程的主要任务是使学生对金融领域的金融工具、金融机构和业务、金融制度有较全面的理解和较深刻的认识，特别是对金融的基本目的和基本方法有较为深刻的认识，掌握观察和分析金融问题的正确方法，培养辨析金融理论和实践问题的能力，为金融、经济等专业课程的学习奠定良好的基础。

本教材的编写主要体现了以下特点：

◆ 将金融业定义成：为跨期的价值交换提供服务的一个专门的服务性行业。金融学就是研究金融业运行，以及公司、个人等经济主体如何运用金融服务实现资源配置和财富管理目标的基本现象、基本方法和一般规律的一门学科。

◆ 围绕"为交易服务"这一核心目的组织课程内容，介绍金融的基本现象、基本概念和基本理论。首先将内容分为两个部分：金融现象和金融理论。金融现象指客观存在的金融活动及其演变过程；根据为交易服务所使用的方式和方法的不同又将金融现象分为三类：金融工具、金融机构和金融制度。金融理论是对金融基本现象的解释，包括利率理论、货币需求和供给理论（含通货膨胀理论）等。

◆ 以历史演变分析的方法介绍金融现象的发展，揭示金融发展的基本规律和逻辑。金融现象的演变过程有其内在的逻辑和方法，对这些内在逻辑和方法的理解，需要通过对金融工具和金融制度的历史演变过程的梳理、归纳和总结，因此，本课程将以历史演变的视角介绍金融工具、金融机构和金融制度的发展。比如通过对金融工具的发展和演变的介绍，体现出交易工具化、金融工具发展的标准化和证券化的金融规律；以商业银行、投资银行和交易所等金融机构的发展与演变阐述以交易信息的聚集、交易过程的组织和协调为核心的市场化手段在金融发展中的作用。

◆ 贯彻"以应用为导向"的宗旨、以培养解决问题的"工科"性思维为目标。应用导向的核心是能识别实践问题，然后应用一般性的工具、方法和技术等解决问题。通过分析和展示市场经济发展过程中存在的各类交易困难和难题，介绍相关金融机构如何通过标准化、证券化、市场化和制度化等金融技术，创造金融工具、建立交易平台、制定交易制度，为交易提供便利、降低交易风险和成本、提高交易效率。通过该模式介绍金融现象的同时培养识别问题的能力、传授解决问题的一般性金融技术和手段。

◆ 以专栏的形式，通过讲故事、读金融新闻、学关键金融历史事件等方式，突出金融知识的实用性和趣味性。每一章的主要内容都是通过"案例性"等导读引入，并在相关内容中适当穿插历史事件、案例分析、金融演变故事、金融新闻等专栏，以此激发学生对金融知识的学习兴趣、对金融理论的探究欲望，更好地理解金融发展的逻辑和规律、金融理论与实践的密切关系。

◆ 在作业编排上，突出自主探究、联系实践的特征。主要安排了访问关键金融机构网站，查收、收集并自主分析关键实时数据、信息资料；实践调研公众对金融知识的认知等作业，增加金融理论知识学习的时效性和实践性。

具体的教学内容安排、学习要点及建议学时分配如下：

《金融学理论与应用》主要内容和建议学时分配

教学内容	学习要点	学时安排
绪论	（1）从经济增长、分工、交易、市场的内在逻辑关系，认识金融的角色——为交易服务。 （2）掌握金融工具、金融机构、金融制度等金融现象之间的内在逻辑关系。 （3）这是一个提纲挈领式的绪论，在入门时给学生一个纲领式的学习指引，复习时帮助学生对所学内容进行系统性消化，形成系统性的认识。	2
第一篇　金融工具		
第一章 货币性 工具	（1）掌握货币、票据的含义和功能。 （2）货币的主要演变形式，货币创造的标准化、证券化技术。 （3）货币的计量。	4
第二章 资本性 工具	（1）掌握股票、债券的含义、功能和主要类别。 （2）理解股票、债券创造的标准化、证券化技术。 （3）了解债券评级、股票市场指数。	4
第三章 金融衍生 工具	（1）掌握期货、期权的内涵、功能和主要类别。 （2）理解期货、期权创造的标准化和证券化技术。 （3）掌握衍生工具交易的保证金和逐日结算制度。 （4）了解衍生工具的套期保值应用。	6
第二篇　金融机构		
第四章 货币性金融 机构	（1）理解商业银行、中央银行、支付结算体系的发展演变规律和相互关系。 （2）掌握商业银行和中央银行的主要业务内容；理解商业银行、中央银行业务对货币创造的作用。 （3）理解商业银行对间接资金融通的市场化作用。	6
第五章 资本市场 金融机构	（1）理解投资银行、交易所的发展过程和相互关系。 （2）理解投资银行的主要业务及其对股票、债券、衍生工具等金融工具的创造、交易的作用。 （3）掌握交易指令、交易机制和集合竞价交易机制。 （4）理解证券交易市场化的主要内容和意义。	4
第六章 其他金融 机构	（1）了解金融公司、投资基金、保险公司、政策性银行、合作金融机构等其他金融机构的主要业务和分类。 （2）理解各类其他金融机构在整个金融体系中的作用和地位。	2
第三篇　金融制度		
第七章 货币制度	（1）掌握货币制度的主要内容。 （2）掌握金属货币制度、信用货币的内涵和发展演变过程。 （3）理解货币制度对保证货币有效性的作用和意义。	2
第八章 资本市场 制度	（1）掌握公司法人制度、有限责任制度、股份公司制度、财务会计制度、证券发行审核、上市交易制度等的主要内容。 （2）理解这些制度对保证股票、债券等金融工具有效性的作用和意义。 （3）理解资本市场发展与有限责任制度、财务会计制度的相互关系。	6

续表

教学内容	学习要点	学时安排
第四篇　金融理论		
第九章 利息理论	（1）理解人类对利息的本质的认识过程，理解利息对资本形成作用和意义。 （2）掌握利率、贴现率、收益率的概念、表现形式和相互关系。 （3）掌握利率应用问题的一般形式和分析方法。 （4）掌握利率期限结构概念，理解利息决定理论和期限结构理论及其演变过程。	6
第十章 货币供给和 需求理论	（1）掌握货币需求、货币供给的概念和主要影响因素。 （2）掌握基础货币、货币乘数和商业银行存款货币的创造过程。 （3）理解货币需求、货币供给理论及其演变过程。 （4）掌握通货膨胀的概念，理解通货膨胀的主要成因和治理对策。	4
课时合计		46

本教材主要适用于金融学和经济学各专业的本科教学，对广大金融从业人员提高金融理论水平也具有较高参考价值。

本书由谢绵陛负责全书的大纲拟定、总纂，谢绵陛和李琼共同负责统稿和协调工作。具体的分工情况为：谢绵陛编写绪论、第一、第三、第九章；纪宣明编写第二章；李琼编写第四、第七章；肖扬清编写第五、第六章；张玉凤编写第八章；朱静平编写第十章。

本书的出版得到了财政部干部教育中心和财政部本科学历教材建设规划项目的支持，感谢经济科学出版社领导和编辑的关心和帮助。

受编者水平与时间的限制，书中难免存在不妥之处，真诚希望专家、同行和读者不吝指正。

谢绵陛
2018 年 2 月

目 录

第三篇 金融制度

第四篇 金融理论

绪　　论

一、经济增长来源于分工深化和市场扩张

（一） 经济增长的历史图景

根据经济计量史学家的研究，世界经济历史的发展过程大致可由图0－1给予粗略概括，大约在1800年（工业革命）之前，世界人均收入水平基本维持在生存水平，没有显著提高，该现象被称为"马尔萨斯陷阱"。托马斯·罗伯特·马尔萨斯牧师（Thomas Robert Malthus，1766～1834年）在《人口论》中认为：人口膨胀会刺激生产发展，产出增加又成为人口膨胀的动力；但人口膨胀的压力最终会受到自然资源的约束，然后形成剧烈的生存竞争，达到临界状态时，爆发战争、瘟疫等，使人口水平下降。该现象表现在人均收入上就如图0－1所示；人均收入只能围绕生存水平上下波动而无法突破。

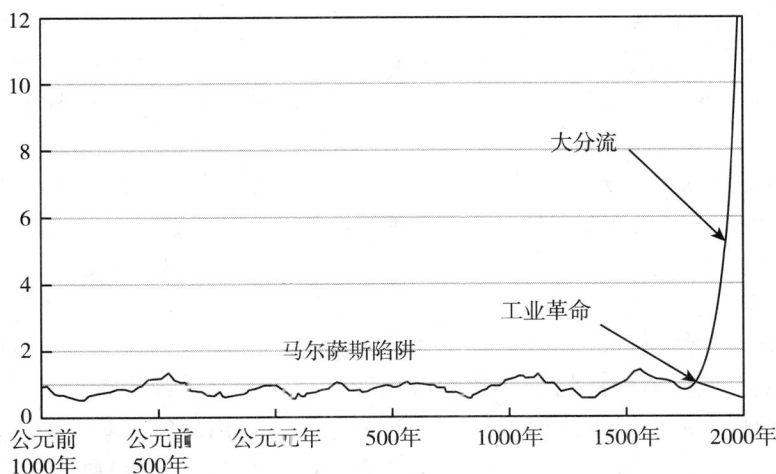

大分流

工业革命

马尔萨斯陷阱

公元前1000年　公元前500年　公元元年　500年　1000年　1500年　2000年

图0－1　世界经济史图景

注：设1 800 = 1 为基础计算。

资料来源：Gregory Clark. A Farewell to Alms: A Brief Economic History of the World. Princeton University Press, 2008.

但在公元1800年的工业革命之后，"马尔萨斯陷阱"在大多数国家被打破了。2000年左右，多数国家的人均收入大约是1800年的12倍。同时，还有少数的不发达国家的人均收入仍然维持在生存水平，甚至还有所下降。这就是经济史学家所说的"大分流"现象。

为什么在工业革命之后，大多数国家的人均收入会突破"马尔萨斯陷阱"，而少数国家仍然陷在"陷阱"之中？

（二）社会分工和市场扩张

关于经济为什么会发展的问题，最原始和朴素的答案最早来源于亚当·斯密（Adam Smith）的《国富论》（1776 年）。《国富论》开篇即指出：劳动生产力的提高来源于劳动分工。在现代社会，该解释已是稍微具备一定知识的人都应该知道的，已无须更多的论述。但《国富论》中描述的制针厂的例子深刻揭示了分工对劳动生产力提高的意义，还是值得重温。

> "劳动生产力的极大提高以及生产中技能、熟巧和判断力的进一步完善看来都是分工的结果。
>
> 就以制造大头针作为一个例子。这是一个极不重要的制造业，然而它的分工却常引起人们的注意。一个没有受过专门训练的工人（分工已经使制针业成为一种独特的行业），又不熟悉制针机械的操作（可能同样是由于分工才导致了机器的发明），即使再努力，一天恐怕也难制造出一枚大头针。而且肯定绝对制造不出 20 枚。但是现在大头针的生产情况就不同了，它不仅是一个独特的行业，而且被细分成了许多工种，其中的绝大部分又同样成为了独特的行当：一个人拉（铁）丝、一个人锤直、一个人切割、一个人削尖、一个人磨光铁丝的另一端以便装上回头。制作这个回头又需要两三道不同的作业。……我就看见过一个这种小厂。厂里总共只雇用了 10 个工人，其中有些人还要连续完成两三种作业。他们非常穷困，因而对装备必要的机器也十分冷漠。但是当他们努力干的时候，他们一天也可以生产 12 磅左右的大头针。而一磅有 4 000 多枚中号大头针。因而这 10 个人一天便可制造出 48 000 枚大头针。每个人做了 48 000 枚大头针的 1/10，一天也就做了 4 800 枚大头针。
>
> 但是如果他们都分散开单独地劳动，而且又没有受过这个独特行当的训练，他们一个人肯定一天做不了 20 枚大头针，也许一天连一枚都还完不成。那就是说他们绝对完成不了他们现今由于适当的分工和组合所能完成的 1/240，甚至 1/4 800。"

社会分工并非天然可行；劳动分工的程度受到市场规模的制约。当某一商品的市场需求很小时，专门从事该商品生产的生产者无法出售其全部产品。或者该商品的市场需求足够大，但其他生活用品的市场供给却不足；该商品生产者即使出售了其专业生产的全部产品，却无法买到生活所需的其他商品；该商品生产者也无法将其全部时间和精力用于该商品的专业分工生产，而必须匀出部分时间为自己生产其他必需品。

相反，当市场扩张到足够大的时候，原来完全不可能进行专业分工的产业也变得可以分工。例如，肯尼亚的花卉产业。鲜花的保鲜期很短，如果市场仅限于肯尼亚国内或周边地区，肯尼亚这样的非洲贫穷国家根本不可能从事专业的鲜花生产；但在现代高度发达鲜花销售模式下，特别是荷兰的鲜花拍卖为主的销售体系之下，肯尼亚所产鲜花的 60% 是在荷兰鲜花拍卖市场售出的，并销往美国、英国、法国等地。如此大而便利的市场使得远在几千公里之外的肯尼亚花农可以从事专业的鲜花生产。

荷兰爱士曼鲜花拍卖市场

全荷兰一共有 6 家鲜花拍卖市场，这些拍卖市场都位于交通方便、离种植农户比咬近的地方，用当地种植户的话说，从市场到地头儿，只有"扔块石头就能到的距离"。

爱士曼是荷兰最大同时也是全球最大的鲜花拍卖市场，场内共设 14 座拍卖钟、5 间拍卖室。每年，上万个鲜花种植农户通过荷兰的鲜花拍卖市场销售自己种植的鲜花和绿植。当地的朋友告诉我们，每天有价值 1 600 万欧元、总共 4 800 万束各种鲜花、绿植，从这里走向世界各地。除了荷兰本地的鲜花外，还有期货鲜花，以及从肯尼亚、以色列等国进口的花卉在这里转口，走向全球各个角落。

想知道一天的时间，鲜花如何从农户到您的家里么？一起来看看。鲜花或者绿植到你手中，其实经过很多道手，具体运作流程是这样的：种植户—库房—拍卖市场—冷库—质量检测—拍卖—分销区—运输—装船—销售商铺。

鲜花的一天，实际是从每天下午 5 点开始的：下午 5 点钟种植户将鲜花送进库房；晚上 8 点开始装车运输，10 点抵达拍卖市场；晚上 10 点半的时候，鲜花已经安全地进入冷库了；凌晨 4 点钟，开始质量检测，5 点钟拍卖开始；早晨 7 点，工人将卖出的鲜花进行分装；上午 11 点鲜花被运至港口和机场，售出的鲜花大部分装船，少部分上了飞机；下午 4 点钟，鲜花到达最终销售商户手中；5 点钟的时候，新一轮的鲜花拍卖循环又开始了。

就是说，当拍卖市场 7 点钟开门的时候，很多鲜花的拍卖已经完成了。来参加拍卖的商户，通常都要清晨 5 点，甚至更早就来到这里。每个商户都有专属自己的 IC 卡，将卡插入电脑，就开始一天的工作。

虽然每天有那么多交易在进行，但这里可不像一般拍卖市场那般热闹。没有人喊价，也没有人落锤，只有一只只硕大的拍卖钟在随时显示鲜花买与卖的价格、数量等信息。

看看鲜花拍卖师的工作：凌晨 5 点来到市场，用 IC 卡打开电脑，电脑上，与拍卖钟上显示同样的内容，如果中意哪一款花，就进入拍卖流程。跟所有拍卖一样，鲜花拍卖也是有底价的；但跟一般拍卖不同的是，鲜花的拍卖是从最高价到最低价的。

拍卖完成，接下来的包装运输等程序，就进入了拍卖市场的流程，你一点不用操心，每一篮鲜花都有自己的条码，按照上面的信息，鲜花会按部就班地达到你希望的目的地。而拍卖师一天的工作，也就此结束。

拍卖的结束，就意味着市场工作流程的启动。工人们的一天是从凌晨 4 点开始的。他们很早来到这里，将经过检测的花按照各种拍卖顺序整理好。一旦拍卖程序开始，被拍出的鲜花就进入包装、分配、运输等各流程，这些工作人员就开始了忙而有序的工作。

（资料来源：张晓光：《看荷兰鲜花如何走向全球》，
载于《经济参考报》2012 年 2 月 3 日）

（三）市场、分工和交易

"市场"最原初的含义是指交易的聚集场所，是交易者之间有意或无意协调的结果；通过交易的聚集使交易信息的搜寻和传递、交易的实现变得更加容易。如：农贸市场、集市，以及现代社会高度组织、高度协调的证券市场等。市场既可以是一个有形的物理场所，也可以是无形的虚拟网络空间，比如：淘宝网、Amazon 以及完全实现电子网络交易的现代证券交易所等。

"市场"还特指一种手段，如：市场经济，"使市场在资源配置中起决定性作用"等语境中，市场指的是一种资源配置的手段，相对应的是"计划经济"。市场配置资源本质是通过自愿的市场交易实现资源配置，重点是自愿的价值交换；任何一方都能拒绝，而且在共同遵守的规则下任何一方都自愿地接受交易条款。

市场还可能指的是一种交易结果或交易潜力。如，人们通常所说的市场规模、市场大小、市场占有率以及市场供给和市场需求等。特别地，市场供给是指在给定条件下，某一商品或某类商品的卖方能够且愿意向社会提供的用于出售的该（类）商品的数量。市场需求是指在给定条件下，某一（类）商品的买方能够且愿意通过交易而购入的该（类）商品的数量。可见，市场供给和市场需求就是可能的交易潜力；该交易潜力在特定的条件下通过交易得以实现，实现的结果就是交易量或成交量。

市场发展就是交易规模和交易范围的扩大和延伸。在高度分工的社会，市场供给和需求通过交易得以实现的均衡水平就是现代经济的发展水平。

因此，交易是市场的基本经济行为，是市场机制下的分工得以实现的核心环节。交易产生的原因是分工，分工使专业的生产者生产出远超自己需求的商品，该商品对其生产者是没有消费价值的。同时，分工使专业的生产者产生了对其他商品的需求。因此，分工使专业生产者必须用自己的产品交换别人的产品；只有该交易能够实现，该分工才能持续。交易的本质并非"等价交换"，"等价"只是交易的结果，而"不等价"才是交易的原因。是因为交易物品对交易双方各自的价值不同才形成交易。交易会增进交易双方的总福利。

市场供给与需求均衡水平的提高来源于分工、交易所促进的供给与需求的螺旋式循环上升。因为分工、专业化生产提高了生产效率，创造了更多的供给；当供给通过交易，满足了其他人的需求之后，生产者也提高了自己的需求水平，自身的需求提高之后又反过来帮助其他人所创造的供给得以实现，从而使得供给与需求的均衡水平不断提高，而这种提高的核心除了分工和专业化之外，就是使供给与需求得以实现的交易。

综上分析可见，市场供给和需求是经济增长的表象；分工和交易才是经济增长的原动力。供给、需求、分工、交易和市场之间的关系可以用图 0－2 表示。

二、金融通过为交易服务，使市场扩张而成为现代经济的核心

科斯定理指出：只要财产权是明确的，并且交易成本为零或者很小，那么，无论在开始时将财产权赋予谁，市场交易的最终结果都是有效率的。虽然该定理一般被认为是关于解决市场失效的理论，强调了产权制度和交易成本的重要性。而实际上，该定理恰恰从另一个角度证明了交易的重要性，产权明晰使交易可以进行，交易成本为零使交易容易进行，而交易本身才是解决问题的核心环节。

主流经济学关于交易的论述基本只是到此为止，而交易的困难不仅仅只有产权是否明晰的问题，交易成本的大小只是一个关于交易困难的混合性的、模糊的概念。如果回顾金融的

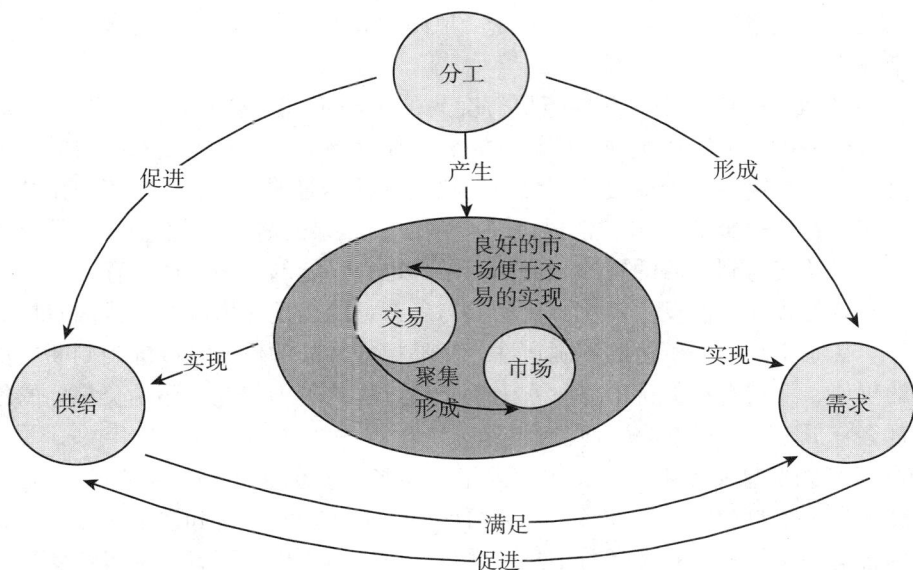

图 0 - 2　分工、交易与市场的逻辑

发展历史和主要的金融成果，发现几乎所有的金融成果都是围绕解决各类交易困难而产生和进化的。

（一）交易的复杂性

市场发展就是交易规模和交易范围的扩大，但要实现市场发展却存在很多困难和障碍：

1. 交易对手的匹配困难。在原始易物交易时代，交易对手的匹配是交易得以实现的基础。例如：有一农户有多余的粮食两担，想用它来换布匹以改善生活。为了实现该交易，他就必须在他的周围找到有剩余布匹、愿意交换，并且刚好要换的是粮食，要换的数量也必须大致相当。而这种情况出现的概率并不高。因此，该农户希望的交易就难以实现。

2. 交易的时间和空间障碍。寻找合适的交易对手，直观的手段就是扩大寻找的范围。范围的扩大有两种方式。一是纵向的时间延伸。现在找不到合适的对手就等待，直到合适的交易对手出现。该方式的实现必须满足的条件是：交易的商品可以储存或可以转化成可储存的等价物。货币的出现在一定程度上解决了这一问题。二是横向的空间延伸。在附近地区没有合适的交易对手时，就到更远的区域去寻找。跨空间交易的实现前提，一是商品货物的物理流动（交通运输，这不是本学科的研究范畴）；二是货币资金的跨空间转移。

3. 巨额的交易标的缺乏交易对手，复杂化的交易内容导致交易标的不易界定。随着社会经济的发展，交易内容也日益复杂多样。组建或转让公司者希望出售公司的所有权；需要借入大量资金者，要出售大量的债券；这些交易内容通常规模大、持续时间长，交易内容不易界定；也难以找到单个的交易对手。生活水平提高之后，人们不再满足于当下的好生活，还希望在未来也能保持生活水平不下降，但随着年龄增大，收入会下降，还会面临生病等各种不确定因素。企业的经营者也面临着其产品的出售、原材料采购、甚至公司资产价值波动等风险。因此，有人希望将未来的不确定性（风险）出售，当然，这类风险是一种负资产，并且其界定和交易都是复杂的。

4. 交易的不确定性降低交易参与意愿。交易的不确定性主要有两个方面，一是过程的不确定性，指交易可能无法按照预定的计划完成，使交易参与的一方或双方遭受损失。现代的金融交易，多数是跨期的价值交换，交易的最终完成，通常都要跨越一定的时期。比如，资金的借贷交易，从资金的借出到偿还有一个期限；股票的购买到权益的实现是没有期限的；期货和期权的交易到最后的履约、交割与结算也有一定的期限。由于存在一定的时间跨度，交易参与者的境况可能发生变化，交易参与者有可能出现无力履约，或因亏损而产生违约的动机等。二是交易标的价值的不确定性。交易标的物品的价值难以准确判断或估计。比如：股票的价值，期权合约的价值等。不论是交易过程的不确定性，还是交易标的价值的不确定性，都会降低交易者的交易意愿。

5. 市场交易的信息交流困难和无序需要增强市场交易的组织性和规范性以提高交易效率。市场交易是一个复杂的交易情形，在该情形中，存在多个买者和多个卖者，买者和卖者都希望找到合适的交易对手；卖者希望找到愿意支付较高价格的买者，买者希望找到愿意以较低价格出售的卖者，以便以更优的价格实现交易；此外，交易者还必须找到能够满足其交易数量要求的交易对手，有大量标的需要交易的交易者可能要找到多个交易对手以完成交易。因此，市场交易还是一个交易信息的搜寻问题。买者必须找到合适的卖者，卖者必须找到合适的买者。交易信息的获取对交易达成具有决定性的作用。集市交易只是初步实现了交易在空间和时间上的协调，市场交易者之间还是存在信息分散，难以有效搜寻的问题需要进一步有序组织交易信息传递、撮合匹配交易需求以达成交易的高级市场，如现代的证券交易所等。

（二）金融创造交易工具、组织交易市场

金融通过创造金融工具，让普通的经济个体能够方便使用金融工具完成各自的交易需求。通过组织和协调交易过程、建立交易市场，在有组织的交易市场上，规范交易信息的传递、撮合交易需求以达成交易，提高交易效率。通过建立金融制度、打击金融工具造假等破坏交易秩序的行为，维护金融发展成果。可见，金融的目标就是解决交易发展面临的所有问题，为价值的跨期交换提供服务。

1. 创造交易工具——金融工具

金融工具主要有三类，一是货币性工具，包括货币和票据等；二是资本性工具，主要是股票和债券；三是衍生性工具，主要有期货、期权等。

货币为所有的价值交换提供了基础性的工具——一般等价物；解决了交易对手匹配的基础性困难。早期的商品货币和称量货币是人类无意识自发创造货币的结果。从铸币开始，人类开始有意识地通过标准化、证券化等技术手段创造货币。标准化的铸币解决了交易过程中称量、成色鉴定的不便。货币的证券化（银行券、银票）等解决了跨地区交易和携带贵金属货币的困难，同时也从无意识到有意识地解决了金属货币不足的问题。通过货币的证券化、提供汇兑服务等手段还解决了货币资金跨空间转移的困难。

股票为难以交易的公司和企业的所有权交易提供了工具；债券为巨额的资金使用权交易创造了便利工具；这些工具的创造让那些即使不知股票和债券为何物的人也能方便地参与交

易，也让公司和企业等机构可以通过出售股票和债券的方式获得大额资本。

期权期货等金融衍生工具的创造则以标准化的手段有效地界定了风险交易的内容，使以交易方式实现风险管理创造了条件。

2. 组织交易市场或经纪大额的、复杂交易

金融工具解决了基础性的交易工具、规范化交易标的问题，交易者具体使用金融工具实现交易的过程，还需要解决交易信息搜寻、高效实现交易的问题。金融通过组织交易过程、构建交易市场的方式提供交易服务。而对于无法利用金融工具、大额的、复杂的交易，金融则直接提供信息传递、谈判等交易经纪服务。

金融市场组织主要有两类，一是商业银行提供的货币资金使用权交易市场。商业银行提供的存贷款服务，实际上就是商业银行以小额零售的方式买入货币资金使用权（吸收存款），再以大额批发的方式卖出货币资金使用权（发放贷款）。通过集聚资金供给和需求的信息，形成了一个货币资金使用权交易的市场，为资金使用权交易提供便利。在该市场中，商业银行实际上是资金使用权交易的一个做市商。此外，商业银行吸收存款发放贷款的过程也是一个存款货币创造的过程。

二是各类证券交易所。交易所通过创立交易平台，为交易者提供标准化的交易信息传递工具（指令）和科学的交易执行机制，为所有的证券交易提供便利。交易市场化的核心是交易信息的聚集和有效传递，交易的高效组织和协调。现代的证券交易所是协调程度最高的市场。

此外，股票、债券的发行，公司的兼并与收购等大额的价值交换还需要额外的交易服务。这些大额的、非标准化的交易过程有可能需要一次性找到大量的交易对手，也可能交易对手之间缺乏信任，交易标的的价值评估存在难度。所有这些问题都制约了大额交易的进行。投资银行运用其所拥有的金融技术和资源，为这些交易提供经纪和代理服务，解决每一笔大额交易所存在的具体困难，使这些交易能够顺利开展。

（三）建立金融制度、维护交易秩序和金融发展成果

金融通过标准化、证券化手段创造了金融工具，为交易带来便利的同时，也为欺诈行为打开了方便之门。由此，开启了一部欺诈与反欺诈的金融发展史。

金融工具的使用使所有的交易都是跨期的信用交易。最简单的一手交钱一手交货的即时现金交易也是跨期的信用交换；获得货币的一方，本质不是为了货币，货币最终要换成他所需要的其他商品或服务。这种跨期信用交易的实现需要金融工具的真实性、有效性作保证。货币不能是假币、劣币或者贬值；股票和债券等工具相关的公司信息、权益必须是真实、可靠的，交易者能据此判断其价值；交易过程的相关信息必须是透明的、不能有欺诈和操纵行为。但标准化和证券化的金融工具恰好为货币造假、贬值、股票等证券的相关信息造假、权益缩水等创造了可能。正如当货币严重贬值时，人们会放弃使用货币而退回到以物易物交易，当股票等金融工具造假横行时，人们也会放弃使用或不参与。这有可能从根本上摧毁金融发展成果。

为巩固规范化和标准化的金融成果，要对欺诈行为进行制约和打击。经济个体从自身的长期利益出发有诚信交易的动机，在初步的金融标准化和规范化成果出现之后，这种个体的诚信动机上升为行业自律。整个行业认识到维护金融标准化和规范化等成果有利于行业的长远利益时，行业自律规范逐步地上升为国家强制行为——金融制度。当然后发国家的金融制度更有可能是模仿和学习的结果，而不是自然演变的结果，但从制度的起源看，应是自然演变的成果。因此，金融制度的作用就是以国家的强制力量，维护金融发展成果，使便于交易发展的金融工具和金融运作机制能长期有效地发挥作用；不至于因欺诈行为的发生而影响人们对使用金融工具的信心。

金融制度主要有货币制度、公司和财务制度以及证券交易制度等。这些制度的实施和执法行为就是金融监管。

综上所述，金融为交易服务的主要途径包括：通过创造金融工具、组织市场交易，降低各种交易障碍，挖掘潜在交易者；使不可交易、不方便交易的内容变得可交易，扩大交易内容范围。通过横向的空间拓展、纵向的时间拓展，扩大市场范围。通过建立金融制度和金融监管活动，维护交易秩序。

三、金融之交易逻辑

认识事物的本质，要从现象入手，厘清现象之间的逻辑关系，掌握其发展的根本目的。理解金融也不例外，分析金融现象之间的逻辑关系、认清金融发展的目的和技术手段，才能对金融发展过程中的问题会有正确的认识，进而实现真正的金融创新。

（一）金融现象

通常，金融现象可分为三大类，即：金融工具、金融机构和金融制度。前述关于金融之于交易的作用和角色已充分表明了所有的金融现象都指向一个核心目的——为交易服务，使交易更容易。

金融工具是普通经济个体都能够方便使用，借之完成交易的工具，是金融思想和金融技术的结晶，是金融领域中耀眼的明珠。比如股票，现在连文化水平很低的人都能够便利地买卖股票，也就是买卖公司的所有权，这在股票及其完善的制度安排出现之前，是不可想象的。

金融机构主要有商业银行、中央银行、投资银行、交易所等。它们运用金融技术通过创造和完善或帮助创造金融工具，组织交易市场等活动为交易服务，是掌握金融思想和金融技术的能动核心。如央行和商业银行的货币创造；投资银行的股票和债券的发行；交易所对期货、期权合约的创设等。金融机构也可以直接以经纪商、做市商等身份帮助完成交易。如商业银行的存贷业务实际上是做市行为、投资银行参与的收购与兼并活动是经纪行为。

金融制度是防范和打击破坏金融体系运行和金融发展成果的游戏规则，其本身也是金融发展成果的体现。

（二）金融技术

金融技术是金融机构用以创造金融工具、解决各类交易难题的措施和方法。主要有标准化、证券化、市场化、制度化以及金融定价技术。

标准化和证券化是创造金融工具的基本技术手段。标准化就是使交易对象规范、统一。如材质、形状的统一、合同条款的统一等。标准化使五花八门的交易需求有了共同的交易对象，简化了交易过程的议价内容、计量和鉴定交易对象的麻烦。如一般等价物从实物货币到金银、铸币等的发展，首先是币材的标准化，其次是成色、计量单位的标准化。标准化可以使巨额的、长期的资产化整为零，变长为短，使之易于交易；如股票和债券等。

证券化是指各类权益或义务的书面表达。证券化一方面使交易工具的创造突破了自然资源的约束，能够根据交易的实际需要创造，如：信用货币的发展；另一方面，使可交易的内容突破了人们想象力的制约，使许多原本不可交易或难以交易的内容变得容易交易，如公司所有权的交易—股票、远期商品的交易—期货、买卖权力的交易—期权、指数的交易—指数期货和期权、债权的交易—债券、商业银行抵押贷款组合的交易—抵押贷款支持债券等。因此，证券化不仅是现有的关于银行贷款资产证券化这一狭义的概念，它实际上早已有之，是金融工具发展的普遍性技术和手段。

制度化是将金融发展成果上升为国家法律的过程，也是金融发展的又一种手段。它通过打击造假和欺诈等行为、规范金融活动，以巩固金融发展的成果。

市场化是将分散的交易活动在固定的时间和场所中进行有序地组织和协调。市场交易存在搜寻交易信息（包括交易对手、交易数量、对交易价格的要求等信息）的困难；金融机构通过集聚和组织交易信息，使交易需求信息有序传递，然后再协调交易需求以组织交易。如商业银行通过吸收存款、发放贷款，实际上就是聚集了货币资金供给与需求信息，然后再以做市商的身份组织交易，实现间接的资金借贷活动。交易所通过交易指令的传递，集聚各类证券等的供给与需求信息，再以一定的交易执行系统撮合交易的完成。市场化的核心是对交易信息的聚集和组织，然后按照一定的规则组织交易。

金融定价技术为复杂金融工具提供合理确定价值的基本方法和手段，它使交易者能够科学界定交易对象的合理价值，以降低交易的盲目性，从而促进交易规模和范围的扩大。例如：复式记账技术为股票的定价提供了基础性的可靠信息，使股票交易得以发展；期权定价理论解决了期权定价问题，促进了全球期权交易规模的迅猛发展。金融定价技术是金融实践和金融理论发展的结果。

（三）金融之交易逻辑

交易障碍、金融技术和金融目的是理解各金融现象之间逻辑关系的基石，如图 0 - 3 所示，金融机构运用金融技术、通过创造金融工具、建立金融制度、组织交易过程等措施，解决各类交易障碍，最终实现为交易服务的金融目的，使经济个体能方便地通过交易活动实现财富管理和资源的有效配置。

综上所述，金融服务业是为交易提供服务的一个经济分工，它既可以为现有的交易排除困难和障碍，提供便利，也可以为难以进行交易的资源创造交易条件和方法，甚至工具。相应地，金融学的基本内容就是研究如何为交易提供服务，包括各种技术、方法和技巧，以及解释金融基本现象的一门学科。此外，金融服务的另外一端就是各类经济主体运用金融服务、通过交易活动实现各自的财富管理目标。经济主体可分为三类，家庭、公司和国家，因此，相应地有家庭金融、公司金融和公共金融（财政），它们分别研究各类经济主体如何通过交易活动实现财富管理目标。

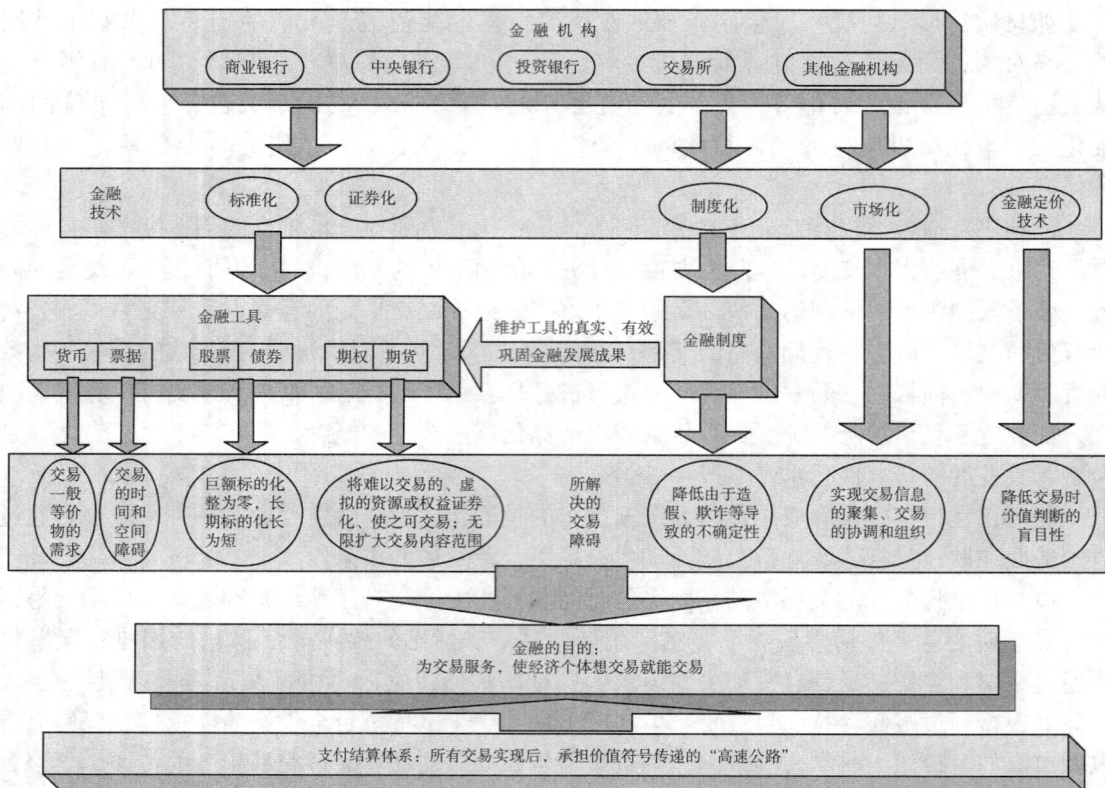

图 0-3　金融之交易逻辑

第一篇

金融工具

◆ 工具是人为创造出来、方便人们完成工作的器具，具有很强的目的性和便利性。金融工具是为价值交换，为交易服务的,金融工具的使用能使交易更方便、快捷。

◆ 货币是一般等价物，为所有的价值交换提供交易媒介，是基础性金融工具。票据既是赊销赊购的凭证，也是资金融通的凭证；当其独立流通时，也充当了一定的货币职能。货币和票据统称为货币性金融工具。

◆ 股票是投资者向公司提供资本的权益合同，是公司的所有权凭证，是交易公司所有权的工具。债券是债权债务凭证，是交易资金使用权的工具。股票和债券的发行和交易主要是为公司企业、政府等机构筹集资本、投资获取收益的，统称为资本性金融工具。

◆ 期货和期权等是关于在未来交易某种标的物品的权利或义务的凭证，是交易风险的工具，能让交易者通过交易的方式实现风险管理，是建立在其他标的物之上的特殊的权益合约，因此称为金融衍生工具。

◆ 证券化和标准化是金融工具得以创造和发展的两项基本的金融技术。标准化提高交易对象的可替代性，聚焦交易需求，提高交易对象的市场规模。货币、债券、股票、期权和期货等金融工具都是标准化的结果。

◆ 证券化是对不同价值形态占有的书面确认，证券化使原本不可交易或难以交易的价值形态变得可交易，它扩大了交易的内容范围。股票是对公司所有权的证券化，期权和期货是对买卖某种标的物品权利或义务等权益的证券化。货币作为交易媒介，实际占有是不必要的。因此，货币实现证券化和符号化之后，也使得以货币为媒介的交易活动变得更加便捷。

◆ 金融工具是金融思想和金融技术的结晶，是金融世界中耀眼的明珠。

第一章　货币性工具

本章导读

　　在人类历史上，货币的科类形形色色，有些货币现象会令人惊奇。

　　雅浦岛是一个人口只有5 000～6 000人的太平洋小岛。岛上居民使用一种巨大石块作为货币，当地人称这种石币为费（Fei）。小的直径约0.3米，大的可达3米（厚约0.5米，重达四吨）。石币越大，质地越好，其所代表的价值便越高。石币中间有一个孔，方便搬运。受石币重量所限，有时交易结束后，重量很大的石币也不用搬运转移，而是在费上作标记，表示所有权已经易手。只要大家认可，便承认了财富的转移。岛上有一户人家，他祖先曾得一巨大且质地佳的石币，由于运回雅浦岛的途中遇上海难而石沉大海，但当地的居民仍相信，即便在物理上石币已从众人眼前消失，但理论上石币依然存在，只是不在拥有者家中，所以这户人家仍拥有石币代表的价值，也可以用它进行交易。

　　货币是人们既熟悉又陌生的一个概念，作为普通大众每天都在使用，但很多人又无法知道货币从何而来，未来将向何处去？你能理解石币为什么能成为货币吗？在互联网时代，比特币会是未来的货币吗？美国犹他州参议院2011年3月10日以17∶7通过一项法案，要求犹他州认可金银币为本州法定货币。在英国公投脱欧之后，前美国联邦储备系统（简称"美联储"）主席格林斯潘也认为应恢复"金本位"，人类还会回到使用金币的时代吗？

　　在本章我们主要思考以下问题：

　　1. 什么是货币？是哪些特征使一项标的物成为货币？

　　2. 货币产生之后除了发挥其基本职能之外，又产生了哪些额外的作用？

　　3. 在实践中，如何确认哪些是货币，哪些不是？如何计量？

第一节　货币的产生与发展——从实物货币到价值符号

一、货币的历史演变过程

1. 实物货币时期

　　货币是商品交易的一般等价物，它的产生是因为物质交换和商品交易的需要，其发展过程也是随着商品交易的发展而发展的，并且是个相互促进的过程。

　　在原始社会，人类过着自给自足的生活，人与人之间几乎没有物质交换，因此也不需要货币。随着社会的进步，开始出现剩余产品，出现简单的物物交换。在物物交换过程中，人们逐步发现，要完成所需要的交易面临很多困难。比如，捕鱼张三有多余的鱼想要换一些大米，却发现其周围只有想用兔子换鱼的人，如果继续寻找交易对手，他的鱼可能就要腐烂了。牧马李四想用一匹马换一些靴子、衣物和粮食，结果发现难以实现一次完成交易。这些困难主要是交易对手不匹配和交易物品的价值量不匹配等问题。面临这些困难时，人们自然想到变换交易方式。张三勉强把鱼先换成兔子，毕竟兔子还能活着，然后再寻找下一次的交易机会；李四也可能先把马换成几十双靴子，然后再逐步将多余的靴子换成想要的衣物和粮食等。这就是寻找一般等价物的过程，将一个完整的交易过程转换成两个交易步骤（也可能是多个交易步骤），首先将自己多余的物品换成一般等价物，然后再将一般等价物换成自己想要的物品。

人们选择一般等价物的首要标准是：下一次遇见我想要的物品时，对方会很容易接受我现在持有的物品。因此，一般等价物的首要特征便是普遍接受性；二是价值相对稳定，不易腐烂等；三是价值量相对较小或者容易分割。在人类历史上，在不同的时期、不同的地区都曾出现过种类繁多的物品被充当为一般等价物。比如，我国早期的贝壳、布匹；北美殖民地时期的烟叶；第二次世界大战时期德国集中营里的卷烟；太平洋小岛上的石头等。这类货币被称为早期的实物货币。

2. 金属货币时期

随着生产技术的发展和社会的进步，人类开始开采和提炼各种金属。人们发现各类金属，特别是金和银，价值稳定，容易分割和保存，更适合充当交易的一般等价物。世界各地都先后选择了金银作为货币，从而进入了金属货币时代。因此，马克思曾指出"金银天然不是货币，但货币天然是金银"[①]。

在早期的金属货币时代，人们只是简单地使用金银作为一般等价物，每次使用时需要称量，鉴定成色（称为称量货币）；虽然解决了交易对手的问题，具体交易过程还是很麻烦。为了简化交易过程，有些商家或官府将金银按照一定的重量和成色铸成一定的形状，并标上铭文（称为铸币），以便人们使用，从而在交易时只需清点个数、验证铭文而无须称量和鉴定成色。同时，由于金银的价值量比较高，小额交易可能用不到一个单位的标准铸币而无法进行，人们采用其他贱金属，如铜、铁等，铸成特定的形状，如铜钱等（称为辅币），供小额交易使用。有时还强制约定贱金属辅币与标准金银铸币的比价关系。

3. 代用货币时期

金属货币的使用，提高了交易的便利性，促进了社会分工和技术进步。随着社会进步和财富积累，人类社会又出现了大规模的跨区域的交易需要。大量金属货币的跨区域运输产生了新的安全性和高成本的问题。先发展起来的商家或政府部门开始提供汇兑等服务；或者由于财富的积累，需要货币的鉴定和保管服务；不论是汇兑服务、还是保管服务，需要这类服务者通常先将一定量的金属货币交给提供服务者，后者再开出各类收据给前者，最后在原地或异地出示收据取回相应的金属货币。这些收据就是各类的票据，如：我国古代的飞钱、便钱、交子等。人们早期的理解是这些收据需要换回金属货币，才能用于交易或支付活动，但在有些应急和特定的条件下，持有这些收据之人试着用这些收据进行交易，结果发现是可行

---

① 但这句话不是放之四海而皆准的，它也只是在当时的历史条件下是正确的，现在金银显然不是货币，货币也不是金银。

的，逐步地持有这些收据的人也不急于将其换回金属货币，这些收据就在社会承当起了交易的一般等价物的作用，其等价的依据就是这些收据上注明的金属货币的数量。这些收据就是典型的代用货币，因为真实的金属货币都相应地保存在出具这些票据的商家或机构，这些票据不过是代替这些金属货币在社会流通，因此这仍然是金属货币的时代。

由于这些票据不会及时回流，相应的商家会积累起较多的金属货币，并成为人们申请借贷的对象。初始的借贷是商家直接给付金属货币，借贷者留下借条给商家。这时商家是利用别人的金属货币进行借贷活动，并获取利息，他在同一笔金属货币上获得了两笔收入：一是原来的汇兑手续费或保管费，二是后来的借贷利息。但形成的后果是，当票据持有者前来申请换回金属货币时，可能没有足够的金属货币支付，从而丧失信用引起纠纷。

为解决这些问题，这些商家必须尽量让已开出的票据在市场上流通时间更长，同时维护及时兑付的信誉。越能及时兑付，人们越放心持有他的票据，同时尽量少用金属货币支付，保留足够的金属货币以保证票据的兑付。采取的措施主要有：一是将票据制作成更便于使用和流通的形式。比如金额规范统一，便于不同规模的交易使用，票面上不注明持票人、到期时间，任何人持票人都可以出示兑付，这就是我国历史上的银票和庄票，以及欧洲国家的银行券（bank notes）等；二是尽量给借贷申请人支付票据而不是金属货币，如果借贷者本身就需要商家的汇兑服务，这就是自然的过程，否则，只有当商家提供的票据能被普遍接受，借贷者取得票据之后能够及时用于其交易等经营活动时，这个过程才能进行。当某些商家的财富和支付信用积累到一定程度，并且有意识地经营这类汇兑和借贷活动之后，这个过程就自然出现了。同时，这类商家经营汇兑和借贷活动的收益将逐步超过其他的业务收益，并逐步转变成专营汇兑和借贷业务，这就出现了我国明清时期南方的钱庄、北方的票号和西方国家的银行。

给借贷者提供的是票据而不是金属货币时，人类社会就出现了新的货币形式——信用货币。例如，当票号等机构因提供汇兑服务收入 100 两银币，然后开出 100 两银票，此时这100 两银票只是代替 100 两银币在社会上流通，发挥货币的职能。当票号再以这 100 两银币为基础向贷款人开出另一张 100 两银票时，在这两张银票流回票号之前，社会上就有了 200两银票流通，而真实的金属货币仍然就是 100 两银币，这多出来的 100 两银票就是信用货币，它是建立在票号能"及时兑付银票"的信用基础上的货币。但这只是部分的信用货币，是向真正信用货币过渡的起始阶段。

信用货币的出现带来了货币现象的两个突破。一是货币数量不再受制于自然资源的约束，为人类社会的分工发展、交易规模的扩大和技术进步等奠定了重要基础。二是货币也逐步失去了与客观价值基础的联系，逐步演变成没有客观价值基础的价值符号。

当货币脱离客观价值基础时，货币的发展又面临新的问题。钱庄、票号和西方国家的银行等机构，发现可以凭自己的信用创造货币（开出银票、庄票和银行券等）并获取利息收入时，就有充分发挥其信用多创造货币，多获取利息收入的激励；但这种信用货币创造得越多，就越容易出现无法兑付的现象，并丧失信用，这是一对无法调和的矛盾。这些商家需要在这两者之间努力寻找平衡，但有些商家控制不好，有些控制得好一些。因此，不同商家发行的银票，在社会上被接受的程度也不同，被接受程度高的能按面值流通，而被接受程度低的只能以低于面值流通。比如，当你用面值 100 两的李家银票购买商品时，对方可能只愿意按 80 两计收，这时你也只能无奈接受，因为找李家票号兑换银子时，他总能找各种理由推三阻四，让你很难兑换成功。在这种情况下，市面上流通的银票就五花八门，价值不一，从而导致货币和经济秩序混乱。更有甚者，有的商家几乎或完全失去信用，从而引起挤兑、纠纷和社会动荡。

这种情况下，通常有政府部门介入调解、整顿，然后授权少数信用较好的商家发行这类银行券或银票，甚至直接取缔私人发行银行券和银票的权力，政府设立相关部门统一垄断发行。例如，十世纪末，我国的四川成都（益州）一带由于商品经济的发达和使用铁钱的不便，有些富有商户（称为交子铺户）就开始发行交子为商品交易提供便利。由于商人追求利益的本性，交子流行后不久就出现了过度发行、兑付纠纷等问题，1004～1007年官府介入调解、整顿，整顿之后只授权16家富户连保发行交子；但此后不久交子的发行又再次陷入混乱。1023年，宋朝因与西夏交战，军费增加和民间发行交子的混乱，下令交子铺停止发行交子，改由朝廷设益州交子务，由政府垄断发行交子，即"官交子"①。至此，货币就有了国家信用的特征。但北宋至此开始，官府也是滥用货币发行，包括后来的南宋，元朝和明朝的早期，在交子之后，先后发行了钱引、会子、中统钞、至元钞，大明宝钞等。最终都因为过度发行、过度贬值而废止。直到新中国成立，我国各朝代政府没有再试图垄断货币的发行，货币秩序也一直比较混乱，既有政府铸造的金银铸币、铜钱，也有进口的铸币（如墨西哥的银币——鹰元等）②，以及民间钱庄和票号等发行的庄票和银票等流通，这也是我国商品贸易难以发展，社会分工难以深化，技术进步缓慢的重要原因。

4. 信用货币时期

西方国家，在经历私人银行券发行秩序混乱之后，主要的早期工业化国家都先后通过授权垄断或成立国家独立机构（中央银行）垄断的形式垄断其国内银行券的发行，并且逐步强制流通和取消自由兑换。1694年以私营方式成立的英格兰银行，在成立之初就将其120万英镑的资本金借给政府，并获得政府授权以政府债券为准备（抵押）发行银行券的权利；1797年法国人即将登陆英国的消息传到伦敦，银行的挤兑风潮出现了，如果英格兰银行因挤兑而垮掉，那么英国的经济体系就要崩溃。情急之下，政府出台了临时法案，宣布暂停兑付，暂停兑付的决定延续了十几年；1826年英国政府核准英格兰银行拥有伦敦周围65英里范围内享有银行券的垄断发行权；1833年英国议会又再次通过法案，规定英格兰银行发行的银行券为无限法偿货币，即在交易和支付活动中不能拒绝接受英格兰银行的银行券；1844年，英国颁布了《英格兰银行条例》，英格兰银行成为唯一能够发行英镑的银行，于1946年被收归国有。在英格兰银行之后，世界各国先后模仿英格兰银行的货币发行模式成立了中央银行垄断货币发行，强制货币流通。至此，社会上使用的货币已经与具有内在客观价值的金属货币渐行渐远，逐步演变成了价值符号，成为国家信用货币。

在国家信用施行之初，各国还在一定程度上保留信用货币对金银货币的可兑换，但这种可兑换是脆弱的，不可持续的。

第一，因为国际贸易，金银会跨国流动，导致各国的金银储备不均衡。国家强制力的有效范围只在一国之内，一国不会轻易接受他国的信用货币，在国际贸易中，人们还是会保持对具有客观价值的金属货币的依赖。由于经济发展的差异，金银会流向经济发达国家。比如，在第二次世界大战之后，1945年美国曾持有世界当时黄金储备的60%（21 770吨）。金

---

① 贾大泉：《宋朝四川商品经济的繁荣与交子的产生》，载于《贾大泉自选文集》，四川人民出版社2013年版。
② 1901年，清政府对于中国境内流通的银圆进行了一个调查，结果发现其中的1/3都是墨西哥银圆。

银流出的国家如果要保持货币与金银的可兑换和稳定的兑换比例，就只能收缩货币发行数量，这将导致本国的货币不足，制约经济发展，或者接受他国货币，这对于一个主权国家都是不可接受的。在这种情况下，多个国家会通过协商，形成一个能维持各国货币稳定和国际贸易秩序的货币安排。比如，1944 年由美国牵头 44 个国家参与的《布雷顿森林体系》规定：

（1）以美元为国际贸易结算货币；

（2）美元直接与黄金挂钩（制定了 35 美元/1 盎司的官方金价），其他国家货币与美元挂钩，各国持有的美元可按官价向美国兑换黄金；

（3）各国央行有义务维持各国货币与美元的比价稳定。

在这种规定之下，意味着各国都不能滥发货币，这在一定时期内维持了各国的货币稳定和经济发展。

第二，金银的自然储量是有限的，并且每年的开掘量也不高，而世界经济总量却在快速增长，需要的货币数量也越来越多。

表 1-1　　　　　　　世界总产出、黄金、白银累计产量的历史变迁

	1500 年	1800 年	2000 年
世界 GDP（亿美元）[①]	2 471	6 944	827 623[②]
黄金累计产量（万吨）[③]	0.36	1.53[④]	16.52[⑤]
白银累计产量（万吨）[⑥]	21.5	37.5	136.7[⑦]

注：①维基百科，转引自《世界经济千年史》（英文名：The World Economy：A Millennial Perspective），［英］安格斯·麦迪森（Angus Maddison）著，伍晓鹰、许宪春、叶燕斐、施发启译，北京大学出版社 2003 年版。按购买力平价计。

②2012 年。

③综合 David Zurbuchen，http：//www.gold-eagle.com/article/worlds-cumulative-gold-and-silver-production 和 W. C. Butterman and Earle B. Amey III，https：//pubs.usgs.go/of/2002/of02-303/OFR_02-303.pdf

④根据区间产量估计。

⑤2008 年。

⑥David Zurbuchen，http：//www.gold-eagle.com/article/worlds-cumulative-gold-and-silver-production.

⑦2004 年前的估计数年加 2005 年之后的统计数据 10.4 万吨得 2012 年的累计数。

如表 1-1 所示，世界经济总量自工业革命以来，增长了近 120 倍，而黄金的累计产量却只增长 11 倍左右，白银仅增长 3.6 倍左右。因此，如果要维持信用货币与金属货币的兑换比例，货币的供给量根本无法满足经济增长的对货币的需要量。

在以上两个因素的作用下，布雷顿森林体系这一国际货币安排也仅维持了不到 30 年的时间，在 1973 年美国政府拒绝了别国政府按照 35 美元兑 1 盎司的比率自由兑换黄金。至此，货币与黄金就几乎彻底脱钩，货币真正进入了价值符号的时代。交易活动所需的价值标准不再有客观的价值基础，而完全取决于人类智慧的调控，承担这一职能的机构——中央银行和商业银行也在人类社会的经济活动中扮演起了前所未有的重要角色。

二、货币演变的规律

1. 标准化

标准化是一种技术手段，就是让一类物品或对象具有一致的特征，包括规格、质量和成

色等，目的是使该类物品或对象能被更大范围使用，并且容易互换或替代，提高使用的简便性。作为交易一般等价物的货币最重要的要求就是能被普遍接受。因此，用标准化的手段创造货币就是自然的选择。

从实物货币币材的五花八门，到金银货币，实现了币材的统一和标准化；从金银称量货币到铸币，实现了形状、重量和成色的标准化，提高了使用过程的便利性；在代用货币时期，标准化一是对形式不一的票据条款，包括金额、时间、署名以及权利和义务等内容进行简化、规范和统一，形成了银行券和银票等标准化的票据；二是在代用货币向国家信用货币过渡时，对信用来源的标准化，由各种各样的商人私人信用标准化成统一的国家信用，再次规范了代用货币的价值基础，使货币的使用范围从私人所能影响的有限区域扩大到整个国家甚至多个国家，提高了货币被普遍接受的范围。

2. 证券化和符号化

证券化是指对权益的书面确认。持有借条表明持有人有权在特定的时间收回特定的本金和利息；持有汇票表明有权收回当初委托转移运输的金银等货币。持有这些书面凭据就相当于持有相应的权益和价值，标准化之后的书面凭据就是各类证券，比如：银票、银行券等。这类证券转移、转手和交易很容易，而货币作为交易的一般等价物，仅仅是交易过程作为中介和转手，并不需要特定价值的实际占有。因此，证券化之后的价值形态，最适合承当货币职能，从而，银行券和国家信用的纸币就逐步取代了金属货币。

书面凭据和证券的本质就是对权益的记载，就是特定含义的符号记录。在纸媒体时代，人类的信息只能记录在纸面上，当人类跨入电子媒体时代，计算机网络系统成了人类最重要的信息记录媒体，当人类在网络系统上构建起公正、可靠、安全的价值记录体系之后，纸币等纸媒体记载的权益关系就自然转移到了计算机网络记载体系上，这就有了现代的存款货币等电子化的真正意义上的货币符号化。货币符号化之后就是一个由记账符号、记账方法、记账规则、记账载体（计算机网络系统）构成的完整记账体系。

3. 信用的延伸和滥用

信用的本质是相信某种承诺，通常通过特定的信息记载以传递这种承诺。交易就是人与人之间的合作，如果没有一定的信用，任何交易都无法进行。同样作为交易的一般等价物，其发展和演变过程，也处处体现信用的作用。铸币的形状和铭文传递的是该铸币包含一定数量的特定成色的金或银，因此，人们使用时不再称量、鉴定成色。银票是票号承诺见票给付票面金额的银币；银行券是银行承诺见票可兑换特定金额的金或银；国家发行的纸币是承诺其具有特定的内在价值，通常是承诺保持既有价值，即币值稳定。因此，信用的内涵和使用范围的延伸是货币发展和演变的重要线索。

信用在形成之后，也存在被滥用的风险。一是被盗用。因为信用的具体表现就是某种承诺的记载，容易被造假。自铸币使用以来，人类社会就不断与假币作斗争。二是被信用所有者过度使用以致破产。信用的使用几乎没有显性的成本，所有者都有过度使用的冲动。银行券的超发，国家信用纸币的泛滥都是信用的滥用，前者通常导致银行挤兑和破产，后者导致社会动态、政府更替。我国从北宋后期发明"交子"以来，经过南宋、元、明初，近200多年的时间里，每届政府都滥用政府信用，屡屡超发货币，不断换旧币发新币；从金融角度看，这也是宋朝灭亡，元朝短命的重要原因。

货币信用是一种特殊的公共信用，有人信任并使用它，其他人也就容易信任它，从而形成良性循环，成为真正有价值的货币；反之，如果有人不信任而拒绝使用，也会形成恶性循环，使之破产。18 世纪中期，由于战争等原因，英格兰银行的银行券曾经暂停兑换。当时的银行家弗朗西斯·巴林（Francis Baring）反对恢复兑换，他认为这种公共信用的倒退会产生不可估计的后果，认为信贷从来不应该授之于社会动乱，而应该使英格兰银行券成为法定货币，同时货币量要进行控制，保持英格兰银行的独立性，防止政府干预货币发行。

英格兰银行券的挤兑风波

1745 年，詹姆斯二世的孙子发动叛乱，要求归还其祖父的王位，而英国军队失败的消息传到了伦敦，恐慌又起。战乱年代，还是金银能够保值，要是英国政府更迭，英格兰的银行券岂不是废纸一堆了？于是人们开始到英格兰银行进行兑付，把银行券兑换为贵金属。为了应对挤兑的压力，英格兰银行采取了拖延战术，用零钱进行支付，恐慌情绪会随着时间而慢慢平复，挤兑的危机也就解除了，英格兰银行的拖延战术屡试不爽。与此同时，英格兰银行召集了一次会议，大商人、贸易商和银行家都参加了，在会议上他们达成了一个共识：保持公共信用。为了避免危机，1 100 多人在这项决议上签了字，不拒绝使用英格兰银行券，而且会尽最大努力用同样的方式支付彼此的款项。这一承诺实际上默认了英格兰银行券等同于货币，正因为商人们使用银行券进行支付，所以挤兑停止了，一切恢复了往日的平静。英格兰银行的信誉经受了市场的考验，这也为后来英格兰银行成长为中央银行奠定了基础。

（资料来源：孙兴杰：《英格兰银行：事实上的中央银行》，
载于《长江商报》2013 年 11 月 19 日）

第二节　货币类型和职能

一、货币的主要类型

（一）按货币历史演变分

按货币的演变过程，货币大概可以分为实物货币、金属货币、纸币和存款货币。

1. 实物货币

实物货币是人类社会早期那些曾经充当过交易一般等价物的特殊商品。在人类历史上曾经作为货币的特殊商品主要有布匹、贝壳、牲畜、龟背、动物的牙齿及兽角、毛皮、盐巴、特殊的石块等。其主要特征是价值稳定、相对容易保存，价值量适中等，具有充当交易一般等价物的主要性质，充当货币时基本保持其原有形态，其作为货币的价值与其作为普通商品价值相等。主要缺点是体积笨重、质量不一、不易分割、难以携带，有的甚至容易磨损和腐烂。实物货币不是理想的交易媒介，随着社会进步逐步被金属货币所取代。

2. 金属货币

金属货币是以金属为币材的货币，它又分为称量货币和铸币。

金属具有实物货币不可替代的优越性。其价值相对稳定、易于分割、保存，便于携带等。因此，在金属熔炼技术和矿山开采技术发展之后，金、银和铜等金属在商品交换中逐步成为交易对象，最后取代实物货币成为主要币材。

金属货币最初是以条块状流通的，每次交易时要称量、鉴定成色，这种货币称作称量货币。称量货币在交易中使用不便，难以适应商品生产和交换发展的需要。随着商人阶层的出现，信誉好的商人在货币金属块上打上商人印记，标明其重量和成色，用于流通，于是出现了最初的铸币，后来为了便于识别，又将金属铸成特定形状，通常为圆形，即私人铸币。当铸币使用突破区域范围后，国家便开始管理货币，设立专门的铸币厂开始铸造货币，这就出现了国家铸币。但私人可以将自己的金银交给铸币厂，缴纳一定费用后铸成相应的国家铸币。

3. 纸币

纸币是以纸张为币材印制成特定形状、标明一定金额的货币。纸币又分成兑现纸币和不兑现纸币。兑现纸币是指持有人可以随时向发行机构或政府兑换成金属铸币或金银条块的纸币，它是商人提供金属货币的汇兑和保管等服务时，对其提供的票据进行标准化、规范化之后而创造出来的，其效力与金属货币完全相同。不兑现纸币是不能兑现成金属铸币和金银条块的纸币，只有货币价值而没有币材价值。它是在兑现货币基础上，由于相对于金属货币存量而过度发行，不能及时兑付，通过暂停兑付、增加兑付难度、直到拒绝兑付、政府强制流通而形成的。目前，各国流通的纸币大都是不兑现纸币。

4. 存款货币

存款货币是记录在银行账户上，可以通过开立支票或转账等实现交易支付的货币。在政府垄断货币发行之后，客户仍然有保管、汇兑纸币等需求，银行在提供这类服务时，虽然不能再发行具有货币流通性质的票据，但在银行体系扩大之后，银行可以通过提供转账服务，让银行客户通过账户之间的转账实现交易支付，从而使存款成为了新的货币。

例如，刘建国在工商银行存了 1 000 元，并有了自己的存款账户，张华和付小红也有工商银行的账户。刘建国找张华买了件衣服，需支付 500 元，他通过自助或通知银行的方式，让银行从自己的账户转 500 元到张华的账户。不久，张华又因进货，通知将 500 元从自己的账户转到付小红的账户。这就相当于银行开出了一张"票据"，然后在刘建国、张华和付小红之间转让和流通，不过这张"票据"不是有形的，而仅仅是通过各种形式的指令（这种指令既可以开立支票，也可以通过网络或 ATM 机通知银行），在他们三个人的银行账户之间进行账户划转而已。因此，存款因转账而成了货币，更重要的是，虽然刘建国用了 500 元，但对工商银行而言，刘建国存进来的钱始终留在银行，银行也可以"挪用"这些存款进行放贷，形成新的存款货币。这与金属货币时代的银行券和银票货币的创造逻辑是一样的。

现代社会，存款货币已经成为了主要的交易媒介。有些国家已经几乎不用现金，根据国际清算银行的资料，现金仅占瑞典经济活动的 2%。

（二）按货币价值与币材的关系分

按货币价值与币材价值的关系分，货币可分为商品货币、代用货币和信用货币。

1. 商品货币

商品货币的货币价值就是币材的介值，早期的实物货币和金属货币都属于商品货币。其主要优点是货币价值具有客观的基础、不存在贬值等风险。缺点是实物和金属币材使货币的运输和保管困难。

2. 代用货币

代用货币通常就指可兑现纸币，是代替实质货币在市场上流通的货币。代用货币的币材就是纸张，币材本身没什么价值，其介值表现为可以随时兑换成具体的金属货币，因此，代用货币仍然具有客观的价值基础。其优点是成本低，便于携带，方便使用。

3. 信用货币

信用货币的币材是一些特殊纸张、贱金属，或者根本没有币材，就是一些记账符号。信用货币的价值与币材无关，也没有客观的价值基础。为什么没有客观价值的纸张等可以成为货币与有价值的商品进行交换？原因是货币不过是交易的媒介而已，本质上并非交易的目的。例如：刘建国想用 5 双跑鞋换 1 部手机，并且也能实现交易，那么这种交易就是等价交换。即：

$$5\text{ 双跑鞋} = 1\text{ 部手机}$$

或者写成：

$$\frac{5\text{ 双跑鞋}}{1\text{ 部手机}} = 1$$

现在由于交易不便，我们引进了货币，即先用 5 双跑鞋换 X 单位的货币，然后再用 X 单位的货币换 1 部手机。用公式可以表示为：

$$\frac{5\text{ 双跑鞋}}{X\text{ 单位货币}} \times \frac{X\text{ 单位货币}}{1\text{ 部手机}} = 1 \tag{1.1}$$

由式（1.1）可知 X 取非零的任何值都不影响等式的成立。如果取 X = 5，1 单位的货币价值就是 1 双跑鞋；若取 X = 1，1 单位货币的价值就是 5 双跑鞋或 1 部手机。因此，货币价值是否具有客观价值基础对实现交易并不重要，重要的是货币价值的稳定，因为有了货币之后，所有的交易都是跨期的。

虽然信用货币已经没有了客观的价值基础，但其价值的演变通常都有连续性。从代用货币向信用货币演变时，信用货币通常继承代用货币时的价值；如美国宣布拒绝美元自由兑换黄金时，市场上流通的美元价值也基本维持在 35 美元/1 盎司黄金的价值左右；当一国面临恶性通货膨胀，废除旧币发行新币时，也会规定新、旧货币之间的兑换比例。因此，信用货币虽然没有了客观的价值基础，但其价值也不会任意指定，随意变动。

在现代社会，不兑现纸币、小额的辅币和银行的存款货币都属于信用货币。

（三）　按使用范围分

根据货币使用的国土范围，货币通常分为国内货币和国际货币。

在现代信用货币制度下，信用货币的流通是以一国政府的强制实施作保证。通常一国国内只能流通本国政府发行的货币，称为国内货币，也称为本币；而他国货币不能在国内流通，统称为外币。而在国际贸易等国际交往中，货币的使用主要取决于自愿原则，经济发达国家的生产能力强，其商品和服务会有更多的国际需求，其货币也会被普遍地接受，而成为国际货币。历史上英镑、美元、日元、欧元等都曾是重要国际货币。近年来，我国的人民币也被越来越被多的国家所接受。

有些国际货币会被一国央行作为储备资产持有，以应付国际贸易逆差和国际债务清偿等问题，这类货币也称为储备货币。此外，由于黄金具有客观价值基础，虽然现在也很少用于国际支付，但仍然被多数国家作为储备资产持有。在一定意义上，黄金还可以被看成是国际货币。

二、货币的主要职能

1. 交易媒介

货币是为解决交易困难而产生的，是交易的一般等价物，因此，交易媒介是货币的基本职能。作为交易媒介，货币极大地解决了交易对象匹配、跨空间、跨时期等种种交易难题，为深化社会分工提供了保证，促进了技术进步和社会发展。

交易媒介职能包括流通手段和支付手段职能。作为流通手段，货币是人类为解决交易困难而寻找并进而创造出来的特殊而又被普遍接受的价值形式，是所有交易的中心，在人们不断地利用货币进行交易的过程中，货币在不同的交易者之间进行转让、流通。早期人们认为，作为流通手段的货币必须是现实的货币而非观念上的货币。因为货币作为商品交换的媒介时，它是包含或代表一定的价值量来同商品相交换的，交易双方必须是一手交钱，一手交货。实际上，随着科技手段的发展，作为流通手段的货币也可以是观念上的货币，即符号货币或存款货币。例如前述刘建国、张华和付小红之间的交易，就是 500 元的存款货币在她们三人的存款账户之间转移和流通而实现的。

作为支付手段，通常指货币用于结清因赊销赊购、劳务购买、税收、借贷等行为而产生的债权债务关系，本质上是交易的跨期完成而产生的需要用货币结清交易的一个过程。

2. 价值尺度

价值尺度是交易媒介功能的延伸。尺度就是比较，有交易就有比较；因此所有可交易的物品和劳务都具有价值尺度的功能。例如，用 5 双跑鞋交换 1 部手机，跑鞋和手机就可能是互相成为价值尺度，可以说 1 部手机值 5 双跑鞋，也可以说 1 双跑鞋值 0.2 部手机。但有了货币就有了统一、标准的价值尺度，即使没有交易也可以进行价值衡量。有了统一的价值度量标准，对经济活动就方便进行规划、评价，提高经济决策科学性和有效性。

有了货币才使会计核算成为可能。例如，有一个家庭生产了 2 000 千克的大米、10 头羊和 20 只鸡，买进了 100 尺布、5 双鞋和 1 头牛；我们很难知道这个家庭是收入多了还是支出多。一个企业、一个国家也类似。统一用货币进行价值核算时，能够方便地衡量不同投资项目的成本和收益，选择较优的投资项目，能方便地评价、比较公司或企业的经营绩效，进而还可以核算一国的宏观经济。

统一的价值尺度还提高了经济社会的分工、合作的水平和效率。正如建造大厦需要有标准的长度单位一样，建设"经济大厦"也需要标准的价值尺度。想象一下，当建造"帝国大厦"的工程师和工人们手上拿的皮尺的单位都不一样时，有的是米、有的是英尺、有的是丈等，这些也都是长度单位。那么，这座大厦的建造过程会是什么情景？如果他们的长度单位还会随时间而变，又会是怎样的情景？货币的价值尺度功能对经济建设的作用正如长度单位对于大型建筑的作用一样，其核心的功能在于价值尺度的统一、标准和稳定。但在信用货币制度下，币值的稳定却是对人类智慧的最大考验。

3. 价值贮藏手段

货币通过跨期的价值交换实现价值贮藏，也是交易媒介功能的延伸。货币作为交换媒介把"物品 A—物品 B"的直接交换，转变成了"物品 A—货币—物品 B"的间接交换。这一转变之后，人们手中物品 A 变成了货币，有时并不急于进行第二步的交易，这时原来的物品 A 就被转换成货币而贮藏起来。等到需要之时，再将货币换成需要的物品 B。

大多数用于消费的物品和劳务的价值是不能贮藏的。食品会腐败、布匹会老化等；劳务也只是个过程。要贮藏这类价值最好的方法就是转换成货币，持有货币。换成货币对个人来说是价值贮藏，但对整个社会而言，食品等最终会腐烂，是不可能贮藏的，这类价值贮藏的本质是交易，是互通有无，购买食品的人现在先用于消费，等你需要时，再重新生产还给你。劳务价值的贮藏也类似，年轻的时候多劳动，多积累货币等财富，年老时用货币购买食品、看护等服务，就实现了价值的贮藏和跨期消费。这种价值贮藏手段有效地提高了人类社会的生活水平。

货币的价值贮藏职能提高了人类社会的财富积累，在财富积累的基础上，就能实现货币资金的借贷，进而能有效动员社会资源，提高社会的财富创造能力。

货币要能实现价值贮藏职能必须保证自身的价值稳定。如果货币处于持续贬值，它就失去了价值贮藏职能，人们会选择其他的价值贮藏手段，比如价值比较稳定的黄金、珠宝、房屋或土地等。如果是急剧贬值，甚至可能失去交易媒介职能，而回到以物易物的状态。

第三节　票　据

人类社会进入金属货币时代之后，生产力有了较快发展，也形成了一定的社会贮富的积累，在财富积累的基础上，出现了货币保管、汇兑、借贷以及赊销赊购等活动而产生的债权债务关系。为了记录这些债权债务关系，以保证未来了结这些债权债务关系时有依据，就出现了各类的债权债务凭证。有些凭证通过标准化而逐步演变成了代用货币和信用货币，成为了交易的一般等价物。而有些凭证则通过另一种形式的标准化演变成了现代社会的票据。

票据的标准化通常由各国的"票据法"约束，指定票据开立的具体形式和条款，保证条款语义理解的一致性，使票据成为了结债权债务关系的凭据的同时，也能够被转让、流通和支付，增强票据的普遍接受性，提高其使用范围。因此票据具有一定的货币性。

它与货币标准化的主要区别是，首先，货币在票面金额和时间上标准化，只使用有限的票面金额，不注明时间，见票即付；其次是信用来源，即谁可以发行，货币最终统一为国家发行。而票据的标准化主要涉及票据基本条款的形式和语义理解方面，目的是在流通转让时，不会产生歧义。我国于 1995 年颁布《中华人民共和国票据法》（2004 年 8 月，对《中华人民共和国票据法》进行了修正），1997 年又颁布了《支付结算办法》对票据的使用进行了规范化和标准化。

一、票据的概念和分类

(一) 概念

广义的票据泛指各种有价证券和凭证，如债券、股票、提单、国库券、发票、提货单等等。狭义的票据则指以支付金钱为目的的有价证券，即出票人根据票据法签发的，由自己或委托他人无条件支付确定金额给收款人或持票人的有价证券。

《中华人民共和国票据法》（以下简称《票据法》）规定的票据，是汇票、支票及本票的统称。是出票人约定自己或委托付款人见票时或在指定时间向收款人或持票人无条件支付一定金额并可以流通转让的有价证券。是以支付金钱为目的的特定证券。

第一，票据是书面凭证。票据是出票人签发的，约定他人或自己向收款人付款的书面指示，必须是书面的，而不是口头的，否则无法签字。

第二，票据的付款指示是无条件的。这意味着付款不能有限制或附带条件，即没有先决条件，是自己的承诺或对他人的命令而不是请求、商量或征求意见等。

如若付款指示附加了条件，此汇票为无效汇票，不具有法律效力。

第三，票据支付的是确定金额。必须以金钱表示，即币种加数字，不能用货物数量等表示，并且金额必须确定，不能模棱两可。

(二) 分类

1. 根据出票人不同分

根据出票人不同，票据分为商业票据和银行票据。商业票据是公司或企业开立，银行票据是商业银行开立的。不同出票人的票据，主债务人身份和信用状况不同，在流通转让时市场上接受的程度、出价会有差异。

2. 根据付款时间不同分

根据付款时间不同，票据分为即期票据和远期票据。即期票据是见票即付，票面没有付款时间记载的视为即期支付。远期票据是在未来某一特定时间支付，通常票据的付款时间在一年以内。

3. 根据收款人不同分

根据收款人不同，票据分为记名票据、不记名票据。记名票据有明确的收款人或者是其指定人。不记名票据，也称来人票据，则没有记载特定的收款人名称，或直接记载来人字样。

4. 根据是否以商品交易为基础分

根据是否有商品交易为基础，商业票据分为真实票据和融通票据。

真实票据是指以真实的商品交易活动为基础而开立的票据，它反映真实的经济活动，是由于商品交易时，买方资金不足或支付不便而开立的。通常因支付不便而开立的是即期票据，因资金不足而开立的是远期票据。而卖方收到远期票据后会用于转让购买自己所需商品或支付债务等，从而使票据具有类似于货币的流通、支付功能，或者向银行申请贴现获得货币资金。银行通过贴现向社会注入货币，早期的银行理论认为给真实的经济活动提供货币资金是保证银行放贷安全、控制社会货币数量的基本准则。因此，银行进行票据贴现时，要努力识别票据的"真实"性。

融通票据，又称"金融票据"或"空票据"，不是以商品交易为基础，而是专门为了融通资金签发的一种特殊票据。它是当事人双方达成协议后产生的，一方（通常为资金需求者）作为债务人（出票人）签发票据，另一方作为债权人（受票人）给予承兑，出票人于票据到期前将款项送达承兑人，以备清偿。融通票据有商人出票、商人承兑的，也有商人出票、银行承兑的，还有银行出票、银行承兑的。它并不反映真实的物资周转，只是为套取资金而签发，常被投机者所利用。

例如，如果甲企业因为某种原因出现了资金暂时短缺，需一笔周转资金。但是由于甲企业规模小，经营状况不稳定，银行认为其信用程度不高，不肯贷款给甲，于是甲企业打算向关系很好的乙企业借钱。于是开出一张两个月后到期的汇票交由乙企业承兑，乙承兑后就负有对该票据的支付责任。显然甲企业对乙企业未给付任何对价，如货物、劳务、金钱等。即甲、乙两企业之间没有真实的商品或劳务交易，汇票的开立只是建立在双方的信用之上。此时，甲企业可拿此汇票筹措资金，譬如到银行贴现。从而甲企业就得到了短期资金的融通。如果到期（两个月以后）甲企业的资金状况有所好转，可将汇票金额交付给乙企业，由乙企业负责兑付汇票。如果甲企业仍然没有足够资金，乙企业也得承担支付责任，而甲、乙企业之间的债权债务关系，只能通过其他渠道解决。

5. 根据出票人与付款人的关系分

根据出票人与付款人的关系不同分为汇票、支票和本票。

汇票是出票人签发的，委托付款人在见票时或者在指定日期无条件支付确定的金额给收款人或者持票人的票据。汇票是一张"支付命令"，命令第三方给收款人支付确定的金额。第三方是否同意支付是汇票的关键，因此，汇票需要第三方确认同意支付，该过程就是承兑。如果该第三方是银行，就是银行承兑汇票，如果是普通的公司或企业，就是商业承兑汇票。汇票是经济中使用最为广泛的一种票据，也是其他票据的基础。

支票是出票人签发的，委托办理支票存款业务的银行或者其他金融机构在见票时无条件支付确定的金额给收款人或者持票人的票据。因此，支票是以金融机构为付款人的即期票据，是汇票的特例。

本票是出票人签发的，承诺自己在见票时无条件支付确定的金额给收款人或者持票人的票据。实际上就是一张"欠条"。如果出票人是银行，并且是无记名、无期限、定额的，它就是一张银行券，现钞就是中央银行签发的本票。因此，统一货币发行之后，各国都禁止银行签发无记名、无期限的定额本票。

二、票据的应用

实践中，各国的票据法对票据的规范主要根据出票人和付款人的关系对票据分类，并作出具体的要式规范和使用规范。

（一）汇票

票据法规定了汇票的必要记载项目。一般而言，汇票有如下必要记载项目：（1）"汇票"字样；（2）无条件支付命令；（3）付款时间（或期限）；（4）出票地点和日期；（5）付款人名称及地址；（6）收款人名称；（7）出票人名称及签名；（8）一定金额的货币。

银行汇票通常不需要承兑。商业汇票都必须经付款人承兑，承兑之后，承兑人就是第一付款责任人。银行汇票的开立是个人或企业向银行申请开立，但申请人的银行账户须有足够的支付金额。

银行承兑汇票的出票人，为在银行开立存款账户的法人以及其他组织，与付款人具有真实的委托付款关系，具有支付汇票金额的可靠资金来源。签发银行承兑汇票时，企业要向银行出示收付款人双方签订的购销合同及"银行承兑汇票申请书"；银行按规定和程序审核出票人资格、购销合同、资信等，必要时出票人应提供担保；与出票人签订承兑协议；企业填写"空白凭证领用单"向银行购买银行承兑汇票，加盖预留银行印鉴，交由银行承兑。如图1－1所示。

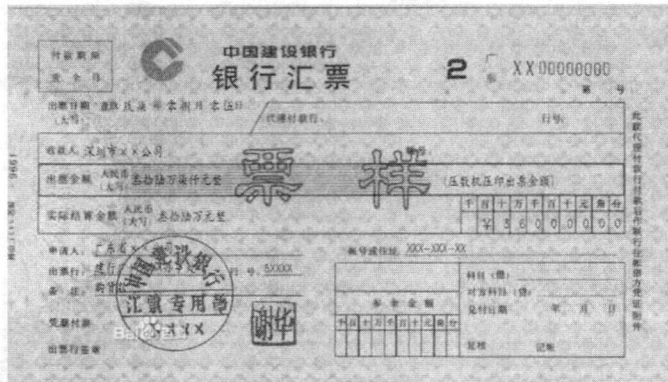

图1－1　银行汇票票样

商业承兑汇票的出票人，为在银行开立存款账户的法人以及其他组织，与付款人具有真实的委托付款关系，具有支付汇票金额的可靠资金来源。领购商业汇票，必须填写"票据和结算凭证领用单"并签章，签章应与预留银行的签章相符。存款账户结清时，必须将全部剩余空白商业汇票交回银行注销。如图1－2所示。

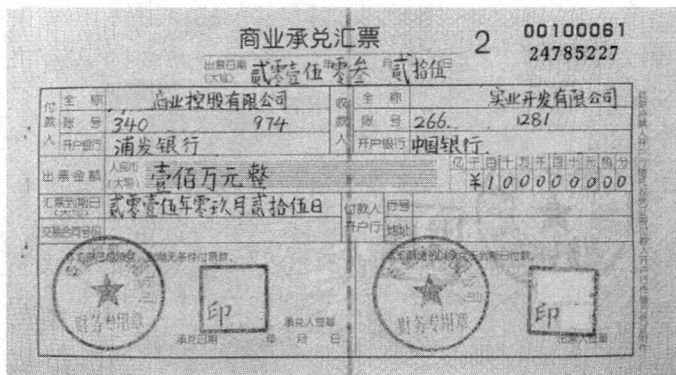

图1－2　商业承兑汇票票样

在电子化、信息化高度发展的今天，汇票逐步实现了电子化。电子商业汇票是由出票人以数据电文形式制作的，委托付款人在指定日期无条件支付确定的金额给收款人或者持票人的票据。以数据电文形式签发、流转，并以电子签名取代实体签章是其突出特点。电子汇票在载体、签章等形式上完全不同，其使用条件和具体操作也不相同。电子商业汇票具有提升安全性和结算效率，降低传递及保管成本。但电子商业汇票推出后，纸质商业汇票在绞长一段时期内仍将继续存在。不具备条件的企业可以继续使用纸质商业汇票，以满足其支付和融资需要。

从法律层面来看，电子商业汇票与纸质商业汇票的法律关系均由《中华人民共和国票据法》《票据管理实施办法》《支付结算办法》等法规制度调整，在其所体现的权利义务关系上完全一致。但是，作为一种新兴票据形式，电子商业汇票又有其特殊性。为规范电子商业汇票行为和票据业务操作，中国人民银行在商业汇票现有法律框架下，制定了《电子商业汇票业务管理办法》等一系列制度。

（二）本票

我国本票都是银行本票。尽管有许多本票在票据上印有"不得转让（Not Negotiable）"字样，已丧失了流通票据的部分性质，但人们仍将其列为流通票据。收款人可以是出票人指定的其他人，也可以是执票来人（即不记名）。但一般各国不允许银行开出见票即付的不记名本票，因为这种本票本质上相当于钞票，会扰乱货币秩序。

我国《票据法》的规定，本票的绝对必要记载项目有：（1）"本票"字样；（2）无条件支付承诺；（3）确定的金额；（4）收款人名称；（5）出票地点及时间；（6）制票人签章。如图 1 - 3 所示。

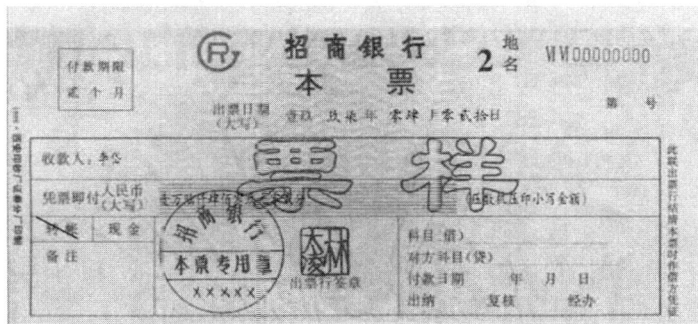

图1 - 3 银行本票票样

（三）支票

支票一般是各银行制作在存款人开立支票存款账户后交付给存款人使用的，有本行 LOGO 和存款人账号，存款人一般只需填写出票时间、收款人、大小写金额，并在右下角签字。支票一般是见票即付的，所以也无须承兑。有空白支票，即可以除了出票人签字外其他栏空白任收款人填写金额和收款人名称；也有空头支票，是出票人在银行的账户余额不足以支付支票票款，银行会拒付该支票。

支票根据是否必须转账，分为现金支票和转账支票。写明是转账支票必须转账，写明现金支票只能先支取现金。这是我国的用法。国外是分为普通支票和划线支票，划线支票是在普通支票上加上两条平行线的支票，这种支票只能转账，它有效地克服普通支票可能被冒领现金的局限。如图1-4、图1-5所示。

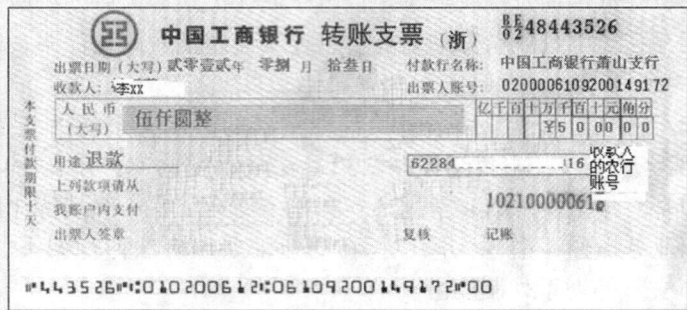

图1-4　转账支票票样

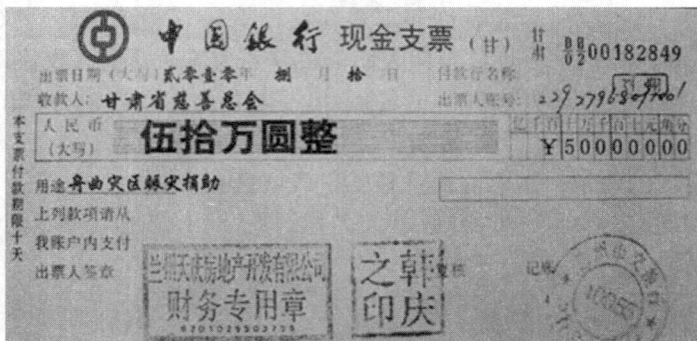

图1-5　现金支票票样

理论上支票也可以转让流通，但支票有可能遭遇空头支票，通常由于对出票人信用的不了解，支票不易转让。

我国《票据法》规定，支票必要记载项目有：（1）"支票"字样；（2）无条件支付的委托；（3）确定的金额；（4）付款人名称；（5）出票日期；（6）出票人签章。以上内容缺一不可，否则，支票无效。不过，支票金额可由出票人授权补记。

收款人收到票据后可以交给自己的开户银行托收票款，也可以背书转让，或向银行申请贴现；最终收款行会将这张票通过票据清算中心（或电子支付系统）交换给付款行，付款行完成验票、验印等一系列动作之后把钱从付款人的账户里扣出来付给收款行，收款行再把收到的头寸替收款人入账，通常需要一定的时间。

汇票、本票、支票中，在商业领域使用得最广泛的是汇票，西方国家支票的使用也极普遍，我国支票的使用相对较少，尤其是个人支票。

三、票据的特征

票据起源于债权债务关系，但与普通的债权债务凭证相比，经由《票据法》标准化之后的票据则是以收付金钱为目的的特定证券，以无条件支付一定金额为其核心内容。履行票款支付义务时，出票人可以自己付款，也可以委托他人付款。与普通的债权债务凭证相比，无因性、要式性、流通转让性是票据的基本特征。无因性和要式性是票据标准化的核心手段，流通转让性是票据标准化的目的和结果。

（一）无因性

票据的开立通常都有特定的原因。出票人在票面要求受票人付款给收款人一般是由于他们之间存在着债权债务关系或者资金关系，如受票人是出票人的债务人，或者受票人有出票人的存款，也可能是受票人愿意向出票人贷款；而出票人让受票人支付款项给票面的收款人可能是出票人对收款人负有债务，或者是从收款人处购买了货物，或者是以前有欠款。

这些原因是票据当事人权利义务的基础，是票据原因。这些原因如果存在瑕疵，可能会影响最后票款的支付。如果票据已经经过多轮的转让、流通，最后可能导致很多原来不相关的各方也陷入债权债务纠纷，这将导致票据难以流通转让。

票据法强调票据一旦做成，票据上的权利便与其原因关系相分离，成为独立的票据债权债务关系，不再受先前原因关系存在与否的影响。如果收款人将票据转让给他人，对于票据的受让人而言，无须调查票据原因，只要是合格票据，便确定能享受相应的票据权利。票据权利完全依照票据上文义所记载的内容确定，不能进行任意解释或根据票据以外的其他文件来确定。这就是票据的无因性，它将票据转让前手的原因予以切断，使其不能对抗后手，以此保证票据的流通。

（二）要式性

要式性是指票据的形式必须符合法律规定，票据上的必要记载项目必须齐全且符合规定。各国法律对票据必须具备的形式条件和内容都做了详细规定，各当事人必须严格遵守这些规定，不能随意更改。只有形式和内容都符合法律规定的票据，才是合格票据，才会受到法律保护，持票人的票据权利才会得到保障。

此外，票据的要式性还表现在票据流通转让过程中的票据行为上。票据行为一般有出票、背书、承兑、付款、担保、贴现等，其中出票、背书、承兑在要式性的要求上特别突出。

（1）出票。出票包含两个动作：开票（或写成）并签字；交付。交付是物权的自愿转移，是票据生效不可缺少的行为。一般将出票称为主票据行为，是基本的票据行为，其他票据行为都是在票据存在之后才能发生，是附属票据行为。

出票完成后，出票人就成为主债务人，承担担保承兑和付款的责任。若受票人承兑而不付款，则出票人应当承担清偿票款的责任。收款人取得票据后，即取得票据上的权利。

（2）背书。背书是持票人在票据背面或粘单签名，并交付给受让人，以转让票据及票据权利的行为。包含两个动作：一是在票据背面或粘单上记载有关事项并签名；二是交付。

汇票、本票、支票都可以经背书而转让，但记载了"不得转让"字样或限制收款人的票据是不能背书转让的，而不记名收款人即来人票据则不需背书即可仅凭交付转让。

（3）承兑。承兑是远期汇票的受票人在汇票上签名，表示完全同意出票人指示到期付款的行为。它包括两个动作，首先是完成记载及受票人签名，其次是完成交付，可以是实际交付，也可以是推定交付（受票人承兑后将汇票留下，以其他方式通知持票人该汇票已承兑并告知承兑日期）。

承兑后，承兑人成为主债务人，出票人及其他汇票债务人的债务责任向后顺延一位。

承兑对远期汇票是非常重要的票据行为，承兑之后它才具有法律效力。在票据市场上，未到期的已承兑的远期汇票才能申请贴现。而本票是出票人自己的债务承诺，即使是未来付款也无须承兑；支票基本上是即期的，无须承兑。

要式性的目的是保证票据语义理解的一致性，避免在转让过程中产生理解偏差或歧义，保证流通转让的顺利。

（三）流通转让性

票据可凭交付或背书交付后进行转让，这是票据的基本特征。票据转让不同于一般债权和书面凭证的转让，有以下特征：

（1）票据转让无须通知原债务人。通常一般债权债务的转让，需通知原债务人。而票据权利的转让，仅凭交付或背书后交付即可完成，不必通知原债务人。票据法的这一规定有效地提高了票据转让的效率。

（2）正当持票人的权利不受前手票据权利缺陷的影响，可以获得完整的权利。该特征使票据受让人只需关注本身的交易及票据信息，而无须了解之前的转让过程是否存在缺陷，该特征提高了票据的普遍接受性，使之成为重要的支付和流通手段。

票据法对票据形式和语义的规范在一定程度上决定了票据是标准化的债权债务凭证。但票据的标准化非绝对的标准化，即票据会因出票人的不同，在内容的表达形式（如纯文字式、表格式，横向、纵向等）上会有一定的差异，但同一种票据，其内容的构成项目是相同的，必须符合本国或者出票地的票据法的规定。对语义和行为的理解也要根据票据法。

四、票据的主要功能

票据是商品经济中非常重要的金融工具，从经济角度来看，票据具有汇兑、支付和流通、信用和融资等功能。

（一）汇兑功能

汇总是票据的原生功能，主要用于解决货币支付的空间间隔问题。在票据产生的最初阶段，票据几乎成了转移资金的专门工具，它解决了由于跨区域或跨国家贸易活动带来的直接携带或运送现金的不便。利用票据，可在甲地将现金转化为票据，再在乙地将票据转化成现金或票款，通过票据的转移、清算等过程实现资金的转移，这种方式不仅简单、方便、迅速，而且很安全。

（二）支付和流通功能

支付是票据的基本功能。在现实经济生活中，随时都会发生支付的需要，如果都以现金支付，不仅费时费力，而且成本高效率低。如果以银行为中介、以票据为手段进行支付，只需办理银行转账即可，方便、准确、迅速、安全。票据不仅可以进行一次性支付，还可通过背书、交付进行流通转让。票据到期时，通过最后持票人同付款人之间的清算，就可以使此前发生的所有各次交易同时结清。

从支付和流通角度讲，票据被誉为"商人的货币"。由于背书人对于票据的付款具有担保责任，票据的背书次数越多，负责担保的人就越多，该票据的可靠性就越强，票据的价值就越高。流通性是票据，特别是汇票的显著特征；任何持票人都可以通过向债权人转让票据来清偿债务。作为流通工具，票据完善了自身的支付功能，扩大了市场的流通手段。因此，票据具有很强的货币性。

（三）信用和融资功能

信用功能是票据的核心功能，也被称为"票据的生命"。

一方面，在现代商业经济中，企业的生产过程从支付资金购买原材料到生产成品出售收回资金都有一定时间周期，如果原始资金不足，很难开展生产经营活动，因此，生产经营周期决定了企业经营活动有资金或实物融通的需要；另一方面，从供应商来看，可能由于竞争等，也愿意通过赊销赊购等方式提供融通。这种实物或资金融通称为商业信用，这种信用保障程度较低，并且难以转让和提前收回资金，并影响供应商自己的生产经营过程，从而阻碍商业信用的发展。引进票据结算后，由买方向卖方开出约期支付票据，则可使债权标准化的形式明确，提高商业信用的可靠性，确定清偿时间，使转让手续简便，还可通过贴现提前获取现金。这就是票据的信用和融资功能，它使得市场的分工协作变得更加顺畅。

第四节　货币的本质和计量

一、货币的本质

（一）对货币本质认识的历史过程

历史上对货币本质的认识经历了货币金属论、货币符号论和马克思的一般等价物理论。

16 世纪的重商主义学派认为，货币用于交换，必须有与交换对象等值的价值，金银等贵金属具有实质价值，是财富，因而货币天然是贵金属，不能被其他商品所代替，金银是一国真正的财富。因此，重商主义者极力建议国家发展对外贸易，以换取国外的金银。这种把货币等同于贵金属的观点，被称之为"货币金属论"。

在货币金属论主导下，有些国家禁止金银货币输出，阻止外国商品的输入。甚至不惜将本国的生活必需品也大量出口以换取货币。结果导致国内货币泛滥，产品枯竭，物价上涨，民不聊生。在该情况下，诞生了"货币符号论"，否定重商主义的理论基础——货币财富观。

货币符号论，又叫货币工具论。从货币的关键职能，流通手段和支付手段等角度认识货币，完全否定货币的商品性和价值性，认为货币不是财富，主张货币只是一个符号，一种票证，是名目上的存在，是便利交换的技术工具。其价值是由国家权威或法律赋予的；货币是商品价值的符号；是观念的计算单位，可以不具有实质价值，可以用任何材料制成。货币符号论的缺点是完全否定了货币的价值，实际上是混淆了货币的交换价值与商品使用价值的关系。

马克思以劳动价值论为基础，区分了商品的交换价值和使用价值，提出了一般等价物理论，认为货币是从商品世界中分离出来的，固定充当一般等价物的特殊商品，它反映一定的社会生产关系，但货币本身没有阶级性。

现代金融经济学家，主要从实践的角度，根据货币的普通接受性、交易媒介（支付手段、流通手段）和价值尺度等方面界定货币。凯恩斯把货币界定为："具有一般购买力的，能被用来结清债务合同价格的东西"；现代货币学派代表弗里德曼认为，货币是购买力的"栖息所"，具有为一般人能接受的交换媒介的职能；美国当代金融学家托马斯·梅耶（Thomas Meyer）定义货币：任何一种能执行交换媒介、价值标准或完全流动的，具有财富贮藏手段职能的物品都可看成是货币。

（二）关于货币本质的若干问题

1. 货币价值与币材使用价值的关系

早期的实物和金属货币都有内在足值的使用价值，与一般商品交换时，基本上能够实现等值交换。但是，当具有使用价值的实物商品充当货币之后，其使用价值的存在就是一个矛盾，一是要靠使用价值的存在保证其能够作为货币进行交换，它的使用价值就不能被消费而实现其价值。二是货币作为流通手段，需要在一定的时间内保持其货币特征，由此，币材的使用价值就可能因腐败或老化而被浪费，即使金银等不会老化腐败，也因为使用价值的闲置而浪费。而货币需要足值的观念完全是建立在以物易物基础上，实际上充当交易媒介的货币并非交易的目的，而是实现交易的手段和工具，并不需要足值的币材；因此就有了现代的信用货币。但币材没有价值，并不等价于货币没有价值。

2. 货币符号与货币价值的关系

货币从商品货币、称量货币、铸币等"足值货币"演变为银行券、纸币等"不足值货币"是货币历史的第一次革命；而现代的电子货币、记账货币的出现则是货币历史上的第二次革命，即货币从有形货币向无形化、标准化发展与演变，其符号化特征愈发突出。

现代信用货币已不是通常意义上的商品、不具有内在价值和使用价值，而是一般等价物所需要的统一的、标准化的价值符号。

货币价值则是通过交换得以体现。如，100 单位的货币可以购买 1 双跑鞋，则 1 单位货币的价值就是百分之一双跑鞋，以此类推。而货币借贷则无法体现货币价值。

3. 信用货币与财富的关系

对个体而言，货币是财富、是资产，持有货币可用于交易具体商品，并获得相应的使用价值。但对发行者而言，货币则是负债，现钞是中央银行的负债，存款货币是商业银行的负债。对整个社会而言，货币是一项重要的基础性交易工具，并不服务于具体的消费目的。信用货币就是债权债务凭证，全社会的债权债务之和应该为 0，货币不是财富。

4. 货币发行收入和通货膨胀税

金属货币流通条件下，私人部门向铸币场提供黄金和白银时，作为对原材料的支付，私人部门收取一定数量的金银铸币，这些铸币所含金或银的总量少于他们所提供的原始金和银的总量，两者之间的差额被称为铸币成本。在正常情况下，它只反映铸币的劳动价值，铸币可以自由铸造。但在某些情况下，有些政府会恶意降低铸币的真实金银含量，这种好处就成为国家的额外收入，称为"铸币税"。

纸币流通条件下，纸币本身几乎没有价值，只是价值符号。政府发行货币不能直接用于商品和劳务的购买。中央银行发行货币本质上是创造不支付利息的、标准化债券（钞票）贷给商业银行收取利息，该利息收入就构成了中央银行的货币发行收入，该收入理论上可记录为央行的自有资金。商业银行获得贷款之后，转贷给企业或个人收取利息，商业银行赚取利差；企业和个人获得贷款之后可以用于购买劳务、原材料或消费品而进入流通，另一些企业或个人通过销售商品或提供劳务而获得货币收入又转存入银行，银行又可再利用该存款继续发放贷款。货币就如此源源不断地在社会上流通，中央银行就可能不断地获得利息收入。如果该收入能转为国家的财政收入，就形成了国家的财政收入，用于财政支出。

现代国家的央行管理体制逐步实现央行独立，央行的收入不能直接转为财政收入，该渠道就不成立了；这些发行收入就只能在央行账户流转，从而不影响社会的收入分配。

当央行过度发行货币时，首先获得贷款的政府、企业或个人，将过多的货币用于购买商品或劳务等，导致物价上升，经过商品交易途径逐步传播，最后导致全社会的物价普遍上涨。这种物价不同步上涨，贷款等负债金额不随物价调整的特征，最终导致了社会财富的重新分配，财富从后获得资金者流向先获得资金者，从债权人流向债务人。而政府和企业通常是最大的债务人，在货币超发时，也最先获得资金；从而财富就从普通个人流向政府和企业，这就是通常所说的"通货膨胀税"。如果货币恶性过度发行将可能被社会大众弃用，导致经济后退、社会动荡、甚至政府垮台等后果。

综合以上分析，作为价值尺度的货币可能是任意的符号，其价值量通过交易得以体现。任何与货币交易的商品的价值量就是其价格，相反，货币的价值量就是相应商品价格的倒数，由于货币与所有商品交易，货币的价值量就表示为一般商品价格（代表性商品篮子的价格）的倒数。作为流通手段的货币需要具体的、稳定的价值形态。债权债务凭证就是一种相对稳定的特殊价值形态，其稳定性表现为受到债权债务关系的制约，不易随意变动和调整；同时，债权债务凭证没有具体的使用价值，只有货币价值。因此，现代信用货币的本质可以认为是充当一般等价物的特殊价值形态。

二、货币计量

认识货币的本质是为了能在实践中具体确认什么是货币，什么不是货币。对整个社会而言，货币不是财富，并非多多益善。过多的货币会导致币值不稳定、通货膨胀；货币不足也会制约经济发展。因此，在实践中，准确计量货币总量是控制货币供应水平、实现货币稳定的基础性工作。

货币计量的目的是测度货币持有部门在购买商品、劳务、金融和非金融资产时拥有货币的可能性。货币总量是中央银行在决定货币政策时所密切关注的指标，货币总量的变动是实现币值稳定（物价稳定）等最终政策目标的中间目标。

（一）货币计量理论依据

在一般意义上探讨货币时，主要强调某类资产在具有"普遍可接受性"条件下作为交易媒介和价值贮藏的职能，但在货币计量实践中，"流动性"（liquidity）日益成为区分货币层次和计量的重要标准。

现代信用货币最初都是银行发行的，是银行的债务凭证。在现代中央银行制度下，中央银行发行的纸币、商业银行创造的存款是标准货币。但在实践中，还有很多的价值形态在发挥着交易媒介等货币职能，有的很容易转换为标准货币。如定期存款、流通中的票据、债券等。

货币，对于持有者来说，就是一项资产，可以最方便地交易成其他资产的资产。但除了货币之外，其他资产也可以实现这一目的。如：一个人想买一辆汽车，最容易的方式就是用现金购买；但他也可能用他持有的票据、定期存款的存单、债券、股票等资产去交换，只要卖汽车的人愿意接受；或者他也可能将这些资产先换成现金，然后去购买汽车。因此，很多资产都具有一定的"货币性"。

现阶段，世界各国普遍以资产的流动性的强弱作为划分和计量货币的主要依据。"流动性"是指一项资产及时转变为现实购买力并不受损失的能力。社会公众持有的各类资产中，根据流动性从强到弱，大致可分为以下类别。

1. 现金

居民手持现金和企业单位的备用金。这类资产可随时作为流通手段和支付手段，故具有最强的购买力。

2. 活期存款

活期存款可以通过签支票、自助转账、POS 机转账等方式进行支付和流通，与现金具有类似的购买力。

3. 定期存款

定期存款可以提前取现，但需支付一定的利息成本，因此其流动性低于活期存款。

4. 股票和债券

在证券市场发达的条件下，股票和债券也相对容易变现，但急于变现时，可能要会降低成交价格，要支付较高的变现成本。

5. 票据

主要指各类商业票据，由于面额大，受众范围有限，因此流动性更低。

6. 其他各类资产

房屋、汽车等各类资产均具有特定的使用价值，更加难以变现，流动性更低。

（二）货币计量实践

由于各国金融发展路径和发展阶段的不同，各类金融工具的使用习惯和形式也各不相同。因此，在货币计量上各国也存在差异。为了便于国际间的比较，国际货币基金组织推荐了一个货币计量的统计口径：

（1）M0（现钞），指流通于银行体系外的现钞，包括居民手持现金和企业单位的备用金。具体统计时，它等于中央银行的货币发行总量减去商业银行的库存现金。

（2）M1（狭义货币），M1 = M0 + 商业银行的活期存款。M1 是现实的购买力，是各国货币政策调控的主要对象。

（3）M2（广义货币），M2 = M1 + 准货币。

准货币一般由定期存款、储蓄存款、外币存款及各种短期信用工具，如银行承兑汇票、短期国库券等构成。准货币能够较为容易地转化为现实货币，进而增大流通中的货币量。M2 包括了一切可能成为现实购买力的货币形式，自 20 世纪 80 年代以来，成为各国货币供应量调控的重点。

1. 中国货币计量实践

我国对货币层次的研究起步较晚，参照国际货币基金组织的划分口径，现阶段我国货币计量划分为以下三个层次：

（1）M0 = 流通中现金，主要包括企业、个人、机关团体、非存款类金融机构所持有的硬币和现钞总和，即中央银行发行的货币扣减银行业存款类金融机构库存现金后的货币总额。

（2）M1 = M0 + 企业单位活期存款 + 农村存款 + 机关团体部队存款 + 个人持有的信用卡类存款。

（3）M2 = M1 + 城乡居民储蓄存款 + 企业存款中具有定期性质的存款 + 外币存款 + 信托类存款。

（4）M3 = M2 + 金融债券 + 商业票据 + 大额可转让存单等。

其中，M1 是通常所说的狭义货币，流动性较强，是国家中央银行重点调控对象；M2 是广义货币，M2 与 M1 的差额称为准货币，流动性较弱；M3 是考虑到金融创新的发展而设立，暂未测算。图 1-6 是我国近年来的货币供应量变化情况。

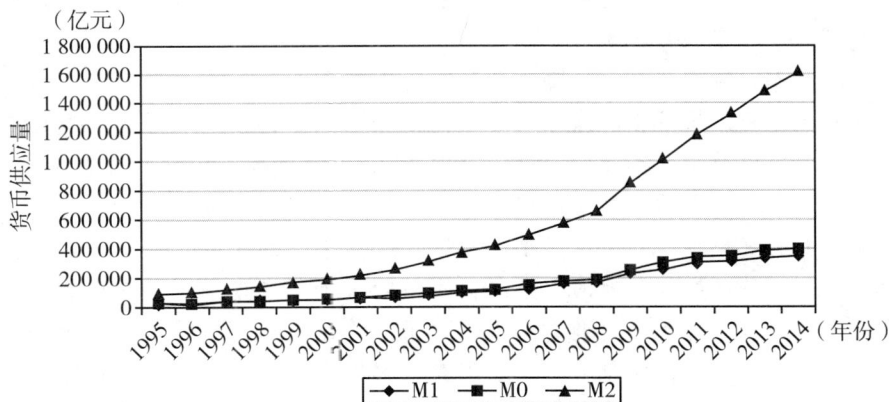

图 1-6　我国近年来的货币供应量变化情况

2. 美国的货币计量实践

美国自 20 世纪 70 年代以来，在各种信用流通工具不断增加和金融状况不断变化情况下，先后多次修改货币计量的不同层次指标。目前货币层次划分和统计的情况是：

（1）M1 = 流通中的现金 + 活期存款 + 非银行发行的旅行支票 + 其他支票存款（可转让存单（NOW）+ 自动转账服务存单（ATS）+ 信贷协会权益份额 + 互助储蓄机构活期存款）；

（2）M2 = M1 + 储蓄存款（包括货币市场存款账户）+ 小额定期存款（低于 100 000 美

元，扣除个人退休金账户（IRA）和储蓄机构的 Keogh 余额①）＋零售货币市场共同基金余额（扣除在货币市场共同基金的个人退休金账户（IRA）和 Keogh 余额）；

（3）M3＝M2＋大额定期存单（10 万元以上）＋定期回购协议＋定期欧洲美元存款；

（4）L＝M3＋银行承兑票据＋商业票据＋储蓄债券＋短期政府债券。

目前，常规公布的是 M1 和 M2。

《乔家大院》里的货币

《乔家大家》是 20 世纪末热播的一部反映山西晋商乔致庸发家经历的连续剧。

乔致庸继承家业之后，在朋友孙茂才的帮助下，发展壮大了乔家贩卖南方茶叶和北方皮毛的生意。在生意做大之后，为了保证远距离大量运送金银货币的安全，雇用了自己的保镖队伍；同时，为了经营的方便，在南方的主要茶叶产地和北方的皮毛交易聚集地，如：武夷山、包头、成都等，都设立了他自己的办事处；在南方可以用出售皮毛的收入收购茶叶，而在北方却相反。这样，他的资金就可以在当地流转，减少跨区域的运送量。

乔致庸开拓了这些贸易商路之后，其他人也开始跟风，毕竟生意一家做不完，乔致庸也乐于助人。谢逊就是其中之一，但谢逊本小，雇不起保镖。一天，谢逊壮着胆子，找到了乔致庸，希望能帮他把银子运到武夷山，他可以付点运费，乔致庸同意了，收到了谢逊的银子，并给谢逊开了张收据，告诉谢逊可以凭收据到武夷山兑取银子。这实际上是一项双赢的合作，乔致庸没有增加运输成本，却获取了额外的运费；谢逊只要付少量的运费就可实现银子的跨区域转移。

前面几次合作，谢逊很谨慎，每次到了武夷山都是首先去找乔致庸的办事处将银子兑换出来。到此为止，发挥交易媒介作用的还是那些银子，乔致庸开出的凭证仅仅起到汇兑凭证的作用。次数多了之后，谢逊对于兑取银子的事也比较放心了，便有点大意。有一次，谢逊到武夷山之后，当晚与朋友小聚，喝多了，忘了去兑换银子，而第二天一早就是茶商交易的赶集日，如果错过了，他这次贩卖茶叶的生意可能要泡汤，他万分着急，在无奈之下，他只好带着他的汇银收据去茶叶市场。在市场上，谢逊看好了一批茶叶，也谈好了价钱。支付时，谢逊拿出了乔致庸开给他收据，希望用这张收据支付茶叶款。茶商陈家洛起初一愣，他是第一次碰到有人想用"一张纸"来买他的茶叶，经过谢逊的再三解释，陈家洛勉强接受。交易成交之后，陈家洛赶紧去找乔致庸的办事处兑换银子，结果顺利完成，谢逊和陈家洛悬着的心总算放了下来。至此，汇兑凭据因意外而充当了一次交易媒介，发挥了支付功能，作了一回"货币"，但因陈家洛及时将汇兑凭据兑换回银子，该"货币"也就瞬间消失。

此后，陈家洛又多次收到类似的汇兑凭据，每次也都能顺利地兑换成银子。次数多了，陈家洛对兑换银子一事也很放心，放心之后，反而不急于去兑换银子，而是将汇兑凭据留在手中，有需要的时候再去兑换，有时也用这些凭据购买皮毛、粮食等商品。当

---

① IRA 和 Keogh 账户是不同类别人群的个人退休金账户，有一定的支取限制。比如，可支取的年龄、每月支取限额等。

陈家洛也用这些凭据购买商品时，这些凭据不仅具有支付功能，同时也发挥了流通功能，它在不同的交易者手中流通转让，让很多人觉得用它进行交易比直接用银子还方便。而在乔致庸这边，根据估计，谢逊从太原到武夷山是一个月的行程，正常情况，一个月左右谢逊的汇兑凭据会被送来兑换银子，乔致庸也备足了银子以供兑换。正是由于乔致庸的讲信用，他开出票据，被大家认可，在市面上流通起来了，反而不会及时回流，经常在外额外多流通了 6～12 个月，直到票据磨损了，不得已才回流。由于乐于助人，又能赚取运费，乔致庸开出的票据越来越多，他手中持有的银子也越来越多。

此时，情况发生新的变化，社会上的人都发现乔致庸虽然生意做得很大，银子却不紧张，手头经常有闲置的银子。杨过也是做小生意的，资金有限，想找乔致庸借银子。起初，乔致庸很谨慎，认为银子都是别人的，别人随时会回来兑取，不肯轻易出借。随着时间推移，他发现虽说理论上会被随时兑取的银子，实际上却有非常稳定数量的银子在乔致庸的手上，乔致庸也逐步壮起胆子，将银子借给杨过，收取额外的收益——利息。

此时，货币产生了新的质变，乔致庸实际上是"挪用"了客户的银子，他开出的汇兑凭据也没有了十足的兑换保证，乔致庸利用了别人对他的信用进行盈利。这也是"部分准备制"的开端，"部分准备制"对"挪用"行为进行了合法化。

而黄蓉找乔致庸借银子时，不仅要借银子，还需要汇兑服务。当这两项业务同时进行时，乔致庸的银子没有任何变化，仅仅是收到了一项债权凭证（黄蓉的借条），又开出了一张债务凭证（汇兑收据）；据此，就能获得利息和汇费收入（见表 1-2）。

表 1-2　　　　　　　　　　　　乔致庸的资产负债表变化

资　　产	负　　债	备　　注
银子：+1 000 两	汇票-谢逊：+1 000 两	谢逊的汇兑业务
银子：-1 000 两		杨过的借贷业务
贷款——杨过：+1 000 两		
贷款——黄蓉：+1 000 两	汇票——黄蓉：+1 000 两	黄蓉的借贷和汇兑业务，实际上是谢逊和杨过两项业务的合并

乔致庸发现了这个无本万利的盈利渠道之后，就努力开拓这一项目。为了使该项目能够做大，他发现最重要的问题是：首先，让人们相信他开出的汇兑凭据能够保证及时兑换成银子，其次，他的汇兑凭据能够方便地用于支付。为了实现这个目标，他首先对他开的汇兑凭证进行改革，事先印制、固定金额、不记人名和时间，加上防伪措施等，结果制成了标准的银票；其次，虽然类似黄蓉的业务可以无限扩大，但为了保证银票的及时兑换，他总是有所克制，比如，如果库房存有的银子有 1 万两，这类无中生有的业务就只做到 5 万两。他也总是尽量不用银子，多用银票；像杨过的借贷就尽量不用银子，而改为支付银票，因为杨过拿到银票也一样能实现用于购买和支付等，因为有人要就行。结果这项业务做大之后，它的盈利水平远远超过了乔致庸的传统业务，甚至放弃了贩卖茶叶等传统业务，专做汇兑、借贷等业务，他的店铺就成了山西票号，取名"大德通"。乔致庸发财之后，其他富商也开始模仿，市场上先后冒出了日升昌、三晋源、志成信等

无数的票号。票号之间形成竞争，有的票号无法约束自己的扩张冲动，会过度发行银票，而无法及时兑付，导致其银票在市场上的接受程度下降。一天，杨过拿着一张100两的三晋源银票找三晋源兑换银子，三晋源的伙计告诉杨过，今天他的掌柜不在，请他明天再来；明天再来时，柜台伙计又说今天管钥匙的伙计生病了，请他过两天再来。杨过急着用钱，只好勉强继续用银票去交易；实际上，三晋源因过度发行银票，库存银子不足，无法兑换；社会上的其他人也有过类似杨过的经历。因此，大家都不大愿意接受三晋源的银票；杨过又只能用银票，结果他只好把他的100两银票当80两用，才被其他人接受。

现在社会上流通的银票五花八门，流通价值不一，交易活动又陷入混乱。更有甚者，有的票号遇上谢逊等脾气大的，直接砸上门来，引起轰动，导致其所有客户都同时要求兑换，结果该票号的银票完全无法兑付。这就是"挤兑"。

出现"挤兑"等较大的银票纠纷之后，政府开始介入调解。政府还发现这是一门好生意，同时对社会经济的发展又很重要。结果政府直接宣布取消票号发行银票的权力，只能由政府设立的"官票号"发行银票，并强制要求所有人都不得拒绝政府的银票作为支付工具。这个"官票号"就是后来的中央银行。而民间的票号虽然不能发行传统银票了，但仍然可以政府的"官票"为基础，通过借贷和汇兑"官票"等业务发行"虚拟银票"——银行存款。

（本故事纯属虚构，目的是说明货币、票据等的演变逻辑）

本章小结

货币发展从实物货币、金属货币（铸币）、代用货币到现代信用货币的演变，遵循的基本目的是为交易服务，解决交易困难。因此，货币被称为交易的一般等价物。标准化和证券化是货币性工具发展演化的基本金融技术和演化逻辑，标准化实现币材、计量单位、货币形状，甚至信用来源等的统一和规范，使得货币更易于使用，增强货币的普遍接受性。证券化解决了商品货币时代币材的使用价值与货币价值的内在矛盾，也使得货币供给更具弹性，能根据商品交易对货币的需求而调整。信用的内涵和使用范围的延伸是货币发展和演变的重要线索；货币信用形成之后，存在被盗用和过度使用等滥用风险。

货币的种类，如果按演变过程，可分为实物货币、金属货币、纸币和存款货币。若按货币价值与币材价值的关系分，可分为商品货币、代用货币和信用货币。不兑现纸币、小额的辅币和银行的存款货币都属于信用货币。若根据货币使用的国土范围，通常分为国内货币和国际货币。

交易媒介是货币为交易服务的基本职能，它包括支付手段和流通手段；在充当交易媒介的基础上，它又派生了价值尺度和价值贮藏的职能。货币的使用带来了标准的价值尺度，为人类社会的分工与合作创造了基础性条件。

在货币发展的代用货币阶段，人类社会创造了种类繁多的各类信用凭据，这些信用凭据通过对凭据形式和信用来源等方面进一步标准化之后就形成了现代的信用货币，但传统的信用凭据仍然具有一些信用货币无法替代的交易功用。因此，这些传统的信用凭据在另一条发展路径上，以"票据法"为约束，进行有限标准化之后，形成了现代的票据。

现代票据指以支付金钱为目的的有价证券，即出票人根据票据法签发的，由自己或委托他人无条件支付确定金额给收款人或持票人的有价证券。主要包括汇票、本票和支票。在票据法约束下，票据具有无因性、要式性和流通转让性等特征；也具有与货币类似的支付流通功能，以及汇兑、信用和融资功能。

作为价值尺度的货币可能是任意的符号，其价值量通过交易得以体现。作为流通手段的货币需要具体的、稳定的价值形态。债权债务凭证是一种相对稳定的特殊价值形态，其稳定性表现在其价值受到债权债务关系的制约，不能随意变动和调整；同时，债权债务凭证没有具体的使用价值，只有货币价值。因此，现代信用货币的本质是充当一般等价物的特殊价值形态。

货币计量的目的是测度货币持有部门在购买商品、劳务、金融和非金融资产时拥有货币的可能性。在货币计量实践中，"流动性"是各国作为划分和计量货币的主要依据。"流动性"是指一项资产及时转变为现实购买力并不受损失的能力。国际货币基金组织推荐的货币层次划分和计量标准分为三个层次。

（1）M0，指流通于银行体系外的现钞，包括居民手持现金和企业单位的备用金。

（2）M1，包括M0和商业银行的活期存款。

（3）M2，包括M1和准货币。准货币一般由定期存款、储蓄存款、外币存款及各种短期信用工具，如银行承兑汇票、短期国库券等构成。

知识要点：

货币、实物货币、铸币、商品货币、代用货币、信用货币、纸币、标准化、证券化、交易媒介、价值尺度、价值贮藏、流通手段和支付手段、票据、汇票、本票、支票、无因性、要式性、货币层次、流动性、流通中的现金（M0）、狭义货币（M1）、广义货币（M2）

复习思考题：

1. 简述货币的主要类型。
2. 货币的职能有哪些？
3. 如何理解货币的本质？
4. 如何理解标准化、证券化对货币性工具创造的作用？
5. 请分析信用在货币发展和演变过程的作用。
6. 简述票据的主要类型。
7. 请分析现代票据的主要特征和职能，并比较票据和货币职能的异同。
8. 为什么说票据是货币性工具？
9. 什么是"流动性"？举例说明流动性的重要意义。
10. 简述货币层次的划分和货币计量方法。

作业：

1. 请收集中国近 30 年来的货币供应量（M0，M1 和 M2）和 GDP 的发展变化情况，据此分析你对货币的理解，以及货币供应量与经济发展的关系。

2. 请对你身边的人（至少 20 个样本）作一个关于"货币是什么？"的调查，并作调查分析报告。

第二章　资本性工具

本章导读

1988 年 4 月，上海铁合金厂仓库丢了一吨多铜材，因为杨怀定的妻子承包的电线厂所用原料是铜材，他成了重点怀疑对象。很快案子破了，跟杨怀定没有关系，但受了一肚子气的他却决定不干了。辞职后，杨怀定订了 26 份报纸，他在报纸上看到，从 4 月开始，中央相继开放了七个城市的国库券转让业务。他的眼皮狠狠地跳了一下。第二天，他就凑了 10 万元直奔安徽合肥。他的算盘是，当时各地的国库券价格都不同，只要有价差就能赚到钱。果然，他在合肥银行的门口吃进 10 万元国库券，然后倒给上海的银行，前后三天获利 6 000 元，当时，一个工人的月薪不过 50 元左右。在随后的一个月里，杨怀定日夜兼程，把上海之外的其他六个开放城市跑了一个遍，当时上海银行国库券日成交额约 70 万元，他一人就占去 1/7。就这样，一条匆匆出台的中央政策成全了一个仓库管理员的致富梦。杨怀定是中国第一个靠资本市场发财的普通人，他后来以"杨百万"闻名早年的中国股市，是中国证券市场的最早参与者、实践者和见证者，杨百万在证券市场拥有许多"第一"：第一个从事大宗国库券异地交易的个人，第一个到中国人民银行咨询证券的个人，第一个个人从保安公司聘请保镖，第一个主动到税务部门咨询缴税政策，第一个聘请私人律师，第一个与证券公司对簿公堂。

新中国成立后的股票和债券市场的发展不过 30 年左右，在这个市场既有杨怀定这样的成功传奇，也有不少因股市剧烈波动、导致个人破产、跳楼自杀等的悲惨案例。

在本章我们主要学习：

1. 什么是股票和债券？其具体品种有哪些？
2. 人们为什么要创造股票和债券工具？是如何创造的？

第一节　资市性工具的产生与发展

一、资本性工具概述

传统上，通常将金融市场按照交易工具索取权的到期期限，划分为货币市场与资本市场。货币市场是指索取权的到期期限小于一年的短期债务市场，其主要工具包括：短期国债、可转让定期存单、商业票据、回购协议、银行承兑汇票等；资本市场是指索取权的到期期限大于一年的长期债务市场和权益性证券市场，其主要工具包括：股票、债券、抵押贷款等。本书的资本性工具是指公司企业等经济个体发行的，用于筹集短期或长期资本的标准化工具，主要是债券和股票。

债券是一种金融契约，是政府、金融机构、工商企业等直接向社会借债筹措资金时，向投资者发行、同时承诺按一定利率支付利息并按约定条件偿还本金的债权债务凭证。债券购买者或投资者与发行者之间是一种债权债务关系，债券发行人即债务人，投资者（债券购买者）即债权人。债券是一种社会化、标准化的债务凭证，是一种有价证券。

股票是股份公司发行的所有权凭证，是为筹集资金而发行给各个股东作为持股凭证并借以取得股息和红利的一种有价证券。每股股票都代表股东对企业拥有一个基本单位的所有权。每个股东所拥有的公司所有权份额的大小，取决于其持有的股票数量占公司总股本的比重。股票是股份公司资本的构成部分，可以转让、买卖，但不能要求公司返还其出资。

二、债券的产生与发展

（一）西方国家债券的历史沿革

早在公元前 4 世纪，古希腊与古罗马就已经发行了公债券，由国家向商人、高利贷者和寺院借债。自此以后，许多大奴隶主、封建主、帝王和共和国每当遇到财政困难、特别是发生战争时便发行公债来解决危机，维持统治。例如：在 12 世纪末期，在当时经济最发达的意大利城市佛罗伦萨，政府曾向金融业者募集公债，其后热那亚、威尼斯等城市相继仿效。

15 世纪末 16 世纪初，美洲新大陆被发现，欧洲和印度之间的航路开通，贸易进一步扩大。为争夺海外市场而进行的战争使得荷兰、英国等竞相发行公债，筹措资金。19 世纪末至 20 世纪，欧美资本主义各国，为确保原料来源和产品市场、建立和巩固殖民统治，加速资本的积聚和集中，股份公司发行大量的公司债，并不断创造出新的债券种类，逐步形成了今天多品种、多样化的债券体系。

（二）我国债券市场的历史沿革

我国的债券产生晚于欧美国家。首次发行的债券是 1894 年清政府为支付甲午战争军费的需要，由户部向官商巨贾发行的，当时称作"息借商款"，发行总额为白银 1 100 多万两。中日甲午战争后，清政府为交付赔款，又发行了公债（即"昭信股票"），总额为白银 1 亿两。

辛亥革命后，南京临时政府为解决军政困难，发行了定额为 1 亿元的"民国元年八厘军需公债"。抗日战争期间，国民政府为了解决抗日战争的军费之需，发行了大量的"爱国公债"。

1949 年新中国成立之后，我国于 1950 ~ 1958 年发行了"人民胜利折实公债"和"国家经济建设公债"。其发行对于实现社会主义改造、巩固和加强社会主义经济基础，起了良好的作用。1958 ~ 1980 年，由于政治运动，国债被迫暂停。

1981 年 1 月财政部开始发行国债。国债恢复发行之初，主要采取行政摊派方式，由财政部门直接向认购人（主要是企业和居民个人）出售国债，带有半摊派的性质。1988 年，我国尝试通过商业银行和邮政储蓄的柜台销售方式发行实物国债，开始出现了国债一级市场。同年，为了解决国债能够得到流通变现的问题，财政部在全国部分城市进行国债流通转让的试点，中国国债二级市场（柜台交易市场）初步形成。

1990 年 12 月上海证券交易所成立，开始接受实物债券的托管，并在交易所开户后进行记账式债券交易，债券的交易重心逐渐向交易所转移，首次形成了场内场外两个交易市场并存的格局。

1997 年 6 月，中国人民银行发文通知商业银行全部退出上海和深圳交易所的债券市场，将其所持有的国债、融资券和政策性金融债券统一托管于中央国债登记结算公司，并进行债券回购和现券买卖，全国银行间债券市场启动。至此，我国统一的、多层次的、以银行间市场为主的债券市场体系基本形成。

2002 年以后，我国的债券品种的不断丰富，尤其是企业债品种的不断完备。2002 年，央行推出了央行票据，并使之成为公开市场业务的有效工具之一。2004 年，兴业银行首发金融次级债，为商业银行补充附属资本增加了渠道。2006 年 2 月，资产支持证券获准发行，结构性债券诞生。2007 年 10 月，第一支公司债面世交易所市场。2008 年 4 月，中期票据出世，在期限上丰富了企业债券品种。2009 年 4 月，由财政部代发的第一地方政府债问世。填补了我国地方公债的空白。同年 11 月，我国第一只中小非金融企业集合票据正式发行，这一集合债务工具进一步完整了企业债品种。

三、股票的产生与发展

（一）西方国家股票的历史沿革

17 世纪初，随着资本主义大工业的发展，企业生产经营规模不断扩大，由此而产生的资本短缺、资本不足便成为制约着资本主义企业经营和发展的重要因素之一。为了筹集更多的资本，于是出现了以股份公司形态、由股东共同出资经营的企业组织，进而又将筹集资本的范围扩展至社会，产生了以股票这种表示投资者投资入股，并按出资额的大小享受一定的权益和承担一定的责任的有价凭证，并向社会公开发行，以吸收和集中分散在社会上的资金。世界上最早的股份有限公司制度诞生于 1602 年，即在荷兰成立的东印度公司。股份有限公司这种企业组织形态出现以后，很快为资本主义国家广泛利用，成为资本主义国家企业组织的重要形式之一。伴随着股份公司的诞生和发展，以股票形式集资入股的方式也得到发展，并且产生了买卖交易转让股票的需求。据文献记载，早在 1611 年就曾有一些商人在荷兰的阿姆斯特丹进行荷兰东印度公司的股票买卖交易，形成了世界上第一个股票市场，即股票交易所，从而促进了股票市场的完善和发展。

（二）我国股票市场的萌芽与探索期（1949 年前）

1862 年 3 月，金能亨凭借其与一些外商、华人买办的关系，成功地筹集 100 万两银子，在上海开办了近代中国第一家股份制企业——旗昌轮船公司。不久，该公司股票开始上市。当时的中国证券市场尚处于萌芽状态，只有一家银行、八家保险公司、三家轮船厂的股票在市面上销售。

1869 年，在上海四川路二洋泾桥北堍，出现了第一家专营股票买卖的票号——英商长利公司。1891 年"上海股份公所"成立，形成了我国最早的明确的交易所制度以及会费制度。1900 年，上海股份公所在英商总会内租了几间房间作为办公场所，这也是我国最早的场内交易所。1903 年，上海股份公所改组为上海证券交易所，并在香港成立，1909 年，其迁入上海外滩一号。此时，其已经成为远东地区规模较大的证券交易所之一。

1914 年当时的"北京政府"颁布中国第一部交易所法《证券交易所法》。1920 年，虞洽卿、闻兰亭等人筹办的上海证券物品交易所正式开张。1929 年上海华商证券交易所与上海证券物品交易所合并为上海华商证券交易所。

1946 年 9 月 9 日，上海证券交易所正式成立。但在 1949 年宣告停业。

（三）新中国的股票市场发展（1949 年至今）

1984 年 11 月 18 日，中国第一个公开发行的股票——飞乐音响，向社会发行 1 万股（每股票面 50 元），在海内外引起巨大反响，被视为为中国改革开放的重要信号。1986 年 9 月 26 日，第一个证券柜台交易点——中国工商银行上海信托投资公司静安分公司。1987 年 9 月 27 日，第一家证券公司——深圳经济特区证券公司成立。

1990 年 11 月 26 日，上海证券交易所正式成立。1991 年 7 月，深交证券交易所正式开业。同年中国证券业协会成立。1992 年 10 月 12 日，中国证监会正式成立。

1999 年 7 月 1 日，《证券法》开始正式实施。

截至 2017 年 6 月，沪、深两市上市公司超过 3 000 家，成为全球第二大市场。

第二节　债　券

一、债券及其基本特点

（一）债券的票面要素

1. 债券名称和发行单位

在债券的票面上，应注明该债券的名称，如政府债券、金融债券、公司债券等。一些非公开发行的债券则要标明内部发行字样，在债券票面上还应加盖发行单位印记和法人代表的签章、发行单位的名称和地址、发行日期和编号、发行单位印记及法人代表的签章、审批机关批准发行的文号和日期、是否记名、记名债券的挂失办法和受理机构、是否可转让以及发行者认为应说明的其他事项。这一方面表明了该债券的债务主体，同时也便于债权人行使其权利。

2. 债券发行总额和票面金额

在债券的票面要素中，要注明本次债券发行的总金额，这便于投资者明确发行单位的筹资规模，进而来了解发行单位的负债情况和偿债能力。债券的票面金额是指债券的票面价值，是发行人对债券持有人在债券到期后应偿还的本金数额，也是企业向债券持有人按期支付利息的计算依据。在债券的票面金额处理上，要表明该债券面额的计量币种，不同币种的债券适应不同地区、不同投资需求，也能满足发行单位对该币种的筹资需求。另外，票面金额设计也需考虑经济与适销的矛盾，票面金额的大小不同可以满足不同层次的投资者。票面金额大、发行成本小，有利于机构投资者认购，但小额投资者无法参与；如票面金额定得小，则有利于小额投资者认购，却使发行成本增加。因此，有些发行量大的债券在一次发行时制定有不同面额的债券，以适应不同层次的投资者，同时也尽可能降低发行费用。债券发行价格大于面值称为溢价发行，小于面值称为折价发行，等于面值称为平价发行。

3. 债券的票面利率、利息支付方式和支付时间

债券的票面利率是指债券利息与债券面值的比率，是发行人承诺以后一定时期支付给债券持有人报酬的计算标准。债券利率形式有单利和复利，贴息发行的债券未注明利率，但其发行价与票面的差额，仍然可以换算成发行时的实际利率。利息的支付方式是指到期一次付息还是分期支付利息。如果是分期支付利息，则要注明每次付息日期。债券利息是筹资者的资金使用成本，同样也是投资者的投资收益。因此，利率的高低直接影响着双方的利益。债券票面利率的确定主要受到银行利率、发行者的资信状况、偿还期限和利息计算方法以及当时资金市场上资金供求情况等因素的影响。一般情况下，债券的期限长、信用级别低、发行债券时市场利率高等因素都会导致债券利率定价较高。

4. 债券的还本期限和方式

债券偿还期是指企业债券上载明的偿还债券本金的期限，即债券发行日至到期日之间的时间间隔。除个别国家发行的永续国债外，债券通常都有期限，短则 2～3 个月，长则 30～40 年。不同的还本期限，既可满足发行者对不同期限资金的需求，同时也可满足认购者的投资需求。还本方式是指到期一次偿还，还是期中偿还或是展期偿还。短期债券大都到期一次偿还，中长期债券常采用其他还本方式，其目的是吸引投资者，并减轻筹资者到期的附息压力。公司要结合自身资金周转状况及外部资本市场的各种影响因素来确定公司债券的偿还期。

5. 债券是否记名和流通

债券如果是记名债券，应载明债券持有人的姓名、挂失方法以及受理机构等。对于可上市流通的债券应说明可参与流通的起始日、流通的方法以及办理转让的受理机构，记名债券的转让还应说明办理转让过户的手续及有关机构。

6. 其他事项

如债券提前归还本金的条件、可转换债券的转换条件、购买债券优惠条件等。

（二）债券的特征

1. 收益性

债券的收益是指债券能定期给持有者带来利息收入。通常，投资者的收益可通过这样两条途径得到实现：一是持有债券到期满，这样可按约定的条件收到债券本息；二是在债券期满之前将债券售出，取得转让差价，债券的转让差价取决于转让时市场利率和债券票面利率的差异。一般情况下，市场利率低于债券票面利率时，投资者可获得较高的转让差价；市场利率等于债券的票面利率时，则转让差价等同于持有者即时收到的债券利息；而当市场利率高于债券票面利率时，投资者的转让差价将降低，甚至出现亏损。

2. 安全性

是指债券在市场上抵御价格下降的性能，一般是指其不跌破发行价的能力。债券在发行时都承诺到期偿还本息，所以其安全性一般都较高。有些债券虽然流动性不高，但其安全性较好，因为它们经过较长的一段时间后就可以收取现金或不受损失地出售。虽然如此，债券也有可能遭受不履行债务的风险及市场的风险。前一种风险是指债券的发行人不能充分和按时支付利息或偿付本金的风险，这种风险主要决定于发行者的资信程度。一般来说，政府的资信程度最高，其次为金融公司和企业。市场风险是指债券的市场价格随市场利率上涨而下跌，因为债券的价格是与市场利率呈反方向变动的。当利率下跌时，债券的市场价格便上涨；反之，债券的市场价格就下跌。债券距离到期日越远，其价格受利率变动的影响越大。

3. 流动性

债券有规定的偿还期限，到期前不能兑付，但是，债券持有人在债券到期前如需要现金，则可到证券市场转让变现，也可到银行等金融机构进行抵押贷款，几乎所有的证券营业部或银行部门都开设有债券买卖业务，且收取的各种费用都相应较低。因此债券具有迅速变现能力，即流动性。债券流动性强弱主要取决于债券所在国的证券市场的发达程度。如证券市场供需两旺，交易便利，则债券的流动性较强。债券的流动性弥补了中长期债券期限长且到期才能还本的缺陷。投资者可根据需要，持券到期满收回本息或到流通市场出售变现。

4. 期限性

债券的期限是指从发行日到偿还日止的一段时间。债券的期限性表现为按一定的法定程序发行，并在发行时约定还本付息的日期，如果有提前还本或展期支付，也需要在发行时注明。债券一般都明确规定期限，但也有例外，如英国政府曾经发行过一种没有确切偿还日期的公债，这种无期国债没有规定必须全部偿还的最后期限，发行后经过一段时间，政府有随时归还本金的权利，即每年回购一定比例的债券，也可以无限期地支付利息不偿还本金，而投资者无偿还请求权。

（三）债券的性质

1. 债券反映了筹资者和投资者之间的债权债务关系

债券的发行人就是债务人，而购买债券的投资者则是债权人，债券的发行人为筹措资金而发行债券，并在债券出售后获得了这笔资金在一定期限内的使用权，但资金的所有权仍然是债权人的，因此债务人必须支付一定的利息给债权人，作为有偿使用资金的代价。债券投资者的合法权益得到法律保护。

2. 债券是一种社会化的债务凭证

具体体现在：一是债券的发行条件不是针对某一个人和法人，它适合所有愿意按该条件借出资金的投资者，具有高度的社会化；二是债券本息的提前支付或展期支付在发行条件中予以载明，其选择权在发行者，而债权人无权予以干涉。因此债券一般都可以上市流通转让。

3. 债券是一种有价证券

每张债券都有票面金额，它通常反映了投资者的投入资金，持有债券意味着到期可以被归还等于面额的资金。另外，债券的有价性还体现在债券利息上，除了贴现债券，大多数债券在票面上注明利率和付息期。债券的持有人有权按期取得利息，债券的价值和所拥有的权利附于其本身之上。持有债券者一旦进行债权转让，则债券所代表的还本附息权也随之转让他人。

二、债券的分类

（一）按发行主体分

按发行主体分类，债券可分为政府债券、央行票据、金融债券和企业债券。

1. 政府债券

政府债券是各级政府为筹措资金而发行的一种债务凭证，发行主体是中央政府或地方政府，包括国债和地方政府债券。

（1）国债的定义、特点及其分类。国债，又称国家公债，是国家以其信用为基础，按照债的一般原则，通过向社会筹集资全所形成的债权债务关系。国债是由国家发行的债券，目的往往是弥补国家财政赤字，或者为一些耗资巨大的建设项目，以及某些特殊经济政策乃至为战争筹措资金。由于国债以中央政府的税收作为还本付息的保证，因此风险小，流动性强，利率也较其他债券低，因其具有最高的信用度，也被公认为是最安全的投资工具。

国债具有以下特点。

一是安全性。发债主体的性质决定了它具有其他任何种类债券都无法比拟的安全性，国债是最高信用级别的债券，所以被形象地称为金边债券。

二是流动性。国债不论是现货交易还是在国债现货基础上的资金融通交易量都很大、流通极为便利。

三是免税特征。投资者在付息日或买入国债后持有到期时取得的利息收入以及在付息日或持有国债到期之前交易取得的利息收入免征所得税，这是国债不同于其他债券的显著特征。

四是稳定的收益。我国的国债票面利率基本上都高于银行同期存款利率，投资国债可以获得较高的稳定收益。

我国国债的分类

从债券形式来看，我国发行的国债可分为凭证式国债、无记名（实物）国债、储蓄国债和记账式国债四种。

第一，凭证式国债。是一种国家储蓄债，以收款凭证形式证明认购者债权的债券。该债券在发行时由承销机构以特定的收款凭证来代替实物券，到期持券在指定兑现点取回本息。在持有期内，持券人如遇特殊情况需要提取现金，可以到购买网点提前兑取。提前兑取时，除偿还本金外，利息按实际持有天数及相应的利率档次计算，经办机构按兑付本金的1‰收取手续费。由于该券可记名、可预留印鉴，因此一旦遗失，可以及时挂失，安全性好，但流动性差，不能上市流通。

第二，无记名（实物）国债。是一种实物债券，指一种格式标准化的实物券面的债券。大多数记名和不记名债券都属实物债券，在其票面上说明债券面额、票面利率、期限、还本付息方式等。发行期内，投资者可直接在销售国债机构的柜台购买。在证券交易所设立账户的投资者，可委托证券公司通过交易系统申购。发行期结束后，实物券持有者可在柜台或通过交易系统卖出。目前已停止发行。

第三，储蓄国债。储蓄国债（也称电子式国债）是政府面向个人投资者发行、以吸收个人储蓄资金为目的，满足长期储蓄性投资需求的不可流通记名国债品种。电子储蓄国债就是以电子方式记录债权的储蓄国债品种。

第四，记账式国债。以记账形式记录债权，由财政部发行，通过证券交易所的交易系统发行和交易，可以记名、挂失、可上市转让。投资者进行记账式证券买卖，必须在证券交易所设立账户。由于记账式国债的发行和交易均无纸化，所以效率高，成本低，交易安全。

我国自 1981 年恢复国债发行，到 1994 年面向个人发行的债种才从单一型无记名国库券逐步转向多样型凭证式国债、记账式国债和凭证式国债（电子记账）。2000 年，无记名国债退出国债发行市场。目前面向储蓄存款市场发行的国债品种主要是凭证式国债（电子记账）和记账式国债。[①]

（2）地方政府债券。地方政府债券，指某一国家中有财政收入的地方政府、地方公共机构发行的债券。地方政府债券一般用于交通、通信、住宅、教育、医院和污水处理系统等地方性公共设施的建设。地方政府债券一般也是以当地政府的税收能力作为还本付息的担保。地方发债有两种模式，第一种为地方政府直接发债；第二种是中央发行国债，再转贷给地方，也就是中央发国债之后给地方用。在某些特定情况下，地方政府债券又被称为"市政债券"。

允许地方政府发行债券，无疑解决了地方政府财政吃紧的问题。地方政府可以根据地方人大通过的发展规划，更加灵活地筹集资金，解决发展中存在的问题。但同时地方政府发行债券筹集资金总额面临着《预算法》的制约。地方政府发行债券将会产生一系列的法律问题，如果没有严格的约束机制，一些地方政府过度举债之后，将可能出现破产问题。

2. 央行票据

中央银行票据是中央银行为调节商业银行超额准备金而向商业银行发行的短期债务凭证，其实质是中央银行债券，之所以叫"中央银行票据"，是为了突出其短期性特点。

但央行票据与金融市场各发债主体发行的债券具有本质的区别：各发债主体发行的债券是一种筹集资金的手段，其目的是为了筹集资金，即增加可用资金；而中央银行发行的央行票据是中央银行调节基础货币的一项货币政策工具，目的是减少商业银行可贷资金量。商业

---

① 记账式国债与储蓄国债（电子式）不同之处：一是流通或变现方式不同，前者可以上市流通，可以从二级市场上购买，需要资金时可以按照市场价格卖出；后者只能在发行期认购，不可上市流通但可按照有关规定提前兑取。二是到期前变现收益预知程度不同，记账式国债二级市场交易价格是由市场决定的，到期前市场价（净价）有可能高于或低于发行面值。三是发行利率确定机制不同，前者的发行利率是由其承销团成员投标确定的，后者是财政部参照同期银行存款利率及市场供求关系等因素确定。

银行在支付认购央行票据的款项后，其直接结果就是可贷资金量的减少。

央行票据由中国人民银行在银行间市场通过中国人民银行债券发行系统发行，其发行的对象是公开市场业务一级交易商。和在银行间债券市场上发行的其他债券品种一样，央行票据发行后也可以在银行间债券市场上市流通，银行间市场投资者均可像投资其他债券品种一样参与央行票据的交易。

3. 金融债券

（1）金融债券的定义与特点。金融债券是指银行及非银行金融机构依照法定程序发行并约定在一定期限内还本付息的有价证券。金融机构的资金来源很大部分靠吸收存款，但有时它们为改变资产负债结构或者用于某种特定用途，也有可能发行债券以增加资金来源。我国目前金融债券种类较多，包括政策性银行债、商业银行债券、非银行金融机构债券、证券公司债、证券公司短期融资券等。其中政策性银行债发行规模最大。

金融债券是由银行和非银行金融机构发行的债券。在英国、美国等欧美国家，金融机构发行的债券归类于公司债。在我国及日本等国家，金融机构发行的债券称为金融债券。

金融债券的特点：一是专用性，发行金融债券筹集的资金，一般情况下是专款专用，用于定向的特别贷款；二是集中性，在筹资权利方面，发行金融债券是集中的，而且有一定的规模限额，而吸收存款对于金融机构来说，是经常的、连续的业务，而且无限额；三是高利性，在筹资成本方面，金融债券一般利率较高，相对来说成本较大，而相同期限存款的利率，往往比金融债券低，成本较小；四是流动性，在流通转让方面，金融债券不能提前兑取，延期兑付亦不计逾期利息，可以抵押，可以在证券市场上流通转让。

（2）商业银行次级债券。商业银行次级债券是指商业银行发行的、本金和利息的清偿顺序列于商业银行其他负债之后、先于商业银行股权资本的债券。可按照有关规定，将符合条件的次级债务计入银行附属资本。

次级债券在银行间债券市场发行，其投资人范围为银行间债券市场的所有投资人。次级债券发行结束后，经人民银行批准可在银行间债券市场上市交易。由于次级债券可计入银行附属资本，并且相对于发行股票补充资本的方式来说，发行次级债程序相对简单、周期短，是一种快捷、可持续的补充资本金的方式。特别对于那些刚刚发行新股或未满足发行新股条件的商业银行而言，如果亟须扩大资本金来捕捉新的业务机会，通常会倾向于先发行次级债。如果投资者判断整个商业环境走好，企业及个人贷款需求旺盛，银行能够顺利发行数额可观的次级债扩大资金规模是偏利好新闻。不过，次级债的风险和利率成本一般都会高于银行发行的其他债券。

4. 企业债券

（1）企业债券的定义、特点。企业债券，是指企业依照法定程序发行、约定在一定期限内还本付息的有价证券。在我国，企业债券泛指各种所有制企业发行的债券。在西方国家，由于只有股份公司才能发行企业债券，企业债券即公司债券，它包括的范围较广，如可转换债券和资产支持证券等。

企业债券具有两个基本特点。

一是风险性。债券的还款来源是公司的经营利润，但是任何一家公司的未来经营都存在很大的不确定性，因此具有一定的风险性。对于发行人来说，需要保证所发债券按期还本付息，提高公司信誉；对于投资人来说，承担着损失利息甚至本金的风险。

二是收益性。根据风险与收益成正比的原则，要求较高风险的债券需提供给投资人较高的投资收益。对于发行人来说，债券融资较银行贷款或其他融资方式的融资成本较低，可以优化企业财务结构；对于投资人来说，债券投资比股票投资风险小收益相对低但比银行存款收益高但风险大。

（2）我国企业债券分类。我国企业债的类别主要有企业债券、公司债券、中期票据和短期融资券等。

企业债券是按照《企业债券管理条例》规定发行与交易、由国家发展与改革委员会监督管理的债券，在实际中，其发债主体为中央政府部门所属机构、国有独资企业或国有控股企业，因此，它在很大程度上体现了政府信用。2008年4月15日起施行的《银行间债券市场非金融企业债务融资工具管理办法》进一步促进了企业债券在银行间债券市场的发行。

公司债券管理机构为中国证券监督管理委员会，发债主体为按照《中华人民共和国公司法》设立的公司法人，在实践中，其发行主体为上市公司，其信用保障是发债公司的资产质量、经营状况、盈利水平和持续盈利能力等。公司债券在证券登记结算公司统一登记托管，可申请在证券交易所上市交易，其信用风险一般高于企业债券。

中期票据是指期限通常在5～10年之间的票据。公司发行中期票据，通常会安排一种灵活的发行机制，透过单一发行计划，可以多次发行期限不同的票据，这样更能切合公司的融资需求。

短期融资券指企业在银行间债券市场发行和交易并约定在一年期限内还本付息的有价证券。是企业筹措短期（1年以内）资金的直接融资方式。

（二）按计息方式分类

按计息方式分类，债券可分为附息债券、一次还本附息债券、贴现债券和累进利率债券。

附息债券是指在债券券面上附有息票的债券，或是按照债券票面载明的利率及支付方式支付利息的债券。息票上标有利息额、支付利息的期限和债券号码等内容。持有人可从债券上剪下息票，并据此领取利息。附息债券的利息支付方式一般会在偿还期内按期付息，如每半年或一年付息一次。

一次还本付息债券是指在债务期间不支付利息，只在债券到期后按规定的利率一次性向持有者支付利息并还本的债券。我国的一次还本付息债权可视为零息债券。

贴现债券是期限比较短的折现债券。是指债券券面上不附有息票，不规定利率，发行时按规定的折扣率，以低于债券面值的价格发行，到期按面值支付本息的债券。

累进利率债券是指以利率逐年累进方法计息的债券。其利率随着时间的推移，后期利率将比前期利率更高，有一个递增率，呈累进状态。累进利率债券的期限一般是浮动的，投资者可以自行选择，但须符合最短持有期和最长持有期的限制。

（三）按债券募集方式分类

按债券募集方式分类，债券可分为公募债券和私募债券。

公募债券是指向社会公开发行，任何投资者均可购买的债券，向不特定的多数投资者公开募集的债券，它可以在证券市场上转让。

私募债券是指向与发行者有特定关系的少数投资者募集的债券，其发行和转让均有一定的局限性。私募债券的发行手续简单，一般不能在证券市场上交易。

我国中小企业私募债的试点办法于 2012 年 5 月正式公布，这种新型融资方式，成为中小企业解决融资难问题的又一创新途径。

（四）按债券的信用形式分类

按债券的信用形式分类，债券可分为信用债券、抵押债券和担保债券等。

信用债券是指没有抵押品，完全靠公司良好的信誉而发行的债券。通常只有经济实力雄厚、信誉较高的企业才有能力发行这种债券。

抵押债券是指债券发行人为了保证债券的还本付息，以土地、设备、房屋等不动产作为抵押品所发行的债券。如果发行人到期不能还本付息，债券持有人则有权处理抵押品作为抵偿。一般抵押品的价值要高于债券发行总额，发行人必须先到有关主管机构办理抵押权设定登记手续。

担保债券是指由一定保证人作担保而发行的债券。当企业没有足够的资金偿还债券时，债权人可要求保证人偿还。

（五）按债券发行所在地分类

按债券发行所在地分类，可分为国内债券和国际债券。

国内债券是指本国政府、企业等机构在本国发行的、以本国货币为面额的债券。

国际债券是一国政府、金融机构、工商企业或国家组织为筹措和融通资金，在国外金融市场上发行的、以外国货币为面值的债券。国际债券的重要特征，是发行者和投资者属于不同的国家，筹集的资金来源于国外金融市场。

国际债券又可分为外国债券和欧洲债券。外国债券是指借款人在其本国以外的某一个国家发行的、以发行地所在国的货币为面值的债券。外国债券是传统的国际金融市场的业务，它的发行须经发行地所在国政府的批准，并受该国金融法令的管辖。在美国发行的外国债券（美元）称为扬基债券；在日本发行的外国债券（日元）称为武士债券。欧洲债券是借款人在债券票面货币发行国以外的国家或在该国的离岸国际金融市场发行的债券。欧洲债券是欧洲货币市场三种主要业务之一，因此它的发行无须任何国家金融法令的管辖。

三、债券的信用评级

债券的信用评级主要指独立的第三方中介机构对债券发行人如期足额偿还债务本息的能力和意愿进行评价，并用简单的评级符号表示其违约风险和损失的严重程度。

信用评级的根本目的在于揭示受评对象违约风险的大小。信用评级所评价的目标是经济主体按合同约定如期履行债务或其他义务的能力和意愿。信用评级是独立的第三方利用其自身的技术优势和专业经验，就各经济主体和金融工具的信用风险大小所发表的一种专家意见，它不能代替资本市场投资者本身做出投资选择。

（一）债券的信用评级的意义

债券的信用评级有利于证券市场健康发展。债券市场品种繁多，良莠不齐。信用评级可以对不同质量的债券进行等级区分，有助于债券的合理定价与正常流动，从而保证债市的健康发展。

债券的信用评级沟通了投融资者间的信息交流渠道，有利于社会投融资机制顺利运转。信用评级可以为投资者提供公正、客观的信息，从而起到保护投资者利益的作用，进而满足企业的资金需求。

债券的信用评级有利于提高市场监管者的管理质量。信用评级能为政府部门间接控制市场提供强有力的手段，可加强对企业的指导和监督。信用等级是政府主管部门审批债券发行的前提条件，它可使发行主体限制在偿债能力较强、信用程度较高的企业。

（二）债券评级

1. 评级机构

目前国际上公认的最具权威性的信用评级机构，主要有美国标准·普尔公司、穆迪投资服务公司和惠誉国际。上述三家公司负责评级的债券很广泛，包括地方政府债券、公司债券、外国债券等，由于它们占有详尽的资料，采用先进科学的分析技术，又有丰富的实践经验和大量专门人才，因此它们所做出的信用评级具有很高的权威性。

标准·普尔公司和穆迪投资服务公司及惠誉国际都是独立的私人企业，不受政府的控制，也独立于证券交易所和证券公司。它们所做出的信用评级不具有向投资者推荐这些债券的含义，只供投资者决策时参考，因此，它们对投资者负有道义上的义务，但并不承担任何法律上的责任。

2. 债券的评级程序

从时间顺序来看，评级业务可以分为三个阶段：第一阶段为前期准备；第二阶段为评级实施；第三阶段为评级跟踪。

（1）前期准备阶段。这一阶段要完成下列工作内容：

一是评级对象与评级机构签订协议，明确双方权利及义务，在银行间交易商协会备案；二是评级机构与债券发行人、承销商等就项目制定进程表；同时，完成评级资料的收集，包括：公司章程、协议、营业执照、验资报告、近三年财务报表及审计报告、近三年工作总结、远景规划、董事会记录以及其他评估相关资料。

在这一阶段工作的初期，评级公司会由资深评级分析师对项目进行综合评价，做出一个初步评级，即预评。预评有着重要的作用：第一，预评要确定企业的性质及行业是否满足发行要求，比如集合票据对中小企业的认定条件，国家规定的行业限制等；第二，预评结果的高低对企业发行能否成功有一定预判功能，一般而言，发行人的级别应不低于 BBB，才可能发行成功；第三，市场部根据预评结果预判企业最终实际评级结果的可能的区间，与企业沟通，以免企业期望过高，导致双方产生矛盾。

（2）评级实施阶段。评级实施阶段包括企业访谈、报告撰写、审核（二审、三审和评审委员会审核）、报告出具、评级结果公布等内容。

企业访谈属于信息收集的部分。评级分析师首先要根据在第一阶段收集的资料基础上，列出访谈提纲，包括对企业股权结构、制度设置、历史沿革、公司业务、上下游客户关系、技术研发、财务状况等各个方面进行考察，然后与企业职能部门进行交流；根据需要，还可向第三方机构进行了解、核实。

在报告撰写过程中，评级分析师要对已有资料进行整理分析、归纳，对财务数据进行处理，形成工作底稿；然后按照信用评级标准的要求，将定性资料与定量资料结合起来，加以综合评价，形成初步的评级结果。

审核阶段是对项目信用级别的确定阶段。首先，由评级报告撰写人与二级审核人员沟通，汲取二审意见，进一步确定级别；其次，在二审认可的基础上，进入三审阶段，撰写人、二审以及三审人员反复沟通，形成最终级别；最后，完成上述步骤后，项目负责人向公司评审委员会递交评级报告。评级委员会在审阅评估分析依据后，以投票方式进行表决，确定信用等级，并向撰写人员反馈评审意见。撰写人根据反馈意见修改，形成最终的《信用评级报告》。

报告出具阶段是由公司向评级对象发出《信用评级报告》，征求意见，评级对象在接到报告应于 5 日内提出意见。如无意见，评级结果以此为准。若评级对象有意见，提出复评要求，须提供复评理由，并附必要资料。公司评级委员会审核后给予复评，复评一般以一次为限，复评结果即为最终结果。评级结果公布阶段，公司视评级对象要求，决定是否在公开刊物上刊登评级结果。

（3）跟踪评级阶段。为了控制后续风险，评判企业信用稳定性，满足政府主管部门监管要求以及评级机构的业务操作规范，在信用等级有效期内，评级机构将持续关注发行人外部经营环境的变化、影响发行人经营或财务状况的重大事件、发行人履行债务的情况等因素，并出具跟踪评级报告，以动态地反映发行人及其债券的信用状况。持续跟踪评级包括持续定期跟踪评级与不定期跟踪评级。

评级机构根据信用等级有效期的长短，每隔一段时间（半年/一年）将出具一次正式的定期跟踪评级报告。不定期跟踪评级自首次信用评级报告出具之日起进行，当发行人发生了影响前次评级报告结论的重大事项时，如发行人受突发、重大事项的影响，评级机构有权决定是否对原有信用级别进行调整，出具不定期跟踪评级报告。

3. 债券的等级

国际上流行的债券等级是 3 等 9 级。AAA 级为最高级，AA 级为高级，A 级为上中级，BBB 级为中级，BB 级为中下级，B 级为投机级，CCC 级为完全投机级，CC 级为最大投机级，C 级为最低级。

A 级债券是最高级别的债券，其特点是：本金和收益的安全性最大；受经济形势影响的程度较小；收益水平较低，筹资成本也低。

对于 A 级债券来说，利率的变化比经济状况的变化更为重要。因此，一般人们把 A 级债券称为信誉良好的"金边债券"，对特别注重利息收入的投资者或保值者是较好的选择。

B 级债券的特点是：一是债券的安全性、稳定性以及利息收益会受到经济中不稳定因素的影响；二是经济形势的变化对这类债券的价值影响很大；三是投资者冒一定风险，但收益水平较高，筹资成本与费用也较高。因此，对 B 级债券的投资，投资者必须具有选择与管理证券的良好能力。对愿意承担一定风险，又想取得较高收益的投资者，投资 B 级债券是较好的选择。

C 级和 D 级，是投机性或赌博性的债券。从正常投资角度来看，没有多大的经济意义，但对于敢于承担风险、试图从差价变动中取得巨大收益的投资者，C 级和 D 级债券也是一种可供选择的投资对象。

我国的信用评级

目前，国内活跃的有资质的评级公司包括上海新世纪、中诚信、联合、大公、鹏元。此外，国外著名的评级机构也进入我国评级市场，参股本土评级机构或展开合作，如穆迪参股中诚信（穆迪49%），惠誉参股联合（惠誉49%），新世纪与普尔在研发、评级方法等方面展开了合作。在上述评级机构中，大公是唯一纯本土的、全国性评级机构，上海新世纪是唯一"学院派"背景的评级机构（原财大三产）。从牌照角度来看，在证券市场拥有评级资质（证监会认定）的公司为大公、上海新世纪、联合、中诚信、鹏元和东方金城 6 家；在银行间债券市场拥有信用评级资质（人民银行认定）的公司则为大公、上海新世纪资信、联合、中诚信和东方金城 5 家；取得全牌照的有：大公、上海新世纪以及东方金城。

我国对评级机构监管，不同的发行主体对应的监管机构不一样：在证券市场从事公司债评级的机构归属于证监会监管；在银行间债券市场和信贷市场从事信用评级的机构归属于人民银行监管；而从事投标、企业债等信用评级的机构由发改委监管。另外，银监会、保监会也曾发出相关文件，对评级机构做出特定要求。这种多头监管的模式，导致我国缺乏一个统一、明确的信用评级机构认定标准，这也是导致我国信用评级机构缺乏公信力的一个原因。

第三节　股　票

一、股票的基本特征及其分类

（一）股票的内涵和基本特征

1. 股票的内涵

股票是股份公司在筹集资本时向出资人公开或私下发行的、用以证明出资人的股本身份和权利，并根据持有人所持有的股份数享有权益和承担义务的凭证。股票是一种有价证券，代表着其持有人（股东）对股份公司的所有权，每一股同类型股票所代表的公司所有权是相等的，即"同股同权"。股票可以公开上市，也可以不上市。在股票市场上，股票是投资或投机的对象。

2. 股票的基本特征

（1）权责性。股东凭其持有的股票，享有其股份数相应的权利，同时也承担相应的责任。权利主要表现为：参加股东大会、投票表决、参与公司的经营决策，领取股息或红利，获取投资收益。责任主要是承担公司的经营风险，对公司的经营决策承担责任，责任的限度为其认购股票的全部的投资额。

（2）无期性。股票是一种无偿还期限的有价证券，投资者认购了股票后，就不能再要求退股，只能到二级市场卖给第三者。股票的转让只意味着公司股东的改变，并不减少公司资本。从期限上看，只要公司存在，它所发行的股票就存在，股票的期限等于公司存续的期限。

（3）流通性。股票的流通性是指股票在不同投资者之间的可交易性。流通性通常以可流通的股票数量、股票成交量以及股价对交易量的敏感程度来衡量。可流通股数越多，成交量越大，价格对成交量越不敏感（价格不会随着成交量一同变化），股票的流通性就越好，反之就越差。通过股票的流通和股价的变动，可以看出人们对于相关行业和上市公司的发展前景和盈利潜力的判断。那些在流通市场上吸引大量投资者、股价不断上涨的行业和公司，可以通过增发股票，不断吸收大量资本进入生产经营活动，收到了优化资源配置的效果。

（4）收益性。股东凭其持有的股票，有权从公司领取股息或红利，获取投资的收益。股息或红利的大小，主要取决于公司的盈利水平和公司的盈利分配政策。股票的收益性，还表现在股票投资者可以获得价差收入，即通过低买高卖获利。

（5）风险性。股票在交易市场上作为交易对象，同商品一样，有自己的市场行情和市场价格。由于股票价格要受到诸如公司经营状况、供求关系、银行利率、大众心理等多种因素的影响，其波动有很大的不确定性。正是这种不确定性（即风险性），有可能使股票投资者遭受损失。因此，股票是一种高风险的金融产品。

（二）股票的分类

1. 按股东所享有的权益和承担的风险不同，可分为普通股和优先股

（1）普通股。普通股是指在公司的经营管理和盈利及财产的分配上享有普通权利的股份，代表满足所有债权偿付要求及优先股东的收益权与求偿权要求后对企业盈利和剩余财产的索取权，它构成公司资本的基础，是股票的一种基本形式，也是发行量最大，最为重要的股票。目前在上海和深圳证券交易所二市交易的股票，都是普通股。

普通股股票持有者按其所持有股份比例享有以下基本权利。

一是参与公司经营的表决权。普通股股东一般有出席股东大会的权利，有表决权和选举权、被选举权，可以间接地参与公司的经营。

二是参与股息红利的分配权。普通股的股利收益没有上下限，视公司经营状况好坏、利润大小而定，公司税后利润在按一定的比例提取了公积金并支付优先股股息后，再按股份比例分配给普通股股东。但如果公司亏损，则得不到股息。

三是优先认购新股的权利。当公司资产增值，增发新股时，普通股股东有按其原有持股比例认购新股的优先权。

四是请求召开临时股东大会的权利。

五是公司破产后依法分配剩余财产的权利。不过这种权利要等债权人和优先股股东权利满足后才轮到普通股。

（2）优先股。优先股是相对于普通股而言的。主要指在利润分红及剩余财产分配的权利方面，优先于普通股。

优先股股票持有者按其所持有股份比例享有以下基本权利。

一是在公司分配盈利时，拥有优先股票的股东比持有普通股票的股东，分配在先，而且享受固定数额的股息，即优先股的股息率都是固定的，普通股的红利却不固定，视公司盈利情况而定。

二是在公司解散，分配剩余财产时，优先股在普通股之前分配。优先股一般不上市流通，优先股股东也无权干涉企业经营，不具有表决权。为了适应投资者的需要，优先股的种类也很多。

三是有限表决权，对于优先股股东的表决权限财务管理中有严格限制，优先股股东在一般股东大会中无表决权，但当召开会议讨论与优先股股东利益有关的事项时，优先股股东具有表决权。

2. 我国现行按持有者分类的股票类型

我国现行按持有者分类的股票类型有国家股、法人股、公众股和外资股。

（1）国家股。国家股是指以国有资产向有限公司投资形成的股权。国家股股权，也包含国有企业向股份有限公司形式改制变更时，现有国有资产折成的股份。

由于我国大部分股份制企业都是由原国有大中型企业改制而来的，通过改制，多种经济成分可以并存于同一企业，国家则通过控股方式，用较少的资金控制更多的资源，巩固公有制的主体地位。

（2）法人股。法人股是指企业法人或具有法人资格的事业单位和社会团体，以其依法可支配的资产，向股份有限公司投资所形成的股份。如果该法人是国有企业、事业及其他单位，那么该法人股为国有法人股；如果是非国有法人资产投资于上市公司形成的股份则为社会法人股。

根据法人股认购的对象，可将法人股进一步分为境内发起法人股、外资法人股和募集法人股三个部分。

（3）公众股。公众股也称个人股，是指社会个人或股份公司内部职工以个人合法财产投入公司形成的股份。公众股有两种基本形式，公司职工股和社会公众股。

（4）外资股。外资股是指国外和中国香港、澳门、台湾地区的投资者，以购买人民币特种股票形式向股份有限公司投资形成的股份。具体包括：境内上市外资股（B股）和境外上市外资股（H、N、S、L股）。

境内上市外资股原来是指股份有限公司向境外投资者募集并在我国境内上市的股份，投资者限于外国和我国香港、澳门、台湾地区的投资者。这类股票称为B股，B股以人民币标明股票面值，以外币认购、买卖。经国务院批准，中国证监会决定自2001年2月下旬起，允许境内居民以合法持有的外汇开立B股账户，交易B股股票。自从B股市场对境内投资者开放之后，境内投资者逐渐取代境外投资者成为投资主体，B股由"外资股"演变为"内资股"。

境外上市外资股是指股份有限公司向境外投资者募集并在境外上市的股份。它也采取记名股票形式，以人民币标明面值，以外币认购。H股，即注册地在内地、上市地在中国香港的外资股。香港的英文是Hong Kong，取其字首，在港上市外资股就叫作H股。同理，在纽约和新加坡、伦敦上市的股票就分别叫作N股、S股和L股。在境外上市时，可以采取境外存股证形式或者股票的其他派生形式。在境外上市的外资股除了应符合我国的有关法规外，还须符合上市所在地国家或者地区证券交易所制定的上市条件。我国境外上市外资股主要采取美国存托凭证 ADRs、全球存托凭证 GDRs 等。

（三）股票的基本要素

1. 面额

股票票面价值的最初目的是在于注明公司组建时最原始的股东投资入股的金额，或保证股票持有者在退股之时能够收回票面所标明的资产。随着股票的发展，购买股票后不能再退股，并且非原始股东投资入股的金额亦无法与原始股东投入的同等金额拥有相同的权益。所以股票面值现在的作用一是表明股票的认购者在股份公司投资中所占的比例，作为确认股东权利的根据。如某上市公司的总股本为一千万元，持有一股股票就表示在该股份公司所占的股份为千万分之一。作用二就是在首次发行股票时，将股票的面值作为发行定价的一个依据。比如一股股票被拆成十股，那么新股每股价格也相应地变成此前的十分之一，此时在票面上看是 1 元拆成 10 股 0.1 元，同样为等价的换算关系，反之亦然。

2. 市场价格、发行价格与股票的清算价格

股票的市场价格一般是指股票在二级市场上交易的价格。股票的市场价格由股票的价值决定，但同时受到许多其他因素的影响。其中，供求关系是直接的影响因素，其他因素都是通过作用于供求关系而影响股票价格的。由于影响股票价格的因素复杂多变，所以股票的市场价格呈现出高低起伏的波动性特征。

我国现行法规规定，股票的发行价由发行人与主承销商协商决定并报证监会审核。发行价不低于面值和每股净资产，即股票都是溢价发行。

清算价格是公司破产或倒闭后清算时每股股票所代表的实际价值。换言之，一旦公司破产，公司将资产变现，股东手上的股票可以拿回多少钱，即清算价格，因为公司破产清算补偿有一定的顺序，普通股票位于最后，故往往一文不值。

3. 股息与分红

（1）股息。股息就是股票的利息，是指公司按照票面金额的一个固定比率向股东支付利息。股息不同于红利，股息与红利合起来称为股利。

（2）分红。分红是在上市公司分派股息之后按持股比例向股东分配的剩余利润，也称红利。红利虽然也是公司分配给股东的回报，但它与股息的区别在于，股息的利率是固定的（特别是对优先股而言），而红利数额通常是不确定的，它随着公司每年可分配盈余的多少而上下浮动。因此，有人把普通股的收益称为红利，而股息则专指优先股的收益。

一般来说，股东可以以三种形式实现分红权：一是以上市公司当年利润派发现金；二是以公司当年利润派发新股；三是以公司盈余公积金转增股本。俗称"派""送""转"。我国股民通常将"送""转"分红形式当作利好炒作，而实际上"送""转"分红后投资者股票市值没有变化。

4. 除息与除权

（1）除息。股票发行企业在发放股息或红利时，需要事先进行核对股东名册、召开股东会议等多种准备工作，并以股权登记日在册股东名单为准，将股息红利发给登记在册的股东，此为除息，股权登记日之后买进股票的投资者就不能享有领取股息红利的权利；同时股票买卖价格相应扣除发放股息红利数，这就是除息交易价。

（2）除权。当上市公司发生送股、转增股、配股时都要除权。除权实质是由于公司股本增加，每股股票所代表的企业实际价值（每股净资产）有所减少，需要在发生该事实之后从股票市场价格中剔除这部分因素，而形成的剔除行为。

（3）除息与除权价计算方法。

$$除息价 = 股息登记日的收盘价 - 每股所分红利现金额$$

例如，某股票股息登记日的收盘价是 4.17 元，每股送红利现金 0.03 元，则其次日股价为 4.17 - 0.03 = 4.14（元）。

$$送红股后的除权价 = 股权登记日的收盘价 \div （1 + 每股送红股数）$$

例如，某股票股权登记日的收盘价是 24.75 元，每 10 股送 3 股，即每股送红股数为 0.3，则次日股价为 24.75 \div （1 + 0.3） = 19.04（元）。

$$配股后的除权价 = （股权登记日的收盘价 + 配股价 \times 每股配股数）\div （1 + 每股配股数）$$

例如，某股票股权登记日的收盘价为 18.00 元，10 股配 3 股，即每股配股数为 0.3，配股价为每股 6.00 元，则次日股价为（18.00 + 6.00 \times 0.3）\div （1 + 0.3）= 15.23（元）。

$$除权除息价 = （股权登记日的收盘价 - 每股所分红利现金额 + 配股价 \times 每股配股数）$$
$$\div （1 + 每股送红股数 + 每股配股数）$$

例如，某股票股权登记日的收盘价为 20.35 元，每 10 股派发现金红利 4.00 元，送 1股，配 2 股，配股价为 5.50 元/股，即每股分红 0.4 元，送 0.1 股，配 0.2 股，则次日除权除息价为（20.35 - 0.4 + 5.50 \times 0.2）\div （1 + 0.1 + 0.2）= 16.19（元）。

5. 股票基本要素与公司资产负债表的关系

（1）股票的票面价值、账面价值与内在价值（理论价值）。股票的票面价值代表每一张股票所包含的资本数额及股东在股份公司投资中所占的比例，是确定股东权力的依据。面值与市价无关。

股票的账面价值也称净值，即每股净资产值 = （总资产 - 总负债）/总股本。它由财务报表计算得出，数据相对精确可靠，是投资者评估分析上市公司实力的重要参考指标。

内在价值即股票未来收益的现值，取决于股票的收入和市场收益率。股票的内在价值决定股票的市价、市价围绕内在价值波动。投资者通过预测股票未来收益并折成现值（真实价值），再对比股价，判断股价是低估还是高估。

（2）股本、分红与资产负债表。股本，包括新股发行前的股份和新发行的股份的数量的总和。通常都直接用货币单位作为股本单位，即最初发行的股份按每股 1 元计，而后续发行的股份价格通常与原始股份价格不同，为了反映同股同权，股本保持同一的单位计价，超出部分计入"资本公积"项目。公司资产的总价值，包括股本金、长期债务及经营盈余所形成的资产。企业总资产指企业拥有或控制的全部资产，包括流动资产、长期投资、固定资产、无形及递延资产、其他长期资产、递延税项等，即为企业资产负债表的资产总计项。

向股东分配利润时，反映在资产负债表上项目为：未分配利润减少，应付股利增加或者现金或银行存款减少。如果是"送""转"股，实际上是将未分配利润或盈余公积按比例转为股本，每个股东持有的股份数量按比例增加。

企业净利润的分配顺序为:一是弥补以前年度亏损(用利润弥补亏损无须专门作会计分录);二是提取法定盈余公积公益金(盈余公积用于弥补亏损或转增资本,公益金只能用于职工集体福利);三是提取任意盈余公积;四是分配优先股股利;五是分配普通股股利。最后剩下的就是年终未分配利润。

(3)市盈率与市净率。市盈率(PE)又称价格盈利比,是每股价格与每股盈利的比率,即市盈率=每股价格/每股盈利。它是衡量股票是否具有投资价值的重要指标之一:一般情况下,一只股票市盈率越低,市价相对于股票的盈利能力越低,表明投资回收期越短,投资风险就越小,股票的投资价值就越大。但对不同行业的股票,市盈率的判断标准不同。

市净率指的是市价与每股净资产之间的比值。即市净率=股票市价/每股净资产,比值越低意味着风险越低。净资产的多少是由股份公司经营状况决定的,股份公司的经营业绩越好,其资产增值越快,股票净值就越高,因此股东所拥有的权益也越多。一般来说市净率较低的股票,投资价值较高,反之较低。

一家公司演化的例子

郭靖和黄蓉合伙投资开办了一家从事新型电子产品生产的公司,公司取名"泰山电子有限责任公司",简称"泰山电子"。她们各出资500万元,并以公司名义向银行申请了1 000万元贷款,购入厂房,并以厂房作为抵押。此时,"泰山电子"的资产负债表如表2-1所示,股本就是他们各自投资的资金总和,代表每股就是1元。

表2-1　　　　　　　　　　　　　　资产负债表1　　　　　　　　　　　　　单位:万元

资　　产		负债和所有者权益	
现金和存款	1 000	负债	1 000
固定资产	1 000	股本	1 000
总资产	2 000	总负债和权益	2 000

公司成立之后,他们选出董事长,聘请总经理、雇用其他管理人员和工人;买入原材料、生产设备、加工成产成品、出售获得收入,并支付员工工资、贷款利息等。经过一年的经营,最后核算的结果如表2-2所示。公司获得了1 000万元的盈利,这些盈利尚未分配,因此记在所有者权益的未分配利润项下;同时,这些利润也没法分配,它在公司资产中表现为存货、固定资产等内容,而不是全部为现金。但在理论上,现在每股值2元,即每股净产。

表2-2　　　　　　　　　　　　　　资产负债表2　　　　　　　　　　　　　单位:万元

资　　产		负债和所有者权益	
现金和存款	500	负债	1 000
固定资产	1 500	股本	1 000
存货	1 000	未分配利润	1 000
总资产	3 000	总负债和权益	3 000

经过一年经营，他们发现他们的公司很有发展潜力，如果能扩大规模就能获得更多的收益，但他们自己已经没钱再投资了。经朋友介绍，他们认识伯通，伯通有一笔资金正在寻找投资机会。通过谈判，伯通愿意出资 1 500 万元，按每股 5 元的价格购入公司新增加的 300 万股股份。通过这一次增资扩股后，资产负债表如表 2-3 所示。由于原来股本每股代表 1 元，扩股后，股本变为 1 300 万股，其中 300 万股是伯通的；伯通实际投入是 1 500 万元，剩余的 1 200 万元，要新设一个科目"资本公积"来记录。郭靖和黄蓉的股份不变，但他们在公司中的持股比例变化了。资金实际到账后，现金和银行存款增加 1 500 万元。经过这次交易，"泰山电子"有了第一次的市场估值——伯通认可的每股 5 元，即"泰山电子"的市场价格，但它的每股净资产只有 4 500/1 300 = 3.46（元）。

表 2-3　　　　　　　　　　　　　　　资产负债表3　　　　　　　　　　　　　　单位：万元

资　　产		负债和所有者权益	
现金和存款	2 000	负债	1 000
固定资产	1 500	股本	1 300
存货	1 000	资本公积	1 200
		未分配利润	1 000
总资产	4 500	总负债和权益	4 500

扩股后，又经过一年的经营，公司新增盈利 3 000 万元。资产负债表见表 2-4，此时，每股净资产达 7 500/1 300 = 5.769 元，公司也有足够的现金可以分红。经过公司股东会讨论认为可以适当分红，但也应留存足够的现金用于扩大再生产，最后决定每股分红 1 元。

表 2-4　　　　　　　　　　　　　　　资产负债表4　　　　　　　　　　　　　　单位：万元

资　　产		负债和所有者权益	
现金和存款	3 000	负债	1 000
固定资产	2 500	股本	1 300
存货	2 000	资本公积	1 200
		未分配利润	4 000
总资产	7 500	总负债和权益	7 500

分红之后，公司的资产负债情况如表 2-5 所示。公司未分配利润、现金和存款同时减少 1 300 万元。

表 2-5　　　　　　　　　　　　　　　资产负债表5　　　　　　　　　　　　　　单位：万元

资　　产		负债和所有者权益	
现金和存款	1 700	负债	1 000
固定资产	2 500	股本	1 300
存货	2 000	资本公积	1 200
		未分配利润	2 700
总资产	6 200	总负债和权益	6 200

最后，公司股东会经过讨论，认为公司发展前景很好，值得进一步扩大规模；同时，也决定将公司转型为公众公司，让公司股份能在证券市场上交易，提高公司股份的流通性，也让原始股东能够方便地出售适当的股份，提前获得收益。公众公司在股东数量、管理制度、机构设置等方面都有更严格和复杂的法律要求。

公司聘请投资银行——中信证券对公司的改制进行辅导，并协助完成公开发行上市等。首先，公司向工商部门申请改制，公司名称也变更为"泰山电子股份有限责任公司"；其次，向证券会申请公开发行股份和上市。通过中信证券估值建议和公开询价之后，公司决定向公众发行新股300万股，每股发行价20元。发行上市申请获得了批准，经过发行程序之后，股票发行成功。该过程称为初次公开发行（Initial Public Offer, IPO）。成功发行之后，公司资产负债表见表2-6。

表2-6　　　　　　　　　　　　　资产负债表6　　　　　　　　　　　　　单位：万元

资　　产		负债和所有者权益	
现金和存款	7 700	负债	1 000
固定资产	2 500	股本	1 600
存货	2 000	资本公积	6 900
		未分配利润	2 700
总资产	12 200	总负债和权益	12 200

公司IPO之后，在交易所挂牌上市，可以分配一个股票代码，假设"泰山电子"的股票代码为603537。公司多数股票可以在交易所自由交易（大股东有一定限制，为什么？）。假设该股票上市交易一周后，"泰山电子"的收盘价为50元。根据公司去年的每股收益（3 000/1 300 = 2.31元），假设公司能够保持该盈利水平，该股票的市盈率为21.67倍（50/2.31）。股票的每股净资产为7元每股，市净率为7.14倍。

至此，603537"泰山电子"才是真正意义上股票的概念，它们可以在市场上自由交易，交易的过程只是股权的转让，通常不影响公司的生产经营活动。

二、股票价格指数

（一）股价指数的概念与作用

1. 股价指数的概念

股价指数亦称股票价格指数，动态地反映某个时期股市总价格水平的一种相对指标。它是由金融服务公司根据市场上一些有代表性的公司股票的价格加权平均后计算的平均数值编制而成的。具体地说，就是以某一个基期的总价格水平为100，用各个时期的股票总价格水平相比得出的一个相对数，即各个时期的股票价格指数，股票价格指数一般是用百分比表示的，简称"点"。

2. 股价指数的作用

股价指数是反映一国国民经济发展状况和趋势的"晴雨表"。股票价格指数由专门的金融机构编制后，在报刊、电台、电视上登载和播放，投资者可以根据指数的升降看出股票市场的变化趋势。由众多股票构成的股票价格指数，是一个国家经济建设健康状况的体温表，它的变化大致反映了该国经济结构和经济活动的宏观变化趋势。从这点上讲，股票价格指数比股票价格重要得多，股票价格只对股市，至多是证券金融具有直接衡量作用和分析功能；而股票价格指数不仅对股市，而且对整个经济都具有衡量作用和分析功能。

股价指数能够综合反映股市价格变动及其发展趋势，为投资者投资决策提供重要依据。

（二）股价指数的编制步骤与计算方法

1. 股价指数的编制步骤

（1）确定样本股。根据上市公司的行业分布、经济实力、资信等级等因素，选择适当数量的有代表性的股票，作为编制指数的样本股票可随时变换或作数量上的增减，以保持良好的代表性。

（2）确定基期和基期指数。按期到股票市场上采集样本股票的价格，简称采样。采取的时间间隔取决于股价指数的编制周期。以往的股价指数较多为按天编制，采样价格即为每一交易日结束时的收盘价。近年来，股价指数的编制周期日益缩短，由"天"到"时"直至"分"，采样频率由一天一次变为全天随时连续采样。采样价格也从单一的收盘价发展为每时每刻的最新成交价或一定时间周期内的平均价。一般来说，编制周期越短，股价指数的灵敏性越强，越能及时体现股价的涨落变化。

（3）确定计算方法及指数化。股价指数的计算方法主要有简单算术平均法和加权平均法两种。电子计算机技术增强了股价指数的准确性和灵敏性。为保持股价指数的连续性，使各个时期计算出来的股价指数相互可比，有时还需要对指数值作相应的调整。指数化是将股价平均数换算成以"点"数为计算单位的股价指数。

2. 股价指数的计算方法

在计算股价平均值时，通常不仅要考虑每只股票的价格，还要根据每只股票对市场影响的大小，对平均值进行调整，即加权平均。实践中，一般是以股票的发行数量或成交量作为市场影响参考因素，纳入指数计算，称为权数。

例如：设所计算的股票指数包括 A、B、C、D 四种股票，其价格分别为 10 元、16 元、24 元、30 元，四种股票的发行数量分别为 1 亿股、2 亿股、3 亿股、4 亿股，以此为权数进行加权计算，则价格加权平均值为：

$$(10 \times 1 + 16 \times 2 + 24 \times 3 + 30 \times 4)/(1 + 2 + 3 + 4) = 23.4(元)$$

由于以股票实际平均价格作为指数不便于人们计算和使用，一般很少直接用平均价来表示指数水平。而是以某一基准日的平均价格为基准，将以后各个时期的平均价格与基准日平均价格相比较。计算得出各期的比价，再转换为百分值或千分值，以此作为股价指数的值。例如，上海证券交易所和深圳证券交易所发布的综合指数基准日指数均为 100 点，而两所发布的成分指数基准日指数都为 1 000 点。

（三）我国和世界上主要股价指数

1. 上证综合指数与深圳综合指数

上海证券综合指数是上海证券交易所编制的，以上海证券交易所挂牌上市的全部股票为计算范围，以发行量为权数的加权综合股价指数。上证综指反映了上交所股票的总体走势。

上证指数以 1990 年 12 月 19 日为基期，1991 年 7 月 15 日开始公布。上证股价指数以上海股市的全部股票为计算对象，计算公式如下：

$$股票指数 =（当日股票市价总值 ÷ 基期股票市价总值）× 100$$

由于采取全部股票进行计算，因此，上证指数可以较为贴切地反映上海股价的变化情况。

深证综合指数是深圳证券交易所从 1991 年 4 月 3 日开始编制并公开发表的一种股价指数，基期指数为 100 点。以在深圳证券交易所上市交易的全部股票为计算对象，用每日各种股票的收盘价分别乘以其发行量后求和得到的市价总值，除以基期市价总值后乘以 100 求得。它是反映深圳股价综合变动的统计指标。

2. 全世界主要股价指数

（1）道·琼斯指数，又称道氏指数，它采用简单算术平均法计算。道氏指数包括：道氏工业平均指数，由 30 家工业公司的股票价格平均数构成；道氏公用事业平均指数，由 15 家公用事业公司的股票价格平均数构成；道氏运输业平均指数，由 20 家运输公司的股票价格平均数构成；道氏 65 种股票价格平均数，由上述工业、运输业、公用事业的 65 家公司的股票价格混合构成。

道·琼斯股票价格平均指数以 1928 年 10 月 1 日为基期，在纽约交易所交易时间每 30 分钟公布一次，用当日当时的股票价格算术平均数与基期的比值求得，是被西方新闻媒介引用最多的股票指数。

（2）标准普尔股价指数。标准普尔指数由美国标准普尔公司 1923 年开始编制发表，当时主要编制两种指数，一种是包括 90 种股票每日发表一次的指数，另一种是包括 480 种股票每月发表一次的指数。1957 年扩展为现行的、以 500 种采样股票通过加权平均综合计算得出的指数，在开市时间每半小时公布一次。

标准普尔指数以 1941～1943 年为基数，用每种股票的价格乘以已发行的数量的总和为分子，以基期的股价乘以股票发行数量的总和为分母相除后的百分数来表示。由于该指数是根据纽约证券交易所上市股票的绝大多数普通股票的价格计算而得，能够灵活地对认购新股权、股份分红和股票分割等引起的价格变动做出调节，指数数值较精确，并且具有很好的连续性，故比道·琼斯指数具有更好的代表性。

此外，还有伦敦金融时报指数、日经 225 股价指数、德国 DAX 指数、香港恒生指数等。

本章小结

资本性工具是指公司企业等经济个体发行的，用于筹集短期或长期资本的标准化工具，主要是债券和股票。

债券是一种金融契约，是政府、金融机构、工商企业等直接向社会借债筹措资金时，向投资者发行、同时承诺按一定利率支付利息并按约定条件偿还本金的债权债务凭证。按发行主体分类，债券可分为政府债券、金融债券和企业债券。按计息方式分类，债券可分为附息债券、一次还本附息和贴现债券、累进利率债券。按债券募集方式分类，债券可分为公募债券和私募债券。

债券的信用评级主要指独立的第三方中介机构对债券发行人如期足额偿还债务本息的能力和意愿进行评价，并用简单的评级符号表示其违约风险和损失的严重程度。

股票是股份公司发行的所有权凭证，是其为筹集资金而发行给各个股东作为持股凭证并借以取得股息和红利的一种有价证券。按股东所享有的权益和承担的风险不同，可分为普通股和优先股。我国现行按持有者分类的股票类型有国家股、法人股、公众股和外资股。

股价指数亦称股票价格指数。动态地反映某个时期股市总价格水平的一种相对指标。它是由金融服务公司根据市场上一些有代表性的公司股票的价格加权平均后计算的平均数值编制而成的。

知识要点：

债券、国债、地方政府债券、央行票据、金融债券、商业银行次级债、商业银行混合资本债、企业债券、中期票据、短期融资券、公募债券、私募债券、外国债券、欧洲债券、股票、普通股、优先股、国家股、法人股、公众股、股价指数、除息与除权、公司并购、股票分割、市盈率、市净率。

复习思考题：

1. 什么是债券？它与普通的借条有何区别与联系？

2. 目前我国四家全国性的信用评级机构，除大公始终坚持民族品牌国际化发展外，其余的多数股权已经被美国收购和控制。根据这一现象结合欧洲主权债务危机分析其对我国未来债券评级和信息安全的影响。

3. 央行宏观调节工具中 SLF、SLO、MLF、PSL 各有什么特点？

4. 因为是金边债券、安全性高，国债发行利率就应该比企业债、金融债高吗？

5. 何谓股票？如果你在某一公司投资入股了 10 万元，过后，因其他原因你后悔了，可以要求公司给你退股吗？

6. 普通股和优先股有何异同？

7. 中国上市公司多年以来在股利分配政策上，采取现金分红的公司寥寥无几，大部分采取送转股形式分红，请分析这种现象背后的深层次原因。

8. 某股票股息登记日的收盘价是 4.17 元，每股送红利现金 0.03 元，则其次日股价为多少？某股票股权登记日的收盘价是 24.75 元，每 10 股送 3 股，即每股送红股数为 0.3，其次日股价为多少？某股票股权登记日的收盘价为 18.00 元，10 股配 3 股，即每股配股数为 0.3，配股价为每股 6.00 元，其次日股价为多少？

作业：

1. 到和讯债券、东方财富网站收集债券投资信息，分析我国当前国债、企业债等债券发行和交易的基本情况，利用所学知识分析，如果你进行债券投资，应该如何操作和选择。

2. 与资深股民交流，了解目前我国股票投资的基本理念与操作纪律。利用所学知识分析，如果你进行股票投资，应该如何操作和选择。

第三章　金融衍生工具

-------- **本章导读** --------

2002 年至 2008 年 7 月，国际油价从约 19 美元/桶位升至 147.27 美元/桶，然而自 2008 年 7 月中旬以来，国际油价出现连续暴跌，至 12 月底跌至 40 美元/桶左右，跌幅超过了 55%。

燃油是航空公司的主要经营成本，油价回落，航空公司应该是成本下降，利润上升。但根据东方航空的 2008 年年报显示，"2008 年公司共发生公允价值变动损失 64.01 亿元，比 2007 年增加了 64.85 亿元，主要是由于原油期货市场价格在 2008 年下半年大幅下降导致公司原油期权合约产生的公允价值变动损失比上年增加了 63.53 亿元"。除了东方航空，当年的中国国航和南方航空也出现类似情况，三家公司因燃油套期保值合约发生巨额公允价值损失，导致企业净亏损 279 亿元，约占全球航空企业亏损总额的 48%。显然这三家航空公司的情况并非是全球航空业的普遍情况。

那么，我们现在要了解：什么是原油期货？什么是原油期权？航空公司为什么要参与期货和期权市场？是如何参与的？这三家航空公司在这方面做错了什么？

本章将帮助大家学习和思考前三个问题。

第一节　金融衍生工具的产生与发展

一、衍生工具概述

衍生工具（derivatives）是一种关于交易基础产品或基础变量的标准化或准标准化的合约，即合同。根据合约的内涵不同，可以分为两大类，一是期货（future），约定未来交易某一基础产品的标准化合约，实际上就是标准化的交易合同。二是期权（option），约定未来购买或出售某一基础产品的权利的合约。期权有两类，约定未来购买某一基础产品的权利的合约称为买权（call option），通常交易者认为未来基础产品的价格会上涨时（看涨）才购买买权，因此，在国内买权也被称为看涨期权。约定未来出售某一基础产品的权利的合约称为卖权（put option），类似地，卖权也被称为看跌期权。其他衍生工具基本上都可以看成是这两类衍生工具的组合与演化的结果。

辉腾贸易公司的期货和期权交易

现在是 2017 年 5 月 1 日，有一家外贸企业——辉腾贸易公司，出口了一批商品到美国，商品价款以美元计，共 500 万美元，这笔货款要 3 个月之后，即 8 月 1 日才能收到。现在美元兑换人民币的比价（汇率）是 6.6 元人民币/1 美元。辉腾公司还有一笔贷款将在 8 月 2 日到期，共计要还本息 3 300 万元人民币，公司计划就用这笔货款还贷。现在汇率市场很不稳定，辉腾公司担心的是到时美元贬值，1 美元兑换不到 6.6 元人民币，那么公司就还不了贷款。这就是辉腾公司当前面临的汇率风险。

解决该风险管理问题，一个传统的方法就签合同，找到一个刚好需要在 8 月 1 日买入 500 万美元的公司，然后双方通过讨价还价，签订一份买卖合同。假如刚好有这么一家公司——百特设备公司，双方通过议价，最终以 6.55 元人民币/美元的价格交易 500 万美元的交易合同，辉腾公司是卖方，百特公司是买方。这份合同也被称为外汇远期合约。

这种传统签合同的方式至少存在以下三个方面的缺陷：一是不易找到合适的交易对手，比如需要的美元数量、到期交易的时间等可能都不一致。二是履约具有内在的不确定性。到 8 月 1 日时，人民币汇率刚好是 6.55 元人民币/美元的概率几乎为零，当汇率高于 6.55 时，辉腾公司会后悔，有违约动机；汇率低于 6.55 时，百特公司有违约动机。三是签约之后，想退出合约也存在困难，通常需要征得对方同意。这些问题仅靠交易双方自身是无法解决的。

市场经济就是关于分工的经济。当市场交易双方面临自身无法解决的问题时，就会有第三方为它们提供服务。比如芝加哥商品交易所，就会为这一类交易活动提供服务：首先，创设一个标准化的合同，并给该标准化合同一个代号，比如：CNHQ17，该标准化合约的内容是：

2017 年 8 月 16 日（到期月份的第三个周三）到期时，合约的卖方向合约买方交付 10 万美元，合约的买方则向卖方交付成交价格×10 万元人民币。

其次，创造一个交易平台，让需要签合同的双方能够跟交易股票一样在该平台上交易该代号，同时要求交易双方向交易所缴纳成交合同总面值一定比例的金额作为最后履约的保证金。这样，辉腾公司就可以在交易所的平台上，先按要求缴纳一定的保证金，然后提交一份以 6.55 元人民币/美元的价格卖出 50 份 CNHQ17 的交易指令，然后百特公司看到该交易指令后，接受该价格和交易数量，也是缴纳一定金额的保证金之后，提交一份买入 50 份 CNHQ17 的交易指令；交易所撮合它们成交；成交之后，辉腾公司在交易所的账户上就记为 −50 份 CNHQ17 证券，而百特公司在交易所的账户上就记为 +50 份 CNHQ17 证券。当然，在该证券上，还有其他交易者参与交易，其他交易的价格也时时变化。

假设到 8 月 1 日时，人民币兑美元的比价为 6.27 元人民币/美元，而 CNHQ17 的价格也下降到了 6.25 元人民币/美元。则辉腾公司可以分别在期货和现货市场上进行两次不同的交易。在现货市场上，直接按市场价格出售 500 万美元，收回人民币 3 135 万元人民币，比合约价格（6.55 元人民币/美元）少了 140 万元人民币。在期货市场上，按期货的市场价格 6.25 元人民币/美元买入 50 份 CNHQ17 平掉原来的 -50 份 CNHQ17，由于是高价卖，低价买，价差是 0.3 元人民币/美元，赚 150 万元，两者相加保证了美元出售价格在 6.55 元人民币/美元左右。（实际上就是将原来的卖方合约转让出去，由于市场价格发生变化了原来的合同就有了价值，与新签的合约相比，值 150 万元人民币，请思考是谁补偿了这 150 万元人民币）。当然，如果辉腾公司不是一定要在 8 月 1 日将这 500 万美元换成人民币，也可以持有到期，即 8 月 16 日，按标准合约的条款，交付 500 万美元，收回 3 275 万元人民币。

芝加哥商品交易所提供的这一服务，使传统的签合同规避风险的方式变成了在交易平台上交易标准化合同代码（如：CNHQ17）的方式进行。在这种交易方式，交易者根本不用知道交易对手是谁，就实现了合约的签订；同时，也不一定将合约持有到期，可以在合约到期之前的任何时间，通过执行一个与原来交易方向相反的交易（平仓），就能实现合约的随时转让；正是由于这种便利的交易方式，该市场除了辉腾和百特这样有管理风险需求的公司参与之外，还吸引了许多投机者参与，这又进一步使得辉腾这样的公司有更多的交易对手，更容易实现合约的签订或转让，以实现风险管理。最后，由于保证金制度，也解决了远期合约容易违约的问题。因此，期货交易所提供的这一交易方式，同时解决了普通合约签订存在的三个问题。

如果市场运行的结果确如上述所言，辉腾公司的风险管理工作是很令人满意的；但市场往往不一定是这样，如果相反，人民币兑美元的比价不是下降了，而是上升到了 6.77 元人民币/美元，而 CNHQ17 的价格也上升到了 6.75 元人民币/美元。虽然，最终的结果总和然后是保证了最终换回的人民币大约也是 3 275 万元（6.55 元人民币/美元）。但总是会有令人不满意的，甚至会想当初如果不通过期货交易进行风险管理，能多收约 100 万元人民币。这时，辉腾公司的管理人员就会想，有没有其他手段进行真正的风险管理，而不是把好的风险和不好的风险一起屏蔽掉。对辉腾公司而言，汇率下跌才是真正的风险，而汇率上升对辉腾是有利的。

市场有需求，就有人会创造工具满足需求。比如纳斯达克费城股票交易所就提供可以交易代号为 call@ XDC170817C00015300[①] 的标准化合约。该合约授予合约的买方以下权力：

在 2017 年 8 月 17 日，有权利以每 100 元人民币换 15.3 美元的价格购买 100 万元人民币，但这只是权利，而不是义务；因此，该合约被称为买权合约。

买方购买该合约时，要向合约的卖方支付权利金（premium）。卖方获得权利金之后，如果买方到期要行使以上权利，卖方就必须按以上条件与合约的买方完成以上条款约定的交易。

市场上有了该合约，辉腾公司就可以换一种方式解决其风险管理问题。比如：购买 32 份 call@ XDC170817C00015300，假设每份权利金价格为 600 美元（该价格是议价的结果，每一笔交易都可能不一样），辉腾公司实际支付了 1.92 万美元的权利金。支付了该权

---

① 由于目前市场上还没有人民币现汇期权（options on spot exchange），只有人民币期货期权交易（options on future exchange），为了易于阐述，本代码是参考纳斯达克费城股票交易所（Nasdaq PHLX）的日元、欧元等现汇期权而虚构的。

利金之后，如果到期美元贬值了，辉腾公司至少可以保证用 $15.3 \times 32 = 489.6$ 万美元换回 3 200 万元人民币。相反，如果到期美元升值了，假如汇率为 6.75 元人民币/美元，辉腾公司可以放弃该合约的权利，直接将 500 万美元在市场上出售。该方法既解决了辉腾公司对不利风险管理问题，也保留了对辉腾公司有利的价格波动。

实际上，市场上还有卖权合约。前述与辉腾公司交易期货的百特公司需要的就是人民币的卖权合约。

衍生工具通常按照基础产品分类。根据基础产品的不同，将衍生工具分为商品类衍生工具和金融衍生工具。

商品类衍生工具主要是指各类大宗商品的期货和期权，大致可以分为农产品类、能源类、金属和贵金属类。如：原油期货、大豆期货、玉米期货、黄金期货；原油期权、黄金和白银期权等。

金融衍生工具主要是指以各类基础金融工具为标的产品的期货和期权，大致可划分为股权类、货币类、利率类、信用类以及其他衍生工具。

股权类衍生工具是指以股票或股票指数为基础产品的金融衍生工具。如：股票期货、股票期权、股票指数期货、股票指数期权等。

货币类衍生工具是指以各种货币作为基础产品的金融衍生工具。如：各种货币期货、货币期权以及上述各类合约的组合交易合约。

利率衍生工具是指以利率或利率的载体（主要为各类债券）为基础产品的金融衍生工具。如：各类国债期货和期权、欧洲美元期货和期权以及各类利率指数期货期权等。

信用衍生工具是指以基础产品所蕴含的信用风险或违约风险为基础变量的金融衍生工具，用于转移或防范信用风险。典型的信用衍生工具有信用违约互换、总收益互换等。当合约约定特定信用事件发生时，信用违约互换的买方可以从卖方获得损失补偿；信用事件可以包括破产、清算、支付违约、债务加速到期、债务违约、偿付变更及评级下调、信用利差扩大等（取决于衍生工具合约双方的约定）。

其他衍生工具是指在非金融变量基础上开发的金融衍生工具。如用于管理气候变化风险的天气期货、管理巨灾风险的巨灾衍生工具等。

金融衍生工具的基础产品是一个相对的概念，不仅包括现货产品，也包括金融衍生产品，如芝加哥商品交易所交易的货币期货期权，该期权交易的基础产品就是货币期货。此外，除了到期需要进行实物交割的金融衍生工具之外，基础产品在金融衍生工具合约中的作用就是提供一个参考变量用以确定合约到期时合约交易双方的支付方向和支付数量；该参考变量就是各类资产价格、价格指数、利率、汇率、通货膨胀率、信用等级以及某些自然现象（如气温、降雪量）等。因此，金融衍生工具有时又被称为定义在某个基础变量之上的金融合约，如图 3 - 1 所示。

二、金融衍生工具的发展历史

金融衍生工具的发展大致可以划分为如下四个阶段。

```
                            ┌───────────┐      ┌──────────────────────────────┐
                      ┌─────│  农产品类   │──────│ 大豆期货、玉米期货、大豆期货期权等  │
                      │     └───────────┘      └──────────────────────────────┘
         ┌──────────┐ │     ┌───────────┐      ┌──────────────────────────────┐
      ┌──│商品类衍生工具│─┼─────│   能源类   │──────│      原油期货、原油期权等         │
      │  └──────────┘ │     └───────────┘      └──────────────────────────────┘
      │               │     ┌───────────┐      ┌──────────────────────────────────────┐
 ┌───┐│               └─────│金属和贵金属类│──────│黄金期货、黄金期权、白银期货、白银期权、铜期货等│
 │衍 ││                     └───────────┘      └──────────────────────────────────────┘
 │生 ││
 │工 ┤│                     ┌───────────┐      ┌──────────────────────────────┐
 │具 ││               ┌─────│ 股权类衍生品 │──────│ 股票期权、股票期货、股票指数期货等 │
 └───┘│               │     └───────────┘      └──────────────────────────────┘
      │               │     ┌───────────┐      ┌──────────────────────────────┐
      │  ┌──────────┐ ├─────│ 利率衍生品  │──────│ 各类国债期货和期权、欧洲美元期货和期权 │
      └──│金融衍生工具 │─┼─────└───────────┘      └──────────────────────────────┘
         └──────────┘ │     ┌───────────┐      ┌──────────────────────────────┐
                      ├─────│ 货币衍生品  │──────│     各种货币期货、货币期权       │
                      │     └───────────┘      └──────────────────────────────┘
                      │     ┌───────────┐      ┌──────────────────────────────┐
                      ├─────│ 信用衍生品  │──────│    信用违约互换、总收益互换等     │
                      │     └───────────┘      └──────────────────────────────┘
                      │     ┌───────────┐      ┌──────────────┐
                      └─────│ 其他衍生品  │──────│   天气期货等    │
                            └───────────┘      └──────────────┘
```

图 3-1   衍生工具分类

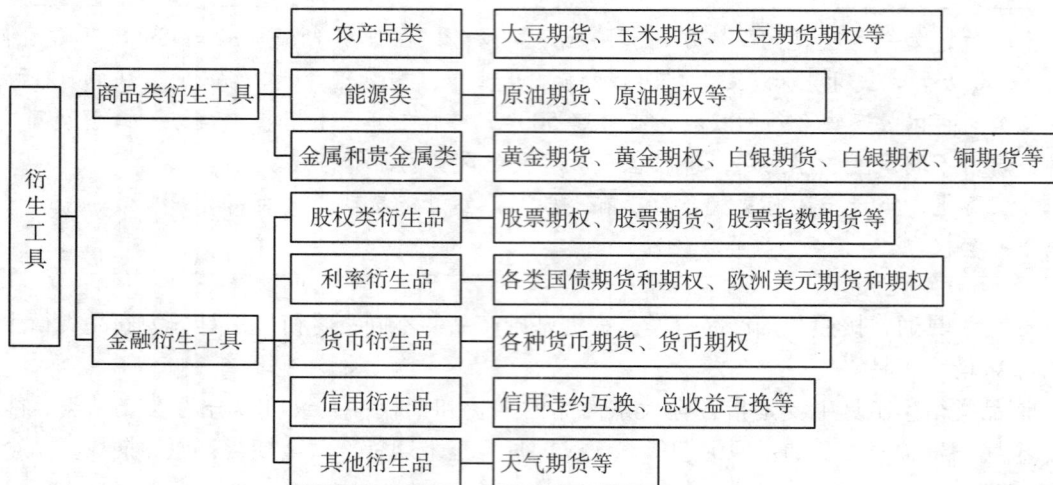

(一) 衍生工具萌芽阶段

金融衍生工具的本质就是起源于朴素的远期合约、买权和卖权交易。公元前 2000 年左右，在美索不达米亚地区就出现过远期合约。早在古希腊时期，亚里士多德（Aristotle）在其著作《政治学》中也记载了古希腊哲学家泰勒斯运用橄榄压榨机使用权交易策略在橄榄大丰收年份获得巨额收益。在日常经济活动中，也普遍存在朴素的衍生工具交易。比如，各类生产商或销售商在商品销售策略中提供的"无条件退货保证"，实际上就是在销售商品的同时免费给商品购买者赠送一份相应商品的卖权，它就是附加在商品销售过程上的一份期权。

萌芽阶段的衍生工具发展的主要推动力是商业活动的高度集中趋势，即交易的市场化、集中化以及投机交易的兴起。发展的主要内容是期货合约的标准化、证券化；期货合约交易向交易所集中交易演变，形成制度化、规范化；而期权交易在争议声中逐步获得社会承认和接受。

以贸易活动为主要特征的资本主义从航海运输便利的地中海沿岸起源，到荷兰、英国和美国的国际贸易中心的转移路线也是期货期权等衍生工具发展的主要路线。早期地中海沿岸各国航海贸易活动频繁，对大宗商品贸易有需要。因此，早在古希腊和古罗马时期，就出现过中央交易场所、大宗易货交易，以及带有期货贸易性质的交易活动。当时的罗马议会大厦广场、雅典的大交易市场就曾是这样的中心交易场所。

随着，欧洲从地中海沿岸向西北欧扩张、荷兰航海家们探险活动带来海上贸易的扩张，这种集中交易方式在荷兰、英国、法国等国的发展壮大，专业化程度也很高。1251 年，英国大宪章正式允许外国商人到英国参加季节性交易会。在贸易中出现了对在途货物提前签署文件，列明商品品种、数量、价格，预交保证金购买，进而买卖文件合同的现象。1571 年，英国创建了实际上第一家集中的商品市场——伦敦皇家交易所。其后，荷兰的阿姆斯特丹建立了第一家谷物交易所，比利时的安特卫普开设了咖啡交易所。

16 世纪下半叶，荷兰安德卫普已形成非常发达的在交易所集中交易的商品贸易。交易所集中交易带来的良好流动性，为交易者提供了规范和系统的交易环境。当时市场首先突破需要进行实物交换的远期合约交易，出现了只对合约差额进行结算的"期货"合约，进而催生了"权利金"交易，即卖方可以支付一定权利金，如果两三个月之后不希望继续交易，就有权撤回合约。

1585 年西班牙攻占了安德卫普，大量商人不得不向北转移，并逐渐在阿姆斯特丹和伦敦形成新的贸易中心。1611 年，阿姆斯特丹交易所正式成立。从 17~18 世纪，阿姆斯特丹交易所交易的期权合约出现了很多现代衍生品市场才有的重要特征，在期货交易的基础上发明了期权交易方式，典型的有郁金香的期权市场。17 世纪中叶，荷兰东印度公司的期权不但有看涨和看跌合约，同时还标有规则的到期日。1634 年荷兰出现了商品期权，之后在阿姆斯特丹交易所开始了有组织的商品期货和期权交易。17 世纪，伦敦出现了金融衍生品的萌芽，伦敦交易所开始交易股票远期和期权。

在欧洲之外，17~18 世纪，日本由于大名领主占据大量土地，并且集中生活在江户和大阪，需要大量交易各种大米现货和期货，且其国内缺乏金属货币材料，米市交易出现的各种大米库券被标准化成了世界上最早的标准化期货合约，并于 1710 年出现正式的有组织的商品期货市场——堂岛大米会所。

期权交易因在历次的金融危机中屡次被滥用、在危机中发挥了推波助澜的作用而饱受争议。在 1634~1637 年间的郁金香泡沫期间，大量投机客涌入郁金香市场，推动了期权在荷兰郁金香商品交易中的使用，直至郁金香泡沫彻底破灭。当时，人们普遍认为期权是一种只有投机客才会青睐的东西，阿姆斯特丹交易所的期权交易指引中写道，"期权属于纯粹的赌徒所热衷的范围"。1637 年 4 月，荷兰政府决定禁止投机式的郁金香交易，相关法律彻底禁止了不持有商品的卖空行为和相关期权交易。从 1697 年起，英国也有法令限制滥用期权行为，但对期权是否应该禁止的争论一直在持续。自从 1720 年南海泡沫事件开始，英国国会加大力度规范股票炒作行为，1733 年《巴纳德法》（Barnard's Act）宣布禁止以证券为标的物的期权交易，但期权交易从未停止。1820 年的一场针对股票期权交易的争论，几乎导致伦敦证券交易所的分裂。最终，大量交易所会员在期权交易可能带来的巨大利润面前妥协了，废除了这项禁止期权交易的规定。1860 年，《巴纳德法》也被撤销。美国对期权交易的态度一直非常谨慎。18 世纪末美国出现了股票期权，但直至 19 世纪末几乎所有美国股票和商品交易所都禁止期权交易，当时期权交易只能在场外进行，依靠做市商为买方和卖方寻求配对。

丰收的橄榄与期权交易

亚里士多德在其著作《政治学》中，记载了古希腊哲学家泰勒斯（Thales）月占星术（气象学知识）对星象进行了研究，他预测到橄榄在来年春天会有一个好的收成。基于对来年春季橄榄将大丰收的预测，他估计丰收的橄榄会使得榨油机供不应求。泰勒斯希望利用他的预测赚钱，一个简单的方法就买下当时所有的榨油机，垄断榨油机市场，但是他资金有限。于是他与有榨油机的农户协商，通过支付权利金方式得到来年春天以特定的价格使用榨油机的权利，以该方式他获取了米拉特斯（Miletus）和西奥斯地区所有橄榄榨油机的使用权利。

果然不出所料，第二年橄榄大丰收，丰收的橄榄使得榨油机供不应求。于是，泰勒斯行使自己的权利，用特定的价格获得了榨油机的使用权；然后，他以更高的价格将这种权利卖了出去，从中赚取了可观的利润。

（二）商品衍生工具和衍生工具交易制度完善阶段（19 世纪中叶～20 世纪70 年代）

在开发新大陆之后，北美殖民者多数拥有大片的土地，从事着大规模的农牧业生产，并与欧洲各国进行大规模的农产品贸易，由于农产品的季节性特征，价格的季节性波动，以及气候变化等对农产品价格的影响，都使得农产品的生产商、贸易商和加工商的生产经营活动受到影响，迫切需要管理农产品价格风险的交易方式和手段。同时，随着工业生产方式的深入发展，工业生产对各种金属、矿产等工业原材料大量需要，也推动了大宗工业品的世界贸易活动，同样也需要进行风险管理。

19 世纪中叶～20 世纪 70 年代期间，金融衍生工具的发展主要以农产品和金属商品期货为主。1848 年 3 月 13 日，在美国重要的农产品集散地和加工中心，国内外贸易中心——芝加哥成立了美国芝加哥期货交易所（CBOT），它标志着现代期货交易的诞生。随后，各类现代化的商品期货得以快速发展。如：1851 年芝加哥期货交易所开始交易玉米期货，1870年纽约商品交易所推出棉花期货，1876 年伦敦金属交易所推出铜、锡期货，1920 年又推出铅、锌期货，1971 年芝加哥商品交易所推出了饲养用小牛期货，等等。

这一时期除了交易工具以商品期货为主的显著特征以外，衍生工具发展的另一个核心标志是完善了合约标准化、保证金制度和统一结算制度，形成了真正现代意义的衍生工具交易。

芝加哥期货交易所成立之初，还只是一个集中进行现货交易和远期交易的场所。1865年，芝加哥期货交易所实现了合约标准化，推出了第一批标准期货合约。合约标准化内容包含了合约中的商品数量、质量、交货时间、交货地点以及付款条件等的标准化。标准化的期货合约反映了最普遍的商业惯例，使得市场参与者能够非常方便地买卖期货合约，也能够通过平仓来解除原先买卖合约的履约责任，提高了期货交易的市场流动性。

芝加哥期货交易所在合约标准化的同时，还规定了按合约总价值的 10% 缴纳交易保证金。保证金制度有效地避免了期货交易违约的问题，使交易能够标准、持续地进行。

芝加哥期货交易所起初采用的结算方法是环形结算法，但这种结算方法既烦琐又困难。1891 年，明尼亚波里斯谷物交易所第一个成立了结算所，随后，芝加哥交易所也成立了结算所。结算所作为唯一的买方与所有的合约卖方进行结算，同时也作为唯一的卖方与所有的合约买方进行结算，提高了结算的效率。

1922 年美国通过了《谷物期货法案》，成立了商品期货交易委员会，对商品期货交易实施监管，1925 年成立第一个强制清算体系。至此，真正意义上的现代期货交易诞生，期货市场完整地建立起来了。

在商品期货迅速向规范化现代衍生工具交易方式发展时，期权交易还在争议中艰难地前进。由于早期的期权交易存在着大量的欺诈和市场操纵行为，美国国会为保护农民利益，于1921 年宣布禁止交易所内的农产品期权交易。1936 年美国又禁止期货期权交易。虽然很多国家都在某种程度上禁止期权交易，但期权的高杠杆特征仍然吸引风险管理者和投机者参与期权交易，不同种类的期权交易都始终存在。19 世纪后期，一个美国金融家——卢索·萨奇（Russell Sage）在其提供的期权交易中运用看涨看跌期权平价关系发明了一个给他客户提供贷款的组合交易策略，虽然最后由于亏损而停止了该交易，该交易策略却是期权交易发展的重要策略，萨奇也被认为是第一个发现看涨看跌期权平价关系的人。同时期，在美国，期权的经纪商和交易商通过为客户的期权交易提供经纪服务也在推动期权交易的发展，在经纪活动中，需要为客户寻找交易对手，为了更高效寻找交易对手，成立了期权经纪商和交易商协会（The Put and Call Brokers and Dealers Association），在 1929 年股灾之后，美国国会准备取消期权交易时，该协会通过努力争取为期权交易正了名，使得期权交易在美国合法化，并被纳入美国证券交易委员会（SEC）的统一监管。

荷尔伯特·菲勒尔为期权交易正名

早期的期权交易多数是在投机兴盛时期，并且也不时被投机者滥用，因此，期权的声誉始终不佳。在 20 世纪 20 年代，在美国的股票市场上，一些证券经纪商从上市公司那里得到股票期权，作为交换他们要将这些公司的股票推荐给客户，从而使该股票的市场需求迅速上升。上市公司和经纪商因此从中获益，而许多中小投资者却成为这种私下交易的牺牲品。

1929 年股灾发生以后，美国国会为此多次举行听证会，对证券市场进行调查，并根据《1934 年投资证券法》成立了美国证券交易委员会（SEC）。SEC 最初给国会的建议是取缔期权交易，原因是"由于无法区分好的期权同坏的期权之间的差别，为了方便起见，我们只能把它们全部予以禁止"。

当时，期权经纪商与自营商协会邀请了经验丰富的期权经纪人荷尔伯特·菲勒尔到国会作证。在激烈的辩论中，SEC 的成员们问菲勒尔："如果只有 12.5% 的期权履约，那么，其他 87.5% 购买了期权的人不就扔掉了他们的钱吗？"

菲勒尔回答说："不是这样的，先生们，如果你为你的房子买了火灾保险而房子并没有着火，你会说你浪费了你的保险费吗？"通过激烈的辩论，菲勒尔成功地说服了委员会，使他们相信期权的存在的确有其经济价值。这使得在加强监管的前提下，美国期权市场得以继续存在和发展。

（三）利率和汇率衍生品和期权交易快速发展阶段（20 世纪 70～80 年代）

20 世纪 70 年代的两个重要事件推动了金融衍生工具向两个方向快速发展。

一是布雷顿森林体系解体后汇率、利率风险凸显。以美元为中心的固定汇率制彻底瓦解，使得汇率（两种货币的比价关系）剧烈动荡，推动了外汇期货的发展。1972 年美国芝加哥交易所率先推出英镑等 6 种货币的期货合约，1982 年费城股票交易所推出了货币期权交易。

20 世纪 70 年代中期以后，汇率自由浮动后为了稳定汇率，西方各国纷纷推行金融自由化政策，利率管制得以放松甚至取消，导致利率波动日益频繁而剧烈。各类金融商品持有者，尤其是各类金融机构迫切需要有效的管理利率风险的工具。利率期货应运而生。1975

年 9 月，美国芝加哥商业交易所首先开办了利率期货交易，1975 年 10 月，芝加哥期货交易所推出了政府国民抵押贷款协会（GNMA）抵押凭证期货合约，标志着利率期货这一新的金融期货类别的诞生。1976 年 1 月，芝加哥商业交易所的国际货币市场推出了 3 个月期的美国短期国库券期货交易；在整个 70 年代后半期，它一直是交易最活跃的短期利率期货。

1981 年 12 月，国际货币市场推出了 3 个月期的欧洲美元定期存款期货合约。该品种交易量很快超过短期国库券期货合约，成为短期利率期货中交易最活跃的一个品种。最重要的是该品种推出期货合约的现金结算制度，为此后的股票指数等各类指数期货的发展奠定了基础。

二是期权定价理论的突破，催生期权交易的复活和快速发展。1973 年，芝加哥大学的两位教授费舍尔·布莱克（Fisher Black）和迈伦·斯科尔斯（Myron Scholes）发表了《期权定价与公司负债》，使人们第一次得以量化研究期权的理论定价，为期权发展做出了重要贡献。直至今日 Black-Scholes 期权定价公式仍然是期权市场上的指导公式。

同时，1968 年美国经济萧条，商品期货市场的交易量大幅度的减少。芝加哥期货交易所（CBOT）希望开拓新的业务领域。1973 年 4 月月 6 日，芝加哥期权交易所（CBOE）正式成立，将期货的合约标准化、保证金和统一清算制度引进了期权交易之中，使期权交易进入了一个新的历史时期。第一个月，CBOE 的日交易量就超过了场外交易市场。1977 年 6 月 3 日，CBOE 又开始看跌期权交易。1983 年，芝加哥期权交易所推出了以标准普尔 100 指数为标的资产的股指期权（简称 OXE），后来又推出了以普尔 500 指数为标的资产的股指期权（简称 SPX）。由于芝加哥期权交易所的巨大成功，其他的交易所也纷纷推出各种股指期权，此外，在 20 世纪 80 年代，货币期权、利率期权等期权新品种也陆续在各期权交易所上市进行交易。20 世纪 90 年代以后，芝加哥期权交易所又推出了长期股票期权。

1982 年以后，芝加哥期货交易所陆续推出大豆、玉米、小麦等期货期权交易，为交易者提供了更多的价格保护形式。此后，很多现货商改用期权代替期货进行保值交易。

1993 年美国农业部还采用期权这一形式来代替农业补贴，保护农产品价格。美国农业部将从 1993 年开始，通过支付农场主购买期权的权利金，鼓励部分农民进入芝加哥期货交易所进行期权交易，购买玉米、小麦、大豆的看跌期权，以维护玉米、小麦、大豆价格的比较合理的水平，以此利用市场机制保护农产品价格，替代农业支持政策。

最后，这一时期的两次石油危机也催生了能源衍生工具，如：纽约商品交易所 1978 年推出的取暖油期货，1983 年的原油期货等。

（四）信用衍生工具时代（20 世纪 80 年代迄今）

信用风险主要指债务人破产、没有履行支付义务、加速、拒绝或延期支付义务以及构成违约的债务重组等事件导致债权人产生债券等投资损失的风险。从 20 世纪 80 年代以来，不断爆发的信用危机为管理信用风险带来了巨大的市场需求。1980 年的拉丁美洲债务危机，1982 年的美国储贷危机，1997 年的亚洲金融危机，1998 年的俄罗斯债务危机，2001 年世通、安然破产事件，2007 年的次贷危机，这一系列信用危机为全球金融市场的参与者管理信用风险提出了巨大的挑战，对信用风险的管理工具提出了强烈要求。

另外，随着信用风险度量技术的发展和成熟、信用数据可得性的提高以及电子交易平台和标准合同文本的出现，为信用衍生工具的发展提供了技术保证。

1995 年，摩根大通银行开发出了信用违约互换产品 CDS，在之后的十几年内，其交易规模呈现指数级增长。1999 年，国际互换与衍生品协会（ISDA）出台了第一部信用衍生工具定义（Credit Derivatives Definitions）。2002 年 ISDA 颁布了主协议 "2002 ISDA Master Agreements"。随着这一系列权威交易文本的出台，使得全球信用衍生工具市场的交易规则逐步完善。

三、金融衍生工具的发展逻辑

（一）风险管理需求是推动衍生工具发展的基本动力

需求是任何产品产生和发展的基本动力，金融衍生工具的基本作用是风险管理，而伴随作用是提供投机工具。无论是风险管理需求还是投机需求都能推动衍生工具的发展，投机需求在推动衍生工具创新发展的同时，往往带来相应的市场泡沫和金融危机，危机过后，相应的衍生工具市场也就烟消云散。典型的历史事件包括荷兰的郁金香泡沫和英国南海泡沫时期金融衍生工具的发展，这两个时期都创新了金融衍生工具，并且交易兴盛，但很快就泡沫破裂、市场消失。

只有风险管理需求是推动衍生工具发展的基本动力和稳定衍生工具市场的核心力量。19 世纪中期欧美之间大宗农产品和工业原材料贸易带来的相应风险管理需求推动了商品期货和期货交易制度的完善；20 世纪 70 年代起的汇率和利率波动带来的相应风险管理需求，催生了货币和利率衍生工具的发展；20 世纪 80 年代以来，大量债务违约事件的发生，导致金融机构管理信用风险的需求，推动了信用衍生工具的发展。

同时，我们也应该认识到投机也是金融衍生工具市场天然而有机的组成部分。如果没有投机交易的存在，市场的流动性不足，即使有相应的衍生工具存在，由于仅有风险管理者存在的市场，市场交易很难活跃，风险管理者也很难达成交易以实现风险管理。

（二）金融知识、金融环境和生产成本决定了衍生工具的供给水平

衍生工具的供给水平主要取决对衍生工具的认识水平、金融环境和衍生工具的生产成本。

对衍生工具的认识决定了能否创造出有效的、能被社会所接受的衍生工具。典型的例子是期权的发展过程；早期社会普遍认为期权只是一种投机工具，期权合理价格的确定问题也没有解决，虽然人们已经知道如何创造期权，但期权始终不被社会接受。20 世纪 70 年代纠正了期权的坏名声、解决了期权定价问题，同时也认识到期权的发展也应该像期货进行标准化之后，期权交易得以快速发展。

金融环境决定了衍生工具的创造所需求的基本材料。衍生工具是建立在基础工具之上的金融工具，只有市场上存在了足够规模的商品交易、股票、债券交易，形成了公平、可靠、公开的价格体系，比如：市场利率、股票价格和各类价格指数等，衍生工具的创造才具备所需的基础材料。

创造衍生工具本身的成本很低，通常只是设计一份标准化的合约而已；但要使衍生工具能在市场上被高效地使用，还需要创造相应的交易环境、交易制度、清算制度等，并维护交

易环境和交易制度等的有效运转，这是创造衍生工具的固定成本，通常由相应的交易所承担；此外，还需要监管衍生工具市场不被操纵、滥用的监管成本，通常由政府部门的监管机构承担。此外，衍生工具的投机者本质上是给风险管理者提供流动性，作为风险管理者的交易对手，让风险管理者能够顺利地完成交易，实现风险管理目的；这些投机者相当于保险公司给客户提供保险，他们也需要利润，这些也是衍生工具创造的成本；只有市场上的风险管理需求足够多，能够分担这些成本时，相应的衍生工具才能被创造，市场才能够健康运行。

（三）金融衍生工具的创造技术

金融衍生工具的创造技术主要包括：权益的证券化、合约的标准化、交易过程的制度化和市场化三个方面。

权益的证券化是指交易双方通过签署合约，比如：远期交易合约、买权或卖权（期权）合约，签署之后的合约就是一份有特定价值的文件，合约签署的各方都可以据此文件主张相应的权益。如果仅仅是交易双方之间签署合约，合约条款可以通过谈判而任意约定，但结果是合约的转让会很困难。

合约的标准化是指交易中介机构作为第三方（通常是各类交易所）为交易双方拟定一份标准化的合约，标准化的内容包括：未来要交易的商品名称、数量、质量、交易时间、交割地点等；交易双方真正要谈判的内容只有交易价格。合约的标准化简化了交易谈判的内容，让以市场交易的方式签署合约成为可能。如果有很多人接受一份标准化的合约，该合约的交易量会提高，合约的成交和转让也就更加容易。

合约标准化之后，交易中介机构创造交易环境，比如：交易大厅、网络交易平台等，制定交易制度，包括交易者如何报价、撮合成交、保证金的安排、清算和交割安排等制度，让交易者聚焦到给定的交易场所或交易平台上，在交易制度的规范下有序地完成交易。这就是衍生工具交易过程的制度化和市场化；它们是衍生工具的有机组成部分。

第二节　期　货

一、期货合约

期货合约（futures contract）是期货交易的买卖对象或标的物，是由期货交易所统一制定的，规定了某一特定的时间和地点交割一定数量和质量标的资产的标准化远期合约。根据合约标的是否可能交易，可分为两类：一是实物期货合约，它包括合约标的资产可以直接交易的商品期货合约、证券期货合约等。二是指数期货合约，这类合约的标的是各类市场指数，如股票指数等，指数本身不能买卖，这类合约到期时，不进行实物交割，只根据标的指数的市场值和预定的指数点价值进行交易双方的盈亏计算，并进行相应的现金结算。

1. 实物期货合约

期货合约的主要条款包括两类，一是对未来要交割的标的物和交割方式的约定，主要包括交易品种、交易单位、合约月份、交割日期、交割品级、交割地点、交割方式等。其中合约月份是远期合约到期时间的标准化，如表 3-1 中，黄玉米期货合约中，合约月份为 1 月、

3 月、5 月、7 月、9 月、11 月表示大连商品交易所的黄玉米期货的到期时间为这 6 个月份，当然，不同的到期时间就是不同的合约。因此，具体的合约也用时间给予具体的编号。比如，在 2017 年 1 月 2 日，市场上可以交易的具体黄玉米合约为：C1701、C1703、C1705、C1707、C1709、C1711 共 6 个合约，分别表示不同的到期时间；如果到了 C1701 的最后一个交易日 1 月 16 日，C1701 合约还可以交易，第二个交易日 1 月 17 日 C1701 就不能交易了，同时会有新的合约 C1801 上市供交易者交易。这些内容在一般的远期合同中都要经过合同签约双方谈判确定，而在期货交易中由交易所事先统一拟定，这就是远期合约的标准化。

表 3 - 1 　　　　　　　　　　大连商品交易所的黄玉米期货合约

交易品种	黄玉米
交易单位	10 吨/手
报价单位	元（人民币）/吨
最小变动价位	1 元/吨
涨跌停板幅度	上一交易日结算价的 4%
合约月份	1 月、3 月、5 月、7 月、9 月、11 月
交易时间	每周一至周五上午 9：00 ~ 11：30，下午 13：30 ~ 15：00
最后交易日	合约月份第十个交易日
最后交割日	最后交易日后第 3 个交易日
交割等级	大连商品交易所玉米交割质量标准（FC/DCE D001 - 2015）
交割地点	大连商品交易所玉米指定交割仓库
最低交易保证金	合约价值的 5%
交割方式	实物交割
交易代码	C
上市交易所	大连商品交易所

二是合约交易的相关安排，主要包括报价单位、最小变动价位、涨跌停板幅度、交易时间、最后交易日、最低交易保证金、交易代码等。

期货是以交易方式实现合约的签订，比如：你希望在 9 月份玉米收成时，出售 20 吨的黄玉米；就可以在大连商品交易所的交易平台上卖出 2 份 C1709 合约，自己给个报价，假设为 1 520 元，如果有人接受你的报价，你们就成交，你可以不知道对手是谁，只要记住自己以 1 520 元的价格出售了 2 份 C1709；交易所也会在你的相应账号上记下这笔交易，记为 C1709 持仓 -2，也被称为空头 2 张 C1709。如果在合约到期前，你没有再对该合约做其他安排，那么你就必须在表 3 - 1 合约规定的交割时间、交割地点，提交相应等级的 20 吨的黄玉米；并收取 1 250 × 20 元的相应价款（为了容易理解，这里假设不考虑保证金账户的变化，在实际操作中，要考虑保证账户的变化，会有所不同，详见下节）。实际上，你也可以在合约到期前，按另外某个价格买回两份 C1709，这叫平仓交易，这时 C1709 合约就跟你没关系了，但可能已经产生盈利或亏损了。

因此，买卖期货合约，你手上没有合约也可以卖出，这叫开仓卖出，它本质上相当于在一份只可以填写未来交割价格的标准化合约上的卖方处签字同意，而成交价格就是合约双方谈判同意最终填写在标准化合约上的价格。

对于证券类期货，如货币期货、股票期货等，由于标的资产是证券，而给定某个证券本身没有质量差别，证券的交割也比较简单，通常只需在账户之间划转，没有运输成本。因此，期货合约条款相对简单，如表 3 - 2 芝加哥商品交易所的欧洲美元期货合约。具体的合约代号同样用产品代码和时间代码组成，如：2017 年四个到期月份的具体代码分别为：6EH2017、6EM2017、6EU2017、6EZ2017。如果你在 2017 年 1 月 13 日以 1.0651 美元的价格卖出一份 6EZ2017 合约，然后等到合约到期。到期时，你必须交付 125 000 欧元，并收取 125 000 × 1.065 美元。

最后，期货合约中都会对标的物的质量标准有具体的要求，则市场上完全适合要求的商品数量可能就比较有限；同时，买卖期货又只需缴纳少量的保证金；这种情况下，市场就有可能被操纵。比如，某个资金比较雄厚的投机者，一方面大量买进期货，另一方面悄悄地把市场上符合标准的期货标的物全部买下；等到期货快到期时，期货卖方会发现，市场上已经没有可用于交割的现货，而想买回期货合约平仓，又没人愿意卖。这时期货的空头方为了履约，只能要么接受投机者的高价现货用于交割，或者接受投机者的高价期货用于平仓；甚至有可能被投机者逼到违约破产。该现象并称为围堵市场（corner the market）。为了避免该现象的发生，期货合约通常在具体可交割的产品等级上会放宽要求，并约定不同等级交易产品的支付价格调整办法，以扩大可交割产品范围，增加市场操纵的难度，或者直接限制每个账户可持仓的合约数量等。

表 3 - 2   芝加哥商品交易所的欧元美元期货合约

合约单位	125 000 欧元
交易时间	周日 ~ 周五 6：00 p. m. ~5：00 p. m.
最小价格单位	0.00005 美元/欧元（6.25 美元/合约）
产品代码	CME Globex：6E，CME 清算中心：EC，清算代码：EC
上市合约	从 3 月开始的季度月循环（Mar，Jun，Sep，Dec），共 20 个合约月份
结算方法	支付
最后交易日	合约月份的第三个周三之前的第二个交易日（通常是周一）的中部时间 9：16 a. m.
交割方式	实物交割
仓位限制	CME 仓位限制规定
交易规则	CME 261

2. 指数期货合约

指数是人为编制的用于反映某个特定市场变化的一个数据，如沪深 300 指数就是用于反映上海和深圳证券交易所股票总体价格变化情况的序列数据。显然，指数现货是没法买卖的。但期货的本质是买卖双方对未来交割时间点标的物市场价格的对赌，买方赌未来价格会比现在约定的价格高，卖方赌未来价格会比现在约定的价格低；谁赌对了谁盈利，而相应的，对方则亏损。

例如，上述的黄玉米期货 C1709 的交易中，假设你和交易对手，即没有玉米要卖，对方到期时也不需要玉米，你们同样可以进行 C1709 的交易，并等到最后的交割。假设你仍然以 1 520 元/吨的价格出售了 2 份 C1709；持有到期等待交割；实际交割时，你只能到现货市场按市场价格，假设为 1 600 元/吨，买入 20 吨玉米，然后送到指定交割仓库，回收期货约定的总货款 1 520×20 元，最后发现，你亏损了 1 600 元。而对于 C1709 的买方，他履约时要缴纳 1 520×20 元货款，提取 20 吨黄玉米，但他也不需玉米，同样要在市场上按市场价格卖出 20 吨黄玉米，假设他卖出的价格也是 1 600 元/吨，则他盈利 1 600 元。在实际操作中，这个价格可能会有点上下波动。可见，如果 C1709 合约的交易双方能够对黄玉米现货市场价格达成一致的话，他们实际上并不需要真实地进行现货交易，只要根据达成一致的现货市场价格，如：1 600 元/吨，进行双方的盈亏计算，并进行相应的现金交付，还能省去现货交易的麻烦。实际上，芝加哥期货交易所的很多个股期货就是采用的这种现金交割的办法。

基于以上认识，由于指数点不易被操纵，容易达成共识；同样可以设计指数期货让交易者对未来的指数点进行对赌。但在对赌结果支付时，将盈亏的指数点换算成可支付的货币价值就行。因此，如表 3-3 中的沪深 300 指数合约，首先，要约定每个指数点的货币价值，沪深 300 指数期货的每个指数点价值为 300 元，最终盈亏清算时等于盈亏的指数点乘以 300 元每点。这类似于实物合约中约定的每份合约标的物的数量。其次，由于指数无法现货交割，明确只能现金交割。

表 3-3　　　　　中国金融期货交易所的沪深 300 指数期货合约

合约标的	沪深 300 指数
合约乘数	每点 300 元
报价单位	指数点
最小变动价位	0.2 点
合约月份	当月、下月及随后两个季月
交易时间	上午：9：30～11：30，下午：13：00～15：00
每日价格最大波动限制	上一个交易日结算价的 ±10%
最低交易保证金	合约价值的 8%
最后交易日	合约到期月份的第三个周五，遇国家法定假日顺延
交割日期	同最后交易日
交割方式	现金交割
交易代码	IF

例如，2017 年 1 月 12 日，中国金融期货交易所市场上可交易的沪深 300 指数合约有 IF1701、IF1702、IF1703、IF1706，当时 IF1701 的价格为 3 323 点，如果你以 3 323 点的价格卖出一份 IF1701 合约，然后等待直到合约到期，由交易所进行现金交割；如果在 IF1701 最后交易日 2017 年 1 月 20 日，沪深 300 的收盘指数点为 3 523 点，那么你就盈利 200 个指数点，盘后交易所进行清算后，你的账户就会转入 200×300 元，当然，这些盈利是由其他

亏损交易者的账户转来的。

二、期货的交易方式

（一）报价和成交

期货的交易本质是以交易的方式实现远期合约的签订，其在交易时所报的价格，并非现在交付某个标的物的价格，而是指是愿意在某个标准化合约上以此价格与对方签订买卖合约，如果某个期货合约的报价成交了，表明交易双方签订了一份标准化的交易合约，合约的卖方相当于是在标准化合约中的卖方签字，合约的买方，相当于在标准化合约的买方签字，成交价格就是标准化合约中要填上的、未来交付标的物的价格。显然，期货合约在成交时，交易双方是不需要向对方支付或收取任何价款或标的物。

例如，2017 年 1 月 13 日黄蓉以 1 520 元/吨的价格出售了一份 C1709 的期货合约给杨过。这相当于，黄蓉与杨过签订了一份如表 3-1 所示的 2017 年 9 月到期的合约，黄蓉在该合约的卖方签字，杨过在该合约的买方签字，1 520 元/吨是到期时交付 10 吨标准黄玉米的价格。现在，他们双方不需向对方支付任何东西。

此外，期货交易只是签订合约，因此，没有任何数量的限制，所有交易者都可以任意地买入或卖出任意数量的某个合约（如：C1709 等），成交的数量只是表明已经有多少份合约签署生效了，生效之后，可能就是到期履约；或者中期将合约转让。

例如，假设 2017 年 2 月 3 日黄蓉以 1 500 元/吨的价格向郭靖买回了 1 份 C1709 合约。因为同样都是 C1709 合约，条款完全相同，所不同的是成交价格；黄蓉的这两笔交易完全可以看成是将原来与杨过签订的 C1709 合约的卖方权益转让给了郭靖，市场上仍然只有一份有效合约，黄蓉已经平仓了，与 C1709 合约不再有关系。

现在重要的是这种转让之后，他们之间的权益该如何调整？因为前后两笔的成交价格不一样，最后杨过与郭靖交割时应按哪个价格交割？此外，C1709 这样的期货合约可以任意交易，最后如何保证合约到期时能够全部履约？

以上三个问题都由交易所设计的保证金和逐日结算制度给予解决。

（二）保证金和逐日结算制度

期货交易时不需要进行支付和标的物交换，但在期货到期履约时却必须进行现金支付和标的物交换。能否履约是期货交易能否顺利进行的最重要条件。期货也只有在履约时，才让交易者实现其盈利或亏损。期货交易与现货交易最大的差别是：现货交易在一手交钱、一手交货时，交易双方都认为交易是公平，甚至都认为自己是合算的。因此谈判完成后，实现现货交割几乎没有困难。而期货交易只有在期货买卖时有这种感觉，而在履约交割时，通常已经明确一方是盈利，而另一方是亏损的；亏损的一方天然具有不愿意进行交割的情绪，也可能是已经没有能力进行交割。

例如：2017 年 1 月 13 日，黄蓉认为半年后黄玉米的价格会大跌，她现在以 1 520 元/吨的价格卖出 100 张 C1709 合约。但在 2017 年 9 月 12 日必须交割合约时，她才发现原来的判断是错误的，玉米现货市场的价格是 2 020 元/吨。要履约，她必须从现货市场购入 1 000 吨黄玉米。这时候她已经明确知道，履约交割会亏损 50 万元。一方面，她天然地不愿意交割；另一方面，也可能是由于先前的过度自信，导致她现在没有能力交割。

为了解决期货的履约问题，期货交易所在提供标准化合约的基础上，设计了保证金制度和逐日结算制度。

保证金制度要求所有交易期货合约的交易者，按照交易所要求的保证金比例向保证金账户缴纳相应的保证金之后，才能买卖相应数量的期货合约。如表 3-1 所示大连商品交易所黄玉米期货的保证金要求是 5%，如果某一交易者想要买或卖 2 份 C1709 合约，假设当时 C1709 的报价是 1 500 元/吨，则他必须在他的保证金账户上，至少有 1 500 元。该保证金称为初始保证金。5% 的保证金比例能保证期货价格在 5% 的范围之内波动，缴纳了保证金的交易者都不会违约。一旦违约，保证金被交易所扣收，然后交易所的清算中心取代该交易者与期货合约的另一方进行交割。

但是，期货价格在短期之内的价格波动不超过 5% 的概率较大，如果时间长了，期货价格波动超过 5% 的概率就会很大。为了解决一次性缴纳的初始保证金不能保证长期不违约的问题；交易所在初始保证金的基础上，又增加了保证金的逐日结算制度和维持保证金和追加保证金制度。保证金的逐日结算制度是指根据每日的期货结算价格，计算每个交易账户的盈亏，并在其保证金账户上做相应资金的增减的制度安排。客户保证金会由于逐日结算制度而增减变化，交易所允许保证金在一定范围内波动，但会制定保证金的下限，该下限被称为维持保证金。如果一个账户的保证金在当日结算之后小于或等于维持保证金，清算中心会通知交易者追加保证金，使之恢复到初始保证金的水平。相反，如果保证金增加了，超过初始保证金的部分，交易者可以从保证金账户提走。保证金和逐日结算制度既解决了期货交易的违约问题，同时也为期货合约的转让提供了便利。

一张期货合约从缔约、转让到交割

2017 年 1 月 13 日黄蓉以 1 520 元/吨的价格出售了一份 C1709 的期货合约给杨过。假设交易所要求缴纳的初始保证金为 1 000 元，维持保证金水平为 500 元；2017 年 2 月 3 日，黄蓉从郭靖处以 1 500 元/吨的价格买回一份 C1709；最后，杨过和郭靖均持有该合约到最后交割。期间有其他人交易 C1709 合约，每天的结算价格是该合约当天的收盘价格，结算价格和三个交易者的保证金账户余额的变化过程如表 3-4 所示。

由表 3-4 可见，黄蓉的保证金从初始缴纳的 1 000 元，到 2017 年 2 月 3 日买回一份 C1709 平仓，保证金余额变为 1 200 元，已经赚了 200 元，体现了高卖低买的盈利，她已经与 C1709 合约无关。

杨过的保证金账户在 2017 年 1 月 13 日缴纳 1 000 元之后，到 2 月 5 日因低于 500 元的维持保证金，被要求追加保证金，他当晚补缴了 600 元的保证金，然后持有直到最后交易日，保证金账户余额变为 1 000 元。因此，杨过在保证金账户上已经亏了 600 元。

郭靖的保证金在 2017 年 2 月 3 日按 1 500 元/吨的价格卖出一份 C1709 时，缴纳 1 000 元，然后一直持有，期间保证金余额上下波动，到最后交易日变为 1 400 元，共盈利 400 元。

可见，在保证金上，杨过共亏损 600 元，分别被黄蓉和郭靖分别赚到 200 元和 400 元。最后，杨过和郭靖之间必须交割 C1709 约定的 10 吨标准黄玉米；杨过会收取郭靖的 10 吨玉米，并按最后结算价格 1 460 元/吨的价格向郭靖支出 1 460×10 元的价款。综合保证金账户的盈亏，这等价于杨过支付的价格为 2017 年 1 月 13 日开仓购买时的价格 1 520 元/吨；郭靖收取的价格加上保证金账户上的盈利等价于 2017 年 2 月 3 日开仓卖出时的价格 1 500元/吨，这之间的价差 20 元/吨已经被黄蓉在保证金账户的结算过程中赚走了。

可见，保证金制度和逐日结算制度，既解决了期货合约的履约保证，也同时解决了期货合约的转让问题；从而以交易的方式实现合约的缔结与转让，让远期合约的缔结与转让变得更方便。该例子中，黄蓉与杨过之间的开仓交易可看成是一份新合约的缔结，黄蓉与郭靖之间的一个平仓、一个开仓交易，可看成是合约的转让。杨过和郭靖的期货交易很可能是真正的风险管理需求，而黄蓉很可能是主动承担风险的市场投机者，但黄蓉为杨过与郭靖的风险管理活动提供了帮助，否则，杨过与郭靖之间由于时间不匹配，可能很难达成交易。

表 3-4　　　　　　　　　C1709 合约从缔结、转让到交割的过程

时　　间	交易价格或结算价格（元）	保证金账户余额（元）			备　　注
		黄蓉	杨过	郭靖	
2017. 1. 13	1 520	1 000	1 000		黄蓉向杨过出售一份 C1709
2017. 1. 13	1 530	900	1 100		当日结算
2017. 1. 14	1 510	1 100	900		
……					
2017. 2. 3	1 500	1 200	800	1 000	黄蓉向郭靖买回一份 C1709
2017. 2. 3	1 490		700	1 100	
2017. 2. 4	1 480		600	1 200	
2017. 2. 5	1 460		400	1 400	要求杨过追加保证金
			1 000	1 400	杨过补缴 600 元保证金
2017. 2. 6	1 420		600	1 800	
2017. 2. 7	1 430		700	1 700	
……					
2017. 9. 14	1 460		1 000	1 400	最后交易日的结算价

（三）交割方式

交割是指期货合约到期后，按合约指定的时间，期货的卖方向买方提交合约规定的标的物并收取相应货款的过程，这是传统的实物交割方式。

当期货合约的标的物是没有现货交易的各类市场指数，比如股票指数等，期货合约的最后交割是交易清算所在最后交易日强制约定以市场上的参考指数点作为结算价格，直接结清各交易者的保证金账户的过程。该交割方式称为现金交割。对于有些期货合约，如果其标的

物存在完善的现货市场，且现货市场价格能够形成被普通接受的公平价格时，也可能采用现金交割，比如芝加哥商品交易所的个股期货。

不论是实物交割，还是现金交割，都是期货市场与相应的现货市场形成紧密联系的唯一渠道，该联系保证了期货交易不是空中楼阁，不是简单的赌博工具，而是以现货为基础的远期合约。

（四）盈利核算

期货交易的盈亏是由开仓交易价格与平仓交易价格或最后交易日的结算价格之间的差额与期货合约数量的乘积决定的。如表3－4中，黄蓉以1 520元/吨的价格卖出一份C1709，此后又以1 500元/吨的价格买回平仓，则其盈利就是20元×10吨，共200元；而杨过以1 520元/吨开仓买入一份C1709，一直持有至最后交割，交割结算价为1 460元/吨；他是高买低卖，因此亏损60元×10吨＝600元。

实际上，在期货交易中，对于风险管理者是不会在意期货交易的盈亏的。因为其期货交易的盈亏会完全被现货市场的盈亏所抵消，其期货交易只不过是锁定未来现货的交易价格而已，正如签订一份远期合约一样。

例如，表3－4中的杨过，在2017年1月13日时买入的一份C1709只是因为他在2017年9月14日左右确实需要10吨的黄玉米，但担心黄玉米的价格会上涨而购买的；则期货价格的变动对他是没有任何影响的，他始终都等价于在2017年9月14日以1 520元/吨的价格购买玉米。

第三节 期 权

一、期权合约

期权合约是指交易所统一制定的、规定买方有权在将来某一时间以特定价格买入或者卖出约定标的物的标准化合约。

期权合约的主要条款也包括两类，一是关于相关买卖权利具体内容的约定，这也是标准化期权合约的主要内容，一般包括：合约标的物、合约类型、交易单位、合约月份、行权价格、行权方式等。二是关于期权交易方式的约定，主要包括：报价单位、最小变动价位、交易时间、最后交易日、到期日、交易代码等。

表3－5是芝加哥期权交易所个股期权合约内容。

表3－5　　　　　　　　　CBOE个股期权产品的合约细则

代　　码	股票代码＋到期时间＋期权类型＋执行价格。如 AAPL1717A118。
标的资产	每手合约代表100股标的股票。
执行价格	合约开始挂牌，按一定的间隔在当前标的股票价格的上下设定四个执行价格；当标的股份的交易价超过了市场现有最高或最低的定约价，会有新的期权系列挂牌。通常当执行价在5美元与25美元之间，间隔为2.5点，如果执行价在25美元与200美元之间，间隔为5点，如果执行价高于200美元，间隔为10点。此外，到期日越近的，间隔越小。

续表

权利金报价	用 10 进位表示每股的权利金。每 1 点等于 100 美元。
到期日	多数期权的到期日为每个到期月的第 3 个星期五；2 个近期月几乎每个周五都有期权。
到期月	2 个近期月和 2 个在 1 月、2 月或 3 月的季度周期中的月份。
履约方式	美式。在到期日之前的任何一个交易日都可以行权。
履约结算	可在任何一个交易日按程序递交行权通知，行权后第 3 个交易日得到标的股票的交割。
持仓限额和行权限额	头寸限仓根据标的股票的持仓股份和过去六个月的交易量而变化，交易所会给出具体的规定。
报告职责	持有头寸超过二百手合约的要按规定报告。
保证金	对 9 个月或更短期限的期权，买入看跌期权或看涨期权的交易者必须全额支付权利金。无保护的看跌期权和看涨期权的卖家必须存交 100% 的权利金收入，再加上合约总价值（当前的股票价格乘以 100 股）的 15% 或 20%，如果期权是虚值的，可以减去虚值的总数。期权保证金不得低于权利金收入加上合约总价值的 10%。
最后交易日	个股期权的交易通常终止于到期日之前的那个交易日（一般是星期四）。
行权方式	实物交割。
交易时间	美国中部时间（芝加哥时间）上午 8：30 ~ 下午 3：00。

期权合约关于权利内容描述主要是四项，分别是标的物、到期时间、权利类型和执行价格，这四项内容一般都包含在一个具体的期权代码中。如 CBOE 的一个关于 Apple 公司股票的期权：

$$AAPL1713A118$$

AAPL：100 股 Apple 公司股票；

1713A：到期时间为 2017. 1. 13；

A：该权利类型为买权；

118：执行价格为 118 美元。

（CBOE 规定 1 ~ 12 月份的代码分买权和卖权分别为，买权：A ~ L 12 个字母；卖权：M ~ X 12 个字母）

该期权代码的完整含义为：持有该期权的交易者有权在 2017 年 1 月 13 日之前以 118 美元/股的价格从该期权的出售方买入 100 股 Apple 公司股票。

以上四个要求的任何一个变化都构成一个不同的期权。以 Apple 公司股票期权为例，2017 年 1 月 18 日这一天可交易的 Apple 公司股票期权有 10 个到期月份，分别为 2017 年的 1 月、2 月、3 月、4 月、6 月、7 月、10 月、11 月和 2018 年、2019 年的 1 月共 10 个到期月；其中 2017 年的 1 月和 2 月剩余的每个周五都有期权到期日共 6 个到期日；2017 年 3 月有 2 个到期日，其他每个到期月只有第三个周五为期权到期日，共 7 个到期日，即总共有 15 个到期日。每个到期日都有 30 ~ 50 个不同的执行价格，假设平均每个到期日有 40 个不同的执行价格；而所有的到期日和执行价格都有两类不同的权利，即买权和卖权；则在 2017 年 1 月 18 日，在 CBOE 可以交易的 Apple 公司的期权合约大约有 $15 \times 40 \times 2 = 1\,200$（张）。但有些期权虽然可交易，但实际的交易量可能为零。例如，合约 AAPL1717C190 的交易量和持仓量均为 0；AAPL1717O115 的交易量和持仓量分别为 121 张和 20 367 张，成交价格大约为

1.21 美元；AAPL1819A115 的交易量和持仓量分别为 10 张和 23 346 张，成交价格大约为 13.5 美元。持仓量是指该合约所有未平仓合约数。

期权合约在该合约到期日之后，就过期不可交易，也不存在了；交易所提供新的到期日的期权合约供交易者交易。如合约 AAPL1720A119 在 2017 年 1 月 20 日之后就不存在了，但提供 2017 年 4 月第一个周五为到期日的新期权合约供交易。

二、期权的交易方式

（一）报价和成交

期权的报价是对期权合约的报价，本质是对权利的报价；如果合约报价成交，期权卖方会收取相应的权利金，也称为期权费；买方相应地支付权利金。同时，交易所在卖方账户记录该合约的持仓量为负数，称为空头方，在买方的账户记录正数，称为多头方。

例如：黄蓉报价以 1.70 美元的价格卖出 2 张 AAPL1727A119 合约，如果杨过接受该报价，那么他们就成交；黄蓉收取杨过的 1.70 美元 ×200 = 340 美元的权利金。同时，交易所在黄蓉的账户上记录 AAPL1727A119 合约为 - 2；在杨过的账户上记录 AAPL1727A119 合约为 +2。

（二）保证金

在期权交易中，买方向卖方支付一笔权利金，买方获得了权利但没有义务，因此，买方不需要缴纳保证金。对卖方来说，获得了买方的权利金，只有义务没有权利，因此，需要缴纳保证金，保证在买方执行期权的时候，能够履行期权合约。

假如 CBOE 要求期权的卖方必须存交全部的权利金收入，再加上合约总价值的 20%，如果期权是虚值的，可以减去虚值的总数；但期权保证金不得低于权利金收入加上合约总价值的 10%。虚值期权是指该期权如果当时就执行是没有价值的，即买权的执行价格大于标的股票的价格，卖权的执行价格小于标的股票的价格。虚值期权被执行的概率比较低。

则上述黄蓉卖出的 2 张 AAPL1727A119 合约应缴纳的保证金为（假设当天 AAPL 股票的收盘价为 120 美元/股）：

$$(1.7 + 120 \times 20\%) \times 200 = 5\ 014(美元)$$

如果黄蓉继续持有该空头合约，其保证金账户每天都会根据 AAPL 的股票收盘价重新计算，不足要补缴，多了可以提走。最后，如果平仓或到期履约结束，保证金会被释放。

（三）交割方式

期权的交割方式有两层含义，一是何时可以行权，有的期权合约规定在到期日之前的任一交易日，期权的买方都可能要求行权，这类期权称为美式期权；而有的期权规定只能在到期日才可以要求行权，这类期权称为欧式期权。理论上认为：美式买权不可能被提前执行，而美式卖权有可能被提前执行。

二是行权时如何具体执行。具体行权时，与期货类似，可以有两种方式，分别为实物交割和现金交割；通常指数期权都是现金交割。

（四）盈亏核算

对于期权交易者，有两种方式结束期权交易并确定相应的盈亏。

一是平仓结束交易。交易者通过平仓交易结束其原先的期权头寸，其盈亏就是买入与卖出相应期权的期权费之差。

例如，黄蓉在 2017 年 1 月 18 日以 1.70 美元的价格卖出 2 张 AAPL1727A119 合约，如果两天之后又以 1.76 美元的价格买入 2 张 AAPL1727A119 合约，则在该合约上的交易就亏损 $0.06 \times 200 = 12$ 美元。

二是行权结束交易。如果交易者交易期权之后，一直持有合约直到最后交易日，此时，期权的卖方没有主动权，只能等待期权买方的通知。期权买方可以要求执行期权，也可以放弃权力，任其作废。通常执行期权有收益时，会要求执行；执行期权的收益取决于期权的执行价格与标的股票的当时市场价格，执行期权的收益被称为行权收益，它不考虑原来购买期权时所支付的期权费。

对于买权，行权收益 = MAX（标的物市场价格 – 执行价格，0）。

例如：杨过以 1.70 美元的价格买入的 2 张 AAPL1727A119 合约（A 表示 1 月份的买权），在 2017 年 1 月 27 日到期日的行权收益，就取决于 AAPL 股票在当日的市场价格。如图 3 – 2 所示，如果股票价格为 121 美元，杨过会要求行权，按合约规定，从 AA-PL1727A119 合约的卖方按 119 美元的价格买入 200 股的 AAPL 股票；则行权收益为（121 美元 – 119 美元）×200 = 400 美元，股票价格越高，行权收益越大；如果股票价格为 118 美元，杨过会放弃行权，行权收益为 0。

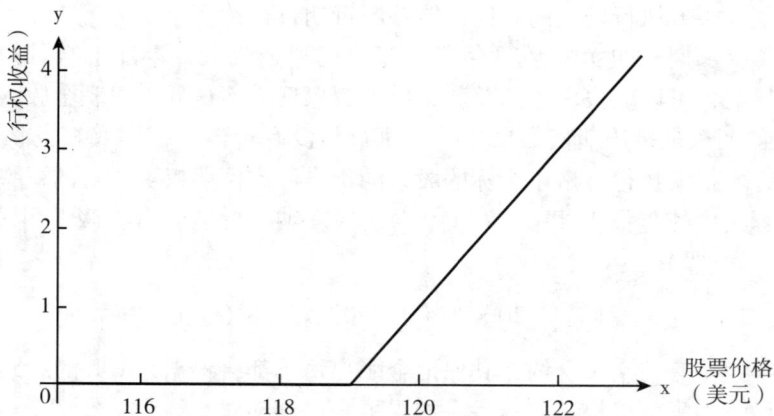

图 3 – 2　AAPL1727A119 买权的行权收益

对于卖权，行权收益 = MAX（执行价格 – 标的物市场价格，0）。

例如：杨过以 1.70 美元的价格买入的 2 张 AAPL1727M119 合约（M 表示 1 月份的卖权），在 2017 年 1 月 27 日到期日的行权收益，也取决于 AAPL 股票在当日的市场价格。如图 3 – 3 所示，如果股票价格为 117 美元，杨过会要求行权，按合约规定，向 AA-PL1727M119 合约的卖方按 119 美元的价格卖出 200 股的 AAPL 股票；则行权收益为（119美元 – 117 美元）×200 = 400 美元，股票价格越低，行权收益越大；如果股票价格大于或等于 121 美元/股，杨过会放弃行权，行权收益为 0。

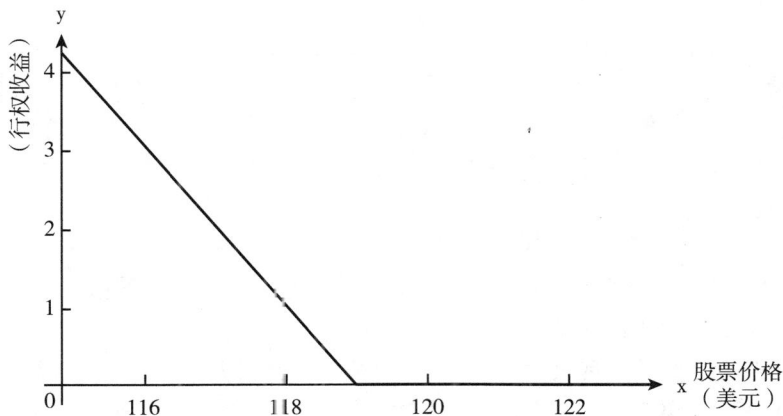

图 3 - 3　AAPL1727M119 卖权的行权收益

所有期权买方的行权收益就是卖方的亏损。

第四节　金融衍生工具的应用

金融衍生工具的主要应用就是风险管理，运用期权、期货进行风险管理也称为套期保值（hedge）。根据市场参与者在市场上所处位置（买方或卖方）的不同，需要运用的套期保值策略可分为空头套期策略和多头套期策略。不论是多头策略，还是空头策略，都可以用期货实现，也可以用期权实现。

一、空头套期保值策略

空头套期保值策略通常是生产商或公司为了锁定未来某个时间出售某一商品的价格而采用的策略。例如：

现在是 2017 年 5 月 1 日，有一家外贸企业——辉腾贸易公司，出口了一批商品到美国，商品价款以美元计，共 500 万美元，这笔货款要 3 个月之后，即 8 月 1 日才能收到。现在美元兑换人民币的比价（汇率）是 6.6 元人民币/美元。辉腾公司还有一笔贷款将在 8 月 2 日到期，共计要还本息 3 300 万元人民币，公司计划就用这笔货款还贷。现在汇率市场很不稳定，辉腾公司担心的是到时美元贬值，1 美元兑换不到 6.6 元人民币；那么公司就还不了贷款。这就是辉腾公司当前面临的汇率风险。

在该例子中，500 万美元就是辉腾贸易公司未来要出售的商品，其目标是未来出售价格不低于 6.6 元人民币/美元。实现该目标即可以用期货实现，也可以用期权实现。

（一）用期货实现

> 现在市场上，芝加哥商品交易所代号为：CNHQ17 的美元/人民币期货价格为 6.55 元人民币/美元。该标准化合约的内容是：2017 年 8 月 16 日（到期月份的第三个周三）到期时，合约的卖方向合约买方交付 10 万美元，合约的买方则向卖方交付成交价格×10 万元人民币。

辉腾贸易公司为了实现其目标，采用以下策略：以 6.55 元人民币/美元的价格卖出 50 份 CNHQ17。这就是空头期货策略。

到了 2017 年 8 月 1 日，现货美元兑人民币的价格要么上升，要么下降，不变的概率几乎为零。同时期货 CNHQ17 的价格也会与现货相同的方向变化。假设只有两种情形：

情形 1：价格上升，现货价格为 6.76 元人民币/美元，CNHQ17 的价格为 6.75 元人民币/美元。

情形 2：价格下降，现货价格为 6.26 元人民币/美元，CNHQ17 的价格为 6.25 元人民币/美元。

不论是哪种情形出现，辉腾贸易公司都必须出售 500 万美元现货，同时买回 50 份 CNHQ17 平仓，退出期货市场。两种情形的盈亏情况如表 3-6 所示。

表 3-6 期货和期权的空头套期保值策略

日 期	内 容	现货（元/美元）	卖出 50 份 CNHQ17（元/美元）	购买 32 份 call @ XDC 170817 C00015300（美元）
2017.5.1		6.6	6.55	600
2017.8.1	情形 1	6.76	6.75	80
	盈亏	+0.16	-0.20	-520×32×6.72
	情形 2	6.26	6.25	7 100
	盈亏	-0.34	+0.30	+6 500×32×6.26

在情形 1，每美元可以比预期的多卖 0.16 元人民币，共盈利 0.16 元×500 万元 = 80 万元人民币；但在期货市场亏损 0.2 元/美元（共 100 万元人民币），最终 500 万美元共换回 3 280 万元人民币，相当于锁定价格为 6.56 元人民币/美元。

在情形 2，每美元比预期的少卖 0.34 元人民币，共亏损 0.34 元×500 万 = 170 万元人民币；但在期货市场盈利 0.3 元/美元（共 150 万元人民币），最终 500 万美元同样共换回 3 280 万元人民币，相当于锁定价格为 6.56 元人民币/美元。

可见，用期货套期保值，不论未来价格如何变动，都相当锁定未来价格。

（二）用期权实现

> 现在市场上，纳斯达克费城股票交易所交易代号为 call @ XDC 170817 C00015300 的人民币/美元的期权交易价格为每份 600 美元。该合约授予合约的买方以下权利：在 2017 年 8 月 17 日，有权利以每 100 元人民币换 15.3 美元的价格购买 100 万元人民币。

辉腾贸易公司为了实现其目标，采用以下策略：以 600 美元每份的价格购买 32 份 call @ XDC 170817 C00015300 看涨期权。这就是用期权实现空头保值策略。

到了 2017 年 8 月 1 日，现货美元兑人民币的价格会变化，同时期权的价格也会随现货价格的变化而变化。同样假设只有两种情形，如表 3-6 所示。

情形 1：价格上升，现货价格为 6.76 元人民币/美元（14.7939 美元/100 元人民币），call @ XDC 170817 C00015300 期权的价格为 80 美元/份。

情形 2：价格下降，现货价格为 6.26 元人民币/美元（15.9744 美元/100 元人民币），call @ XDC 170817 C00015300 期权的价格为 7 100 美元/份。

在情形 1，美元价格上升，辉腾贸易公司会在现货市场上直接出售 500 万美元，换回 3 380 万元人民币，在期权市场上损失约 520 美元 × 32 × 6.72 = 11.18 万元人民币。但应注意，在该情形下，如果美元现货价格上升得更高，比如，7.50 元人民币/美元，期权价格最多降为 0，在期权市场上最多损失全部期权费 600 美元 × 32 × 6.72，但能保住美元价格上涨带来更多盈利和无限可能。

在情形 2，美元价格下跌，辉腾贸易公司在现货市场上出售 500 万美元，换回 3 130 万元人民币，在期权市场上盈利约为 6 500 美元 × 32 × 6.26 = 130.208 万元人民币。大约相当于锁定美元价格不低于 6.536 元人民币/美元（100/15.3）。同时，在该情形下，如果该期权是美式期权，辉腾贸易公司可以选择直接执行该期权，用 100 元人民币/15.3 美元的价格换回 3 200 万元人民币。但在通常情况下出售期权实现期权平仓会更合算。

二、多头套期保值策略

多头套期保值策略通常是生产商或公司为了锁定未来某个时间购买某一商品的价格而采用的策略。例如：

> 现在是 2017 年 5 月 1 日，百特设备公司与一美国公司签订了一份设备购买合同，设备价款以美元计，共 500 万美元。这笔货款要 3 个月之后，即 8 月 1 日支付。现在美元兑换人民币的比价（汇率）是 6.6 元人民币/美元。该公司支付该设备款的预算就是 3 300 万元人民币。现在汇率市场很不稳定，百特设备公司担心的是到时美元升值，购买 1 美元会超出 6.6 元人民币；那么公司就超预算了。这就是百特设备公司当前面临的汇率风险。

在该例子中，500 万美元就是百特设备公司未来要购买的商品，其目标是未来购买价格不高于 6.6 元人民币/美元。实现该目标同样既可以用期货实现，也可以用期权实现。

（一）用期货实现

> 现在市场上，芝加哥商品交易所代号为：CNHQ17 的美元/人民币期货价格为 6.55 元人民币/美元。

百特设备公司为了实现其目标，采用以下策略：以 6.55 元人民币/美元的价格买入 50 份 CNHQ17。这就是多头期货策略。

到了 2017 年 8 月 1 日，假设只有两种情形：

情形 1：价格上升，现货价格为 6.76 元人民币/美元，CNHQ17 的价格为 6.75 元人民币/美元。

情形 2：价格下降，现货价格为 6.26 元人民币/美元，CNHQ17 的价格为 6.25 元人民币/美元。

不论是哪种情形出现，百特设备公司都必须购买 500 万美元现货，同时卖出 50 份 CNHQ17 平仓，退出期货市场。两种情形的盈亏情况如表 3－7 所示。

表 3－7　　　　　　　　　　　　　期货和期权的多头套期保值策略

		现货 （元/美元）	买入 50 份 CNHQ17 （元/美元）	购买 32 份 put @ XDC 170817 P00015300（美元）
2017.5.1		6.6	6.55	800
2017.8.1	情形 1	6.76	6.75	5 300
	盈亏	－ 0.16	＋ 0.20	＋ 4 500 × 32 × 6.72
	情形 2	6.26	6.25	200
	盈亏	＋ 0.34	－ 0.30	－ 600 × 32 × 6.26

在情形 1，购买每美元会比预期的多支付 0.16 元人民币，共亏损 0.16 × 500 万 = 80 万元人民币；但在期货市场盈利 0.2 元/美元（共 100 万元人民币），最终购买 500 万美元共支付 3 280 万元人民币，相当于锁定价格为 6.56 元人民币/美元。

在情形 2，购买美元可以比预期的少花 0.34 元人民币，共盈利 0.34 × 500 万 = 170 万元人民币；但在期货市场亏损 0.3 元/美元（共 150 万元人民币），最终购买 500 万美元同样共支付了 3 280 万元人民币，也是锁定价格为 6.56 元人民币/美元。

可见，用多头期货套期保值，不论未来价格如何变动，也都是锁定未来价格。

（二）用期权实现

现在市场上，纳斯达克费城股票交易所交易代号为 put @ XDC 170817 P00015300 的人民币/美元的期权交易价格为每份 800 美元。该合约授予合约的买方以下权利：在 2017 年 8 月 17 日，有权利以每 100 元人民币换 15.3 美元的价格出售 100 万元人民币。

百特设备公司为了实现其目标，采用以下策略：以 800 美元每份的价格购买 32 份 put @ XDC 170817 P00015300 看跌期权。这就是用期权实现空头保值策略。

到了 2017 年 8 月 1 日，现货美元兑人民币的价格会变化，同时期权的价格也会随着现货价格的变化而变化。同样假设只有两种情形，如表 3－6 所示。

情形 1：价格上升，现货价格为 6.76 元人民币/美元（14.7939 美元/100 元人民币），put @ XDC 170817 P00015300 期权的价格为 5 300 美元/份。

情形2：价格下降，现货价格为 5.26 元人民币/美元（15.9744 美元/100 元人民币），put @ XDC 170817 P00015300 期权的价格为 200 美元/份。

在情形1，美元价格上升，百特设备公司在现货市场上购买 500 万美元，支付 3 380 万元人民币，在期权市场上盈利约 4 500 美元 ×32 ×6.72 = 96.768 万元人民币。购买 500 万美元，实际支付 3 283.232 万元人民币。在该情形下，如果该期权是美式期权，百特设备公司可以选择直接执行该期权，用 100 元人民币/15.3 美元的价格支付 3 200 万元人民币，购得 489.6 万美元。不足部分再从现货市场上补。

在情形2，美元价格下跌，百特设备公司在现货市场上购买 500 万美元，支付 3 130 万元人民币，在期权市场上亏损为 600 美元 ×32 ×6.26 = 12.0192 万元人民币。在该情形下，如果美元现货价格下跌得更多，比如，5.50 元人民币/美元，期权价格最多降为 0，在期权市场上最多损失全部期权费 800 美元 ×32 ×6.72，但能保住美元价格下跌带来更多盈利和无限可能。

第五节　金融衍生工具的基本特征和作用

一、金融衍生工具的主要特征

金融衍生工具的共同特征是以缴纳保证金为基础，以交易的方式实现对未来交易某一标的物或交易权利的合约的签订与转让。它具有跨期性、联动性、杠杆性和高风险性等基本特征。

（一）跨期性

金融衍生工具是交易双方通过对商品价格、利率、汇率、股价、指数等因素变动趋势的预测，约定在未来某一时间按照一定条件进行交易或选择是否交易的合约。因此，金融衍生工具的交易是建立在对未来预期的基础上，预期的准确与否直接决定交易者的盈亏。

（二）联动性

金融衍生工具的价值或交易价格与合约标的物的市场价格或标的变量的变动具有极为紧密的联系。期货在临近到期日时就是现货，期货价格在到期日时必定收敛于现货价格；期权的价格是期权费，在临近期权到期日时，期权费也会收敛于标的物市场价格与执行价格之差的绝对值，或收敛于零。在到期日之前衍生工具的价格会与标的物市场价格保持特定的联动关系；该联动关系由衍生工具的相对定价理论决定。这一联动关系也是衍生工具用于风险管理的基础。

（三）杠杆性和高风险性

金融衍生工具交易不需要全额支付合约价值的资金，只需要支付一定比例的保证金或期权费就可进行标的资产面值的全额交易。即，可以让投资者或投机者实现以小博大的杠杆效应。同时，在收益可能成倍放大的同时，投资者或投机者可能承受的损失也是成倍放大，即高风险性。

二、金融衍生工具市场的作用

（一）风险管理与市场参与者

衍生工具市场主要有三类参与者：

一是风险管理者，也称为套期保值者。它们主要是一些生产型企业、贸易公司、证券投资基金、银行等机构，需要对其原材料价格、汇率、利率或股票等价格波动进行防范，而采用相应的期货或期权等工具进行风险管理，以保证其生产、贸易等经营活动顺利和稳定。

二是投机者，由于衍生工具的高杠杆性，对投机者很有吸引力；风险管理者借助于衍生工具市场进行风险管理也需要投机者为其提供流动性，使风险管理者能够更容易实现风险管理所需要的交易活动。

三是套利者，由于衍生工具的价值与其标的物的价格具有内在联系，当这种内在联系不成立时，通常是由于交易者交易冲动、交易者的误判等原因导致；在这种情况下，一些专业的市场人士就能够运用衍生工具的定价理论，构造套利组合，获得无风险收益，直到这种机会消失。

因此，衍生工具市场既为风险管理者提供风险管理工具，也为投机者提供投机便利，也为市场专业人士提供无风险套利机会。但风险管理是衍生工具市场的基本功能，投机者的投机活动和套利者的套利活动最终也是为风险管理者创造一个流动性更好、市场定价效率更高的风险管理市场。

（二）价格发现

衍生工具市场具有广泛的参与者，风险管理者运用自身的行业知识和信息；投机者会努力挖掘衍生工具市场供需双方的力量变化；所有市场参与者都会运用自己的专长和信息对衍生工具的未来价格进行预测和判断，并形成相应的交易活动，最终形成衍生工具的交易价格。

套利者运用其专业知识让衍生工具价格与其标的物价格维持合理定价关系，从而使衍生工具价格能够反映标的物的未来预期价格，从而衍生工具市场连续不断的交易活动也就形成了可供参考的关于标的物未来价格的信息，即具有发现标的物未来价格的功能。

本章小结

衍生工具是一种关于交易基础产品或基础变量的标准化的或准标准化的合约。根据合约的内涵不同可以分为两大类，一是期货（future），约定未来交易某一基础产品的标准化合约。二是期权（option），约定未来购买或出售某一基础产品的权利的合约。约定未来购买某一基础产品的权利的合约称为买权（call option），也被称为看涨期权。约定未来出售某一基础产品的权利的合约称为卖权（put option），也被称为看跌期权。其他衍生工具基本上都可以看成是这两类衍生工具的组合与演化的结果。

根据基础产品的不同，衍生工具可分为商品类衍生工具和金融衍生工具。商品类衍生工具主要是指各类大宗商品的期货和期权，大致可以分为农产品类、能源类、金属和贵金属类。金融衍生工具主要是指以各类基础金融工具为标的产品的期货和期权，大致可划分为股权类、货币类、利率类、信用类以及其他衍生工具。

期货合约是期货交易的买卖对象或标的物，是由期货交易所统一制定的，规定了某一特定的时间和地点交割一定数量和质量标的资产的标准化远期合约。根据合约标的是否可以交易，可分为两类：一是实物期货合约，二是指数期货合约。期货交割是指期货合约到期后，按合约指定的时间，期货的卖方向买方提交合约规定的标的物并收取相应货款的过程。当期货合约的标的物是没有现货交易的各类市场指数时，期货合约的交割是交易清算所在最后交易日强制约定以市场上的参考指数点作为结算价格，直接结清各交易者的保证金账户的过程，这种交割方式称为现金交割。

期权合约是指交易所统一制定的、规定买方有权在将来某一时间以特定价格买入或者卖出约定标的物的标准化合约。关于权利内容的描述主要是四项，分别是标的物、到期时间、权利类型和执行价格；如果期权规定只能在到期日才可以要求行权，这类期权称为欧式期权；如果在到期日之前任何时间都可以要求行权，则被称为美式期权。

金融衍生工具的发展大致可以划分为以下四个阶段：一是早期的萌芽阶段；二是19世纪中叶至20世纪70年代的商品衍生工具和衍生工具交易制度完善阶段；三是20世纪70～80年代的利率和汇率衍生品和期权交易快速发展阶段；四是20世纪80年代以来的信用衍生工具时代。衍生工具发展的基本动力是风险管理需求，而金融知识、金融环境和衍生工具的生产成本决定了衍生工具的供给水平。金融衍生工具的创造技术主要包括：权益的证券化、合约的标准化、交易过程的制度化和市场化四个方面。

金融衍生工具的共同特征是以缴纳保证金为基础，以交易的方式实现对未来交易某一标的物或交易权利的合约的签订与转让。期货通过其保证金和逐日结算制度解决了远期合约违约问题，并创造了合约交易和转让的便利性。期权通过要求期权卖方缴纳保证金解决了期权最后行权时可能违约的问题。衍生工具都具有跨期性、联动性、杠杆性和高风险性等基本特征。

衍生工具市场主要有三类参与者：一是风险管理者，也称为套期保值者。二是投机者；三是套利者。

知识要点：

期货、期权、合约、远期合约、看涨期权（买权）、看跌期权（卖权）、金融衍生工具、初始保证金、维持保证金、逐日结算、实物交割、现金交割、商品期货、实物期货、金融期货、指数期货、风险管理、套期保值、投机者、套利者、价格发现

复习思考题：

1. 何谓金融衍生工具？其主要类型有哪些？

2. 期货与一般的远期合约有哪些相同点和不同点？

3. 何谓期权？

4. 可以说期权、期货也是一种投资工具吗？为什么？

5. 如何理解标准化对期权、期货等衍生工具创造的作用？

6. 如何理解制度化对期权、期货等衍生工具创造的作用？

7. 简述期货的保证金和逐日结算制度的主要内容。

8. 请分析期货的保证金和逐日结算制度的作用和意义。

9. 请分析期货与期权的保证金制度的异同点。

10. 为什么期货市场具有价格发现功能？

11. 请说明衍生工具市场通过哪些措施增进了市场的流动性。

12. 如何理解金融衍生工具的高杠杆性和高风险性？

13. 如何解释"金融衍生工具是通过交易的方式实现合约的签订"？

作业：

1. 调查我国目前主要的衍生工具交易市场（交易所）情况，应包括发展过程、主要的交易品种、交易量等。

2. 请从相应的交易所网站查询各一个具体的期货、期权合约，并分析哪些合约内容体现了标准化和制度化，是如何体现的？

第二篇

金融机构

◆ 金融机构是指为交易活动提供服务的企业或组织，是掌握金融思想、运用金融技术的能动主体。

◆ 金融机构一方面通过标准化、证券化技术创造金融工具，使原本难以交易、无法交易的价值形态变得可交易、易于交易；另一方面通过市场化手段构造交易平台、聚集交易信息、组织和协调交易过程使交易更加便利。

◆ 围绕货币性金融工具的创造、提供交易服务的金融机构主要是商业银行和中央银行。中央银行发行基础货币，承担维护货币有效性——币值稳定的职能；商业银行通过存、贷款业务创造存款货币。商业银行作为货币资金借贷的中介机构，聚集了最主要的货币资金供给和需求信息，以市场化手段使资金供求双方能够方便地在商业银行的平台上实现货币资金使用权的交易。在一定程度上，中央银行还是商业银行之间协调的结果，中央银行组织商业银行间的市场交易、组织票据交换、支付结算体系等。

◆ 围绕资本性金融工具的创造、提供交易服务的金融机构主要是投资银行和证券交易所。投资银行和交易所帮助公司、政府等机构发行股票和债券，创设标准化的期权和期货等金融工具。同样地，交易所也是投资银行间交易协调的结果，证券交易所提供了最典型的交易信息的聚集场所和最先进的交易组织与协调过程。

第四章 货币性金融机构

·········· **本章导读** ··········

我们在生活中接触最多的金融机构就是商业银行。在我国——中国工商银行、中国建设银行、中国农业银行、中国银行，这些名字几乎家喻户晓，它们是我国的商业银行之首，即便是从全球范围来看，其影响力也越来越大。

可以吸收公众存款，是商业银行区别于其他金融机构的最基本特征。我国法律规定，未经中国人民银行批准，任何单位与个人不得从事吸收公众存款等业务。当然，现在的商业银行从事的业务已经远远不止存贷款了，它们提供很多金融中介服务，对国家经济发展的作用可以说是很重要的。那么，作为中介机构，商业银行有什么作用呢？

任何企业的经营目的都是尽可能多地赚钱。作为金融中介机构，商业银行也不例外。它们是怎么赚钱的呢？传统上，商业银行的收入主要来自利差，即贷款利率与存款利率之间差额，通过利差获得的收入就是银行的利息收入。现在，商业银行越来越依靠中间业务来赚钱。中间业务就是银行以中介人或代理人身份提供的各类金融服务。现在很多银行帮保险公司卖保险，或者基金公司推销各种基金，这就是银行的中间业务，商业银行从中收取手续费。商业银行的基本业务包括哪些内容呢？在中间业务里，除了这里提到的，你还知道其他的吗？商业银行会不会倒闭呢？在我国，海南发展银行曾经因为盲目"做大"而出了问题，最后在1998年6月被迫关闭。在外国，银行倒闭是常有的事。2008年金融危机中，美国很多银行倒闭，包括华盛顿互惠银行这样的大银行。与一般的公司倒闭不一样，银行倒闭了，资金流动的渠道就被切断了，不仅存款人的钱没了，而且会导致社会不稳，企业得不到资金甚至倒闭。那么，怎么防止银行倒闭呢？首先，在发放贷款的时候，银行要谨慎，尽量把钱借给信誉良好的人。其次，银行要管理好风险，把呆账的比例控制在尽可能低的程度。最后，中央银行要对商业银行加强监管。[1]

我们不仅要知道在现实生活中金融机构的名称各异，还要认识它们在金融活动中的重要作用、具体业务以及经营模式。通过本章的学习，将会对货币性金融机构有一个全面的掌握。

第一节 货币性金融机构的产生与发展

一、商业银行的起源与发展

商业银行是现代金融业的代表机构，也是现代金融机构体系中的主体。商业银行是商品

---

[1] 李国平：《推开金融之窗》，经济日报出版社2010年版。

货币经济高度发展的产物，是从货币经营业发展而来的，商业银行的演进经历了从货币经营业到早期银行、现代银行的发展过程。

（一）早期银行的起源

早期的银行业萌芽于古代的货币兑换业。资本主义以前，随着商品经济的发展，商品流通的范围不断扩大，而当时不同国家和不同地区所使用的铸币的币材、形状、重量、成色各不相同。为保证交易正常进行，逐渐地一部分商人从普通商人中分离出来专门地从事货币的兑换业务。后来，经常往来于各地的商人为避免交易中长途携带货币的风险和不便，便委托铸币兑换商保管货币，办理货币的收付与汇兑，代理清偿债务，这样，简单的货币兑换业就开始发展成为货币经营业，货币经营业是早期银行的前身。

货币经营业适应了商品交换的需要，业务得到了广泛的扩展，在货币经营者的手中也逐渐聚积起大量的货币，其中有一部分并不需要立即支付，出现了暂时的闲置，于是货币经营者就把这部分货币贷放出去赚取利息收入。同时，社会上也有越来越多的人把货币存放在货币经营者手中以获得利息收入。这种在货币经营业务基础上产生的存款、贷款业务的出现和发展，使货币经营业转变成了存贷结合的早期银行业。

从历史上看，银行一词起源于意大利，早期银行产生于意大利。据考证，早在12世纪，意大利就出现了银行，但在历史上首先以"银行"为名和较具典型银行意义的是1580年建立的威尼斯银行，后来扩展到欧洲其他国家，相继出现了米兰银行、阿姆斯特丹银行、汉堡银行及纽伦堡银行等。

早期银行是高利贷性质的银行，而不是现代意义上的银行。

（二）现代银行的产生

随着资本主义生产关系的确立和资本主义商品经济的发展，高利贷性质的银行业已不能适应资本扩张的需要，因为资本的本质是要获取尽可能高的利润，利息率只能是平均利润率的一部分，同时资本主义经济工业化的过程需要资金雄厚的现代银行作为其后盾，高利贷性质的银行业已成为资本主义经济发展的障碍。

在上述背景下，高利贷性质的早期银行逐渐被能适应资本主义经济发展需要的现代银行所取代。世界上第一家按资本主义原则建立起来的股份制商业银行是1694年在英国成立的英格兰银行。该行一开始就把向工商企业的贷款利率定为4.5%～6%，而当时的高利贷利率高达20%～30%，所以，英格兰银行的成立标志着现代商业银行的诞生，也意味着高利贷在信用领域的垄断地位已被动摇。从此以后，股份制银行在英国以及其他各资本主义国家得以普遍建立，这些股份制银行资本力量雄厚、业务全面、利率较低，建立了较为规范的信用货币制度，极大地促进了工业革命的进程，同时也逐渐成为现代金融业的主体。现代商业银行主要是通过两条途径产生：一是按资本主义组织原则（股份公司形式）建立的现代股份制银行；二是旧的高利贷性质的早期银行适应新的经济条件，转变为资本主义性质的商业银行。

英格兰银行最初的贷款建立在真正的商业行为之上，而且以商业票据为凭证，一旦产销完成，贷款就可以得到偿还，也就是说当时的贷款具有自偿性，因此这类贷款偿还期短，流动性强。因为这种商业性的贷款成为主要的资本主义银行业务的代表，所以现代资本主义银行叫作商业银行。但是，随着资本主义经济的发展，商业银行突破了融通短期资金的界限，不仅发放短期贷款，而且发放长期贷款；不仅向工商企业提供贷款，而且向一般消费者发放贷款。另外，商业银行不仅通过发放贷款获得利润，而且通过证券投资、黄金买卖、租赁、信托、保险、咨询等获取收入。可见，现代商业银行已经是全能的、综合性的金融机构。

与西方的银行相比，我国的银行起步较晚。我国关于银行业的记载，较早的是南北朝时的寺庙典当业，仅仅是寺庙经济的一个组成部分，处于萌芽阶段。唐朝有经营典质业的质库、保管钱财的柜房、打制金钱饰物和经营金银买卖的金银铺，并出现了类似汇票的"飞钱"，这是我国最早的汇兑业务。北宋时期，出现了世界最早的纸币——"交子"。明朝末期，相继出现了近代的金融机构——钱庄和票号，主要从事兑换和贷放业务。到了清代，逐渐开办存款和汇兑业务。清政府于1897年在上海成立了中国通商银行，标志着我国现代银行的产生。

（三）商业银行的发展趋势

20世纪70年代以来，西方国家商业银行的经营活动获得了迅猛的发展，主要呈现出如下发展趋势。

1. 银行业务上的多样化和全能化

20世纪70年代以来，西方主要发达国家的商业银行不断推出新业务种类、新金融工具和新服务项目，以满足顾客的需要；同时，商业银行业务与投资银行业务相结合，使银行发展成为全能性商业银行，为客户提供更全面的服务。业务上的多样化和全能化使商业银行成为真正的"金融百货公司"。

2. 银行组织上的集团化

20世纪90年代以来，国际银行业出现重组浪潮，收购和兼并活动频繁。在国际银行业竞争日趋激烈的情况下，追求规模效益成为几乎所有西方国家银行业关注的焦点。同时，得益于各国金融管制的普遍放松，为大规模的银行兼并提供了可能。1995年以来银行兼并事例层出不穷，1997年后更是愈演愈烈，并且相当数量的合并都是强强联合，金额均在百亿美元、数百亿美元以上，成为典型的"巨无霸"式银行集团。如1996年日本东京银行与三菱银行合并为东京三菱银行，成为世界最大银行，资产规模高达7 200亿美元；仅在1998年4月，美国就有银行业巨头花旗银行与旅行者集团、国民银行公司和美洲银行公司、第一银行公司和芝加哥第一公司等宣布合并。至于中小银行间的合并收购则更多了。此外，日本、德国等发达国家，甚至拉美许多发展中国家都出现了大合并的浪潮。在全球范围内，兼并的一个直接结果表现为银行数目的普遍减少；兼并后的另一个结果则表现为大多数国家的少数几家银行垄断了各自银行业的主要市场份额，保持和加强了在全球竞争中的实力和地位。在1997年全球1 000家大银行排名中约有2/3是欧美的银行，其中美国有148家、德国有83家、意大利有65家、英国有31家、瑞士有28家入榜。在最大的前10家中，美国占3家，欧洲占5家。目前，银行兼并浪潮也正在亚洲、拉美、非洲乃至全球蔓延，而且兼并之风不仅局限于一国国内，也扩及跨国兼并。

3. 银行机构国际化和网络化

银行国际化的途径主要有：（1）在海外设立分支机构，作为总行的一个组成部分，代表总行在海外经营各种国际业务；（2）通过间接投资控制当地机构作为附属机构；（3）通过参股方式控制当地原有的银行，使之成为总行的分支机构；（4）在没有条件设立分行的地方，设立代表办事处。办事处不经营业务，作为收集信息、联系各项筹划事宜的据点。此外，各国大银行还与外国银行建立代理往来关系，相互接受汇票、承兑信用证、托收托付和代理买卖有价证券等业务，通过以上途径形成银行业的国际网络。银行国际化的发展是推动金融业务国际化的重要力量，也大大便利了国际资本的流动，形成了灵敏的国际信息网络，有力地推动国际贸易和世界经济的发展。

4. 银行电子化

近年来，世界范围内以电脑为核心的信息技术得到了突飞猛进的发展。网络经济的发展，为金融业提供了新的服务领域和服务方式，特别是电子商务的兴起将金融服务业推向信息化的最前沿。电子商务技术为突破银行传统的业务模式，拓展和延伸银行的服务提供了有利的武器。它以优质、快捷、全面的服务为人们展现了未来银行的思维模式，成为金融发展创新的突破口。越来越多的国际银行业已经开始关注和瞄准电子银行业务，在全球积极开展了网上银行的扩展业务，并试图进入和占领电子商务的新领域。银行提供电子银行业务，可以捍卫或扩大其市场份额，降低经营成本、减少资金在途时间和工作人员。

1995 年，美国第一安全网络银行（SFNB）成为世界上第一家新型的网络银行，利用电子商务技术在网上开展快速、优质、全面的网上服务。随着一些"虚拟银行"的兴起，传统的银行机构也在大力发展电子银行业务，延伸了其传统的"砖头灰泥"式的业务。网络银行、自助银行、无人银行、电话银行、信息服务中心等以其全功能、个性化的服务模式为客户提供了超越时空的 AAA 式服务，即在任何时候、任何地方、以任何方式为客户提供365 天，每天 24 小时的全天候金融服务。以快捷、简便的方式提供市场信息、金融产品信息，并以良好的交互性向顾客提供自动式服务、个人化家庭理财、跨国金融服务、无实体金融服务等。

遭遇冲击的银行

过去一直高枕无忧的银行，开始面临一次又一次的冲击。阿里巴巴成立自己的小额贷款公司，苏宁、腾讯申请民营银行，百度金融测试版悄然上线，进军金融业指日可待，这一切来得看似突然，却早已埋下伏笔。

交通银行副行长兼首席信息官侯维栋指出，应对互联网的发展，银行所面临的冲击主要包括三个方面。首先，是对商业银行业务的冲击。相当一部分的互联网企业从非金融领域不断地向金融领域渗透，无论是第三方支付，还是类似于 P2P 这样的贷款融资平台，都对银行的传统存贷业务带来不同的影响。其次，通过互联网交易的电商，既存在着金融脱媒，也隔绝了客户与银行的联系，对银行和客户的基础联系产生了一定的冲击。最后，虽然互联网行业做了很多尝试，目前还不能从根本上撼动商业银行的地位，但是在人们的观念和舆论上还是形成了非常大的影响力，舆论和观念对金融产品和服务提出了新要求，这对商业银行也会带来一定的冲击。

2010 年 6 月，浙江阿里巴巴小额贷款公司成立，成为拥有自己的小额贷款公司牌照的电商。据统计，截至 2012 年 9 月，阿里小贷已累计为 13 万客户提供融资服务，贷款规模超过 260 亿元，不良贷款率为 0.72%，低于我国商业银行业 0.95% 的水平。阿里金融统计数据显示，2012 年上半年，阿里金融累计向小微企业投放贷款 130 亿元。由 170 万笔贷款组成，日均完成贷款接近 1 万笔，平均每笔贷款额度仅为 7 000 元。

苏宁小额贷款有限公司也在 2013 年年初正式获得营业执照，且近期苏宁云商成为 A 股首家宣布试水民营银行的上市公司。

百度也悄然进军互联网金融。新浪微博上近日出现了百度金融、百度证券、百度理财三个企业认证的微博账户。

（资料来源：《证券日报》2013 年 10 月 8 日）

二、中央银行的产生与发展

中央银行是一国金融体系的核心，它以某些特定的金融业务为主要手段，对国家的宏观金融领域实行全面的调节、控制和管理。

中央银行是在商业银行的基础上，经过长期发展逐步形成的。在 18 世纪末至 19 世纪初，随着资本主义经济的发展，各国都先后设立了银行。银行数量的增加，虽然扩大了商品生产和商品流通，促进了资本主义的经济繁荣，但也带来了一系列问题。

第一，是银行券的发行问题。在银行业发展初期，没有专门发行银行券的银行，许多商业银行除了办理存、放款和汇兑业务以外，都有权发行银行券。但许多小银行资金实力薄弱，发行的银行券往往不能兑现，造成了货币流通的混乱；同时，小银行的经营范围有限，其发行的银行券只能在狭小的范围内流通，给生产和流通造成很多困难。因此，客观上要求在全国范围内由享有较高信誉的大银行来集中发行货币，以克服分散发行造成的混乱局面。

第二，是票据交换和清算问题。随着银行的发展，银行业务不断扩大，银行每天收受票据的数量也逐渐增多，各个银行之间的债权债务关系复杂化了，由各个银行自行轧差进行当日结清已发生困难。这样，不仅异地结算矛盾很大，即便是同城结算也有问题。这就在客观上要求建立一个全国统一而有权威的、公正的清算中心为之服务。

第三，是最后贷款人问题。随着资本主义的发展和流通的扩大，对贷款的要求不仅数量增多，而且期限延长。商业银行如果仅用自己吸收的存款来提供放款，就远远不能满足社会经济发展的需要，如将吸收的存款过多地来提供贷款，又会削弱银行的清偿能力，使银行发生挤兑和破产的可能。于是就有必要适当集中各家商业银行的一部分现金准备，在有的商业银行发生支付困难时，给予必要的支持。这在客观上要求有一个银行的最后贷款者，能够在商业银行发生困难时，给予贷款支持。

第四，是金融监管问题。商业银行是以盈利为目的的金融企业，它经营的是特殊的货币资金，与千家万户有着密切的关系，如果商业银行在竞争中破产、倒闭就会引起社会经济的动荡。因此，客观上需要有一个代表政府意志的专门机构专事对金融业的监督和管理，以保证金融业的健康发展。

中央银行正是基于上述几个方面的客观要求而产生的，但上述几个方面的客观要求并非同时提出的，中央银行的形成也有一个发展过程。综观世界各国中央银行的形成，大致有两条主要途径：一是由商业银行逐渐发展成为中央银行，如英国的英格兰银行；二是直接建立的中央银行，成立之时就为履行中央银行职责，20 世纪以后建立的中央银行多是这种形式。

"黑色星期一"与美联储救市

1987 年 10 月 19 日，美国股市在一天之内下跌超过 20%，史称"黑色星期一"。仅当天一个交易日内，标普 500 指数暴跌 20.5%，而道·琼斯工业平均指数更是暴跌 22.6%，创下史上单日最大跌幅。

为了遏制金融市场的进一步下跌，防止对实体经济造成"溢出效应"，美联储开始为金融系统提供流动性，并且以公开形式进行操作。最为著名的措施是，美联储在周二上午发布了一则声明，声明说：为履行作为中央银行的职责，联储今天正式声明，已准备好为支撑经济和金融体系提供流动性。

在发布声明之后，美联储周二用一系列公开操作使联邦基金利率从周一的 7.5% 降低至 7%，其他短期利率也随之降低，从而降低了借贷成本。接下来的数周，美联储持续注入储备资金以提高金融市场流动性。与此同时，美联储与银行和证券公司合作，鼓励信贷以满足经纪人和交易商的需求。此外，美联储采取一系列措施确保金融系统稳定性，包括监测银行对证券公司的信用风险。为了促进交易和贷款的达成及清算，联邦结算系统数次延长了工作时间。

美联储经济学家马克·卡尔森（Mark Carlson）在其研究报告中总结说，美联储对股市崩盘的反映显示出，三种工具组合能够用以应对危机。第一，工具组合包括采取高调公开的行动支撑市场情绪。其中最为明显的是美联储所做的公开声明。第二，政策工具刺激了金融系统的流动性。这些措施包括实施公开市场操作并降低联邦基金利率，松绑证券借出的相关规定。第三，美联储鼓励多种类型的市场参与者与客户精诚合作、灵活应变，尤其是向经纪人和交易商提供借贷的银行。卡尔森说，这些努力至为关键，它保证了市场能够在周二正常开启，并对随后数周市场运转的改善起到重要作用。

由于美联储应对得力，股市在 10 月 20 日开盘后开始震荡反弹，当日道琼斯工业指数攀升了 100 多点，并在两年后回到 1987 年的高点。救市措施有效缓解了市场恐慌情绪，成功地阻止了股灾演变成更大经济危机。

（资料来源：《1987 年股灾，看看美联储是怎么救市的》，2015 年 7 月 3 日，http：// www. jiemian. com）

中央银行的发展经历过三个阶段。

一是初创阶段。19 世纪中叶至第一次世界大战以前，是中央银行的初创时期。瑞典国家银行（又称瑞典里克斯银行）被认为是最早设立的中央银行，是中央银行的先驱。它是 1656 年由私人创办的欧洲第一家发行银行券的银行，1668 年由政府出面改组为国家银行，1897 年瑞典政府通过法案，将货币发行权集中于瑞典国家银行，此时瑞典国家银行才成为真正的中央银行。1694 年成立的英格兰银行，尽管其诞生晚于瑞典国家银行，却比之早 53 年由英国政府通过法令宣布其独占货币发行权。所以，一般人们公认为英格兰银行是近代中央银行的鼻祖，是世界上第一家中央银行。至 19 世纪后期，英格兰银行已成为中央银行的典范，世界各国纷纷效仿，先后建立中央银行，如荷兰、比利时、奥地利、挪威、丹麦、西班牙、俄国、德国、日本等。相比之下，美国的中央银行成立稍晚，直至1907年发生金融危机后，美国政府才意识到中央银行的重要性。美国国会于1913年通过《联邦储备法案》，确立了中央银行制度，1914年正式建立联邦储备体系。

二是成长阶段。中央银行发展的第二阶段是从第一次世界大战到第二次世界大战结束，这是中央银行的成长时期。第一次世界大战以后，主要资本主义国家先后放弃了金本位制。由于金融恐慌，货币制度混乱，各国面临着重建货币制度的问题。这时，大多数国家开始意识到建立中央银行对稳定金融、活跃经济的重要性。特别是1920年的布鲁塞尔国际经济会议决定，凡是还未成立中央银行的国家，应尽快成立中央银行。已经成立中央银行的国家，要进一步发挥中央银行的作用，强化中央银行的职责和地位。此后，除少数国家外，几乎世界各国都先后组建了中央银行。

三是成熟阶段。从第二次世界大战以后至今，是中央银行发展的第三阶段，也是各国对中央银行进一步加强控制的时期。这一时期随着国家对经济干预的加强，也加强了对中央银行的控制。中央银行和国家职能进一步结合，成为国家调控和管理经济的重要组成部分。首先，表现在中央银行的组织结构上的国有化，如法兰西银行于1945年、英格兰银行于1946年被国家收归国有，有些国家的中央银行虽然在股权上仍保留部分私股，但大部分股权则保持在国家手里，中央银行的国有性质并未受到影响。其次，表现在中央银行职责上的法律化，许多国家纷纷制定新的银行法规，明确中央银行调控宏观经济的任务。例如，日本于1942年制定的新《银行法》，规定日本银行的职责是：以谋求发挥全国的经济力量，适应国家的经济政策，调节货币，调整金融及保持并扶持信用制度为目的。德国中央银行则明确宣称其目的是为了"保卫马克"。美国《充分就业法》规定联邦储备银行的职责是促进经济增长、充分就业、稳定货币和平衡国际收支。这些组织措施和法律规定为中央银行保持相对的独立性，实施对金融的宏观调控提供了保障，同时也标志着中央银行制度的完善。

三、票据交换所与支付机构的产生与发展

在经济生活中，每个人都会发生交易行为，交易的结束必然伴随着物品的所有权转移，而支付就是商品或劳务的转移以及债务的清偿过程。因此，支付是为交易提供服务的，也是一次交易中必不可少的环节。现代经济中，因交易行为涉及不同企业、个人、金融机构乃至不同国家，为货币债权债务清偿提供票据交换、货币兑换、信息传递等服务的支付体系十分必要并发挥着重要的作用。其中，支付服务组织是指向客户提供支付账户、支付工具和支付服务的金融机构，以及为这些机构运行提供清算和结算网络服务的支付清算组织。支付服务组织是提供支付服务的市场主体，包括中央银行、商业银行和支付清算组织等。

中央银行是银行间资金转移等支付服务的法定提供者，商业银行等金融机构之间发生的资金往来或应收、应付款项，通常通过其开立在中央银行的结算账户办理划拨转账。中央银行除了提供银行间结算服务外，还制定与支付结算业务相关的规章制度，并维护支付结算秩序。

以商业银行为主体的金融机构是提供非现金结算和支付服务的骨干力量，具有不可替代的功能地位。商业银行利用吸收存款的基础功能，以专业化的支付服务将分散的债权债务清讫活动聚集起来，形成了以商业银行为基础的支付结算安排。因此，银行业金融机构的服务最具广泛性和社会性，既为机构客户办理支付结算，又面向广大社会公众提供多种形式的零

售性支付服务。

　　支付清算组织是提供支付信息转接和交换以及数据清分和汇总的非银行金融机构或非金融机构，支付清算组织有不同的形式，如票据交换所、资金清算中心、清算协会等。为金融机构提供票据交换与清算服务的票据交换所是最传统的支付清算机构之一。随着现代科技在金融领域的广泛应用，在很多国家和地区，票据交换所已经实现了票据交换的电子化和自动化。另外，支付清算组织在经营者、业务范围等方面也有所不同：既有私营的，也有货币金融当局组建的；既有地方性的，也有全国范围的；既有国内的，也有国际性的，等等。在很多国家（地区），中央银行通常作为支付清算组织的主要成员，直接参与支付清算活动；而在另一些国家（地区），中央银行不直接参与支付清算组织，但对其实行监督、管理，并为金融机构提供支付清算服务。

票据交换所的起源

　　票据交换，是指同一城市各金融机构之间对相互代收、代付的票据，通过票据交换所集中交换用以清算资金的一种经济活动，亦称"票据清算"。票据交换所，则是指集中办理同城或同一区域内各银行间应收应付票据的交换和资金清算的场所，亦称"票据交换场"。它开始时由银行间共同协议设置，随着中央银行制度的建立和发展，逐渐成为中央银行领导下的一个票据清算机构。

　　票据交换所是金融业发展到一定阶段才出现的产物，从产生到形成，经历了较长的历史发展过程。早在18世纪，随着资本主义经济的迅速发展，资本家之间经济结算业务快速增加，作为服务于经济的金融业，随着市场的扩大，经济的繁荣，逐步由单个银行向多家银行并存的方向发展，同城银行票据往来日益增多。在没有组织银行票据交换清算之前，当时资本主义最发达的英国伦敦的各家银行，每日要派业务人员分头到付款银行收取代收本行的票据单证，据以收回现金，工作十分繁重。一次偶然的机会，两家银行的业务员在一家咖啡馆中相遇，他俩自行交换各自的银行票据，缩小了相互奔走的距离，以后便约时相会，感到非常方便。时间一长，其他银行的业务人员也竞相仿效。于是，这家咖啡馆便自然地成了银行票据交换中心，彼此交换各自付款的票据，差额以现金结算。以后，这样的做法逐渐改进，最后形成了伦敦的票据交换所。

　　英国伦敦票据交换所成立于1773年，是国际上最早出现的票据交换组织。美国纽约票据交换所成立于1853年，法国巴黎票据交换所成立于1872年，日本大阪票据交换所成立于1878年，东京票据交换所成立于1886年，德国柏林票据交换所成立于1887年。伦敦票据交换所和纽约票据交换所是最具代表性的两个票据交换所。

　　作为近代中国第一家票据交换所，上海票据交换所于1933年设立。清朝末年，上海旧式的钱庄相当兴盛，钱庄之间代收的票据，采取相互派专人携带汇划账簿到对方钱庄，使用现银清算差额的办法，很不方便。到了1890年，上海钱业公会成立了汇划总会，改为使用"公单"，通过汇划总会以"公单"交换和转账结算来清算差额。这是中国早期的票据交换形式，也起到了票据清算中心的作用。民国初期，华商银行增设渐多，但无自己的清算机构，其同业间票据收付，是委托钱庄通过汇划总会办理的。之后，上海银行业务日益发达，票据流遥逐渐增多，通过钱庄清算不但资金调度不及时，而且担负风险，万一该钱庄倒闭势必受累。为此，上海银行工会委托银行业联合准备委员会，参照美国票据交换所先例，筹办上海银行业自己的票据清算机构。其间克服了当时钱庄与外商银行的种种阻挠和反对，终于在 1933 年 1 月 10 日，成立了中国第一家新型的票据交换所，成为中国金融现代化的重要标志之一。

（资料来源：张燕贞：《票据交换所的起源》，载于《中国金融》2015 年第 23 期）

第二节　商业银行

一、商业银行概述

（一）商业银行的性质与职能

商业银行是以获取利润为目标，以经营金融资产和负债为主要内容的综合性、多功能的金融企业。在现代市场经济中，商业银行在各种金融机构中活动范围最广，资本最雄厚，机构数量最多，对经济的影响最深刻，地位也最为重要，是中央银行实施宏观调控的主要传导机构。

1. 商业银行的性质

（1）商业银行是企业。商业银行具有现代企业的基本特征，其经营目标和经营原则与一般企业相同，所以商业银行同样要追求经营利润的最大化，要实行自主经营、自负盈亏、自担风险、自求发展的原则。

（2）商业银行是经营特殊商品的特殊企业。商业银行不是一般的企业，而是经营货币和货币资金、提供金融服务的金融企业。商业银行的活动范围不是一般的商品生产和商品流通领域，而是货币信用领域，它以信用方式与工商企业及社会经济生活的其他方面发生广泛的联系，具有调节社会经济生活的特殊作用。

2. 商业银行的职能

由于商业银行业务的综合性、广泛性和它在金融体系中不可替代的主体地位，使得商业银行具备了其他金融机构所不具备的职能。

（1）信用中介职能。信用中介职能是商业银行最基本、最能反映其经营活动特点的职能。信用中介是指商业银行通过负债业务把社会上的各种闲散货币资金集中起来，再通过资产业务把货币资金投向社会各部门。商业银行作为中介人，起媒介作用，即作为货币资金的贷出者和借入者的中介人来实现货币资金的融通和资本的投资，对社会经济的发展产生巨大的影响。

（2）支付中介职能。支付中介职能是指商业银行接受客户的委托，办理货币收付、结算、汇兑和保管等业务，从而成为企业、社会团体和个人的货币保管者、出纳者和支付中介人。商业银行的支付中介职能的发挥是整个社会经济正常稳定运行的必要条件。通过为收付款双方提供转账服务，大大减少了现金使用，节约了流通费用，加速了结算过程和社会资金的周转。

（3）信用创造职能。在信用中介和支付中介的基础上，商业银行又产生了信用创造职能，这也是商业银行特有的职能。这一职能是商业银行通过其所吸收的原始存款发放贷款，在支票流通和转账结算的基础上，贷款又转化为存款，在存款不提取现金或不完全提取现金的前提下，存款的反复贷放会在整个银行体系中形成数倍于原始存款的派生存款。商业银行的信用创造职能有助于形成一个全社会信用货币供应的弹性的信用制度，从而有利于对经济的促进和调控。

（4）金融服务职能。商业银行利用其联系面广、信息灵通快捷，特别是借助于电子银行业务的发展，在传统的资产业务以外，不断开拓业务领域，广泛开办了一系列的服务性业务，从而使商业银行具有了金融服务职能。这些金融服务主要有担保、代收代付、代办保险、财务咨询、资信调查、充当投资顾问、信托、租赁等。通过提供这些服务，商业银行一方面扩大了社会联系面和市场份额，另一方面取得了不少费用收入。借助于日新月异的信息技术，商业银行的金融服务功能也正在发挥着越来越大的作用，并使整个商业银行业发生着革命性的变化，向着电子银行、网上银行方向发展。

（二）商业银行的组织制度

商业银行在各国的形成历史不同，形成的政治经济环境不同，其组织管理形式也在一定程度上存在差别，因而在世界各国产生了组织形式不同的商业银行。

1. 单一银行制。单一银行制又叫单元制，是指银行业务由各自独立的银行机构经营而不设立分支机构的银行制度。单一银行制的典型代表是美国，这是由美国的特殊历史背景和政治制度决定的。美国曾实行完全的单一银行制，国民银行法和各州的银行法都限制或禁止银行跨州经营和设立分支机构，但随着经济的发展，地区经济联系的加强，加上金融业竞争的加剧，对开设分支机构的限制已大大放松。

2. 分支行制。分支行制又叫总分行制，是指法律允许商业银行在总行之下，可在本地或外地设立若干分支机构的银行制度。这种银行的总行一般都设在一国的首都或金融中心城市，在本国或国外的其他城市设立分支机构。由于分支行制更符合经济发展的客观要求，因而成为当代商业银行的主要组织形式。目前，世界各国一般都采用这一银行制度，尤以英国、德国、日本等为典型，我国的商业银行绝大部分采取分支行制。

3. 控股公司制。控股公司制是指由某一集团成立股权公司，再由该公司控制或收购若干银行的组织形式。被收购的银行在法律上完全独立，但业务和经营决策受股权公司控制。这种银行组织形式起源于美国，这是因为美国许多州通过立法禁止或限制银行开设分支行，而实行控股公司制可以回避银行法禁设分支机构的问题，所以在美国得到了较好的发展。控股公司一般有两种类型：一是由非银行的大企业通过控制银行的大部分股权而组建起来的；二是大银行通过控制小银行的大部分股权而组建起来的。近年来，在激烈的竞争中，大银行之间的联合成为潮流，银行兼并大多采用这一形式。

4. 连锁银行制。连锁银行制又称联合制，是指两家以上的商业银行受控于同一个人或同一个集团但又不以股权公司的形式出现的银行制度。连锁银行制与持股公司制的区别在于，其不设置银行持股公司，而是通过若干家银行互相持有对方股票，互相成为股东的方式结成连锁关系。连锁银行虽然在法律上是独立的，但在业务上互相配合、互相支持，常常调剂余缺、互通有无，而且其控制权往往掌握在同一财团的手中，形成集团内部的各种联合，成为实质上的分支行制。这一组织形式在美国中西部实行较多。

5. 跨国银行制。跨国银行制又叫国际财团制，是指由不同国家的大型商业银行合资组建银行财团的一种商业银行组织形式。跨国银行制的商业银行经营国际资金存贷业务，于展大规模投资活动。目前，在世界经济一体化和跨国公司发展的背景下，跨国银行制这种组织形式也日渐增加。

花旗公司和旅行者集团的合并

1998 年 4 月 6 日，美国花旗银行（Citibank）的母公司花旗公司（Citicorp）和旅行者集团（Travelers group）宣布合并，这一消息给国际金融界带来了极大的震动。这次合并之所以引人瞩目，不仅仅是因为其涉及 1 400 亿美元的资产而成为当时全球最大的一次合并，更重要的在于，一旦这次合并得到美国联邦储备委员会的批准，合并后的实体将成为集商业银行、投资银行和保险业务于一身的金融大超市，从而使"金融一条龙服务"的梦想成为现实。

花旗公司原为全美第一大银行，1996 年美国化学银行和大通曼哈顿银行合并后，屈居次席。旅行者集团是一家总部设在纽约的老字号保险金融服务公司，是道·琼斯 30 种工业股票中的一员，早期以经营保险业为主，在收购美邦经纪公司后，其经营范围扩大到投资金融服务领域。1997 年底又以 90 多亿美元的价格兼并了所罗门兄弟公司，成立了所罗门美邦投资公司。该公司已居美国投资银行的第二位。至此，旅行者的业务已包括投资服务、客户金融服务、商业信贷和财产及人寿保险业四大范围。

合并后的新公司命名为"花旗集团"（Citigroup）。旅行者集团首席执行官斯坦福·韦尔（Stanford Weir）和花旗公司董事长约翰·里德（John Reed）同时担任花旗集团董事会主席。新组成的花旗集团将集二于传统的商业银行业务、消费者信贷、信用卡业务、投资银行业务、证券经营业务、资产管理业务及财产保险和人寿保险等业务。韦尔说，新集团将成为一家经营全球多元化消费者金融服务的公司，一家杰出的银行，一家全球性资产管理公司，一家全球性投资银行及证券交易公司，一家具有广泛经营能力的保险公司。

花旗公司和旅行者集团合并的消息在世界金融界引起了巨大的震动。花旗集团的出现在美国乃至世界的银行与金融服务公司之间引起了新一轮的兼并和合并浪潮，从而形成更多业务广泛的金融集团公司。

（资料来源：《花旗银行和旅行者集团合并案例分析》，http：//3y. uu456. com）

二、商业银行的业务

（一）商业银行的资产负债表简介

资产负债表是银行的主要会计报表之一，它反映银行总的资金来源和资金运用情况。资产负债表包括三大项目：资产、负债和所有者权益。资产负债表的左方代表商业银行持有的各项资产（即资金运用）；右方代表商业银行的负债（即资金来源），它又分为银行负债和银行资本两大类。资产负债表的左右两边始终相等，即：

$$资产总额 = 负债总额 + 银行资本$$

这是一个事后的会计恒等式，即银行资本始终为资产总额减去负债总额后的差额。一旦银行的负债超过资产，即银行资本为负值，也就意味着银行可能破产。

下面，我们以一个简化的商业资产负债表（见表4－1）为例，对商业银行的资产负债表进行介绍。

表4－1　　　　　　　　　　　　简化的商业银行资产负债表

资　　　产	负债与资本
现金资产	存款
库存现金	活期存款
存款准备金	储蓄存款
同业存款	定期存款
在途资金	
贷款	借款
工商贷款	向中央银行借款
消费者贷款	同业拆借
不动产贷款	其他借入资金
银行间贷款	其他负债
其他贷款	
投资	所有者权益
政府债券	资本
其他有价证券	盈余
其他资产	未分配利润
	储备金

商业银行的负债业务与所有者权益（即银行的资本金）构成了银行的资金来源，也就是说，银行的全部资金来源包括自有资本和吸收的外来资金两部分。一般来说，商业银行的资金来源中自有资本所占比重很小，大部分是吸收的外来资金。外来资金渠道包括吸收存款和借款。其中，又以吸收存款为主。所以，商业银行又有"存款银行"或"存款货币银行"之称。

此外，商业银行还有不在资产负债表中反映的中间业务和表外业务。

（二）商业银行的资本构成

自有资本是商业银行自身所拥有的资金，是商业银行所有者的权益，也称银行资本。银行资本有两项基本功能：一是商业银行开展业务的基础；二是发生意外损失时起一定的弥补和保障作用。商业银行多采用股份有限公司的企业组织形式，其资本金主要包括以下几点。

（1）股本。股本是商业银行资本的主要构成部分和基础，包括普通股和优先股。

（2）盈余。盈余包括留存盈余和资本盈余。留存盈余是商业银行从每年的营业利润中逐步累积而形成的。资本盈余是商业银行在发行股票时，发行价格超过面值的部分，即发行溢价。

（3）未分配利润。即银行税后利润减去普通股股利后的余额。

（4）准备金。即商业银行为了应付意外事件的发生而从税后收益中提取的各自储备资金，包括资本准备和坏账准备。资本准备是商业银行为应付股票资本的减少而提留的。坏账准备是为了应付资产的损失而提留的。

（5）资本票据和债券。资本票据（是指偿还期限较短的银行借据）和债券是商业银行的债务资本，属于附属资本。商业银行用发行资本票据和债券的方式筹集资本的好处是可以减少银行的筹资成本。因为银行的这部分债务不必保留存款准备金，银行对资本票据和债务支付的利息要少于对普通股和优先股支付的股息。不利之处是，由于这部分资本属于非永久性资本，有一定期限，因而限制了银行对此类资本的使用。

《巴塞尔协议Ⅲ》把银行资本分为一级资本、二级资本（附属资本）和三级资本三大类，其中一级资本包括由普通股及留存收益构成的核心一级资本和永久优先股。

《巴塞尔协议Ⅲ》对商业银行资本充足率监管的最低要求包括：总资本充足率为8%；一级资本充足率为6%，在总资本中一级资本不低于50%；核心一级资本充足率为4.5%；在最低监管资本基础上增加2.5%的资本保护缓冲区；逆周期超额资本要求为0~2.5%；系统重要性银行的附加资本要求为1%。

（三）负债业务

负债业务是商业银行筹集资金、借以形成资金来源的业务。商业银行的资金来源分为自有资本和外来资金两部分，外来资金又包括存款及借入资金等。负债业务是商业银行资产业务、中间业务和表外业务的基础。银行以负债形式筹措资金，并通过对资金的运用，既支持经济的发展，也给银行带来了利润。

1. 吸收存款

存款是商业银行最主要的资金来源，一般占总资金来源的70%以上，因此吸收存款成为商业银行最重要的负债业务。根据不同的标准，可以将存款划分为不同的种类（如图4-1所示）。

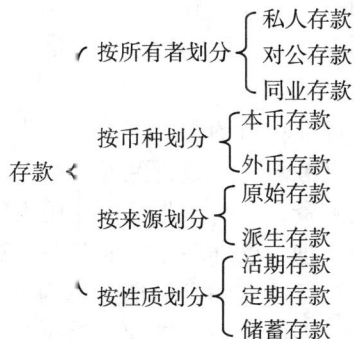

图4-1　存款种类

一般来说，上述分类方法中，最常见的是第三种，即按存款的性质分类，分为以下几种：

（1）活期存款。活期存款是指存款客户可以随时提取和支付的存款。存入这种存款账户的资金主要是用于交易和支付用途的款项。这种存款在支用时，一般使用支票，因而又有支票存款之称。企事业单位、机关团体及个人都能在银行开立活期存款账户。开立这种存款账户的目的是为了通过银行进行各种支付结算。由于支付频繁，银行提供服务要付出较高费用，所以一般不对存户支付利息。虽然活期存款时存时取，流动性很强，但存取错综交替之中总会在银行形成一笔相当稳定、数量可观的余额，这是银行用于贷款的重要资金来源。

（2）定期存款。定期存款是指事先约定存款期限，到期才能提取的存款，如需提前支取，存户将蒙受利息损失。存入这种存款账户的资金是近期暂不支用和作为价值储存的款项。定期存款存入时，银行一般向存户出具存单，也有采用存折形式的。由于定期存款的期限既定且一般较长，所以银行要给予利息，其利率的高低与期限的长短成正比。定期存款是存款客户获取利息收入的重要金融资产，也是银行获取借贷资金的重要来源，对银行长期放款与投资具有重要意义。

（3）储蓄存款。储蓄存款主要是为居民个人积蓄货币和取得利息收入而开办的一种存款业务。这种存款通常由银行发给存户存折，以作为存款和取款的凭证，一般不能签发支票，支用时只能提取现金或先转入活期存款账户。储蓄存款的存户通常限于个人和非营利组织，这些年来，也有逐渐放宽到允许某些企业、公司开立储蓄账户的。储蓄存款主要有活期储蓄、定期储蓄、定活两便储蓄等，以定期储蓄存款居多，但无论定期、活期，都支付利息，只是利率高低有区别。定期储蓄存款主要有整存整取、零存整取、整存零取、存本取息等形式。近年来，随着我国居民收入水平的逐年增长，储蓄存款在全部存款中的比重持续上升，并且其中的定期部分高而稳定，为银行提供了大量长期资金来源。

20世纪60年代初，随着金融创新，美国花旗银行首先推出了大额可转让定期存单（CD）存款。近些年，一些国家的商业银行又相继推出了一些新的存款品种，如可转让支付命令存款账户、自动转账服务账户、货币市场存款账户等，成为商业银行筹措资金来源的重要工具。

2. 借入资金

借入资金是商业银行一种持久地增加资金来源的手段。相对于存款负债而言，它是一种主动型负债，在时间、规模、用途等方面，有较大的灵活性，是商业银行重要的资金来源，主要包括中央银行借款、银行同业借款、国际货币市场借款、发行金融债券等。

（1）中央银行借款

中央银行是银行的银行，是商业银行的最后贷款者。为了有效地调节社会货币供求和保持银行体系的稳定，中央银行有义务对商业银行融通资金。一般来说，商业银行向中央银行借款主要的、直接的目的在于缓解资金暂时不足，而非用来谋利。向中央银行借款主要有两种形式：一是再贴现，即商业银行把自己办理贴现业务所买进的未到期票据再转卖给中央银行；二是再贷款，即商业银行用自己持有的有价证券作为抵押品向中央银行取得抵押贷款。由于一般只是在必要时商业银行才向中央银行借款，因而在西方国家通常该项目在商业银行负债中的比重和在中央银行资产中的比重都较小。但在我国，由于体制的原因，该项目一直是国有商业银行一项比较重要的资金来源。

（2）同业拆借。同业拆借是商业银行之间的短期资金融通活动。商业银行在每天营业终了或在票据交换结算结束时，总会出现有的银行头寸不足、有的银行头寸多余的情况。为了实现资金平衡、保持资金正常周转，头寸不足的银行就需从头寸多余的银行临时拆入资金并支付利息；而头寸多余的银行也愿意将暂时盈余的资金拆出以取得利息，这样就发生了银行同业拆借活动。同业拆借具有期限短、数额大、利率适中等特点。目前，许多大银行都把拆入资金作为一项经常性的资金来源，由此而减少对短期、低利、高流动性资产的持有；而许多中小银行对大银行拆入、拆出，风险较小，期限也短，有利于及时调整资产负债结构。

（3）转抵押和转贴现。商业银行在资金紧张、周转不畅等情况下，也通过抵押、质押的方式向其他金融机构取得资金。作为抵押、质押的资产大部分是客户的担保资产，银行将其转抵押给其他银行。转贴现是当银行资金发生周转困难时，将通过办理贴现买进的未到期票据交给其他商业银行或贴现机构以获取资金。

（4）发行金融债券。发行金融债券是指商业银行经批准，通过向社会公众推销债务凭证的方式筹集资金的业务。发行金融债券不同于吸收存款这种传统的筹资方式。吸收存款属于被动型筹资，发行金融债券则属于主动型筹资，其资金的稳定性、资产的流动性都有所不同。发行金融债券通常具有可及时、足额筹集资金且资金的稳定程度较高等特点。

（5）国际货币市场借款。第二次世界大战以后，特别是近二三十年来，商业银行尤其是大的商业银行在国际货币市场上广泛地通过办理定期存款，发行大额定期存单，出售商业票据、银行承兑票据及发行债券等筹集资金。目前，最具规模、影响最大的国际性金融市场是欧洲货币市场。商业银行的国外借款主要来自这个市场。

商业银行的负债业务除了上述几种外，回购协议和占用资金（即商业银行在同业往来及办理中间业务过程中占用的他人资金）也可作为商业银行资金的补充来源。

（四）资产业务

商业银行的资产业务，是指商业银行将通过负债业务所聚积起来的货币资金加以应用的业务。资产业务是商业银行业务中最核心和最重要的业务，是商业银行创造收入获得盈利的基本业务。通过资产业务的开展，银行不仅获得了自身生存和发展的根本条件，而且对国民经济产生举足轻重的影响。可以说，商业银行在国民经济中的地位和影响力，主要依赖其资产业务的水平。

1. 商业银行资产的构成

根据国际通行的银行资产负债表，商业银行资产主要划分为现金资产、贷款、证券投资和固定资产四大类。

（1）现金资产。商业银行的现金资产由库存现金、法定准备金、在中央银行存款、存放同业资金和在途资金等项目组成。现金资产是银行全部资产中最富流动性的部分，是银行随时可用来支付客户现金需要的资产。但现金资产又是资产中的非盈利或微利资产，故各国商业银行都尽可能将其占用量降到必需的最低水平。一般情况下，现金资产占全部资产的比率为12%。

（2）贷款。贷款又称放款，是银行将货币资金的使用权以一定条件为前提转让给客户，并约期归还的资产运用方式。贷款是商业银行的主要盈利资产业务。国际上商业银行贷款资产占总资产的比率为60%左右。我国商业银行由于目前资产结构比较单一，故贷款占资产的比率高于国际商业银行平均水平。

（3）证券投资。证券投资是指银行购买有价证券的经营行为。证券投资在银行资产中占有重要地位。由于各国法律对商业银行证券投资业务的管制程度不同，因此证券投资资产占总资产的比重也相差悬殊，低的在10%左右，高的达25%～30%。由于种种原因，我国商业银行证券资产的比重远远低于国际平均水平。

（4）固定资产。固定资产是商业银行拥有的房地产和设备。一般来说，各国商业银行的自用固定资产占银行全部资产的比率为0.5%～2%。一些国家的法律允许商业银行从事房地产经营和其他固定资产投资，其固定资产占总资产的比率可达4%～15%。我国《商业银行法》明确规定，商业银行不得投资于非自用不动产。因此我国商业银行固定资产占总资产的比率在2%左右。

在商业银行资产中，贷款和投资是营利性资产，并占有绝对比重，构成商业银行的主要资产业务。

2. 贷款业务

（1）贷款的种类。

贷款业务的种类很多，从不同角度可划分为下列不同类型，如图4-2所示。

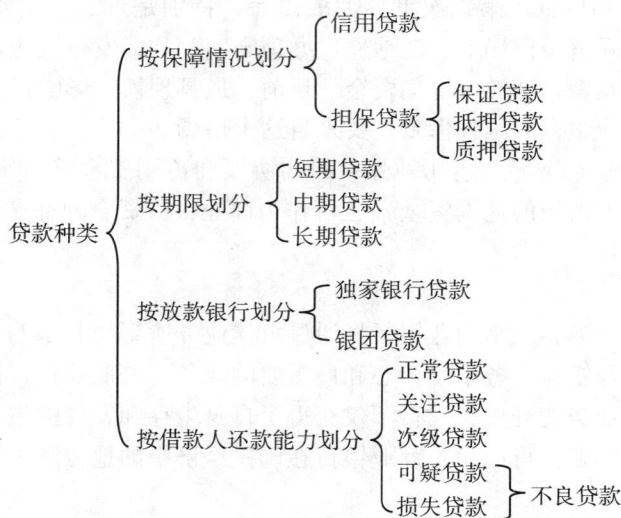

图4-2　贷款种类

① 按贷款是否有担保来划分，有信用贷款和担保贷款。信用贷款，是指凭借款人的信誉发放的贷款。这种贷款的风险很大，因此，银行除了对一些资信特别好、资金实力雄厚的客户外，一般不对其他客户发放。担保贷款因担保方式的不同可分为保证贷款、抵押贷款和质押贷款。我国商业银行法明确规定担保贷款为商业银行发放贷款的主要方式。保证贷款，是指以第三人承诺在借款人不能偿还贷款时，按约定承担一般保证责任或者连带责任而发放的贷款；抵押贷款，是指以借款人或第三人的财产作为抵押物发放的贷款；质押贷款，是指以借款人或第三人的动产或权利作为质物发放的贷款。作为抵押物和质押物的资产必须是能够在市场上出售的。如果贷款到期借款人不愿偿还，银行可以取消抵押物和质押物的赎回权

并将其处理。

② 按贷款期限划分，有短期贷款、中期贷款和长期贷款。短期贷款，指贷款期限在 1 年以内（含 1 年）的贷款。中期贷款，指贷款期限在 1 年以上 5 年以下（含 5 年）的贷款。长期贷款，指贷款期限在 5 年（不含 5 年）以上的贷款。

③ 按放款银行划分，有独家银行贷款和银团贷款。独家银行贷款是指一家商业银行作为债权人向其客户发放的一般贷款。银团贷款是指多家商业银行或非银行金融机构，采用同一贷款协议，按商定的期限和条件向同一借款人提供资金的贷款。在我国，银团贷款的主要对象是国有大中型企业、企业集团和列入国家计划的重点建设项目。参加银团贷款的金融机构应遵循自愿协商、互利互惠，按出资比例或按协议约定享受权益和承担风险的原则，并确定一个贷款行为牵头行。

④ 按借款人还款能力即贷款的风险程度划分，有正常贷款、关注贷款、次级贷款、可疑贷款和损失贷款。这是我国在贷款制度改革中借鉴西方国家经验推行的一种贷款分类方法，它从防范贷款风险的角度，通过分析借款人的还款能力和还款的可能性，以此把贷款分为五类。正常贷款指借款人能够严格履行合同，贷款本息偿还有充分保证的贷款。关注贷款指尽管借款人目前有能力偿还贷款本息，但存在一些可能对偿还产生不利的因素，如果继续下去，可能会对借款人的还款能力产生影响。次级贷款指借款人的还款能力出现明显问题，完全依靠其正常营业收入已无法足额偿还贷款本息，即使执行担保，也可能会造成一定损失的贷款。可疑贷款指借款人无法足额偿还贷款本息，即使执行担保，也肯定要造成较大损失的贷款，即贷款已肯定要发生一定的损失，只是因为存在借款人重组、兼并、合并、抵押物处理和未决诉讼等待定因素，损失金额还不能确定。损失贷款指在采取所有可能的措施或一切必要的法律程序之后，本息仍然无法收回，或只能收回极少部分，即贷款大部分或全部发生损失。

贷款 "6C" 原则

西方国家的商业银行，为了确保贷款的安全与盈利，非常重视对借款客户信用状况的审查，并在多年的实际操作中逐渐形成了系统的衡量标准，这就是通常所说的贷款审查 "6C" 原则。

(1) 品德（character）：如果借款客户是个人，是指其工作作风、生活方式和诚信等品德；如果是企业法人，则指其负责人的品德、企业管理和资金运用等制度健全与否、经营稳妥与否及偿还愿望强烈与否等。不论具体借款客户是个人还是企业，其以往履行协议，特别是及时足额偿还贷款的记录，对其品德的判断具有重要意义。

(2) 才能（capacity）：是指个人或企业负责人的才干、经验、判断能力、业务素质等方面。没有才能极易导致经营失败，给贷款的安全性带来威胁。

(3) 资本（capital）：是指借款客户必须拥有一定的资本，这是衡量其经济实力的一个重要方面。通常借款客户资本雄厚与否与贷款风险是负相关的。

(4) 担保品（collateral）：是指借款客户提供的用作还款保证的抵押物。有抵押物作担保品的贷款，比信用贷款的风险要小得多。特别是在中长期贷款中，没有抵押物作担保品，银行通常不予贷款。

（5）经营环境（condition）：指借款客户的行业在整个经济中的发展趋势、政局变化、经济周期、同业竞争等状况，此外，企业自身的经营情况，如技术力量、劳资关系、购销条件等也应在考虑的范围内。

（6）事业的连续性（continuity）：指对借款客户持续经营前景，如应变能力、适应发展需要能力的审查。因为现代科学技术日新月异、飞速发展，产品更新换代的周期日趋缩短，市场竞争愈演愈烈，所以，企业只有能够适应经济形势及市场行情的变化，才能继续生存并发展下去。只有如此，银行才能避免贷款收不回来的风险。

3. 票据贴现业务

票据贴现是商业银行买入客户持有的未到期票据，借以获得一定利息收益的一种业务。这种业务在表面上属于票据的一种买卖行为，但实际上也是银行资金的贷出，且偿还期限一般都较短。商业银行所贴现的票据，一般有银行承兑汇票、商业承兑汇票、商业本票和政府债券。我国贴现的票据主要是指商业汇票。银行在办理票据贴现时一般事先扣除利息，到期按票面金额收回资金，所以银行实际支付的贴现金额要比票面金额少。从商业银行角度考虑，贴现业务较一般贷款优先。因为，银行对票据贴现，实际上是对以票据作抵押进行的贷款。票据到期，银行可以据此向票据标明的债务人收款。如果该债务人没有偿债能力，银行就可以对票据标明的有关责任人进行追索。而票据贴现对借款人来说，相当于预付利息的借款，因此其利息的支付实际要比标明的贴现率高。

票据贴现具体计算公式为：

$$银行实付贴现额 = 票面金额 - 贴现利息$$
$$贴现利息 = 票面金额 \times 贴现天数 \times (年贴现率 \div 360)$$

贴现票据到期日前，贴现银行将承兑票据划给承兑银行或承兑企业的开户银行，向承兑人收取票款。如票款不能按时收回，贴现银行从贴现申请人账户内扣收。

4. 证券投资业务

证券投资是指商业银行以其资金在金融市场上购买各种有价证券的业务活动。近些年来，由于利率和汇率风险加剧，尤其是受到一些发展中国家债务危机的困扰，西方国家商业银行资产业务证券化趋势明显，银行贷款比例下降，投资业务重要性日益增强。投资与贷款相比，具有较强的主动性、独立性。银行投资于证券，一方面为其暂时多余的资金找到投放途径，从而取得收益；另一方面，需要资金时又可在证券市场上迅速售出变现，其灵活调度资金性能优于贷款；而且由于投资证券时，银行不是唯一债权人，所以风险较小。

商业银行进行证券投资的目的主要是为了获得收益、分散风险和保持流动性。取得收益是商业银行证券投资业务的主要目的，在贷款需求减弱或收益较低而找不到理想的客户的情况下，银行将闲置的资金投资于证券，使资金得到了充分的运用，又由此增加了银行的收益。同时，证券投资为商业银行的资产分散化，从而为分散风险提供了一种选择。在银行的经营中，现金资产具有高度的流动性，是第一准备，而既有利息收入，又可转手出售的短期证券则是商业银行理想的第二准备，可满足商业银行流动性要求。

商业银行证券投资的主要对象包括政府债券、公司债券和股票。其中政府债券安全性最高、流动性最强，是较好的二级准备金，在商业银行投资总额中所占的比重最大。

公司债券的盈利性要高于政府债券，但流动性和安全性要差得多，因此，商业银行购买公司债券的比重一般都低于政府债券的比重，且应注意风险评估，以防止风险损失。股票投资风险较大，各国对商业银行从事股票投资都有程度不同的限制。20 世纪 80 年代以来，随着金融自由化趋势和金融业国际国内竞争的加剧，金融混业经营已形成大趋势，相应地，各国对商业银行投资的限制也在开始放松、放开。但我国目前金融业仍然是分业经营，按我国商业银行法的规定，商业银行不得从事境内信托投资和股票业务。因此，目前我国商业银行证券投资业务的对象主要是政府债券和中央银行、政策性银行发行的金融债券等，且规模都不大。

（五）中间业务

中间业务是指银行不需动用自己的资金，代理客户承办支付和其他委托事项而收取手续费的业务。中间业务主要有以下内容：

1. 结算业务

结算业务是各经济单位之间因商品交易、劳务供应、资金转移等原因所引起的货币收付行为。按收付形式的不同可分为现金结算和转账结算。现金结算是在经济往来中直接使用现金进行货币收付的结算方式。在我国，现金结算有特定的使用范围。转账结算又称为非现金结算或银行结算，是通过商业银行划拨转账的方式完成货币收付的结算方式。转账结算是我国商业银行最主要的日常中间业务。

商业银行在办理结算过程中，应遵循三条基本结算原则：一是恪守信用，履约付款；二是谁的钱进谁的账，由谁支配；三是银行不垫款。按照有关规定，我国结算制度实行以"三票一卡"为主体的支付工具体系，并在此基础上使用汇兑、委托收款和托收承付的结算办法。"三票"就是我国票据法规定的汇票、本票、支票，其中，汇票包括银行汇票和商业汇票，本票主要是指银行本票；"一卡"就是信用卡。

按照收款人和付款人所处的地点不同，可以分为同城结算与异地结算。

（1）同城结算是指收款人与付款人在同一城市或地区的结算，其主要结算方式是支票结算。若支票的收付双方在同一银行开户，银行即将支票上所载的金额从付款人账户划转到收款人账户上。若支票的收付双方不在同一银行开户，则需通过票据交换所实现交换。随着计算机网络技术的推广和应用，票据结算、清算业务都通过金融体系的自动转账系统进行。所有参加这一系统的银行之间的同业拆借、外汇买卖和汇款划拨等，都不再通过支票或通知书，而是通过将有关数据输入自动转账系统的终端机来进行，结算速度更快。

（2）异地结算是指收款人与付款人不在同一地区时的结算。异地结算主要有汇兑、托收、信用证和电子划拨等四种方式。汇兑是指付款人将现款交付给银行，由银行把款项支付给异地收款人的一种业务。托收与此相反，收款人向付款人开出一张汇票，要求其付款，并把汇票连同有关单据一起交付给托收行，委托其代为收款。信用证结算则是一种由银行提供付款保证的结算业务，在国际贸易中普遍采用。电子划拨是通过建立各种地区性、全国性、国际性的大型电子网络来转移资金，实现资金的快速收付的一种结算方式。

2. 代理业务

代理业务是指商业银行在客户指定的委托范围内代客户办理某些特定业务的一种中间业务。目前，我国商业银行所开展的代理业务主要有代理收付款业务、代理证券业务、代理政策性银行业务、代理中央银行业务、代理保险业务、代理保管业务等。

3. 租赁业务

商业银行租赁业务是指商业银行出资购买一定的物品，直接或间接地以出租人的名义将物品租给承租人在约定的期限内使用，通过收取租金逐步收回投资本息的业务。租赁业务的基本类型有：

（1）经营性租赁。又称为服务性租赁或操作性租赁，适用于租期相对较短、通用性较强的财产、设备。经营性租赁在租赁契约期内由出租人负责设备的安装、保养、维修、缴纳税金、支付保险费和提供专门技术服务等。承租方在提前通知的情况下，可以中途解约。经营性租赁的租期一般要短于设备的预期寿命，每一次租金的收入往往不足以全部抵消设备成本，因此，经营性租赁又被称为未完全付清的租赁。租赁期满，不发生所有权转移，可以续租、退租，但不能以象征性价格购入。

（2）融资性租赁。又称为资本性租赁，是一种国际通行的长期租赁形式，是指由出租方融通资金，为承租人提供所需设备，承租方定期偿还租金并获得设备资产的使用权。融资性租赁的租金大致相当于设备折旧、贷款利息与管理手续费的总和。在融资性租赁契约期内，租赁物的挑选、维修、保养、保险由承租人负责，承租人通常在租赁期满后以象征性价格取得设备的所有权。融资性租赁可以采取直接租赁、回租租赁、转租赁、杠杆租赁等不同的形式。

4. 信托业务

信托即信任委托，是建立在信任基础上的财产经营管理制度。商业银行的信托业务是指商业银行作为受托人，接受委托人的委托，为了受益人的利益而代为管理、营运或处理所托管的财产的业务。信托一般涉及三个关系人：委托人、受托人和受益人。委托人一般是信托财产的所有人；受益人是享受信托财产利益的人，一般必须由委托人指定，可以是委托人本人，也可以是委托人指定的他人。

与信贷业务不同，商业银行对信托业务一般只收取有关的手续费，而营运中所获得的收入则归委托人或其指定的受益人所有。同时，信托也不同于代理，在代理关系中，代理人只是以委托人的名义，在委托人指定的权限内办事，在法律上，委托人对委托财产的所有权并没有改变；而在信托关系中，信托财产的所有权从委托人转移到了受托人手中，受托人以自己的名义管理和处理信托财产。

信托业务种类很多，可以从不同的角度进行划分。如按组成信托关系的对象划分，有个人信托和法人信托；按成立信托关系的方式划分，有任意信托和特约信托；按受益对象划分，有公益信托和私益信托；按信托财产的不同，有资金信托、动产信托和不动产信托等。

5. 咨询业务

咨询业务是商业银行接受客户委托，以其专门的知识、技术、经验和广泛的联系，为客户提供有关市场和客户的情况、经济信息，解答各种疑难问题的一种服务性业务，主要有资信调查、商情咨询、投资咨询、金融咨询、财务咨询、介绍客户等。在现代社会中，信息成为社会发展的主要支柱之一，信息是无形的财富，商业银行凭借广泛的信息来源、一大批资深专家和现代化设备的优势，向政府、企业或个人提供咨询服务，既满足客户需求，又密切了银行与客户的联系，为银行扩大经营规模、增强竞争力创造条件。

6. 基金托管业务

基金托管业务是指有托管资格的商业银行接受基金管理公司委托，安全保管所托管的基金全部资产，为所托管的基金办理基金资金清算款项划拨、会计核算、基金估值、监督管理人投资运作的业务活动。

7. 银行卡业务

银行卡是指由商业银行向社会发行的具有消费信用、转账结算、存取现金等全部或部分功能的信用支付工具。银行卡的种类根据不同的划分方式可有不同的分类。如：按发卡银行是否给予持卡人信用额度来分，可以分为贷记卡、准贷记卡和借记卡；按币种不同，分为人民币卡、外币卡；按发卡对象不同，分为单位卡（商务卡）、个人卡；按信息载体不同，分为磁条卡、芯片卡；根据持卡人的信誉不同，分为金卡和普通卡等。

（六）表外业务

根据巴塞尔委员会提出的判断标准，表外业务可分为广义和狭义两种。广义的表外业务包括所有不在资产负债表中反映的业务，它由中间业务和狭义表外业务构成。狭义的表外业务是指商业银行从事的按国际会计准则不计入资产负债表内，因而不影响资产负债总额，但能改变银行损益和营运资金状况的业务。表外业务在一定条件下会转变为资产或负债业务，因此，表外业务构成了商业银行的或有资产和或有负债。商业银行主要的表外业务有以下几类：

1. 贸易融通类业务

贸易融通类业务主要有银行承兑业务与商业信用证业务。

（1）银行的承兑业务是由银行为客户开出的商业汇票提供承兑服务，即承诺兑付。承兑以后，银行负有不可撤销的第一手到期付款责任。经银行承兑后的票据，可贴现流通。汇票到期后，承兑银行成为票据的第一支付人，承兑行付款后再向客户收取款项。银行提供承兑业务可获得收入，但其同时也必须承担客户的信用风险，一旦客户支付困难，银行将无法收回已支付的款项。

（2）商业信用证是国际贸易结算中的重要方式，是指进口商请求当地银行开出的一种支付保证书，授权出口商所在地的另一家银行通知出口商，在符合信用证规定的条件下，愿意承兑或承购出口商交来的汇票单据。信用证业务实际上就是进出口双方签订合同后，进口商主动请求进口地银行为自己的付款责任作出的保证。银行开立信用证既不必占用自有资金，还可以得到开证手续费收入。同时进口商所缴纳的押金，在减少垫款风险的同时，也可以为银行提供一定量的流动资金来源。

2. 金融保证类业务

金融保证类业务主要由备用信用证、贷款承诺、票据发行便利、保函业务以及贷款销售等构成。

（1）备用信用证是银行应客户要求为其开立的信用保证书，属于一种信用担保。当客户与其受益人达成某种协议，表明客户对受益人负有偿付义务，客户为确保自己的信誉，可要求银行为其开立备用信用证，保证客户无力支付时，由银行代客户向受益人进行偿付，银行为此支付的款项变成了向客户的贷款。银行开立备用信用证，提高了客户的信誉，银行据此可收取手续费。

（2）贷款承诺是指银行与借款客户达成的一种具有法律约束力的正式契约，银行将在正式的有效期内，按照双方约定的金额、利率，随时准备应客户的要求提供贷款。银行提供这种承诺的同时，要按一定比例向客户收取承诺费，即使在规定期限内客户并未申请贷款，也需缴纳承诺费。

（3）票据发行便利是指银行承诺帮助工商企业或政府发放短期票据融资，售不出去的部分将全部由银行按事先约定的价格买下。银行赚取承诺费，但同时承担流动性风险和信贷风险。

（4）保函业务是一种较简单的担保业务，银行为客户的融资或其他活动出具保函，提供信用担保，并收取担保费，一旦客户到期不能履约支付，银行具有连带支付责任。

（5）贷款销售或资产证券化业务是指银行将已发放的贷款出售给其他金融机构或投资者的行为。贷款出售后，银行继续提供与贷款有关的一些服务，如为贷款购买者收取本息、监督借款人的财务状况等。贷款销售包括有追索权的贷款出售和无追索权的贷款出售两种形式。资产证券化也是贷款销售的一种方式。证券化就是把流动性较差的小额同质（期限、利率、风险等类似）贷款捆成一个贷款组合，并以这个贷款组合为担保发行证券，出售给投资者。贷款出售对提高银行的资本充足率，分散、转移银行资产的风险，提高资产的流动性，都具有积极的作用。

3. 金融衍生工具交易业务

金融衍生工具交易业务是目前西方商业银行中最流行的表外业务。它是指以股票、债券或货币等资产的交易为基础派生出来的金融工具交易，如金融期货、金融期权、互换合约、远期合约等。

三、商业银行的经营管理

（一）商业银行的经营管理原则

商业银行是以追求利润为经营目标，以经营存贷款为其主要业务的金融中介机构。商业银行又是一个高负债率、高风险的部门，并且与国民经济各部门存在着复杂的债权债务关系，商业银行经营的成败，不仅关系到自身的生存发展，更影响到社会经济的正常运转。因此，国家非常重视对商业银行的监督管理，商业银行自身经营也要遵循一些经营原则。一般说来，商业银行在业务经营活动中必须贯彻安全性、盈利性和流动性原则。

1. 安全性原则

安全性原则，是指商业银行应当尽量控制风险、避免损失，保证银行稳健经营。这是商业银行经营首先要考虑的原则。之所以要坚持安全性原则，一是因为银行在经营过程中始终面临各种风险，如信用风险、利率风险、汇率风险、管理风险、营运风险、道德风险等。如果银行不能采取有效措施，控制各类风险，则必然会削弱银行的清偿力，危及银行的声誉及银行自身的安全。二是银行自有资本少，风险承受力弱。银行主要依靠负债经营，相对于一般工商企业而言，银行自有资本占其资产的比重很小。在国外，一般工商企业的自有资本约占50%，而按照巴塞尔协议，银行的核心资本只占风险加权资产的4%，这说明银行的财务杠杆比例较高，风险承受力弱，稍有经营不利发生损失，就会使自有资本耗损殆尽，面临倒闭风险。因此，坚持安全性原则，力求避免或减少各种风险造成的损害，历来都是银行家们所高度重视的事情。

安全性管理要求银行坚持稳健经营的理念，保持较高的资本充足比率，合理安排资产负债结构，提高资产质量，运用各种法律允许的策略和措施来分散和控制风险，提高银行抵抗风险的能力。

2. 盈利性原则

盈利性原则，是指商业银行在稳健经营的前提下，要以实现利润最大化为经营目标。坚持盈利性原则要求商业银行有较强的获利能力，这是商业银行经营目标的要求，也是其不断开拓业务的内在动力。商业银行的一切经营活动，包括设立分支机构、开发新的金融产品、提供何种金融服务、建立什么样的资产组合等均要服从这一目标，这是由商业银行的企业性质决定的。坚持盈利性原则，对于提高信贷资金运用效率、加强银行经营管理、改善银行服务质量、提高银行竞争力，都具有十分重要的意义。

盈利性管理要求银行从总体上把握提高收益和控制成本两方面的工作。具体来说，提高收益应做好以下几方面的工作：（1）合理地确定资产结构，提高盈利资产的比重；（2）提高资产质量，尤其是贷款质量，减少贷款和投资损失；（3）合理地为贷款定价，除考虑资金成本外，还应综合考虑与客户的全面关系、贷款风险等因素；（4）注重业务创新，积极拓展中间业务和表外业务，增加银行的非利息收入。控制成本应做好以下几方面的工作：（1）控制负债成本；（2）加强内部经济核算，控制各项费用；（3）规范操作程序，减少事故和差错及其他损失。

3. 流动性原则

流动性原则，是指商业银行要具有随时以适当的价格取得可用资金，随时满足客户提取存款和满足客户合理的贷款需求的能力。它包括资产的流动性和负债的流动性两个方面。资产的流动性是指银行各类资产能随时得到偿付或在不受价值损失的条件下具有迅速变现的能力。负债的流动性是指银行能以较低的成本随时获取资金的能力。流动性是一般财务活动和金融活动共同面临的问题，而作为商业银行，研究和掌握流动性要比一般工商企业显得更为重要。这是因为银行的资产负债的稳定性较差，面临的是大量的不确定的客户，这使银行特别容易受到流动性的威胁。一旦银行流动性不足，发生支付危机，将严重损害银行的信誉，影响业务发展并增加经营成本，甚至破产倒闭。同时，借贷活动中的此存彼取，此借彼还，处处涉及流动性问题，流动性是银行业务功能的具体体现，它在银行经营管理中至关重要。

流动性管理目标可以通过资产和负债两种途径实现。（1）建立多层次准备资产，以保持资产的流动性。准备资产主要有现金资产和短期有价证券。通常将现金资产（包括库存现金、在中央银行存款、同业存款）作为第一准备；短期证券资产作为第二准备。（2）通过主动型负债和潜力养成法来提高负债的流动性。主动型负债主要指向中央银行借款、同业拆借、国际金融市场借款、发行金融债券等；为了增强负债的流动性，银行还可以通过企业形象工程改善形象，搞好公共关系，建立协作网络，扩大本行知名度等，创造银行潜在的或无形的流动性能力。在实际运作中，商业银行是将这两个方面结合起来，保持合理的资产负债结构，并根据本银行和金融市场的实际情况，选择最有利的途径和方式进行流动性管理。

商业银行业务经营三原则之间既有联系又有矛盾，银行应同时兼顾三原则的要求，力求找到安全性、盈利性和流动性三者之间的最佳组合。

（二）商业银行经营管理理论的发展

商业银行自产生以来，其经营管理理论随着经济、金融环境的变化而不断演变。西方商业银行的经营管理理论大致经历了资产管理、负债管理、资产负债综合管理以及资产负债表内表外统一管理四个阶段。

1. 资产管理理论

资产管理理论是最早出现的系统指导银行管理的重要理论，在 20 世纪 60 年代以前一直盛行。该理论认为商业银行的利润主要来源于资产业务，银行能够主动加以管理的也是资产业务，而负债主要反映客户的意愿，银行处于被动地位。因此，银行经营管理的重点是资产业务，要致力于通过资产结构的合理安排，求得安全性、流动性和盈利性的协调统一。资产管理理论在其发展过程中，银行家先后提出了"商业性贷款理论""资产可转换理论""预期收入理论"等，为银行资产经营奠定了理论基础，并创造出一系列资产管理方法。

资产管理理论强调负债规模是既定的，银行对扩大负债无能为力，资产规模受负债规模制约，银行只能在既定的资产规模上努力实现资产结构的优化。资产管理理论之所以长期盛行，是因为 20 世纪 60 年代以前，商业银行所处的经营环境较宽松，金融市场尚不发达，以商业银行为信用中介的间接融资占主导地位，非银行金融机构还不能构成银行强有力的竞争者，银行资金来源充裕且稳定。在这种环境下，商业银行经营管理的重点是流动性管理，而且，由于资金来源是以活期存款为主，所以，在当时较稳定的资金来源的基础上，对资金的运用也就是对资产进行管理。

2. 负债管理理论

20 世纪 60 年代，西方发达国家的金融市场迅速发展，各种非银行金融机构纷纷涌现，新的金融资产不断推出。当时，西方各国对商业银行大多实行较严格的利率管理，而非银行金融机构一般不受利率管制的约束，因而对资金具有很大的吸引力，许多资金不通过商业银行这一传统的信用中介直接进入金融市场，出现了资金的"脱媒"现象，对商业银行吸收存款的业务构成了较大冲击。为了扩大资金来源，维持自身发展，一些大银行纷纷推出新的金融工具以吸引社会资金。1961 年，美国花旗银行首创的大额可转让定期存单（CD）的问世，诱发了新的银行经营管理理论的兴起，即逐渐形成了负债管理理论。负债管理理论主要包括"购买理论"和"销售理论"。

负债管理理论认为，银行对于负债并非完全被动，无能为力，而是完全能够也应该采取主动，可以主动到市场争取资金，扩大负债；有了更多的负债，才能有更多的资产的获利。该理论提倡开拓各种负债渠道，除存款外，还利用同业拆借、向中央银行贴现借款、向国际金融市场借款、发行金融债券等向公众借款。负债管理理论还认为，银行的流动性，不仅可以通过资产管理获得，而且也可以由负债管理提供，只要银行资金来源广泛而及时，银行的流动性就有保证；银行并非一定要保持大量高流动性资产，而是应将它们投入高营利项目中去，必要时，甚至可以通过借入资金来支持贷款规模扩大。

负债管理理论问世以后，一方面银行经营管理面貌一新，银行有了保持流动性的新方法，不必持有过多的超额准备和第二准备，也不必为资产流动性不足而担忧，商业银行以一种积极的、富有进取精神的面貌出现在金融市场上，同其他金融机构进行竞争；另一方面，其局限性也日益显露，在负债管理理论指导下，银行经营规模不断扩大的同时，也使银行的经营风险不断增大。它提高了银行的融资成本，使资产利润率下降，也使高风险业务不断增加，一旦市场资金普遍紧张，银行难以及时筹到款项，就会立即陷入困境。在一些国家银行大量倒闭破产的事实面前，负债管理理论受到了挑战。

3. 资产负债综合管理理论

通过对资产管理理论和负债管理理论的分析不难看出，两种理论对银行的资产负债管理均有失偏颇。资产管理理论过于偏重安全与流动，在一定条件下是以牺牲盈利为代价的；负债管理理论能够较好地解决流动性与盈利性之间的矛盾，但过多地依赖于外部条件，往往带有较大的经营风险。20世纪70年代中期起，由于许多西方发达国家相继放松或逐步取消了利率管制，金融界出现了自由化浪潮，种类繁多的浮动利率资产和浮动利率负债品种纷纷涌现。商业银行争取到在金融市场上主动融资权的同时，也面临新的风险，即利率风险。在市场利率波动的环境下，资产和负债的配置状态极有可能对银行利润和经营状况产生很大影响，片面强调资产管理或负债管理而忽视另一面，都不利于银行经营目标的实现。西方一些主要商业银行适应经济、金融形势的变化，在总结以往银行经营管理理论的基础上，提出了资产负债综合管理理论，使商业银行的经营管理步入了新的发展时期。

资产负债综合管理理论是资产管理理论和负债管理理论在更高层次上的综合和发展，是当代商业银行经营管理的重要理论和方法。其基本思想是：在商业银行运营过程中，运用科学的管理体系和管理手段，从资产和负债两个方面对照分析，强调资产与负债两者之间的整体规划与搭配协调，通过资产结构与负债结构的共同调整和资产、负债两方面的统一协调管理，实现"三性"的协调与统一。资产负债综合管理理论实践的要点在于资产与负债结构是否合理，这可从如下四个方面反映出来。

（1）资产与负债的期限结构状况对银行资金的流动性有直接影响。倘若银行的资金来源是长期的，资金运用是短期的，则银行的资金流动性必然较高，但这会对银行的收益有不利的影响；若银行的资金来源多是短期的，而资金运用多为长期的，则银行的资金流动性必然较差，容易导致流动性风险发生。

（2）资产与负债的总量结构状况对银行的利率管理效果有直接影响。在利率波动频繁的情况下，银行随时要对其资产负债的总量结构进行调整。如果银行的负债总额过大，在市场利率大幅度下降的情况下，就可能会遭受利率风险；如果银行的资产总额过大，则当市场利率大幅度提高时，也会遭受利率风险。

（3）资产与负债的内部结构是否合理对银行的资本管理效率有重要影响。根据20世纪70年代中期实行的资本管理模式的要求，资产可按其风险不同分为四类，每类资产都有不同的资本比率要求，资产风险越小，资本比率要求越低；反之，则相反。从负债方面看，长期借入资金可当作银行资本的一部分，而存款则不论其期限多长，都不能当作银行资本。

（4）资产收益与负债成本是否协调对银行的利润最大化目标能否实现有直接影响。单位资产收益与单位负债成本的差额是决定银行利润的要素，也是综合反映银行经营管理水平的主要指标。如果银行的综合经营管理水平较高，则单位资产收益会大于单位负债成本；如果银行的综合经营管理水平较低，则可能使单位资产收益小于单位负债成本，使银行亏损。

4. 资产负债表内表外统一管理的风险管理理论

资产负债表内表外统一管理产生于20世纪80年代末。在金融自由化浪潮中，商业银行为了控制利率和汇率波动的风险以及由竞争加剧、存贷款利差收窄而引致的传统业务成本上升、收益率下降的经营风险，纷纷大力拓展承诺、担保以及金融衍生工具交易等表外业务。虽然金融衍生工具和其他表外业务可以被用来控制风险、增加收益，但其本身也蕴含着风险。为了对商业银行的经营风险进行控制和监管，同时也为了规范不同国家的银行之间同等运作的需要，1988 年 7 月 15 日巴塞尔委员会正式通过了《统一资本计量与资本标准的国际协议》，这就是著名的《巴塞尔协议》（《巴塞尔协议 I》）。达成《巴塞尔协议》的目的是：第一，通过协调统一各国对银行资本、风险评估及资本充足率标准的界定，促使世界金融稳定；第二，将银行的资本要求同其活动的风险，包括表外业务的风险系统地联系起来。

《巴塞尔协议》是第一个强调资本充足率在银行风险管理中重要意义的国际协议，也是第一个不仅对表内不同种类的资产规定了所需要的资本充足率，同时也对表外业务项目规定了不同的风险权数以及相应的资本充足率的国际协议。《巴塞尔协议》标志着西方商业银行资产负债管理理论和风险管理理论的完善和统一，它推动和促进商业银行更加注重对资产负债表内和表外业务的统一管理和风险控制。

1997 年 7 月全面爆发的东南亚金融危机引发了巴塞尔委员会对金融风险的全面而深入的思考。金融业的风险不仅是信用风险，而是由信用风险、市场风险、操作风险等其他风险相互交织、共同作用造成的。1999 年 6 月巴塞尔委员会发布了新的巴塞尔资本协议征求意见稿。经过 2001 年、2003 年多次征求意见和修订后，于 2004 年 6 月 26 日，十国集团的中央银行行长和银行监督负责人举行会议，一致同意公布新的《巴塞尔协议》（《巴塞尔协议 II》）。《巴塞尔协议 II》在《巴塞尔协议 I》的基础上，增加了监督检查和市场纪律来对银行风险进行监管，构建了银行监管的三大支柱，对全球银行业产生了里程碑式的重大影响。

鉴于 2008 年以来国际金融危机所暴露出来的全球金融体系和金融监管过程的重大制度性缺陷，2010 年 12 月 16 日，巴塞尔委员会正式发布了两份文件：《巴塞尔协议 III：更具稳健性的银行和银行体系的全球监管框架》和《巴塞尔协议 III：流动性风险计量、标准和监测的国际框架》，统一简称《巴塞尔协议 III》。《巴塞尔协议 III》对此前的《巴塞尔协议 II》的主要缺陷进行了全面的修订，它标志着国际金融监管改革进入了一个新阶段。

巴林银行的破产

1995 年 2 月 27 日，英格兰银行宣布，英国巴林银行因发生巨额亏损和财务危机而被其接管。这一消息震动了国际金融市场，欧洲和亚洲的主要股票市场价格纷纷下跌，欧洲一些国家的货币汇率也大幅度下跌。英镑兑马克汇率下跌到 1 英镑兑 2.3023 马克的历史最低点，日本、新加坡、中国香港等亚洲国家和地区冻结了巴林银行在当地的资产，并禁止同该银行分公司投资部门交易。

巴林银行是英国一家有 233 年历史且在全球也声名卓著的商业银行，其主要业务为证券和期货交易。巴林银行的资本额为 4.32 亿美元，资产额为 88.5 亿美元。按资产排名在英国名列第 18 位，按资本额排名列第 15 位。巴林银行以企业融资咨询及证券交易为经营专长，擅长海外投资，其业务多为国际性交易。40%的董事和职员在英国以外地区工作。巴林银行一向信誉良好，客户多为显贵阶层，英国女王也是其客户之一。倒闭之前，巴林银行在新兴市场的投资十分活跃，在亚洲国家的投资排在第5位，是新兴资本市场上举足轻重的力量，并在新兴金融市场的投资中获得了大量利润。

正是这样一家声名卓著、业绩良好的银行却在一夜之间遭到破产，其原因是该行新加坡分行的期货首席交易员尼克·里森（Nick Leeson）越权购入大量日本日经指数期货，因判断失误而导致巨额亏损。

里森于1989年受雇于巴林银行，担任清算文员。1992年，他被调到新加坡。1993年，里森领导的小组为巴林银行赚取了近20%的利润。里森本人得了20万美元的奖金。1994年，他又为巴林银行赚进3 000万美元，领到了72万美元奖金。新加坡国际货币交易所是里森成长的沃土，为他迅速发迹创造了绝好的环境。

通常，巴林银行在新加坡的期货分支是在大阪与新加坡两个市场间套利，在巴林银行看来，这种交易是没有风险的。里森看涨日本股票市场，在没有获得授权的情况下购买了大量的日经指数期货，从而在日经225指数上积累了多头头寸，此时他没有采取套期保值的手段来防范风险。从表面上看里森的期货交易在赚钱，而实际上里森伪造了一个假账来掩盖亏损。里森之所以能蒙混过关，是因为他身兼二职，既是交易商又是会计师。这种做法在银行业是反常的。

里森的交易亏损不断加大。到1993年底，账面上的亏损额为2 300万英镑，1994年底则升为2.08亿英镑，1995年2月是8.27亿英镑。为弥补亏损，里森卖出期权，向账户中拨入期权费，试图平衡账目。里森的这一操作使得巴林银行面临更大的风险。因为一旦日经指数跌破18 500点，期权交易将产生巨额亏损。据伦敦的交易商估计，日经指数在下跌到18 500点以下时，每下跌一点，里森的这些期货指数交易就要损失200万美元。

1995年1月17日，日本神户发生了大地震。地震的巨大损失以及人们对日本经济前景的担忧，使得市场开始动荡。但里森猜测市场会出现反弹，买进了更多期货。1月23日，日经指数跌至17 800点。里森不但没有收手，反而加倍下注，他孤注一掷，认为自己有回天之力。到了2月23日，里森手上有6万多份期货合同。在他的自传《疯狂的交易》一书中，里森这样回忆起当天的情况："我把市场上能卖的都买了。"这天晚上，里森离开了交易大厅，再也没有回来。他的亏损太大，拖垮了巴林银行。到了2月26日，巴林银行正式破产，损失总额高达9.27亿英镑，即13亿美元，是巴林银行全部资本及储备的1.2倍，因此银行不得不宣告倒闭。尔后由荷兰商业银行（ING）全面收购，这家20世纪90年代初期由荷兰两家大企业合并而成的银团，以在新兴市场中大胆扩张而闻名，它在向巴林注入6.6亿英镑约10亿美元巨资后，取得了巴林产业及其名称属权。

经过审判，里森承认了两项罪名，一是欺骗巴林银行的审计员，二是在新加坡国际货币交易所作弊。里森被判六年半监禁，在新加坡服刑。

第三节　中央银行

一、中央银行概述

（一）中央银行的性质与职能

1. 中央银行的性质

中央银行作为一国金融机构体系的核心，处于特殊的地位，发挥特殊的作用。中央银行不同于其他银行，它是一个金融管理机关。它是"发行的银行""银行的银行""国家的银行"，这是它的基本属性。

（1）发行的银行。中央银行垄断货币发行权，是全国唯一的货币发行机构，所以被称为货币发行的银行。中央银行因独占货币发行权，从而可以通过掌握货币的发行，直接影响整个社会的信贷规模和货币供给总量，进而影响经济，实现中央银行对国民经济的控制和调节。

（2）银行的银行。中央银行不直接与工商企业和个人发生业务往来，只同商业银行及其他金融机构有业务关系。中央银行集中吸收商业银行的准备金，并对商业银行提供信贷支持，办理商业银行之间的清算，所以说中央银行是银行的银行。

（3）国家的银行。中央银行代表国家贯彻执行金融政策，代为管理国家财政收支及为国家提供各种金融服务，如代理国家金库、向政府提供信用、代理政府债券、保管黄金和外汇储备、代表政府从事国际金融活动、管理宏观金融及调节宏观经济等，所以中央银行是国家的银行。

2. 中央银行的职能

中央银行的职能是其性质的具体体现，也就是说，中央银行所具有的特殊金融机构的性质是通过它的各种职能体现出来的。中央银行具有调控职能和服务职能，很多国家的中央银行还具有金融监管职能。

（1）调控职能。中央银行作为国家的最高金融管理机关，其首要的职能就是金融调控职能。中央银行通过制定和执行本国的货币政策，运用特有的货币政策工具，对全社会的货币流通和信用活动进行调节控制，进而影响国民经济的整体运行，实现既定的国家宏观经济目标。

（2）服务职能。这一职能是指中央银行以特殊银行的身份向政府、银行及其他金融机构所提供的各种金融服务。首先，中央银行要为政府提供金融服务，其内容主要包括：代理国库，经办政府的财政预算收支划拨与清算业务。其次，为政府代办国家债券的发行、销售及还本付息事宜；为政府提供融资，融资方式可以是无息或低息短期信贷或购买政府债券；代为管理黄金、外汇储备等。此外，中央银行还代表政府从事国际金融活动，并充当政府的金融顾问和参谋。最后，中央银行还要为银行及其他金融机构提供金融服务，其内容主要包括：保管各银行所交存的准备金；为全国各金融机构间办理票据交换和清算业务；对各金融机构办理短期的资金融通。

（3）金融监管职能。该职能主要是指中央银行对银行与非银行金融机构的设置、业务活动及经营情况进行监督检查，对金融市场实施管理控制，从而防止金融紊乱给社会经济发展带来动荡，维护金融体系的健全与稳定。

（二）中央银行的组织形式

当今世界各国的中央银行，按其组织形式可分为单一型中央银行制、复合型中央银行制、跨国中央银行制和准中央银行制四种类型。

1. 单一型中央银行制。单一型中央银行制是指国家建立单独的中央银行机构，全面行使中央银行的职能。单一型中央银行制又分为两种类型：一是一元式中央银行制，这是指全国只设一家统一的中央银行机构行使中央银行职能。一般采取总分行制，通常总行设在首都，按照行政或经济区划设立分支机构。目前，世界上大多数国家实行这种制度，如英国、法国、日本等，我国也实行这种中央银行制。二是二元式中央银行制，这是指中央银行体系由中央和地方两级相对独立的中央银行机构共同组成。中央级中央银行和地方级中央银行执行统一的货币政策，但并非总分行的关系。中央级的中央银行是最高权力管理机构和金融决策机构，地方级的中央银行在各自所辖区域内有其独立的权力，但其权力低于中央级的中央银行，并接受中央级中央银行的监督和指导。实行这种二元式中央银行制的主要是一些联邦政治体制的国家，如美国、德国等。

2. 复合型中央银行制。复合型中央银行制是指一个国家（或地区）没有专门设立行使中央银行职能的机构，而是由一家大银行既行使中央银行的职能，同时又经营商业银行的业务。这种中央银行制度往往与中央银行初级发展阶段和国家实行计划经济体制相适应，主要存在于苏联和东欧国家以及1984年以前的中国。

3. 跨国中央银行制。跨国中央银行制是指由参加某一货币联盟的所有成员国联合组成的中央银行机构，在联盟各国内部统一行使中央银行职能的中央银行制度。这种中央银行在货币联盟成员国内发行共同的货币，制定统一的金融政策，以推进联盟内各成员国的经济发展和货币稳定。采用跨国中央银行制的宗旨是为了适应联盟内部经济一体化的进程，主要是一些疆域相邻、文化与民俗相近、国力相当的国家。以往主要有西非货币联盟的西非国家中央银行（1962年设立）、中非货币联盟的中非国家中央银行（1973年设立）、东加勒比货币区的东加勒比中央银行（1983年设立）等等，这些跨国中央银行都在欠发达国家和地区。但是欧洲经济货币联盟于1998年设立的欧洲中央银行打破了这一局面，第一次在发达国家之间建立了跨国的中央银行。

4. 准中央银行制。准中央银行制是指有些国家或地区不设中央银行机构，只由政府设置类似中央银行的货币管理机构或授权某个或某几个商业银行来行使部分中央银行职能的制度。采用这种中央银行制度的国家和地区很少，如新加坡、利比里亚及我国的香港特别行政区等。

（三）中央银行的资本结构

1. 全部资本归国家所有的中央银行

全部资本归国家是目前世界上大多数国家的中央银行所采用的所有制形式。这既包括中央银行直接由国家拨款设立，也包括国有化后的中央银行。这类中央银行包括英国、法国

（英、法两国是第二次世界大战后将私有的中央银行收归国有的）、德国、加拿大、澳大利亚、荷兰、挪威、印度等50多个国家的中央银行，中国人民银行也属于这个类型。

2. 国家资本与民间资本共同组建的中央银行

这类中央银行的资本由国家和民间资本共同持有，民间资本包括企业法人和自然人的股份，但国家资本大多在50%以上。并且，法律上一般对非国家股份的持有者的权利做了限定，如只允许有分取红利的权利而无经营决策权。属于这类的有日本、比利时、奥地利、墨西哥、土耳其等国的中央银行。以日本银行为例，日本银行成立于1882年10月，资本金为1亿日元，其中政府出资55%，民间出资45%，这一比率至今没有改变。日本银行的私人股东每年领取最高为5%的股息。

3. 全部股份由私人持有的中央银行

这类中央银行，国家不持有任何股份，全部资本为非国家所有，经政府授权行使中央银行职能。主要有美国、意大利和瑞士等少数国家是这种情况。

美国联邦储备体系由12家地区联邦储备银行、约4 000家成员商业银行、联邦储备体系理事会、联邦公开市场委员会和联邦咨询委员会组成。各家联邦储备银行都是属于私营股份机构，其股东便是该储备区内作为联邦储备体系成员的私人商业银行，这些私人股东同样没有参与美联储经营管理权，每年只能领取不超过6%的股息。即成员银行被排除在联储的决策过程之外，没有任何实际的权力。

4. 无资本金的中央银行

这种类型的中央银行在建立之初没有资本金，而由国家授权行使中央银行的职能，中央银行运用的资金主要是各金融机构的存款和流通中的货币。目前只有韩国的中央银行——韩国银行是唯一没有资本金的中央银行。1950年，韩国银行成立时，原定注册资本为15亿韩元，全部由政府出资，但1962年《韩国银行法》的修改使韩国银行成为"无资本的特殊法人"，该银行每年的净利润按规定留存准备金之后，全部汇入政府的"总收入账号"，会计年度中如发生亏损，首先用提存的准备金弥补，不足部分由政府的支出账户划拨。

5. 资本为各国共有的中央银行

这种类型的中央银行是指其资本不为某一国家所独有，而是由主权独立的两国以上的国家所共有。这类中央银行主要是指跨国中央银行，比如由贝宁、象牙海岸、尼日尔、塞内加尔、多哥和上沃尔特等国组成的西非货币联盟所设立的中非国家银行以及欧洲中央银行等属于这一类型。

上述分析表明，从历史上来看，中央银行制度的形成和发展，存在着从私有到国有的转化，也是中央银行法律地位转化的过程，即从最初的特权商业银行，发展到准国家机关，最终成为国家机关。英格兰银行从1694年成立时的特许，到1844年《英格兰银行特许条例》，再到1946年《英格兰银行法》的国有化，就是一个突出代表。

二、中央银行的业务

中央银行是以国家宏观金融管理机关的身份存在的特殊金融机构。其业务是由其职能决定的，中央银行的职能要通过具体业务活动来实现。中央银行的业务活动有其特定的领域、特定的对象，而且其业务活动的原则不同于商业银行和其他金融机构，它的业务活动以非营利性、流动性、主动性和公开性为基本原则。

（一）中央银行的资产负债表（见表4-2）

表4-2　　　　　　　　　　　　中央银行的资产负债简表

资　产	负　债
国外资产净额（外汇、货币黄金、其他国外资产）	储备货币（货币发行、金融性公司存款）
对政府债权	发行债券
对商业银行债权	国外负债
对其他金融机构债权	政府存款
其他资产	自有资金
	其他负债
总资产	总负债

中央行作为经济运行的中枢，其特有的资产负债业务不同于普通的商业银行，央行通过资产和负债业务可以控制银根的松紧，调节货币流通量，影响资金的流量与方向，以履行其调节货币供给、实施货币政策的职责。

（二）负债业务

中央银行的负债业务主要包括货币发行业务、存款业务、其他负债以及资本业务。

1. 货币发行业务

统一货币发行是中央银行制度形成的最基本动因，也是"发行的银行"职能的直接体现。中央银行通过再贴现、贷款、购买证券、收购金银外汇等业务活动将纸币投入市场，从而形成流通中的货币。同时，流通中的货币也会通过相反的渠道流回发行银行。因此，从动态上讲，货币发行可以定义为货币从中央银行通过商业银行流到社会的过程；从静态上看，货币发行的含义是指货币从中央银行流出的数量大于从流通中回笼的数量。货币是一种债务凭证，是货币发行人即中央银行对社会公众的负债，在现代不兑现的信用货币制度下，同时也是发行者的一项长期占有的稳定收益。因此，货币发行是中央银行最重要的负债业务。

通过货币发行形成的流通中的货币，在社会上的存在形态表现为城乡居民的手持现金、单位的库存现金，以及银行业务库的库存现金。因为在信用货币流通的条件下，流通中的货币均属于信用货币，中央银行发行的现金实属一种价值符号，所以发行货币对中央银行来说是一种债务，对持有者来说是一种债权。如果中央银行按经济发展和商品流通的需要以信用手段向社会发行货币，当持有者持币进行购买或支付时，这种债务关系也就可自动得到清偿。可见，中央银行通过货币发行方式向流通中注入货币，既是代表国家向社会提供流通和支付手段，也是其筹集信贷资金的一种形式，这是中央银行特有的、经常性的资金来源，是其实施政策调控的基础性资金。

我国人民币的发行与回笼是通过中国人民银行的发行基金保管库（简称发行库）和各商业银行业务库进行的。所谓发行基金是人民银行保管的已印好而尚未进入流通的人民币票券。发行库在人民银行总行设总库，下设分库、支库。各商业银行对外营业的基层行处设立业务库。业务库保存的人民币，是作为商业银行办理日常收付业务的备用金。为避免业务库过多存放现金，通常由上级银行和同级中国人民银行为业务库核定库存限额。当商业银行基层行处现金不足以支付时，可到当地中国人民银行的存款账户内提取现金。于是，人民币从发行库转移到商业银行基层行处的业务库，这意味着这部分人民币进入流通领域。当商业银行基层行处收入的现金超过其业务库库存限额时，超过的部分应自动送交中国人民银行，该部分人民币进入发行库，意味着退出了流通领域。这一过程如图 4-3 所示。

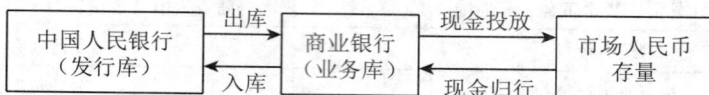

图 4-3　我国人民币的发行与回笼过程

2. 存款业务

中央银行的存款业务完全不同于商业银行和其他金融机构的存款业务，中央银行的存款主要来自两个方面，一是来自政府和公共部门，二是来自金融机构。政府和公共部门在中央银行的存款也包括两部分，一是财政金库存款，二是政府和公共部门经费存款。由于中央银行代理国家金库和财政收支，所以国库的资金以及财政资金在收支过程中形成的存款也属于中央银行存款。金融机构在中央银行的存款包括法定准备金存款和超额准备金存款，在现代存款准备金制度下，中央银行集中商业银行和其他金融机构的存款准备金。此外，商业银行和其他金融机构通过中央银行办理它们之间的债务清算，所以，为清算需要也必须把一定数量的存款存在中央银行，这部分存款称为超额准备金存款。

（1）代理国库。中央银行经办政府的财政收支，执行国库的出纳职能，如接受国库的存款，兑付国库签发的支票，代理收解税款，替政府发行债券，还本付息等。此外，国家财政拨给行政经费的行政事业单位的存款，也都由中央银行办理。财政金库的财政性存款，是中央银行的重要资金来源，构成中央银行的负债业务。中央银行代理国库一方面可以吸收大量的财政金库存款，形成它的重要资金来源之一；另一方面这种存款通常都是无息的，因而中央银行代理国库不仅可积聚大量资金，还可以降低其总的筹资成本。同时，中央银行代理国库业务，可以沟通财政与金融之间的联系，当政府资金短缺时，还可借助中央银行融通短期资金，充分发挥货币资金的作用，并为政府资金的融通提供一个有力的调节机制。

（2）吸收商业银行的法定存款准备金。中央银行作为银行的银行，要控制商业银行的信用活动规模，为此，按规定，商业银行应将其所吸收的存款按一定比例转存中央银行，其交存比例为法定存款准备金率，由中央银行确定并公布。这样就使商业银行的现金准备集中于中央银行，形成法定存款准备金。法定存款准备金不仅使中央银行吸收了一部分资金来源，更重要的是，还可以通过调整法定存款准备金率来调控商业银行的信用规模，进而调节社会货币供应量，因此法定存款准备金是中央银行一项重要的政策工具。

除法定存款准备金外，因中央银行要为商业银行结清债权债务关系提供结算服务，所以商业银行还要在中央银行开立一般性存款账户，这部分存款也构成中央银行的重要资金来源。

3. 资本业务

中央银行的资本业务实际上就是筹集、维持和补充自有资本的业务。中央银行与其他银行一样，为了保证正常的业务活动必须拥有一定数量的自有资本，中央银行自有资本的形成主要有三个途径：政府出资、地方政府或国有机构出资、私人银行或部门出资。

（三）资产业务

1. 贷款业务和贴现业务

（1）对金融机构提供再贷款和再贴现。中央银行作为银行的银行，一方面要控制商业银行的信用活动，另一方面还要在商业银行资金困难时为其提供贷款支持。中央银行对商业银行贷款通常是通过再贴现或再贷款两种方式进行的。

再贴现是商业银行将其已经贴现的、但尚未到期的票据经背书后到中央银行进行贴现贷款，中央银行按照一定贴现率扣除利息后将其所获得的贴现款额贷记为银行的准备金。中央银行通过办理再贴现，一方面可以向商业银行提供资金，满足商业银行的资金需要，另一方面还可以根据需要决定是否给予贴现或调整再贴现率，以达到控制、引导资金流向和规模的目的，最终实现对国民经济的宏观调控。一般来说，再贴现是中央银行对商业银行贷款的主要方式。

再贷款是中央银行对商业银行的信用放款。由于我国可供贴现的商业票据较少，中央银行主要是通过再贷款对银行进行放款。即中央银行直接为商业银行提供贷款。中央银行根据货币政策的需要决定对商业银行贷款的数额、期限、利率和方式，贷款期限不超过一年。为减少风险，防止失控，中央银行经常以抵押贷款形式向商业银行贷款。

再贴现和再贷款是中央银行主要的资产业务。当中央银行对某一银行进行再贴现或再贷款时，此时银行体系的准备金由此而等额增加，中央银行的货币性负债因而等额增加，基础货币随之等额增加。反之，当商业银行归还中央银行贴现贷款或再贷款时，银行体系的准备金将随之而等额减少，此时中央银行的货币性负债也将随之而等额较少，基础货币因此而等额减少。由此可见，基础货币、银行体系准备金的变动与中央银行的再贴现或再贷款的变动一一对应。

（2）为政府提供短期贷款。在特殊情况下，中央银行也对财政进行贷款或透支以解决财政收支困难。不过如果这种贷款数量过多、时间过长易引起信用扩张、通货膨胀。因此，正常情况下，各国对此均加以限制。美国联邦储备银行对政府需要的专项贷款规定了最高限额，而且要以财政部的特别库券作为担保。英格兰银行除少量的政府隔日需要可以融通外，一般不对政府垫款，政府需要的资金通过发行国库券的方式解决。

我国《人民银行法》规定，中国人民银行不得对政府财政透支，不得直接认购、包销国债和其他政府债券，不得向地方政府、各级政府部门提供贷款。

2. 证券买卖业务

中央银行经营证券买卖业务，即在金融市场买卖各种有价证券，其目的不在于盈利，因为中央银行负有调节和管理宏观金融的职责，需要视市场银根松紧调节资金供应，中央银行通过握有证券和视不同情况买进或卖出证券，就可达到调剂市场资金供求的目的。证券买卖是中央银行一项重要的货币政策工具，也是中央银行的一项经常性资产业务。

3. 管理国家黄金、外汇储备

中央银行买卖黄金与外汇储备资产业务对基础货币及银行体系准备金的影响与中央银行公开市场操作对基础货币及银行体系准备金的作用效果相同。中央银行买进黄金与外汇储备资产，则增加基础货币的供给；卖出黄金与外汇储备资产，则回笼基础货币。但是，在固定汇率制度下，中央银行买卖黄金与外汇储备资产具有较大的被动性，在很大程度上取决于本国货币汇率的稳定性。如果本国货币存在较大贬值的压力，为了维持汇率的稳定，中央银行将会被迫在外汇市场出售外汇储备资产、回笼基础货币；相反，如果本国货币存在升值的压力，为了维持本国汇率稳定，中央银行则会被迫在外汇市场购买外汇资产、增加基础货币的投放。在一般情况下，中央银行通常会采用"冲销式"干预政策来消除外汇储备变动对基础货币的影响，即通过公开市场操作来增加或减少基础货币的供给。

黄金、外汇储备是各国进行国际支付和稳定国内货币币值的重要保证。中央银行为保证国际收支平衡、汇率稳定及本国货币币值的稳定，要统一掌握和负责管理国家的黄金、外汇储备。需要黄金、外汇者可向中央银行申请购买，中央银行通过买卖黄金、外汇来集中储备，达到调节资金、改善结构、保持币值、稳定金融市场的目的。

第四节　支付体系

现代经济中，因交易行为涉及不同企业、个人、金融机构乃至不同国家，为货币债权债务清偿提供票据交换、货币兑换、信息传递等服务的支付体系十分必要并发挥着重要的作用。

一、支付清算体系的构成

（一）支付体系的含义

支付体系，是指为实现和完成各类支付活动所做的一系列法规制度性安排和相关基础设施安排的有机整体。它包括对传达支付指令的支付工具和支持支付工具运用的支付系统，以及为确保货币资金流通的一系列法规制度安排和基础设施安排。

（二）支付体系的构成

支付体系的构成主要包括支付服务组织、支付工具、支付系统、支付体系监管四个密不可分的组成部分。

1. 支付服务组织

支付服务组织是指向客户提供支付账户、支付工具和支付服务的金融机构，以及为这些机构运行提供清算和结算网络服务的支付清算组织。支付服务组织是提供支付服务的市场主体，包括中央银行、商业银行和支付清算组织等。

2. 支付工具

支付工具是传达债权债务人支付指令，实现债权债务清偿和货币资金转移的载体。收付款人的支付指令通过支付工具传达至其开立资金账户的金融机构，开户金融机构将按照支付指令的要求办理资金转账。

支付工具总体上可分为现金支付工具和非现金支付工具。其中，现金支付一般用于小额、面对面的交易支付。非现金支付工具包括票据、银行卡、借贷记转账、创新支付工具（如网上支付、移动支付等），大多用于大额或远程支付。

支付工具繁多，但是各国对于支付工具的选择有以下四点原则：第一，应适应自动化处理要求。发达国家的支付工具，无论是纸张为基础的支付工具，或者是电子支付工具，都能适应自动化票据清分机和电子资金转账系统（EFT）自动化处理的需求。第二，应满足不同金额支付的需要。在发达国家，消费者个人的销售点小额支付，一般都采用借记卡和信用卡进行支付；而大额支付，从保证安全、减少风险的角度出发，一般都选择贷记支付工具。第三，应尽量减少支付工具的类型。在发达国家的支付系统中只有支票、纸张贷记工具、无纸贷记工具、直接贷记工具这四种支付工具占主导地位。第四，在一个国家内，只有一两种支付工具占主导地位。

3. 支付系统

支付系统是支撑各种支付工具应用，实现资金清算并完成资金最终转移的通道。各种支付工具的支付信息、业务流程和数据信息标准贯穿于支付系统处理的全过程，因此，支付信息传输和资金结算需要得到支付系统的有效支持。同时，重要的支付系统通常是金融市场和经济运行的核心基础设施，能实现各个金融市场的有机连接，为金融市场提供高效安全的资金清算结算服务，有效支持金融市场的发展和货币政策的实施。

通常，支付系统根据其处理支付业务的不同特点，可分为大额支付系统、零售支付系统、外汇交易结算系统和证券结算系统四类。

4. 支付体系监管

支付结算监管是立法机构、管理机构制定的规范和管理支付程序和支付行为的法律法规、规章制度和标准，以及关于支付工具和支付服务的定价、市场惯例、合同安排和规则等方面约束下，综合运用经济、法律和行政手段对支付结算活动实施监督管理的行为。

通常各国中央银行承担着对支付体系的监管职能。

支付工具、支付系统和支付服务组织属于支付体系中的基础设施安排，而支付体系监管则属于对支付体系前三个要素的整体制度性保障。支付体系的四个组成部分是密不可分、相辅相成的有机整体。支付工具是支付的载体；支付工具的交换和传递贯穿于支付系统处理的全过程，其清算与结算通过支付系统进行；支付服务组织是支付工具与支付系统的提供者；支付体系监管是防范支付风险，保障支付过程的安全和效率，维护整个金融体系安全稳定之必需。支付体系这四个部分的有机结合、平稳运行，为一国经济金融的健康发展奠定了基础。

二、我国运行的主要支付系统

目前我国已建成以中国人民银行大、小额支付系统为核心，银行业金融机构行内支付系统为基础，票据支付系统、银行卡支付系统、证券结算系统和境内外币支付系统为重要组成部分，行业清算组织和互联网支付服务组织业务系统为补充的支付清算网络体系。

（一）中国现代化支付系统

中国现代化支付系统（CNAPS）是中国人民银行按照我国支付清算需要，利用现代计算机技术和通信网络开发建设的，能够高效、安全地处理金融机构办理的异地、同城各种支付业务及其资金清算和货币市场交易的资金清算应用系统。作为我国金融机构和金融市场的公共支付平台，CNAPS 为全社会提供了一个稳定、安全的支付环境，是中国人民银行发挥金融服务职能的核心支付系统。2002 年 10 月 8 日，该系统正式在中国人民银行清算总中心上线运行。CNAPS 由大额实时支付系统和小额批量支付系统两个业务应用系统，以及清算账户管理系统和支付管理信息系统等辅助性系统共同组成。

1. 大额实时支付系统

大额实时支付系统主要处理同城和异地的金额在规定起点以上的大额贷记支付业务及紧急的小额贷记支付业务，以及中国人民银行系统的贷记支付业务。作为我国跨行资金运动的"大动脉"，大额实时支付系统实现了与国家金库会计核算系统、中央债券综合业务系统、外汇交易及同业拆借系统、银行卡支付系统、城市商业银行票据处理系统等多个系统的连接，并通过中央银行会计集中核算处理系统为银行业金融机构和金融市场提供最终结算服务。大额实时支付系统具有高效的自动化支付清算功能，采用 RTGS 模式，1 分钟之内即可完成单笔支付业务，极大地加快了社会资金周转，提高了资金应用效率。大额实时支付系统为中央银行公开市场操作业务提供即时清算，完成中央银行买卖有价证券的资金清算，对于货币政策实施及其效果具有重要意义。

2. 小额批量支付系统

小额批量支付系统支持多种支付工具的应用，负责批量处理异地及同城的商业银行（其他金融机构）之间纸质凭证截留的借记支付业务和单笔支付金额在规定起点以下的小额贷记支付业务。与大额实时支付系统不同的是，小额批量支付系统定时批量或实时发送支付指令，对多笔支付业务进行轧差，净额结算资金。作为我国重要的零售支付系统，小额支付体系的主要任务是有效处理单笔业务金额较小但业务量较大的各类支付业务，以满足公众对低成本支付服务的广泛需求。小额支付系统为社会提供了种类齐全的支付服务，特别是与公众关系密切的工资发放、公用事业收费、税款缴纳、通存通兑等零售性支付业务，便利了社会公众的日常支付。

（二）全国支票影像交换系统

2007 年 6 月 25 日，中国人民银行负责建设的全国支票影像交换系统完成了全国范围内的推广使用。该系统运用计算机影像技术将实物转换为支票影像信息，可以处理银行机构跨行和行内的支票影像信息交换和支票截留，其资金清算通过中国人民银行覆盖全国的小额支付系统处理，改变了传统的实物票据交换模式，实现了资金实时清算、资金全国兑付、支票全国通用，显示出快捷、安全、节约、低成本的巨大优势。全国支票影像交换系统是中国人民银行继大、小额支付系统建成后的又一重要金融基础设施。

（三）同城票据清算系统

同城票据清算系统是对同城范围内的票据和结算凭证进行集中交换、清分、轧差的跨行支付清算系统，主要为地方金融经济发展提供支付清算服务。同城票据交换由中国人民银行负责安排，并对参与清算的成员提供票据交换和资金结算服务和监管。

（四）银行业金融机构行内支付系统

银行业金融机构行内支付系统是银行业金融机构处理内部资金往来与清算的基础渠道，是其提供支付服务、拓展金融市场业务的重要设施。目前我国商业银行均已建设电子资金汇兑系统。

（五）中国银联银行卡跨行交易清算系统

中国银联运行的银行卡跨行交易清算系统负责对银行卡跨行交易进行信息转接和清算数据处理，主要包括 ATM 和 POS 跨行信息转接和数据处理。

（六）境内外币支付系统

境内外币支付系统是我国第一个支持多币种运行的全国性银行间外币实时全额结算系统，为我国境内银行业金融机构和外币清算机构提供外币支付服务。2008 年 4 月 28 日，境内外币支付系统成功上线运行并率先开通港币支付业务，随后英镑、日元、欧元、美元等其他七个币种的外币支付业务相继顺利开通。

我国的支付系统体系中，还包括城市商业银行汇票处理系统、农信银资金清算系统、证券结算系统等。这些支付系统分别由不同的支付清算组织在相应的市场交易活动中提供专业化的支付服务。

2010 年 10 月 15 日，中国人民银行第二代网上支付跨行清算系统正式运营，该系统具有网上银行跨行支付清算、支持新型支付服务组织接入、跨境人民币结算等诸多功能。此外，中国人民银行利用境内外币支付系统，与香港金融管理局建立了内地与香港的覆盖本外币的全方位跨行支付清算合作机制。

（七）新兴支付系统——第三方支付系统

随着电子商务时代的到来，网上购物的交易双方之间没有一个可靠的保证方（即第三方）来保证交易的公平公正。网上购物常用的款到发货或货到付款这两种支付方法，要么卖方先收货款再发货，买方担心卖方以次充好甚至是违约诈骗；要么卖方担心买方无故拒收或退换货。由此出现了第三方支付平台，实际上就是买卖双方交易过程中的"中间件"，或称"技术插件"，它是在银行监管下保障交易双方利益的独立机构，从而减少了电子交易中的欺诈行为。

第三方支付平台是指由已经和国内外各大银行签约，并具备一定实力和信誉保障的第三方独立机构提供的交易支持平台。比如大家所熟知的支付宝（alipay），最初作为淘宝网公司为解决网络交易安全所设的一个功能，该功能即首先使用的"第三方担保交易模式"，由买家将货款打到支付宝账户，由支付宝通知卖家发货，买家收到商品确认后，指示支付宝将货款支付给卖家，至此完成一笔网络交易。

我国消费者常用的第三方支付产品主要有 PayPal（ebay 公司产品）、支付宝（阿里巴巴旗下）、拉卡拉、财付通（腾讯公司，腾讯拍拍）、盛付通（盛大旗下）、腾付通、通联支付、易宝支付（yeepay）、快钱（99bill）、国付宝（gopay）、百付宝（百度 C2C）、物流宝（网达网旗下）、网易宝（网易旗下）、网银在线（chinabank）、环迅支付 IPS、汇付天下、汇聚支付（Join-pay）、宝易互通、宝付等。

其中用户数量最大的是 PayPal 和支付宝，前者主要在欧美国家流行，后者是马云阿里巴巴旗下产品。拉卡拉则是中国最大的线下便民金融服务提供商。另外中国银联旗下的银联电子支付也推出了银联商务提供相应的金融服务。

三、支付体系与货币的关系

支付是商品或劳务的转移以及债务的清偿过程。根据国际清算银行支付与结算委员会的解释，支付是付款人对收款人进行的当事人可以接受的货币债权转让。支付的形式随着商品发展与技术进步的改变而发生改变，主要经历了三个阶段。

第一，实物支付阶段。从实物交换到货币交换的转变是支付技术发生的第一次重要变革，黄金和白银由于其自身的特性，而充当了一般等价物——货币，并具有支付工具的职能，这是实物货币（commodity money）阶段。但无论是最初充当货币的牛、羊等支付工具，还是后来充当一般等价物的黄金与白银，在支付过程中都体现了相当于其实物本身的价值。

第二，信用支付阶段。纸币（paper notes）的出现是支付技术发生的第二次重大变革。现金（cash）支付是货币支付最普遍的形式，它使用方便，便于携带，特别适合于小额交易，并且不留下交易痕迹。但是，在市场经济下，由于收支时间不确定，很多交易以现金或等同于现金的工具支付，因此为了履行合同义务，经济中的每个参与者都持有一定量的现金或银行存款，这就大大提高了货币的时间成本。如果实际部门的经济行为人能够利用诸如银行的信用机构提供的支付服务（这些机构愿意提供贷款，弥补收与支的时间差），可能会提高资金利用效率。在这种情况下，银行必须随时为客户承兑支付票据，那么银行自身的收支也会存在时间差，这就要靠同业市场或中央银行提供的短期融资来履行同业清算义务。自动取款机（ATM）的出现也提高了纸币利用效率。但由于大额支付以及安全性考虑，纸币有不可克服的问题，因此出现了许多通过银行进行支付的方式，如支票（check）、转账支付（giro）、自动清算所支付（ACH）、银行卡（card）等。

第三，电子支付阶段。基于计算机和网络技术的支付系统以及电子货币的产生是支付技术发生的第三次变革，尤其是 Internet 的出现，促使支付体系发生重大变革。电子支付系统正逐渐取代传统支付系统，支付工具和支付手段也在发生变革。电子货币从根本上改变了传统的纸币、支票和手工点钞、大出大进、存贷分流的结算方式。电子钱包、网络货币的出现不仅从支付方式上进行了变革，而且从货币本质上对现代金融理论以及中央银行的货币政策提出了挑战。

进一步看，以流通中的现金为媒介所从事的支付称为现金支付；通过银行进行的支付通常被称为非现金支付。非现金支付在流动性、安全性、经济性等方面较现金支付更有优势，因此交易份额不断扩大已成趋势。

随着金融电子化的不断发展，各种支付技术相继出现，既方便了用户的使用，又为人类通向无现金社会展示了美好的前景。由于时代的发展，特别是当今时代互联网行业的不断发展，金融行业受到互联网发展的影响，借助于互联网的计算方法和思维方式，自身的功能和效率有了很大的提高。互联网金融的出现对于支付体系是一种创新，改变了支付体系的货币形态和运行效率，进一步促进了无现金社会的发展。

网络支付体系的发展和完善，以及无现金社会的逐步显现均在实践中表明，货币的本质是一种价值符号，是社会普通接受的价值符号，只要有合适的记账系统，人类社会就不需要现金和实物货币。现代社会以计算机网络为基础的支付结算体系就是一个逐步完善的记账系统。

支付场景革命来袭

互联网蓬勃发展的这 20 年来，全球印钞厂的印钞数量正在快速下降。一份支付行业的相关数据显示，在 2008 年至 2012 年间，全球现金交易数额为 11.6 万亿美元，增幅仅为 1.75%；而同期的非传统支付方式交易数额增加近 14%，其中包括在线、移动支付，以及所有现代无纸币交易方式。

2016 年，杭州在 G20 期间被誉为"全球移动支付之城"，英国《金融时报》的一篇报道称，随着移动支付普及，中国跳过信用卡阶段直接走向无现金社会。事实上，过去一年里，移动支付市场三倍速的增长就是当前被热议的"无现金社会"和"支付场景革命"的真实写照，《金融时报》可谓见微知著。

2016 年是我国第三方移动支付市场"疯狂"扩张的一年。据"2016 中国第三方移动支付市场发展报告"数据显示，2016 年中国第三方移动支付交易规模高达 38.6 万亿元，增长了 216.4%；2016 年中国第三方互联网支付交易规模也达到了 19.3 万亿元，增长 62.2%。央行公布的 2016 年移动支付业务达 257.10 亿笔，金额 157.55 万亿元，同比分别增长 85.82% 和 45.59%。从 216.4% 和 45.59% 两个增速数据的对比来看，第三方移动支付市场规模的快速扩容是推动支付场景革命的重要力量。

从全球消费市场看，无现金交易已成为一种潮流和趋势，支付场景革命比中国更为激进。早在 2014 年，丹麦中央银行就已决定停止印刷纸币，取而代之的是电子支付，因为那时该国 84.2% 的交易都是通过银行卡完成的。2015 年 5 月，丹麦政府公布了一项废除法律要求商店接受物理现金的方案。现在，该国基本实现了无纸币化交易。另一个北欧国家瑞典也紧跟潮流。现在大部分瑞典人出门只带信用卡或转账卡。如今在瑞典，就连乘搭公共巴士也必须刷卡，不收现金；街上卖杂志的小贩也会携带阅卡器，让顾客通过信用卡或转账卡买杂志；教堂都安装了阅卡器接受电子捐赠，减少现金使用率。现金在瑞典经济中所占比例只有 3%。2016 年 11 月 8 日，印度总理莫迪宣布了"废钞令"，决定停止流通旧版 500 卢比和 1 000 卢比钞票，这对严重依赖现金交易的印度社会造成了巨大冲击，却也使印度踏上了通向无现金社会的快车道。

支付场景革命正在发生，"无现金社会"趋势已不可逆，但当前推进"无现金社会"仍然面临诸多挑战。专家表示，首当其冲的就是安全问题。数字货币让每一笔交易都留有痕迹，个人隐私保护面临较大挑战。同时，近年来电子支付案件频发也让交易安全成为"无现金社会"面临的主要挑战。其次是数字鸿沟问题，"无现金社会"可能会将弱势群体排除在外。全国人大代表虞纯在相关建议中谈及中国"无现金社会"建设面临的现状和挑战时表示，"无现金社会"各地发展不均，第三方扫码付为代表的无现金支付终端在东中西部的覆盖率有较大差异，中老年人群尚未享受到无现金生活。

（资料来源：杜鸣皓：《争议"无现金社会"：支付场景革命正在发生》，载于《中国品牌》2017 年第 4 期）

自 2000 年以来，我国货币发行量（M2）从 13 万亿元上升到了目前的 150 万亿元，但流通中的现钞（M0）占比则越来越低。换句话说，每发行 100 元的货币，实际上真正被印刷成纸币的只有 4 元，其他 96 元都是以记账的形式存在，这也为数字货币的呼之欲出提供了市场依据。2017 年 2 月，我国中央银行在发行数字货币方面取得新进展，央行推动的基于区块链的数字票据交易平台测试成功，由央行发行的法定数字货币已在该平台试运行，央行旗下的数字货币研究所也正式挂牌。这些进展都在表明，我国央行也在推动着无现金社会的发展。

支付宝正式上线收钱码　未来或变无现金社会

2017 年 2 月 28 日，支付宝在首屏显要位置正式上线"收钱码"功能，用户可以借此方便地发起面对面收款（即转账）功能。在此前的两周试运行时间里，每天都有近 20 万人在申请试用。一位小店店主说，不用购买扫码枪，这是他用过的门槛最低的收钱工具。

收钱码上线后，用户点击支付宝首页的"收钱"选项，即可发起面对面的收款。对于需要频繁收钱的用户，如果想要随身携带或者黏贴在固定位置，还可以点击"免费领取收钱码贴纸"，支付宝可以将贴纸邮寄到家。申请领取成功后，从收钱码收来的钱，还可享受提现免费。

为了真的做到最低门槛，支付宝还通过服务人员，向一些没有安装支付宝的用户，派发二维码。拿到这种特殊的二维码之后，没有安装支付宝的用户，也可以通过扫描、填写相关信息后转账到收款人银行账户，实现"不安装支付宝也能使用支付宝"的效果。

"收钱码"推出后，以前许多只能使用现金的小角落，也能被移动支付覆盖了。支付宝负责人倪行军表示，支付宝希望用 5 年时间推动中国率先进入无现金社会，收钱码是支付宝今年推动无现金社会的第一步，之后还将推出一系列举措。

艾瑞咨询日前发布报告称，中国的移动支付规模已经远超美国，是美国的近 50 倍。毕马威此前发布的《全球消费与融合调查报告》显示：66% 的全球受访者表示愿意使用移动钱包业务，而中国的比率高达 84%。

在中国，民众对移动支付的接受度，支付宝等移动支付工具的普及度都高于世界平均水平，而且，据媒体报道，中国人民银行从 2014 年起已经组建了专家团队研究法定数字货币的一系列问题，并已收到了一系列的成果。而无现金社会的建设，正是数字货币实现的基础。有经济学家认为，让现金成为历史，中国央行可能是"第一个吃螃蟹的"。

（资料来源：程婕：《支付宝正式上线收钱码》，载于《北京青年报》2017 年 3 月 1 日）

本章小结

商业银行是现代金融业的代表机构，也是现代金融机构体系中的主体。商业银行是商品货币经济高度发展的产物，是从货币经营业发展而来的，商业银行的演进经历了从货币经营业到早期银行、现代银行的发展过程。现代商业银行以追求利润为目标，开展各种金融业务，是多功能、综合性的金融企业。

商业银行经营的业务种类繁多，大体上可分为负债业务、资产业务、中间业务和表外业务四大类。商业银行的经营管理应遵循安全性、流动性与盈利性原则，三者之间的关系体现了商业银行经营中风险与收益的平衡，银行应同时兼顾三原则的要求，力求找到安全性、盈利性和流动性三者之间的最佳组合。商业银行经营管理理论随着经济、金融环境的变化而不断演变。西方商业银行的经营管理理论大致经历了资产管理、负债管理、资产负债综合管理以及资产负债表内表外统一管理四个阶段。

在众多的银行机构中，中央银行是特殊的国家宏观金融管理机构，是一国金融机构体系的核心，是发行的银行、政府的银行、银行的银行。各国的中央银行，按其组织形式可分为单一型中央银行制、复合型中央银行制、跨国中央银行制和准中央银行制四种类型。中央银行的负债业务主要包括货币发行业务、存款业务、其他负债以及资本业务。资产业务包括再贷款和再贴现、证券买卖业务、管理国家黄金外汇储备。

支付体系是指为实现和完成各类支付活动所做的一系列法规制度性安排和相关基础设施安排的有机整体，主要包括支付服务组织、支付工具、支付系统、支付体系监管四个密不可分的组成部分。其中，支付服务组织是提供支付服务的市场主体，包括中央银行、商业银行和支付清算组织等。

目前我国已建成以中国人民银行大、小额支付系统为核心，银行业金融机构行内支付系统为基础，票据支付系统、银行卡支付系统、证券结算系统和境内外币支付系统为重要组成部分，行业清算组织和互联网支付服务组织业务系统为补充的支付清算网络体系。

知识要点：

商业银行、信用中介、支付中介、信用创造、总分行制、表内业务、表外业务、资产业务、负债业务、中间业务、资产管理理论、负债管理理论、资产负债综合管理理论、风险管理理论、中央银行、发行的银行、银行的银行、国家的银行、中央银行资产业务、中央银行负债业务、支付体系、支付服务组织、支付系统、网络支付体系

复习思考题：

1. 简述商业银行的起源与发展趋势。
2. 商业银行的职能及组织形式是什么？
3. 商业银行的基本业务包括哪些内容？
4. 商业银行的经营管理应遵循哪些基本原则？
5. 商业银行主要的中间业务、表外业务有哪些？
6. 西方商业银行资产负债管理经历了哪几个阶段？
7. 在市场经济国家的金融体系中为什么需要一个中央银行？
8. 中央银行的制度类型有哪些？
9. 什么是支付体系？其构成要素有哪些？

课堂讨论题：

结合我国金融体制改革的实际，分析讨论我国现行金融体系还存在哪些需要进一步改革和完善的地方。

综合案例题：

通过以下案例资料的学习，了解中国银行的历史沿革和发展现状，理解商业银行与经济发展的紧密联系，加深对商业银行职能与地位的认识。全面认识现代银行的内部组织架构和主要业务，分析银行业的发展趋势。分析与思考：

1. 中国银行从事哪些业务？从中你看出我国大型商业银行今后有哪些发展趋势？
2. 经济新常态下，我国商业银行应如何适应经济的转型？

案例资料：

中国银行

中国银行是中国大型国有控股商业银行之一。中国银行业务范围涵盖商业银行、投资银行和保险领域，旗下有中银香港、中银国际、中银保险等控股金融机构，在全球范围内为个人和公司客户提供全面和优质的金融服务。按核心资本计算，2008 年中国银行在英国《银行家》杂志"世界 1 000 家大银行"排名中列第 10 位。2006 年 6 月 1 日、7 月 5 日，中国银行先后在香港证券交易所和上海证券交易所成功挂牌上市，成为首家 A + H 发行上市的国有商业银行。

中国银行主要业务：

1. 商业银行业务

商业银行业务是中国银行的传统主营业务，包括公司金融业务、个人金融业务及金融市场业务（主要指资金业务）。

（1）公司金融业务：公司金融业务是中国银行业务利润的主要来源。中国银行实行服务重点大型优质公司客户的发展战略，关注与大型优质客户的长期合作关系，同时明确中小企业业务是公司金融业务的重要组成部分，成为能够满足全面金融服务需求的商业银行。

（2）个人金融业务：个人金融业务为中国银行战略发展重点之一。中国银行继续完善个人金融业务的经营管理体制和运营机制，组建个人金融板块，加强个人业务条线管理：重点推进网点经营方式转型、客户分层服务体系建设，以及零售贷款营销方式和审批流程改革：加强产品和服务创新，优化业务结构和收入结构，扩大利润来源。

（3）金融市场业务：中国银行金融市场业务主要包括本外币金融工具的自营交易与代客业务、本外币各类证券或指数投资业务、债务资本市场业务、代客理财和资产管理业务、金融代理及托管业务等。中国银行主要通过在北京、上海、香港、伦敦及纽约设立的五个交易中心经营资金业务。

2. 中银香港业务

中国银行通过下属子公司中银香港在香港经营商业银行业务。中银香港是香港主要商业银行集团之一，通过设在香港的 280 多家分支行、450 多部自动柜员机和其他销售渠道，向零售客户和企业客户提供全面的金融产品和服务。中银香港是香港三家发钞银行之一。中银香港在中国内地设有 15 家分支行、在海外设有 1 家分行，为其在中国香港、中国内地、境外客户提供跨境银行服务。持有中银香港全部股权的中银香港控股于 2002 年 7 月 25 日开始在香港联交所主板上市。中国银行持有其 65.77% 的股权。

3. 投资银行业务

中国银行通过中银国际控股集团（以下简称中银国际）经营投资银行业务。中银国际通过其在中国内地、中国香港、美国、英国及新加坡设立的分支机构为国内外客户提供包括上市融资、收购兼并、财务顾问、证券销售、投资研究、定息收益、衍生产品、结构产品、资产管理、直接投资、杠杆及结构融资、私人财务管理等广泛的投资银行产品和服务。

4. 中银集团保险有限公司

中国银行通过在香港注册的全资子公司中银集团保险有限公司经营保险业务。中银集团保险主要经营一般性保险业务。中银集团保险目前在香港拥有 4 家分公司，在香港财险市场处于主导地位。2007 年，标准普尔给予中银集团保险 "A –" 的信用评级，肯定了中银集团保险稳健的财务实力。

5. 中银集团投资有限公司

中国银行通过全资子公司中银集团投资有限公司（以下简称"中银投资"）从事直接投资和投资管理业务。中银投资是中国银行对外直接投资和投资资产管理的重要载体，中银投资在中国港澳地区、中国内地和海外等进行多种形式的投资活动，涵盖企业股权投资、不动产投资、不良资产收购及处置、资产管理等领域。

6. 中银航空租赁私人有限公司

2006 年 12 月 15 日，中国银行成功收购了亚洲领先的飞机租赁公司——新加坡飞机租赁有限责任公司。这是中国银行首次大规模的海外收购，标志着中国银行成为中国首家进入全球性飞机租赁业务的银行。在收购后不久，该司更名为"中银航空租赁私人有限公司"。

7. 中银基金管理有限责任公司

中银基金管理有限公司（以下简称"中银基金"）是中国银行于 2008 年 1 月 8 日收购中银国际证券有限责任公司、中银国际控股有限公司分别持有的 67% 和 16.5% 的股权，与贝莱德投资管理（英国）有限公司合资成立的中外合资基金管理公司。目前中银基金的主要业务包括为境内投资者发行和管理基金产品，并致力于为机构及个人客户提供各类资产管理及顾问等服务。

第五章　资本市场金融机构

--------　**本章导读**　--------

　　投资银行曾是世界金融的骄傲，摩根士丹利、高盛、美林、贝尔斯登和雷曼兄弟，每一个名字都富有传奇色彩，每一个巨无霸背后都有着无数炫目的金融巨匠。金融海啸击溃了这些金融帝国，2008 年之后，贝尔斯登和雷曼兄弟先后破产倒闭，美林被美国银行收购，传统华尔街五大投行只剩下了高盛和摩根士丹利两家，也被美联储批准转制为银行控股公司。多年过去，根据行业分析公司 Coalition 2016 年 9 月 23 日最新发布的数据，上半年摩根大通（J P Morgan）捍卫了其全球投资银行的"龙头宝座"，而德意志银行（Deutsche Bank）则从第三位下滑至第六位，摩根士丹利、美银美林（Bank of America Merrill Lynch）挤进了前五名：1. 摩根大通；2. 高盛、花旗集团（并列）；4. 美银美林；5. 摩根士丹利；6. 德意志银行。这当中摩根大通业务更综合，高盛更侧重于交易，致力于复杂交易，交易包括大宗商品、衍生品和债券交易，摩根士丹利主要致力于缩减固收部门规模，加大其对股票交易和个人资产管理的依赖。资本市场为投资者提供股票、债券、期货、期权等金融产品的交易，其中投资银行和交易所是提供交易服务的两类金融机构。人们通过投资银行在交易所进行上述金融产品交易时，可以不用像在一般的商品市场交易那样寻找交易对手、讨价还价，交易金融工具时能够非常容易和便利，以至于卖菜大妈也可以参与金融产品投资。这其中有着怎样的机制呢？本章将系统介绍投资银行与交易所的起源与发展、投资银行的主要业务与职能以及交易所如何通过交易指令、交易规则的设计和安排来组织交易。

第一节　资本市场金融机构的起源与发展

　　资本市场金融机构主要指投资银行和交易所，它们围绕资本性金融工具——股票和债券的创造和交易开展业务。投资银行是美国和欧洲大陆的称谓，英国称之为商人银行，在中国和日本则指证券公司。投资银行主要从事证券发行、承销、交易经纪、企业重组、兼并与收购等业务，是资本市场上的主要金融中介机构。投资银行在做股票、债券等证券交易的经纪业务时，发现投资银行内部之间需要协调和组织，才能提高证券交易的效率，从而形成了早期的会员制证券交易所。交易所则通常是指有组织的交易场所，它的核心内容是提供了规范的交易指令和完善的交易机制。它们设计交易指令，让交易者更准确、更规范地表达其交易需求，以便更好地集中交易信息，提高搜寻效率。它们设计交易规则，包括如何使用指令、如何处理指令、如何执行交易、如何传递信息等。

在投资银行和交易所提供服务的基础上，公司企业、政府等机构可以便利地进行股票和债券发行，以募集资本；公司企业、政府和个人可以在投资银行和交易所构成的市场环境下方便地进行股票、债券等的证券交易，以实现微观经济主体的投资、资产优化配置等目标。

一、投资银行的产生及发展

投资银行是金融业与金融资本发展到一定阶段的产物。现代意义上的投资银行作为证券承销和发行的基本中介，是伴随着证券信用和证券市场的产生而产生的。作为一个独立产业，则是在银行业与证券业的"融合—分离—融合"的过程中产生和发展起来的。20世纪80年代以来，随着金融业向国际化、证券化、工程化、综合化方向发展，以及金融监管体系、监管手段的不断完善，投资银行与商业银行重新走向融合已是大势所趋。

（一）19世纪以前欧洲商人银行的发展

追本溯源，投资银行的原始形态产生于大约3 000多年前的美索不达米亚平原上的金匠。因为当时各国货币以贵金属为主，因此，一方面，金匠可以利用职务之便向商人们提供货币兑换，并开展一些存贷款业务，具备商业银行的一些职能；另一方面，这些金匠们又为商人们提供票据的兑现、各类证券的抵押放款、财务顾问和咨询服务等，这种业务活动与今天投资银行的基金管理、咨询服务有惊人的相似之处。

此后，随着国际贸易的兴起，早期投资银行应运而生。早期投资银行的业务为汇票的承兑与贸易贷款，并多为实力雄厚、声名显赫的大家族所承揽。大家族大多是在从事海外贸易的同时从事货币营运。这些由商人兼营的金融机构，得名为商人银行。18世纪后期，伦敦成为国际金融中心。当时，由于贸易竞争加剧，海外贸易利润下降，制造商无力负担贸易中拓展市场的财务风险。于是便崛起一批承兑商，专门承担出口业务的财务风险，这些承兑商便是商人银行的前身。

（二）19世纪至20世纪初投资银行的发展

进入19世纪，随着美洲大陆殖民扩张和贸易的发展，美国的投资银行业务崭露头角。美国的投资银行与其欧洲同行的不同之处在于，它们是在与证券业的互动发展中壮大起来的。在政府信用扩张和工业大量筹资的情况下，美国投资银行迅速拓展了业务领域，不仅从事承兑、持有汇票为贸易融资，而且紧跟美国经济发展占领了大批证券承销业务领域。而英国的商人银行已暮气沉沉，投资银行业重心开始移到美国。在百年历史中，经过以下两个阶段的发展，投资银行业在华尔街的声望和地位有了显著提高。

第一阶段：美国内战期间及其前后出现的大量政府债券和铁路债券塑造了美国特色的投资银行。18~19世纪，资本主义国家为解决经济发展给基础设施带来的巨大压力，掀起了建设基础设施的高潮，投资银行在筹资和融资中扮演了重要角色，其自身也得到了突飞猛进的发展。在美国内战时期，政府发行了大量的政府债券。在债券发行过程中，投资银行作为中介机构起了重要作用。同时，通过经营批发业务、安排证券发行、进行证券承销等，投资银行也获利不菲。

第二阶段：19世纪末20世纪初，企业兼并和工业集中挖掘出了投资银行的巨大潜力。

1898～1902 年间，发生了美国历史上第一次并购热潮，其特征是横向并购。在企业兼并大量融资过程中，投资银行家凭借其信誉和可行的融资工具为企业筹集了大量资金。这次浪潮之后，投资银行开拓了其在企业并购方面的业务，成为重整美国工业结构的策划者，改变了大部分美国的工业形式。

（三）1933 年开始的金融管制下的投资银行

1929 年经济大崩溃前，投资银行业基本上是没有法制监管的。投资银行业在自由的环境中高速发展，必然导致一些银行家的投机取巧。1929 年股市危机的连锁反应是银行业危机，大批投资银行纷纷倒闭，证券业凋敝萎靡。经过这次危机的沉痛打击，受命于危难的罗斯福政府开始了对金融业的立法监管，严格确立了美国投资银行业在今后几十年中的业务范围。《格拉斯—斯蒂格尔法案》将商业银行和投资银行严格分离，它规定了存款保险制度，禁止商业银行从事投资银行业务，不允许其进行包销证券和经纪活动；同时，禁止投资银行从事吸收存款、发放贷款、开具信用证和外汇买卖业务。

《格拉斯—斯蒂格尔法案》及其后的《1933 年证券法》《1940 年投资公司法》等一系列法规为促进证券业的发展，规范金融机构行为，保证金融市场的秩序发挥了重要作用。从第二次世界大战结束直至 20 世纪 70 年代，美国经济相对平稳增长，美元坚挺，利率稳定，通货膨胀率低。这期间投资银行和商业银行基本遵循《格拉斯—斯蒂格尔法案》的规定，分别在证券领域和存、贷款领域巩固了各自的地位。

（四）20 世纪 70 年代之后经济全球化及管制放松下的投资银行

进入 20 世纪 70 年代，石油危机使世界经济发生动荡，通胀加剧，利率变动剧烈，金融业活动日益复杂化。金融业的激烈竞争、金融环境的变化、金融业务不断创新等，冲击了在金融监管下较为封闭的投资银行和商业银行。加之工业和金融业的国际化趋势，为了保住市场寻求新的利润点，投资银行和商业银行在开始创新服务的同时，渗入对方的业务领域。20 世纪 80 年代以后，伴随着金融综合化经营趋势的日益明显，国际投资银行业的发展出现了一些新的发展趋势。

1. 综合化趋势

1933 年美国开始的分业管理格局一直持续了 50 多年。虽然《格拉斯—斯蒂格尔法》为美国的投资银行发展提供了法律基础，但随着投资银行的不断发展，其缺点也逐渐显现：投资银行经营范围受限，盈利空间自然也受到限制，从而影响投资银行的长足发展。在这种情况下，发达国家纷纷以立法的方式确认混合经营模式：1986 年英国实行"金融大爆炸"，在英国银行业实行了自由化；1989 年欧共体发布"第二号银行业务指令"，明确规定了欧共体内部实行全能银行制度。实际上，美国的投资银行界早已开始了从分业经营到混合经营的过渡。如 1986 年，美国高盛公司接受了日本的住友银行九亿美元的投资，投资银行与商业银行分业经营界限开始有所改变。1999 年，美国国会通过了《金融服务现代法案》，废止了《格拉斯—斯蒂格尔法》，使得美国混业经营模式也从法律上得到认可。

2. 集中化趋势

为最大程度发挥规模经济的优势，无论是早期的投资银行，还是现代的投资银行，都经历了一个由小到大、由弱变强、由分散到集中的过程。在美国，曾经的美林证券、摩根士丹利、所罗门兄弟等超级投资银行几乎都是通过兼并联合形成的。20世纪90年代以后，美国投资银行兼并联合呈加速之势，规模也越来越庞大。1997年2月，摩根士丹利与添惠公司合并，创造了一个市值210亿美元的特大型投资银行；1998年，花旗银行与旅行者集团的合并是美国有史以来最大的一起企业兼并案，合并后组成新公司成为"花旗集团"。西方投资银行兼并联合的直接后果是整个行业的高度集中。从20世纪70年代到90年代，美国前十名投资银行的资金规模及利润规模，由占全行业的1/3增长到2/3。

3. 业务多元化趋势

进入20世纪70年代，随着金融业务的不断创新和国际金融的全面发展，投资银行已突破了单纯证券商的身份，广泛参与了与企业融资活动有关的金融服务，如企业兼并、项目融资、资产管理和金融工程等。尤其到1975年，美国政府取消了固定佣金制，各投资银行为竞争需要纷纷向客户提供佣金低廉的经纪人服务，并且创造出新的金融产品。这些金融产品中最具代表性的是利率期货与期权交易，这些交易工具为投资银行抵御市场不确定性冲击提供有利保障。投资银行掌握了规避市场风险的新工具后，将其业务领域进一步拓宽，如从事资产证券化业务，这种业务使得抵押保证证券市场迅速崛起。

4. 专业化趋势

国际投资银行在逐渐走向集中化、业务经营多元化的同时，一些规模相对较小的投资银行的专业化趋势也日益明显。显然，综合化经营并不代表每一个投资银行都必须经营所有的投资银行业务，激烈的市场竞争也使得各投资银行根据自身特点寻找自身的业务优势，在此基础上才能兼顾其他业务的发展。美国的一些小型投资银行纷纷开展专业化及有针对性的服务，从而确立市场地位，如佩韦伯在美国牢牢占据了私人客户投资服务领域。即使是以综合服务为主的大型投资银行，在业务发展上也各具特色。例如，摩根在证券承销发行能力方面居全球前列，美林在零售客户服务和资产管理方面享有盛誉。分工的专业化促进了投资银行业务水平的提高。

5. 全球化趋势

在世界经济高度一体化的今天，全球金融市场已经基本上连成一个再也不可简单分割的整体。与此相适应，投资银行已经彻底地跨越了地域和市场的限制，经营着越来越广泛的国际业务。从20世纪60年代开始，世界各大投资银行纷纷向海外扩张。到了20世纪90年代，许多投资银行都成立了管理国际业务的专门机构，如摩根士丹利的财务、管理和运行部。

（五）2008年金融危机之后的投资银行

2007年4月，以美国第二大次级房贷公司新世纪金融公司破产事件为标志，美国爆发了房地产次级按揭贷款危机。进入2008年9月，这场由房地产泡沫引发的金融危机愈演愈烈，并迅速蔓延到全球，直至导致全球实体经济衰退，美国投资银行业格局发生了巨变。在危机中，拥有85年历史的华尔街第五大投行贝尔斯登低价出售给摩根大通；拥有94年历史的美林被美国银行收购；历史最悠久的投行——158年历史的雷曼向美国破产法院申请破产保护；139年历史的高盛和73年历史的摩根士丹利同时改旗易帜转为银行控股公司。这场金融危机给美国乃至全球的投资银行业格局带来了巨大的影响，主要表现在如下两点。

1. 混合经营模式难以逆转

在美国次贷危机恶化之前，金融机构的混合经营模式仍然广受质疑，而现在看来，这种观点已被完全颠覆了。一些综合化经营的大型金融集团，虽然在次贷危机中也损失惨重，但其应对危机的能力较强，目前都还没有陷入生存危机。此次国际金融危机说明，混合和综合化经营模式具有更强的生存力，在危机后将主导国际金融业的发展，这必将对国际投资银行业的未来走向产生深刻的影响，全球金融机构混合经营已是大势所趋。

2. 面临更加规范的监管

随着国际金融业不断向混合经营和寡头化方向发展，分业监管模式将有可能被取代，同时，在今后较长的一段时间内，国际投资银行业将面临更加严厉的监管。面对此次国际金融危机，为了适应混合经营的发展趋势，世界各国已纷纷对金融监管机构进行了整合，向混合统一监管模式转变，以消除监管盲区或真空地带，增强监管能力，提高监管水平和效率。目前，日本和大多数欧洲国家已对金融业实行统一监管。2010 年 7 月 21 日，美国总统奥巴马签署了金融监管改革法案——《多德—弗兰克华尔街改革与消费者保护法》。该法案致力于提高美国金融系统的稳定性，防止银行类金融机构为追求利润过度承担风险，避免金融危机的再次发生，被认为是自 20 世纪 30 年代"大萧条"以来最全面、最严厉的金融改革法案，将成为与美国《格拉斯—斯蒂格尔法案》相比肩的一块金融监管基石。

二、交易所的起源与发展

（一）交易所的起源

世界上最古老的证券交易所是由荷兰东印度公司于 1602 年创建的阿姆斯特丹证券交易所，但它只是现代股票交易所的雏形，创建的目的就是为荷兰东印度公司的股票提供交易场所。2000 年 3 月，阿姆斯特丹证券交易所与布鲁塞尔证券交易所和巴黎证券交易所合并成立了泛欧交易所。

1773 年，英国的第一家证券交易所在伦敦柴思胡同（被人们称为"交易所小巷"）的乔纳森咖啡馆成立，即后来的伦敦证券交易所。1802 年，交易所获得英国政府正式批准。最初主要交易政府债券，之后公司债券和矿山、运河股票陆续上市交易。此后，在英国其他地方也出现了大量的证券交易所，高峰时期达 30 余家。1967 年，英国各地交易所组成了 7 个区域性的证券交易所。1973 年，伦敦证券交易所与设在英国格拉斯哥、利物浦、曼彻斯特、伯明翰和都柏林等地的交易所合并成大不列颠及爱尔兰证券交易所。1995 年 12 月，该交易所分为两个独立的部分，一部分归属爱尔兰共和国，另一部分归属英国，即伦敦证券交易所。

在美国证券发行之初，也无集中交易的证券交易所。当一些经纪人的金融业务开始增多时，他们需要一个场地进行交易。很多咖啡屋为这些经纪人提供了交易的场所，当这些经纪人通过交易股票来谋利时，这些咖啡屋靠卖食物和饮料赚钱。一些成功的经纪商为了适应新的业务要求，开始在他们的办公室里举行定期的证券拍卖。1792 年初，约翰·萨顿（John Sutton）和他的合伙人本杰明·杰伊（Benjamin Jay）以及其他一些人决定在华尔街 22 号建立一个拍卖中心，并称之为股票交易所。欲出售股票者将想卖的股票存放在交易所，拍卖人根据成交量收取佣金。经纪人或为自己，或为自己的客户，参加拍卖购买股票。可是这个体系很快就崩溃了。许多外围的经纪人参加拍卖会只是为了获知最新的股票价格,他们随后在外面售出同样的股票,但收取更低的佣金。即使是场内经纪人也经常不得不在场外进行交易,来保证自己不吃亏。为了解决这一问题,场内经纪人的巨头们于 1792 年 3 月 21 日在克利斯酒店聚会,试图签订一个协议来制止场外交易。他们同意建立一个新的拍卖中心,于 4 月 21 日开业,并进一步达成协议:"我们,在此签字者——作为股票买卖的经纪人庄严宣誓,并向彼此承诺:从今天起,我们将不为任何人以低于 0.25% 的佣金费率买卖任何股票,同时在任何交易的磋商中我们将给予会员以彼此的优先权。"这就是众所周知的《梧桐树协议》,这一天开创了纽约证券经纪商集中交易的先河。

1817 年 3 月 8 日这个组织起草了一项章程,并把名字更改为"纽约证券交易委员会"。1863 年改为现名——纽约证券交易所。从 1868 年起,只有从当时老成员中买得席位方可取得成员资格。1865 年交易所才拥有自己的大楼,而坐落在纽约市华尔街 11 号的大楼是 1903 年启用的。交易所经营对象主要为股票,其次为各种国内外债券。

1934 年 10 月 1 日,交易所向美国证券交易委员会注册为一家全国性证券交易所,有一位主席和 33 位成员的董事会,1971 年 2 月 18 日,非营利法人团体正式成立,董事会成员的数量减少到 25 位。

据世界交易所联合会(WFE)资料,截至 2016 年 8 月,其遍布世界各地的 64 家正式会员交易所已经拥有超过 54 万亿美元的投票市值和近 5 万家上市公司。

我国最早的交易所是 1905 年设立的"上海众业公所"。新中国成立后,一度取消证券交易。改革开放之后,我国证券市场开始起步,当时最主要的市场活动是国债发行。1990 年 12 月 19 日,我国第一家证券交易所——上海证券交易所挂牌成立,1991 年 7 月 3 日,深圳证券交易所成立。经过二十多年发展,目前这两大交易所都取得了长足发展。

(二)交易所的发展趋势

证券交易所是以资源有效配置为目标,在市场经济条件下应运而生的交易中介机构,随着全球经济一体化,各国证券交易所的发展呈现出如下趋势。

1. 交易所的组织结构偏重强调其社会服务功能

证券交易所按照组织形式,分为会员制和公司制两种,目前大多数国家和地区都是会员制的交易所。会员制交易所不存在破产风险,以会员自律管理为主,不以盈利为目的,因此容易维护其公正角色。但由于会员本身就是市场的买卖者,管理者与参与者身份合一,难免有突出会员利益的现象。公司制以盈利为目标,经营者和管理者分开,并对交易提供担保,有益于形成合理的管理体制及降低风险,但其营利性质决定了收费会较高,有不断扩大市场规模的冲动。现在两种交易所的界限已不十分明显,会员制在自律管理的基础上受到国家法律和管理制度的约束,而公司制也逐步淡化了盈利色彩,不断健全其内部管理体制。

2. 交易范围国际化

世界经济一体化使交易所越来越成为一个国际性的投资市场,各国(地区)的交易所都在不断地放宽对外资流入的限制。如我国台湾、韩国经济崛起受到全球关注,两个交易所都适时创造了外资流入的条件,使市场规模急剧扩大,而中国香港联合交易所更因海外资本的吞吐能力而一跃成为世界第五大证券交易所。英国伦敦证券交易所也于 1986 年进行了空前的变革,首要内容就是允许非本国的金融机构和公司投资于伦敦证券市场。如今,纽约、伦敦、东京三个交易所已形成连续的国际化交易网络。

3. 交易技术现代化

20 世纪 70 年代后，各国以手工操作的交易系统逐渐由现代化的交易手段所取代或补充，带来交易效率的大大提高。现代技术的应用主要表现在：

（1）证券由清算公司集中托管后以无纸化形式进行交易，计算机随时记载投资人持有证券的变化情况；

（2）计算机系统自动对买卖进行配对而无须人工竞价；

（3）通信技术的发展促使无形市场得到发展，在远离交易设备的地方也可以通过终端系统直接参与交易。

亚太新兴工业化国家证券交易所建立初始，就已直接应用了现代计算机通信技术发展的成果，大多数都采用计算机自动报盘、撮合系统。纽约证券交易所和伦敦证券交易所也在原有手工交易的基础上发展了其自动配对系统作为补充，用来处理大量分散的委托。美国 NASDQ 系统更以其无形市场的特色而跻身世界一流交易所的行列。

4. 交易品种多元化

市场经济一定程度上是建立在信用关系基础上的一种经济体制，由纸币取代金属货币作为流通手段是社会经济信用关系全面发展的第一个里程碑，而商业信用、金融信用、资本信用的发展又一步一步深化了社会经济生活中的信用关系，从而使经济以几何级数成长。现代经济社会信用手段和信用技术更是全面发展，以经济信用关系为基础的证券市场也不断创新信用形式，证券交易所不仅为交易过程中的证券和资金的借贷奠定了基础，而且为诸如期货、期权、组合权证等各类衍生交易品种的推介创造了条件。

5. 市场管理趋于加强交易所自律功能

目前世界各国对证券市场的管理主要有两类：一是复合的双重性职能的管理形式。即证券交易所同时具有证券交易和证券监督管理双重职能，以英国、约旦为代表。二是分离的单一性职能管理形式，即证券交易和证券市场的管理职能由不同的机构来担负，由中央银行或财政部或专门机构来实施对证券市场的监督管理。世界上大多数国家都属于第二种。不管哪种管理模式，世界各国都强调健全法制及突出交易所自律功能。在基于保护投资者利益、信息公开和禁止欺诈活动等原则的前提下，交易所有权灵活调整其上市标准、交易规则和信息揭示准则。在世界资本市场一体化的竞争态势下，各国交易所在市场上采取了相应的灵活策略，以规范的、充分的信息披露替代过分严格的上市限制，以准则制替代审批制，最终以市场自我选择和辨别为取向。

第二节　投资银行

一、投资银行的定义和特点

（一）投资银行的定义

对投资银行的定义，通常是根据投资银行的业务范围来确定的。但是，由于各类投资银行经营的业务范围各不相同，且随着金融管制的放松，投资银行和商业银行的业务交叉越来越多，两者之间的业务分界越来越模糊。因此要给投资银行下一个精确的定义并不容易。美国著名的金融投资专家罗伯特·库恩（Robert Kuhn）曾根据投资银行业务的发展和趋势对投资银行作出了如下四种定义。

（1）最广泛的定义：凡是经营华尔街金融业务的银行，都可以被称为投资银行。此定义所包含的金融机构最为广泛，它不仅包括从事证券业务的金融机构，甚至包括保险公司和各类不动产经营公司。

（2）第二广泛定义：只有经营部分或全部资本市场业务的金融机构，才能被称为投资银行。此处所指的资本市场是指期限在1年以上（包括1年）的中长期资金市场。因此，证券发行与承销、兼并与收购、各种投资咨询服务、基金管理、风险资本、证券私募发行以及风险管理和风险工具的创新等都属于投资银行业务，但是不动产经纪、保险、抵押除外。

（3）较狭义的定义：较为狭义的投资银行业务仅包括部分资本市场业务，如证券承销业务、兼并与收购，但是基金管理、风险资本、风险管理工具的创新等资本市场业务则被排除在外。

（4）最狭义定义：只有在一级市场承销证券、筹集资金和在二级市场上交易证券的金融机构才是投资银行。该定义显然已经不符合投资银行业务迅猛扩张时代的趋势，排除了过多的当前各国投资银行现实中正在经营的业务。

罗伯特·库恩认为第二广泛的定义最符合美国投资银行业的现实情况，是目前投资银行的最佳定义。本章也以此定义为基准，将投资银行界定为主要从事证券发行、承销、交易、企业重组、兼并与收购、投资分析、风险投资、项目融资等业务的金融中介机构。

（二）投资银行业的特点

投资银行是现代金融业适应现代经济发展形成的一个新兴行业，它区别于其他相关行业的显著特点是：

（1）它属于金融服务业，主要业务是代理，而不是自营，这是投资银行区别于一般性咨询、中介服务业的标志；

（2）它主要服务于资本市场，在这个市场上流通的商品不是一般的消费品或生产资料，而是"企业"及相关的"股权""债权"，这是投资银行区别于商业银行的标志；

（3）它是智力密集型行业，它所拥有的主要资产、所出卖的主要产品都是人的智力，这是投资银行区别其他专业性金融服务机构的标志。

投资银行是与商业银行相对应的一个概念，是现代金融市场中两类最重要的中介机构，从本质上来讲，它们都是资金盈余与资金短缺者之间的中介。从这个意义上来讲，二者的功能是相同的。但是，投资银行不能通过发行货币或者创造存款增加货币资金，也不能办理商业银行的传统业务，不参与形成一国的支付体系，其经营资本主要依靠发行自己的股票或债券来筹措，因此，投资银行与商业银行存在本质的区别。

1. 本源业务不同

投资银行业务范围很广，包括证券承销、证券交易、并购、基金管理、风险投资、项目融资等，其中证券承销是其本源业务，它是投资银行成为证券市场心脏的关键。

商业银行的业务基本上可以分为三类：负债业务、资产业务和表外业务。负债业务以吸收存款和借入资金为主；资产业务以贷款、投资、租赁业务为主；表外业务则是在资产负债业务的基础上，利用商业银行资金、信息、人才、技术等金融优势发展起来的金融中介业务。其中，存贷款业务是其本源业务，其他各种业务都是在此基础上衍生和发展起来。

2. 融资手段不同

投资银行是直接融资的金融中介。作为资金供需双方的媒介，投资银行为筹资者寻找合适的融资机会，为投资者寻找合适的投资机会。在一般情况下，投资银行并不介入投资者和筹资者之间的权利和义务，只是收取佣金，投资者和筹资者直接拥有相应的权利和承担相应的义务。因此，这是一种直接信用过程。

商业银行是间接融资的金融中介。在资金筹集过程中，商业银行同时具有资金需求者和资金供应者的双重身份，对于存款人（资金盈余者）来说，它是资金需求方，而对于贷款人（资金短缺者）而言，银行是资金供给方。在这种情况下，资金盈余者和资金短缺者之间并不直接发生权利与义务关系，而是通过商业银行间接发生关系。因此，这是一种间接信用过程。

3. 利润来源和构成不同

投资银行的利润来源包括三个方面：一是佣金，包括一级市场上承销证券获取的佣金，二级市场上作为证券交易经纪商收取的佣金，以及金融工具创新中资产及投资优化组合管理中收取的佣金；二是资金运营收入，包括投资收益和其他收入，是投资银行参与债券、股票、外汇以及衍生金融工具投资，参与兼并、包装、上市和资金对外融通而获得的收益；三是利息收入，它既包括信用交易中的证券抵押贷款的利息收入，又包括客户存入保证金的存差利息收入。其中，佣金收入是投资银行业务中的主要利润来源。

商业银行的利润来源包括三方面：一是存贷利差；二是资金运营收入，主要来自产业投资和证券投资；三是佣金收入。商业银行的核心收入是存贷利差。

4. 经营管理风格不同

投资银行的经营突出稳健和创新并重的策略。一方面，在证券一级市场的承销或者在兼并中的投资，都属于高风险业务，而在二级市场的经纪业务，要随时防范证券市场的价格波动风险。另一方面，投资银行的主要利润来源于佣金，必须有创新精神和综合型人才，以便向客户提供优质而专业的服务。

商业银行由于资金来源和运用的特殊性，必须保证资金的安全性和流动性，坚持稳健的管理风格，保证银行安全。

5. 宏观管理不同

投资银行的监管机构一般是证券监管机构，如我国的中国证券监督管理委员会、美国的证券交易委员会等。商业银行的监管机构多是中央银行和银行业监管机构，如我国的中国银行业监督管理委员会和中国人民银行。

综上所述，可将商业银行与投资银行的区别整理列示如表 5 - 1 所示。不过，随着金融监管的放松，投资银行与商业银行在许多业务领域出现交叉、融合、相互竞争的现象，因此，两者之间的区别日益模糊。

表 5 - 1　　　　　　　　　　　　　投资银行与商业银行的主要区别

项　　目	投资银行	商业银行
本源业务	证券承销	存贷款业务
融资手段	直接融资	间接融资
利润主要来源	佣金	存贷利差
经营管理风格	在控制风险的前提下，注重创新	"三性"的结合，必须坚持稳健性原则
宏观管理	主要是证券监管机构	主要是中央银行和银行业监管机构

二、投资银行的发展模式

根据商业银行和投资银行关系紧密程度的不同，可将投资银行的发展模式分为如下两种。

（一）分离型模式

所谓分离型模式是指商业银行和投资银行在经营业务方面有严格的界限，各金融机构实行分业经营、分业管理的经营模式。20 世纪 90 年代以前，美国、日本、英国等国家是这种模式的典型代表，它们都实行银证分离的经营模式。

（二）混合型模式

所谓混合型模式是指在金融经营业务方面没有界限划分，各种金融机构实行综合业务发展的经营模式。从实践来看，混合经营模式主要存在两种类型：全能银行型和金融控股公司型。

1. 全能银行型

在全能银行制下，一个金融机构可以全盘经营存贷款、证券买卖、租赁、担保等商业银行和投资银行的业务。投资银行与商业银行的关系也更为紧密，前者是作为后者的一个业务部门而存在，不是一个自负盈亏的法人实体，其最终决策权属于银行。德国是"全能银行制度"的典范。

2. 金融控股公司型

根据国际三大金融监管机构——巴塞尔银行委员会、国际证券联合会、国际保险监管协会的定义：金融控股公司是指在同一控制权下，完全或主要在银行业、证券业、保险业中至少两个不同的金融行业中大规模提供服务的金融集团。在金融控股模式下，投资银行和商业银行同属于某一金融控股公司，二者是一种兄弟式的合作伙伴关系，虽然一直保持着一定距离，但业务上的相互支持较分离型模式紧密了许多。因此，该模式本质上是一种介于全能型和分离型之间的模式，具有"集团混业，经营分业"的特点。

（三）两种模式的比较分析

分离型模式和混合型模式在实际运作中呈现出不同的优缺点，这些优缺点主要是基于金融安全和效率两方面的考虑。

1. 分离型模式的优缺点

（1）分离型模式能够有效地降低整个金融体制运行中的风险。分离型模式可以保证商业银行及时满足客户提现和本身业务经营对现金的需要，保证资金的流动性和安全性。如果银行不涉及证券业，则证券市场的危机不一定能传递到银行乃至整个国家信用机构和信用制度。同时商业银行在进行证券投资时的收益和风险是不对称的，这种不对称必然促使商业银行冒更大的风险，从而引起金融动荡。

（2）分离型模式有利于保证证券市场的公正与合理。由于商业银行和工商企业之间的特殊关系和密切联系，因此，如果允许商业银行从事投资银行业务，极有可能造成商业银行与工商企业之间的内幕交易，造成证券市场混乱。

（3）分离型模式有利于金融行业专业化的进一步分工。商业银行和投资银行可以分别利用有限的资源，各司其职，形成自己的专业优势，打造自己专业化服务品牌。同时，业务分离弱化了金融机构之间的竞争，增强了金融体系的稳定性。

但是分离型模式大大限制了各金融机构的业务活动，制约了其创新能力和发展壮大，从而削弱了其国际竞争力。

2. 混合型模式的优缺点

混合型模式的优点主要表现在如下四个方面。

（1）混合型模式可以充分利用有限的资源，实现金融业的规模效应，降低经营成本，提高盈利。

（2）混合型模式有利于降低金融机构自身的风险。当一种业务收入下降时，可以用另一种业务收益的增长来弥补，保证利润的稳定性。

（3）混合型模式有利于提高信息的共享程度。混合型业务的开展可以帮助金融机构充分掌握企业的全面信息，降低风险。

（4）混合型模式有利于促进各家机构的竞争，有利于优胜劣汰和提高效益，促进社会总效用的上升。

但混合型模式可能给整个金融体系带来很大的风险，严格的监管和风险控制制度是实现这一模式的关键。

三、投资银行的主要业务

投资银行的业务活动反映了这一行业发展的历史变迁和活跃多变的特征。经过一百多年的发展，随着经济发展特别是资本市场的发展和法律环境的变化，以及受金融竞争、金融创新等相关因素的影响，现代投资银行已经突破了传统的证券承销与发行、证券交易与经纪等业务，企业并购、资产管理、财务顾问、风险投资、衍生品交易等都已经成为投资银行的核心业务。

（一）证券承销业务

证券承销是投资银行的本源业务和传统业务，也是这一行业独特的区别于其他金融行业的标志性业务，它是指投资银行帮助证券发行人就发行证券进行策划，并将公开发行的证券出售给投资者以筹集到发行人所需资金的业务活动。投资银行承销证券的范围较为广泛，包括本国中央政府、地方政府、政府部门发行的债券，各国政府发行的债券，外国政府和外国公司发行的证券，以及国际金融机构发行的证券等。

标准的证券承销包括三大步骤：首先，投资银行就证券发行的时间、条件、方式、种类等向发行人提出建议；其次，当证券发行方案确定并经证券管理机关批准后，发行人与投资银行签订承销证券协议，投资银行帮助发行人销售证券；最后，双方签订协议后，进入实质性的证券分销阶段。

投资银行在对证券进行承销时的承销方式通常分为两种：代销和包销。

1. 代销

代销是证券代理销售的一种形式，意为"尽最大努力推销"，指投资银行（承销商）与发行人签订代销协议，按照协议条件，投资银行并不从发行人处购买全部证券，只同意在约定的期限内尽力代发行人推销证券，承销期结束后，部分未售证券退还发行人，投资银行不承担责任。发行人与投资银行之间是一种委托代理关系，投资银行不承担销售风险，因此代销的佣金也较低。

2. 包销

包销又分为两种：全额包销和余额包销。

全额包销意为"不可改变的承诺"，是指由投资银行与发行人签订协议，由投资银行按约定价格买下发行的全部证券，然后以稍高的价格向社会公众出售，中间差额为投资银行赚取的利润。这种方式意味着投资银行要承担证券定价（每股价格）和应筹集所有款项的全部风险。若到期未能出售全部证券，则投资银行必须承担相应风险。例如，在承销商和它的承销辛迪加成员承诺了按协议价格购进全部证券后，市场走势疲软，承销商为了使全部证券脱手不得不降价出售，从而可能出现它支付给发行人购买证券的价格高于其向公众出售证券的价格（发行价格）。这样，投资银行要面临承销差价减少的损失甚至资本损失的风险。

余额包销意为"预备承诺"，是指投资银行与发行人签订协议，在约定期限内发行证券，并收取佣金，到约定的销售期满，售后剩余的证券，由投资银行按协议价格认购。余额包销实际上是先代理后包销，投资银行承担了证券发行的部分风险。

（二）证券交易与经纪业务

对于投资银行而言，证券交易与经纪业务也是一项传统和基本的业务，它是证券承销业务的延续业务。在二级市场的证券交易中，投资银行扮演着经纪人、交易商和做市商的角色，为新发行的证券创造了交易，构建了一个完整的市场，满足了自己和客户的需要。

1. 经纪商

证券交易所作为场内交易市场，通常规定只有交易所会员才能入场进行交易，普通投资者买卖证券交易所内上市证券，必须由投资银行等经纪商代为买卖，这就是证券的经纪业务。在经纪业务中，投资银行与客户是一种委托代理关系。投资银行必须按照客户的交易指令买卖证券，不能擅自更改客户的交易指令。投资银行作为经纪人，从委托人处收取佣金作为报酬，自己并不持有所交易的证券，因而在证券价格变更或市场利率变动时不承担风险。

2. 做市商

做市商是指在证券市场上，具备一定实力和信誉的投资银行作为特许交易商，持续向公众投资者报出某些特定证券的买卖价格（即双向报价），并在该价位上接受公众投资者的买卖要求，以其自有资金和证券与投资者进行证券交易。买卖双方不需等待交易对手出现，只要有做市商出面承担交易对手方即可达成交易。做市商通过做市制度来维持市场的流动性，满足公众投资者的投资需求。做市商通过买卖报价的适当差额来补偿所提供服务的成本费用，并实现一定的利润。

3. 交易商

交易商也称自营商，投资银行以买者和卖方的身份出现在市场上，用自己的资金和账户从事证券买卖，为自营交易的每种证券确定买进和卖出的价格和数量。投资银行从事交易业务是为了赚取买卖差价而获利，但同时在持有证券期间要承担价格变动风险。

（三）证券私募业务

私募是相对于证券的公开发行而言，是指证券私下发行，即为了规避公开发行的种种限制或快速筹资的需要，发行者不公开发行证券，只将其售给特定投资者，如共同基金、保险公司等。其间需要投资银行为发行者寻找投资人或将其证券包销后再推销给机构投资者。

在私募业务中，投资银行主要承担四项职责：寻找可能的投资者、帮助发行公司准备各种文件、对发行公司进行尽职调查、制定私募发行的日程表。在这样的中介服务中，投资银行会获得高额的代理业务佣金。此外，投资银行业可以参加私募债券的助销交易。

（四）并购业务

并购即兼并与收购，是企业产权变动、产权交易的基本形式。对企业的兼并与收购业务已成为投资银行除承销与经纪业务外最为重要的业务种类。并购业务被视为投资银行业中"财力与智力的高级结合"。兼并是指由两个或两个以上的企业实体形成一个新经济单位的交易活动。收购是指一家公司与另一家公司进行产权交易，由一家公司获得另一家公司的大部分或全部股权以达到控制该公司的交易活动。兼并与收购的共同点都是由两个（或两个以上）企业实体的资源整合为一个整体运营，且公司的结构发生了重大变化。所以人们习惯上将两个术语互换使用，简称并购。

在并购业务中，投资银行的业务主要有两大类：一是投资银行充当并购策划和财务顾问，以中介人的身份，为并购交易的主体和目标企业提供顾问、策划和相应的融资业务；二是投资银行是并购主体，将并购活动作为一种股权投资行为，先买下企业，后进行整体转让，或分拆卖出，或包装上市卖出股权，以进行套现。

在西方发达国家，并购业务已经成为现代投资银行的核心业务之一，是投资银行业中令人瞩目的领域。它表明投资银行不仅仅充当企业外部融资的金融中介，而且还是企业产权资本交易、资本重组的财务顾问。

（五）资产管理业务

资产管理业务是投资银行在传统业务基础上发展起来的新兴业务，在成熟的证券市场上，该业务已经成为投资银行的核心业务。资产管理业务的产生源于企业及个人的财富积累和谋求资产增值的市场需求。为了满足这种需求，投资银行开办资产管理业务，以受托人的身份与委托人签订相关资产委托管理协议，为委托人的资产提供理财服务，依靠其专业能力控制风险，使委托人实现资产增值。

资产管理业务中的"资产"，从理论上说，涵盖一切形式的资产，包括现金、证券、股权、债权、实物资产等，通常是货币、证券等金融资产。投资银行的资产管理业务主要有两种：现金管理业务和基金资产管理业务。现金管理业务是投资银行为客户提供的现金管理服务，其目的在于解决企业在日常经营中因不得不持有大量现金资产而产生的流动性和营利性之间的矛盾，即让企业在保持其金融资产足够流动性的前提条件下，将企业持有现金的机会成本降到最低。而基金资产管理业务是指在基金投资目标和投资原则的指导下，投资银行按照一定的投资规则和程序，把通过发行基金份额募集的资金，分散投资到证券、不动产、实业及实物等资产中去，取得投资收益。

（六）财务顾问与咨询业务

投资银行的财务顾问业务是投资银行所承担的对公司，尤其是上市公司的一系列证券市场业务的策划和咨询业务的总称，主要指投资银行在公司的股份制改造、上市、在二级市场再筹资以及发生兼并与收购、出售资产等重大交易活动时提供的专业性财务意见。

投资银行的投资咨询业务是连接一级市场和二级市场，沟通证券市场投资者、经营者和证券发行者的纽带和桥梁。根据内容的不同，投资银行主要提供重组并购顾问、投资咨询、管理咨询等服务。

（七）风险投资业务

风险投资又称创业投资，是指对新兴公司在创业期和拓展期进行的资金融通，表现为风险大、收益高。新兴公司一般是指运用新技术或新发明、生产新产品、具有很大市场潜力、可以获得远高于平均利润的收益、但却充满风险的公司。由于高风险，普通投资者不愿涉足，但这类公司又最需要资金支持，因而通常是以投资组合来获得资金和保证资金的回收。风险投资的资金，主要来自保险公司、养老基金、风险投资基金、投资银行等机构投资者，并多以私募方式筹资。此外，政府还对风险资本投资实行一系列优惠扶持政策。

投资银行的风险投资业务有着不同层次的内容：第一，可以采用私募的方式为这些公司筹集资本；第二，对于某些潜力巨大的公司可以进行直接投资，成为其股东；第三，可以设立"风险基金"或"创业基金"，向这些公司提供资金来源。一般而言，投资银行参与风险投资主要通过它的风险资本部进行。风险资本部不仅作为中介者为新生公司融资或管理风险基金，而且直接对新生公司进行股权投资。

（八）资产证券化业务

资产证券化是指将缺乏流动性的资产转换为在金融市场上可以出售的证券的行为。投资银行参与资产证券化，使流动性差的资产能够转化为可以公开买卖的证券，成为融资市场又一次重大的创新。进行资产转化的公司，即资产证券化发起人，把其持有的流动性较差的金融资产，分类整理成一批资产组合，出售给特定的交易组织（主要是投资银行），再由特定的交易组织以买下的金融资产为担保发行资产支持证券，用于收回购买资金。资产证券化的证券为各类债务性债券，主要有商业票据、中期债券、信托凭证、优先股票等形式。资产证券的购买者与持有人在证券到期时可获本金、利息的偿付。证券偿付资金来源于担保资产所创造的现金流量，即资产债务人偿还的到期本金与利息。如果担保资产违约拒付，资产证券的清偿也仅限于被证券化的资产数额，而金融资产的发起人或购买人无超过该资产限额的清偿义务。

投资银行的资产证券化业务，是指它参与资产证券化融资活动，参与资产担保证券的创设和市场操作。主要是：投资银行帮助资产担保证券的发行人分析评估作为基础资产的现金流，设计证券交易结构；策划证券化交易；负责承销资产担保证券；设立专司单一资产证券化业务的子公司，自己购买银行抵押贷款等适合于证券化的资产，创造资产担保证券；作为证券化资产的受托管理人，以及为资产担保证券提供信用增级，自己参与资产担保证券的投资交易等。

（九）项目融资业务

项目融资是对一个特定的经济单位或项目策划安排的一揽子融资的技术手段，借款者可以只依赖该经济单位的现金流量和所获得收益用作还款来源，并以该经济单位的资产作为借款担保。投资银行在项目融资中的主要工作是：项目评估、融资方案设计、有关法律文件的起草、有关的信用评级、证券价格确定和承销等。

（十）金融衍生工具的创造与交易业务

投资银行是创造和交易新金融工具的重要机构，风险控制工具就是创新金融工具中最重要的一种。通过金融衍生工具的创设与交易，投资银行进一步拓展了业务空间和资本收益。首先，投资银行可以作为经纪商，代理客户买卖这类金融工具，并向其收取一定佣金。其次，投资银行也可以通过对金融衍生工具的买卖来获取价差收入，因为投资银行往往首先作为客户的对方进行金融衍生工具的买卖，然后寻找另一客户作相反的抵补交易。最后，这些衍生工具还可被用来保护投资银行自身免受损失。

四、投资银行的基本职能

投资银行是现代金融体系的重要组成部分，是资本市场的核心。投资银行一向被誉为"华尔街的心脏""资本市场的灵魂"，其勇于创新和开拓的精神，使其在资本市场上扮演着最活跃、最富有创造性的角色。投资银行是联系资本市场上筹资者和投资者极为重要的金融中介，在现代金融体系中执行着其他金融机构无法替代的职能。

（一）媒介资金供求，提供直接融资服务

在资本市场上，投资银行通过帮助资金需求者发行股票和债券等直接融资工具，并将其出售给资金供给者，而将资金供需双方连接起来，实现资金的互通有无。在这种直接融资方式下，投资银行是资金供求双方的中介人，虽然自己并不直接与资金的供给者和需求者发生融资契约关系，但通过自己的中介服务，在帮助资金需求者寻找到资金来源的同时，也帮助资金供给者寻找到了投资机会。

（二）构建发达的证券市场

投资银行在证券市场的构建方面有着其他金融机构无法替代的作用。

1. 投资银行通过咨询、承销、分销、代销等方式帮助构建证券发行市场

证券发行工作较为复杂，证券发行者必须准备各种资料，进行大量宣传工作，提供各种技术条件，办理复杂的手续，因此仅依靠发行者自身的力量发售证券，不仅成本高，而且效果很不理想。所以大多数的证券发行工作总是要依靠投资银行才能顺利完成。

2. 投资银行以做市商、经纪商和交易商的身份参与证券交易市场活动，发挥重要作用

（1）在证券承销完毕一段时间内，投资银行经常作为做市商参与证券交易活动，收集市场信息，预测市场行情，并因此吞吐大量证券，起到发现市场价格的作用，保证了证券价格的连续性和稳定性。

（2）在证券交易市场中，投资银行以经纪商的身份接受客户的委托，代其进行证券买卖活动，方便了客户买卖证券，活跃了市场的交易，提高了市场交易效率，保障了交易活动的顺利进行。

3. 投资银行在证券市场的业务创新中发挥重要作用

投资银行作为金融领域中最积极、最活跃的力量，本着分散风险、保持合理流动性、追求最大化利润的原则，不断推出创新的金融工具，通过期货、期权、互换等各种衍生性金融工具满足客户的各种需求。投资银行通过业务创新不仅显示了其创新精神和开拓能力，更使证券市场大大拓宽了交易领域，保持着高效率的运行状态。

4. 投资银行促进证券市场的信息披露

投资银行在证券市场中通过搜集资料、调查研究、提供咨询、介入交易，极大地促进了各种有关信息在证券市场的披露与传播。例如，投资银行通过信息收集可将各级证券管理者、交易机构的信息及时、准确地传递给投资者；通过调查研究将企业财务状况信息及时向投资者公布，使投资者拥有尽可能多的信息，避免了信息不对称的误导，保证了证券市场的信息效率和信息公平。

由此可见，正如美国著名的历史学家和金融专家罗伯特·索贝尔（Rober Sobel）所言："投资银行是华尔街的'心脏'，确实也是华尔街之所以存在的最重要的原因"。投资银行与一个健康、高效的证券市场密不可分。

（三）优化资源配置

投资银行作为证券市场上的中介机构，通过对不同企业和不同项目融资的收益和风险的确定，可以起到引导社会资金流向，优化金融资源配置的功能。

（1）投资银行通过其资金媒介作用，使那些产业前景好、盈利能力强、发展潜力大的企业更容易通过发行股票、债券等方式获取发展所需资金，投资银行通过向投资者推介与承销这些企业发行的股票与债券，使资金流向这些企业，取得更好的资金使用效率，从而使国家整体的经济效益和福利得到提高，促进了资源的合理配置。

（2）投资银行便利了政府债券的发行，使政府可以获得足够的资金用于提供公共产品，加强基础建设，从而为经济的长远发展奠定基础。

（3）投资银行帮助企业发行股票和债券，不仅使企业获得了发展和壮大所需的资金，并且将企业的经营管理置于广大股东和债权人的监督之下，有益于建立科学的激励机制与约束机制，以及产权明晰的企业制度，从而促进了经济效益的提高，推动了企业的发展。

（4）投资银行通过风险投资业务使许多尚处于新生阶段、经营风险很大的朝阳产业的企业获得发展所需资金，促进了产业的升级换代和经济结构的进步。

（四）促进产业集中

在经济的发展过程中，生产的高度社会化必然导致产业的集中和垄断，而产业的集中和垄断又反过来促进生产社会化向更高层次发展，推动经济进一步发展。资本市场出现以前，产业集中是通过企业自身价值成长的内在动力以及优胜劣汰的自然规律驱动完成的。资本市场出现以后，其更注重企业未来价值的成长性，从而为资金流向提供一种信号，引导着更多的资金流向优质企业，从而加速产业集中进程。投资银行通过募集资本的投向和并购方案的设计，帮助优质企业获得资金，加快产业集中进程。

由于企业并购是一个技术性很强的工作，选择合适的并购对象、合适的并购时机、合适的并购价位以及进行合理的针对并购的财务安排都需要大量的资料、专业人才和先进技术，这是一般企业难以胜任的。从这个角度看，投资银行促进了企业规模的扩大、资本的集中和生产的社会化，成为产业集中进程中不可替代的重要力量。

第三节　交易所

一、交易所的主要业务与功能

（一）交易所的主要业务

证券交易所的业务主要包括两类：一类是证券发行业务，企业按照交易所规则在交易所发行股票等证券获得直接融资；一类是证券交易业务，按照交易产品又可以分为两种——基准证券或结构性金融产品交易，大致包括股票、债券、基金等；衍生产品交易，包括指数、股票和债券的期货、期权（权证）以及可转让债券、交易所交易基金（ETF）等。衍生品又包括基础性（合成）衍生品、契约型衍生品以及较复杂的结构型衍生品等，如图 5－1 所示。

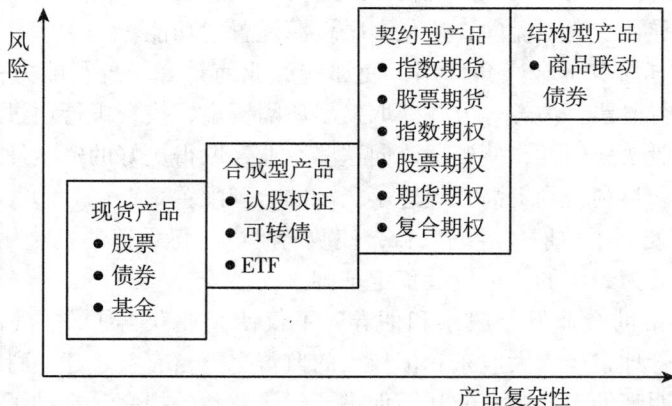

图 5－1　证券交易产品

从全球主要成熟证券市场和新兴市场的情况看，其交易品种多种多样，既包括现货产品，也包括各种衍生产品。如美国、英国、德国、法国、瑞典等国均拥有全球最丰富的市场体系，其交易的产品包括了现货、期货等绝大多数证券交易品种。在美国，现货市场主要集中在纽约，衍生品市场集中在芝加哥。英国，现货产品主要在伦敦证券交易所，金融期货产品主要在 LIFFE（伦敦国际金融期货交易所）。在德国，股票、债券、认股权证、传统期权主要在法兰克福交易所，金融衍生品在 Eurex（欧洲期货交易所）交易。Euronext 和北欧交易所可在同一个技术平台交易期货和现货品种。北欧交易所的 SAXESS 系统可支持股票、权证、债券、期权、期货交易，CLICK 交易系统可支持股票、指数产品、固定收益产品等。Euronext 的 NSC 系统分为现货系统 NSC-VC 和期货系统 NSC-VF，两者均在统一的技术平台上实现。在大多数新兴证券市场，也同时支持多样化的交易产品，如中国香港、韩国、印度等均可交易现货与衍生品等多种交易品种，我国上海和深圳证券交易所主要从事股票、债券、基金等交易，中国金融期货交易所目前主要交易股指期货和国债期货，见表 5-2。

表 5-2　　　　　　　　　　　　　　　　证券市场产品演进

产　　品	出现时间	地　　点
股票	1551 年	英国 Muscov 公司股票
国债	1672 年	荷兰联省共和国国家债券
商品期货	1865 年	芝加哥交易所
基金	1868 年	英国"海外殖民地政府信托基金"
指数	1884 年	道尔 11 种股票指数
外汇期货	1972 年	芝加哥商业交易所（CME）
期权	1973 年	芝加哥期权交易所
国债期货	1976 年	芝加哥商业交易所
指数期货	1982 年	美国堪萨斯期货交易所推出价值线综合指数期货
交易所交易基金	1990 年	加拿大多伦多证券交易所

资料来源：刘逖，证券市场微观结构理论与实践，复旦大学出版社 2002 年版，第 116 页。

（二）交易所的功能

作为证券市场的组织者和核心机构，证券交易所具有以下功能：

（1）提供证券交易场所。由于这一市场的存在，证券买卖双方有集中的交易场所，可以随时把所持有的证券转移变现，保证证券流通的持续不断进行。

（2）制定交易规则。有规矩才能成方圆，公平的交易规则才能达成公平的交易结果。交易规则主要包括上市退市规则、报价竞价规则、信息披露规则以及交割结算规则等。不同交易所的主要区别关键在于交易规则的差异，同一交易所也可能采用多种交易规则，从而形成细分市场，如纳斯达克按照不同的上市条件细分为全球精选市场、全球市场和资本市场。

（3）维护交易秩序。任何交易规则都不可能十分完善，并且交易规则也不一定能得到有效执行，因此，交易所的一大核心功能便是监管各种违反公平原则及交易规则的行为，使交易公平有序地进行。

（4）形成与公告价格。在交易所内完成的证券交易形成了各种证券的价格，由于证券的买卖是集中、公开进行的，采用双边竞价的方式达成交易，其价格在理论水平上是近似公平与合理的，这种价格及时向社会公告，并被作为各种相关经济活动的重要依据。

（5）引导投资的合理流向。交易所为资金的自由流动提供了方便，并通过每天公布的行情和上市公司信息，反映证券发行公司的获利能力与发展情况，使社会资金向最需要和最有利的方向流动。

（6）提供交易信息。证券交易依靠的是信息，包括上市公司的信息和证券交易信息。交易所对上市公司信息的提供负有督促和适当审查的责任，对交易行情负即时公布的义务。

（7）降低交易成本，促进证券的流动性。如果不存在任何正式的经济组织或者有组织的证券集中交易市场，投资者之间就必须相互接触以确定交易价格和交易数量，以完成证券交易。这样的交易方式由于需要寻找交易对象，并且由于存在信息不对称、交易违约等因素会增加交易的成本，降低交易的速度。因此，集中交易市场的存在可以增加交易机会、提高交易速度、降低信息不对称、增强交易信用，从而可以有效地降低交易成本。

二、交易所的组织形式

世界各国证券交易所的组织形式大致可分为以下两类。

1. 会员制

会员制是证券交易所的传统组织形式，以会员协会形式成立的不以盈利为目的的组织，主要由证券商组成。只有会员及享有特许权的经纪人才有资格在交易所中进行证券交易。会员对交易所的责任仅以其交纳的会费为限。会员制交易所通常也都是法人，属于社团法人，但也有一些会员制交易所（如美国的美国证券交易所）不是法人组织，其原因主要是为避免司法部门干预它的内部规定。我国1997年发布的《证券交易所管理办法》规定：交易所是不以盈利为目的，为证券的集中和有组织的交易提供场所、设施，并履行相关职责，实行自律性管理的会员制事业法人。

采用会员制的交易所的佣金和上市费用比较低，从而在一定程度上可防止上市股票的场外交易。但是，由于经营交易所的会员本身就是股票交易的参加者，因而在股票交易中难免出现交易的不公正性。同时，因为参与交易的买卖方只限于证券交易所的会员，新会员的加入一般要经过原会员的一致同意，这就形成了一种事实上的垄断，不利于提高服务质量和降低收费标准。

2. 公司制

公司制证券交易所是由银行、证券公司、投资信托机构及各类公民营公司等共同投资入股建立起来的公司法人。由于所有权、控制权和交易权并不挂钩，交易所可以允许客户以外的市场参与者和非市场参与者对企业有投票权，也可允许非会员成为其客户。公司制的交易所的理想目标是实现利润最大化。

公司制证券交易所以营利为目的，提供交易场所和服务人员，以便利证券商的交易与交割。从股票交易实践可以看出，这种证券交易所要收取发行公司的上市费与证券成交的佣金，其主要收入来自一定比例的买卖成交额。而且，经营这种交易所的人员不能参与证券买卖，一定程度上可以保证交易的公平。

但是，由于证券交易额的多少与交易所利益直接相关，从而使证券交易所成为独立于证券买卖双方以外的第三人。证券交易所为了增加收入，可能会人为地推动某些证券交易活动，容易形成在证券交易所影响下的证券投机，进而影响证券交易市场的正常运行。与此同时，有的证券交易参加者为了避开公司制证券交易所的昂贵上市费用和佣金，可能会将上市证券转入场外交易市场去交易。

目前，自20世纪90年代以来，世界主要交易所已经先后实行了从会员制向公司制的转变，并掀起了收购兼并的浪潮。如：纽约证券交易所、伦敦证券交易所、NASDAQ、香港联交所、东京证券交易所等均已经是公司制交易所。公司化之后，欧洲大陆的主要交易所合并成泛欧交易所，2007年又与纽约证券交易所合并成纽约泛欧交易所，2012年它们又被美国洲际交易所集团收购。

三、交易指令

多数交易所都规定只有会员或享有特权的经纪人才能在现场进行交易，众多的普通交易者根本不可能亲临现场，他们只能以交易指令的形式委托自己的经纪人实现自己的交易要求。

交易指令，是交易者向经纪商或交易所提交的交易指示。在指令里说明交易者希望自己的交易如何安排：交易者想要交易的对象，交易的方向是买还是卖，希望交易的数量。一个指令还应包括交易应该满足的条件，最普遍的条件是限定交易者可以接受的价格，其他的条件还可能包括：指令的有效期，指令何时可以被执行，指令是否可以被部分执行，指令要提交到何处，以及如何搜寻交易对手。有些指令甚至会指定交易对手。

在快速变化的市场上进行交易，信息的交流必须清晰而有效，否则经纪人可能不能准确地理解交易者的交易意图，从而导致交易损失。为了避免错误，大多数的交易者都选择使用标准指令以降低误解的可能性。标准指令的很多交易条件采用缺省值，比如指令的有效期等。所有的交易者都知道并理解这些标准指令。典型的指令类型有限价指令和市价指令，所有其他价格形式的指令在撮合时均必须转化成市价指令或限价指令后才能在系统中进行匹配。

（一）限价指令

限价指令是最基本的指令类型。一个限价指令应该要说明的内容主要包括（有些内容可能缺省）：交易对象、交易方向（买或卖）、交易数量和有效时间（指令何时到期）。

例如：

"买入2 000股中国石油，限价6.82。"

该限价指令的意思是：买2 000股，价格要小于等于6.82元/股。如果该价格无法达到，保留该指令。如果直到这一天的交易时间结束，该指令还未被执行，该指令就自动被取消。该指令的有效期缺省为当日。

指令也要求以尽可能好的价格执行，其所设定的价格是强调执行价格不能比设定的价格更差。对于买入限价指令，交易价格必须小于或等于指令设定的价格，对于卖出限价指令，交易价格必须大于或等于指令设定的价格。

对于一个限价指令，它没有被执行的保证。其成交的可能性取决于它所设定的价格。如果一个买入限价指令的价格太低，可能永远无法执行；同样，如果一个卖出限价指令的价格太高，也可能永远无法执行。

限价指令的优点是价格风险是可预测和可控制的，其最坏的情况就是成交价等于限价。

（二）市价指令

仅指明交易的数量，而不指明买进或卖出价格的指令。市价指令的成交价格为指令进入市场或指令撮合时市场上最好的价格，也叫随行就市指令。

例如：

"市价买入中国银行1 000股"

这等于告诉交易所（或经纪人）："以尽可能低的价格买1 000股中国银行，但指令要立即执行"。

市价指令通常都能被快速执行；但有时要以次优的价格成交。没有耐心的交易者，想确切实现交易的交易者会使用市价指令，市场指令需要流动性。

市场指令的执行情况取决于指令的规模以及当前市场上可获得的流动性。小的市价指令通常都能立即被执行，并且对市场价格没有影响或影响较小。小的市价买入指令通常以最优的卖出报价成交；小的市价卖出指令通常以最优的买入报价成交。

市价指令的最大优点是可将执行风险最小化，经纪商可按照市场上尽可能好的价格（市场上最高的买价和最低的卖价）立即成交；换句话说，市价指令在价格排列次序上居于第一位。由于大多数市场遵循价格优先原则，所以市价指令的执行风险是最小的。

市价指令的缺点主要有如下两方面。

（1）成交价格可能是市场上最不利的价格。投资者提交市价指令意味着其愿意接受最不利的市场买卖价格。例如，当市场价格在20.25~20.5元之间波动时，投资者提交市价指令买进订单，其成交价格可能就是20.5元。

（2）成交价格不确定。若投资者要求以市价买进，则必须承担滞后带来的不确定性，因为，指令成交时的价格可能会与投资者提交指令时的价格发生偏离，或者从投资者报价到指令到达经纪商手中那段时间内，价格可能发生较大变化，在市场波动剧烈的情况下更是如此。投资者因此须承担价格风险，而该风险随市场波动的增大而增大。对于该风险很在意的投资者会倾向于使用限价指令，比如专门从事交易活动，靠赚取价差收益的投资者一般很少使用市场指令。

综上所述，交易者通常使用指令与帮助他们安排交易的经纪商或交易所进行沟通和交流，为了降低交流过程的误解，证券市场通常标准化指令类型和指令处理过程。最重要、最典型的指令类型是市价指令和限价指令。当交易者希望以市场上的最优价格获得立即交易时，会使用市价指令。当交易者希望对自己的交易设定一个可接受的价格时，会选择使用限价指令。

不同的指令类型有不同的不确定性，市价指令的成交价格是不确定的，而限价指令能否成交是不确定的。

不同的指令类型对市场流动性影响也不同。由于限价指令给其他交易者创造了交易机会，给市场提供了交易选择权。因此，限价指令是供给流动性，使用市价指令就是消耗流动性。

四、证券交易机制

一个市场要能够有序、高效地组织交易，除了要有标准指令以高效传递和集中潜在的交易需求等信息外，也要有规则决定如何使用指令、如何处理指令、如何执行交易、如何传递信息等。一个市场所使用的这些交易规则和交易的执行系统就被称为市场交易机制。

交易机制的分类方法一般有两种：一种根据安排交易的过程和方法——交易执行系统的不同分为：指令驱动市场、报价驱动市场和经纪商市场。在报价驱动市场中，做市商与其客户进行交易时，由做市商安排所有交易；在指令驱动市场中，通过指令处理规则来匹配买者和卖者，通过交易定价规则来确定交易的成交价格；而经纪商市场，经纪商帮助买者和卖者相互寻找以安排交易。另一种是根据交易发生的时间——交易期的不同，分为连续交易市场和定期交易市场（也称为集合市场）。在连续交易市场中，只要市场是开放的，交易者都可以安排交易；而在集合市场，所有交易只在市场集合时发生。

（一）执行系统

执行系统是指一个市场用于匹配买者和卖者以形成交易的过程和方法。由于执行系统是一个市场的基本特征，通常根据执行系统的不同；市场分为三类：报价驱动市场、指令驱动市场和经纪商市场。兼具这三种机制的市场称为混合市场。

1. 报价驱动市场

报价驱动市场也称为做市商市场。在一个典型的做市商市场，证券交易的买卖价格均由做市商给出（双向报价），证券买卖双方并不直接成交，而是从做市商手中买进或卖出证券，做市商在其所报的价位上接受投资者的买卖要求，以其自有资金或证券与投资者进行证券交易，即做市商将自己的持仓股票（或借券）卖给买方，或用自有资金（或融资）从卖方手中买进股票。做市商买卖差价就是做市商的收入来源。做市商制度的基本特征是：证券成交价格的形成由做市商决定，且投资者无论买进或卖出证券，都只同做市商进行交易，与其他投资者无关。做市商之间也会进行交易。

例如：在纯粹的报价驱动市场上，如果丁先生想买入一证券，他必须找到一个做市商，从做市商处购入；类似地，黄女士想要卖出一证券，也必须找到愿意买她的证券的做市商。虽然他们之间愿意直接进行交易，但在该市场上，他们通常无法安排这样的交易，他们只能通过一个或多个做市商为中介，间接地完成交易。

在这类市场上，做市商总是持续地在市场上提供愿意买入和愿意卖出的报价。因此，被称为报价驱动市场。在该类市场上，做市商提供了全部的流动性，因此，也被称为做市商市场。

在大多数的做市商市场上，可能会有多家做市商在相同的交易工具上提供做市服务。交易者需要交易时通常会同时向不同的做市商询价，然后选择提供最优价格和最好服务的做市商。做市商也可能会选择客户，通常只与有信用，可信任的交易者交易。那些与做市商没有信用关系的交易者，只能通过经纪商，由经纪商保证他们的交易结算，才能与做市商交易。

做市商是通过低买高卖获取价差收益提供交易服务的，是典型的交易服务商，不是投资者，他们不会过多地关注交易工具的价值及其变化趋势，也不愿意持有过多的空头和多头。在每天交易结束之后，总是希望能平掉当天交易累积下来的头寸，以规避价格变动风险。因此，做市商之间有相互交易的需要，一般做市商之间的交易由做市商间经纪人安排。多数做市商不愿意其他做市商知道他们的交易，通过做市商间经纪人提供服务，能让做市商间匿名地进行交易，以保护做市商和他们客户免于竞争对手的猎食行为。

2. 指令驱动市场

指令驱动市场也叫竞价市场。与做市商市场相反，在指令驱动的交易中，买卖双方直接进行交易，或将委托交给各自的代理经纪商，由其将自己的委托呈交到交易市场，在市场的交易中心以买卖双向价格为基准实行撮合，达成交易。

指令驱动交易的基本特征是：证券成交价格的形成由买卖双方直接决定，投资者买卖证券的对象是其他投资者（通常委托证券经纪商进行）。

在指令驱动市场，交易者先提交交易指令，然后市场组织者利用一定的交易规则安排交易。交易规则一般包括指令优先规则和交易定价规则，其中指令优先规则决定哪个买者与哪个卖者交易，交易定价规则决定交易的成交价格。

如果在指令驱动市场上，交易双方有一方只有一个交易者，而不是多个，那么，它的交易过程实际上就是一个拍卖过程，只不过现在交易双边都有多个交易者。因此，大多数的指令驱动市场也被称为双向拍卖市场。在指令驱动市场上，交易规则让交易双方寻找最优交易价格的过程形式化了，该过程也被称为价格发现过程，因为它揭示了买者与卖者之间最优匹配的价格。

指令驱动市场的结构差异很大，有些实行批量交易机制。交易者在交易之前提交指令，在一次市场集合之后，用统一或不同的价格安排全部交易。有些市场执行连续双向拍卖机制，这类市场本质上都是基于限价指令簿的交易机制，交易者可能随时提交指令；每当新指令进入，执行系统或人员就在限价指令簿上寻找匹配指令，然后执行成交，如果无法匹配就将其加入限价指令簿。

还有些市场执行交叉网络机制。这类市场只有指令优先规则，而没有定价规则，交易者提交的指令也只需表明买卖的数量，而无须说明价格要求。这类市场的交易执行价格通常引用其他市场上的价格。因此，它没有价格发现过程，通常被归入另类交易市场。

3. 经纪商市场

对于有些具有独特性质的标的物品的交易，既无法在做市商市场进行，也无法在指令驱动市场进行，那么它的交易就需要经纪商提供服务。比如：大宗的股票或债券的交易，这些股票或债券的小规模交易可能都比较容易，也都存在流动性很好的市场。但对于大宗交易，做市商可能不愿接手，它会担心无法平掉头寸；交易者也不愿意使用公开的、长期有效的指令，他会担心遭遇逆向选择，从而支付过高的交易成本。此外，还有房地产市场也类似。这类市场的主要特征是交易物品的价值太大，交易很不频繁，从而做市商不愿持有头寸，交易者也不愿使用公开且长期有效的指令。

在经纪商市场上，经纪商会主动搜寻以匹配买者和卖者，但通常是在交易者向经纪商提出交易需求时，开始搜寻。交易者通常不作公开报价，经纪商为提供报价的交易者寻找交易对手。

经纪商与做市商的区别是：经纪商只帮助寻找流动性，通过收取交易佣金提供服务，而做市商直接作为交易对手参与交易，提供全部的流动性，通过赚取买卖价差获得服务收入。

（二）交易期

交易期是指交易发生的时间。根据交易期的不同，市场可分为连续交易市场和集合市场（或称为定期交易市场、批量交易市场）。

在连续市场上，只要市场开放，交易者可以在任何时间交易，通常只在交易者需要流动性的时候交易。连续交易市场很普遍，几乎所有的股票、债券、期货和外汇等都有连续交易市场。

在集合市场上，所有交易都只有在市场集合时发生。有的集合市场可以同时撮合所有证券，有的以轮流方式一次撮合一支证券。以轮流方式撮合的市场，可能在一个交易期内只进行一次撮合，也可能进行多轮的撮合。

许多连续指令驱动的市场，都以集合竞价开市，然后转向连续交易，很多市场也用集合方式重开暂停的交易。有些证券只有集合市场机制交易，大部分的政府债券都以集合竞价方式发行。如泛欧交易所对交易不活跃的证券只采用集合竞价方式交易。

集合市场的主要优点是能够将对某一给定金融工具有兴趣的全部交易者的注意力集中到一个相同的时间和地点。当买方和卖方在相同的时间和地点寻找流动性时，相互之间就能够更容易地找到对方。而连续交易市场的主要优点是允许交易者在任何他想交易的时候就能进行交易。该灵活性对于缺乏耐心的、不愿意等待下一次市场集合的交易者是非常重要的。

（三）限价指令簿

在连续交易指令驱动市场，交易所（或经纪商）会为新进入的限价指令尽可能快地安排交易。如果没有愿意接受限价指令所设定条件的交易者或指令存在，该限价指令将无法成交，将被作为交易机会，被登记在案，直到它到期或由交易者自行撤销。

通常所有未被执行的限价指令被记录在一个文件，该文件就称为限价指令簿。指令簿可以是电子数据库、文件、放纸质指令单的盒子或公告板。芝加哥商品交易所（CME）对某些活跃程度较低的合约（如黄油、干酪等）是通过一个记录在黑板上的限价指令簿交易。现在的指令簿普遍以电子数据库方式维护。

限价指令簿可以有买入和卖出指令，指令簿上的指令大多数都是开放的限价指令，也可能包括止损指令等其他指令。

限价指令簿的管理或维护在不同的市场可能有不同的方式。可以由经纪商、交易所甚至做市商来维护。在美国的期货现场交易中，每一个经纪人可以有其各自的指令簿。在许多其他市场，指令簿是统一的，所有未被执行的限价指令都被记录在一个相同的指令簿上。

限价指令簿具有很重要的有价值的信息，它们揭示了交易者愿意交易的条件，因此，能否访问指令簿是交易者获利能力的重要决定因素。

开放指令簿市场向所有的交易者显示他们的指令簿，而封闭指令簿市场却不公开他们的指令簿。

交易者通常都希望看到限价指令簿，但又不想让别的交易者看到自己的指令，则在开放指令簿市场，有些交易者就不愿意提交长期有效的指令。他们会持有指令直到合适的交易机会出现。如果交易者提交长期有效的限价指令在系统指令簿上，基于规则的指令簿系统能够最有效地工作。因此，交易所会采取措施保护提交限价指令的交易者，鼓励他们尽早提交限价指令。有些市场会限制对指令簿的访问，或者允许交易者对自己的指令设定条件，不在公开指令簿中揭示。例如，泛欧股票市场（euronext）就允许交易者提交不公开的限价指令。

综上所述，不同市场的市场结构在如何安排交易方面差异很大。在报价驱动市场，做市商提供全部的流动性，并安排所有的交易；在指令驱动市场，交易所或电子交易系统通过匹配公开指令安排交易。不同的市场在何时、何地交易方面也存在显著的差异。集合市场仅在市场集合时才有交易产生；而连续市场在市场开放期间都可以交易。这些差异决定了市场如何运作，谁最了解市场状况，谁可以最先行动等。

在实践中，定期交易市场通常只用指令驱动的执行系统，称为集合竞价市场；做市商制度只在连续交易市场中使用；而连续的指令驱动市场本质上就是基于限价指令簿的交易市场，也称为连续竞价市场。因此，我们将市场结构直接分为三种基本类型：集合竞价市场、连续竞价市场和做市商市场。

交易机制的主要功能就是将交易者的潜在交易需求转变为现实的交易。该转变的关键就是价格发现，寻找市场出清价格的过程。

五、集合竞价交易机制——单一价格双向拍卖

单一价格双向拍卖是集合竞价市场的一种主要交易机制，该机制在某一规定时间内，由交易者根据自己的交易需要，按照市场给定的指令类型自由地进行买卖指令申报，然后特定的指令处理系统（现在一般都是计算机处理系统）对全部申报指令按照价格优先、时间优先等原则排序，并在此基础上，找出一个市场出清价格，该价格应满足一些特定的条件要求，这些条件一般包括如下三个方面。

（1）成交量最大。

（2）高于出清价格的买入指令和低于出清价格的卖出指令全部成交。

（3）与出清价格相同的买卖双方中有一方申报全部成交。

集合竞价过程中，若产生一个以上满足条件的价格，不同的市场会有不同的定价规则。有的选择这几个价格的中间价格为成交价格，有的会选取离前一个收盘价最近的价格为成交价格。所有的交易都在同一时刻、同一价格上成交。

在实践中，不同的市场在具体规则上还会有一些差异。比如有的市场允许使用市价指令，而有的只能使用限价指令；在市场出清之前，交易者提交指令时，可以查看到完整的指令提交情况，有的可以看到汇总过的情况，有的完全不能查看，有的还可以看到指示性的出清价格。这些信息供给的差异会影响交易者的指令提交策略。此外，不同市场在是否允许、何时允许撤销指令方面也会不同。

总之，单一价格双向拍卖机制有三个基本的过程。首先，买者和卖者提交指定价格和数量的交易指令；其次，对指令排序构造供给和需求曲线；最后，寻找市场出清价格并出清市场。

以下是一个典型的单一价格双向拍卖过程，它的开市过程可以使用市价指令和限价指令。

在上午9：00~9：25交易者可以输入、修改或撤销指令；然后进入市场集合阶段，停止接收指令，对已提交的买卖指令分别按照价格累加排序，构造供给和需求曲线。

假设有以下供给和需求曲线（见表5-3）。

表5-3　　　　　　　　　　　撮合前的供给与需求状况

卖　方		价格	买　方	
合计（元）	数量（股）	（元）	数量（股）	合计（元）
		市价	4 000	4 000
44 000	8 000	502	1 000	5 000
36 000	20 000	501	7 000	12 000
16 000	4 000	500	10 000	22 000
12 000	2 000	499	8 000	30 000
10 000	4 000	498	30 000	60 000
6 000	6 000	市价		

然后在以上供给和需求曲线上，寻找满足以下条件的市场出清价格，并安排所有满足条件的指令成交：

（a）所有市价指令被出清；

（b）所有指定价格高于市场出清价格的限价买入指令，所有指定价格低于市场出清价格的限价卖出指令均被执行；

（c）对于指定价格就等于出清价格的指令，至少一方可以全部成交。

我们先试一下500元作为出清价格。

首先，根据条件（a）4 000股的市价买入指令和6 000股的市价卖出指令先匹配，剩下2 000股卖出指令（见表5-4）。

表5-4　　　　　　　　　　市价指令成交前的供给与需求状况

卖方（股）	价格（元）	买方（股）
	市价	4 000
8 000	502	1 000
20 000	501	7 000
4 000	500	10 000
2 000	499	8 000
4 000	498	30 000
6 000	市价	

其次，根据条件（b）2 000股市价卖出指令和限价在499元及以下的6 000股卖出指令与限价大于等于501元的8 000股买入指令相匹配；这样，总的就有12 000股相匹配（见表5-5）。

表 5 – 5 优于 500 元报价的所有指令成交前的供给与需求状况

卖方（股）	价格（元）	买方（股）
	市价	
8 000	502	1 000
20 000	501	7 000
4 000	500	10 000
2 000	499	8 000
4 000	498	30 000
2 000	市价	

最后，限价 500 元的 4 000 股卖出指令与限价 500 元的 10 000 股买入指令相匹配（时间优先），虽然还剩下 6 000 股买入指令不能成交，但它满足条件（c）（见表 5 – 6）。

表 5 – 6 报价 500 元的指令成交前的供给与需求状况

卖方（股）	价格（元）	买方（股）
	市价	
8 000	502	
20 000	501	
4 000	500	10 000
	499	8 000
	498	30 000
	市价	

这样，市场出清价格就确定为 500 元，总共有 16 000 股在 500 元处成交。

为谨慎起见，将出清价格定于 501 元，再重新检验一下，见表 5 – 7。

按要求（a），市价指令先匹配，剩下 2 000 股卖出指令；假定出清价格为 501 元，剩下的 2 000 股市价卖出指令和 10 000 股限价小于等于 500 元的卖出指令与限价大于等于 502 元的 1 000 股相匹配。但是，只有 1 000 股买入指令不可能执行全部的市场卖出指令。这意味着在 501 元，条件（b）的要求无法满足。

表 5 – 7 以 501 元出清时的指令成交状况

卖　方		价格	买　方	
合计（元）	数量（股）	（元）	数量（股）	合计（元）
		市价	4 000	4 000
44 000	8 000	502	1 000	5 000
36 000	20 000	501	7 000	12 000
16 000	4 000	500	10 000	22 000
12 000	2 000	499	8 000	30 000
10 000	4 000	498	30 000	60 000
6 000	6 000	市价		

本章小结

投资银行是主要从事证券发行、承销、交易、企业重组、兼并与收购、投资分析、风险投资、项目融资等业务的金融中介机构。投资银行与商业银行在本源业务、筹资手段、利润主要来源、经营管理风格和宏观管理等方面存在着较大区别。根据商业银行与投资银行关系紧密程度不同，可将投资银行的发展模式分为分离型模式和混合型模式两种。从实践来看，混合经营模式主要存在全能银行型和金融控股公司型两种类型。经过最近二百多年的发展，现代投资银行已经突破了传统的证券发行与承销、证券交易与经纪等业务，企业并购、资产管理、财务顾问、风险投资、项目融资、衍生品交易、资产证券化等已经成为投资银行的核心业务。作为"资本市场的灵魂"，投资银行是联系资本市场上筹资者和投资者极为重要的金融中介，在现代金融体系中执行着：媒介资金供求，提供直接融资服务；构建发达的证券市场；优化资源配置；促进产业集中等方面的职能。

作为证券市场的组织者和核心机构，证券交易所的业务主要包括两类：一类是证券发行业务，一类是证券交易业务，包括基准证券或结构性金融产品交易和金融衍生产品交易。证券交易所具有以下功能：提供证券交易场所；形成与公告价格；集中各类社会资金参与投资；引导投资的合理流向；制定交易规则；维护交易秩序；提供交易信息；降低交易成本，促进证券的流动性。其组织形式一般有会员制和公司制两种形式，它们各有优缺点。普通交易者以交易所规定的标准交易指令委托自己的经纪人实现交易要求，典型的指令类型有限价指令和市价指令。

一个交易所使用的交易规则和执行规则的交易系统被称为交易机制。交易机制根据执行系统和交易期的不同可分为三种基本类型：集合竞价市场、连续竞价市场和做市商市场。

集合竞价市场的典型交易机制是单一价格双向拍卖。单一价格双向拍卖机制的交易过程是：首先由交易者提交交易指令；其次对交易指令排序，构造供给和需求曲线；最后，根据最大化成交量等原则寻找市场出清价格，并出清市场。

连续竞价市场是通过交易者提交市价或限价指令直接与限价指令簿上的已有指令撮合成交，如果不能撮合就加入限价指令簿，如此反复，以实现连续交易；因此，连续竞价市场也称为限价指令簿市场。

在做市商市场上，做市商通过提供买卖报价，并接受交易者的交易需求，提供做市服务。因此，该类市场也称为报价驱动市场，在该市场上做市商提供了全部的流动性。证券成交价格的形成由做市商决定，投资者无论买进或卖出证券，都只同做市商进行交易，与其他投资者无关。

复习思考题：

1. 什么是投资银行？投资银行具备哪些特点？
2. 投资银行与商业银行主要有哪些区别？
3. 什么是投资银行的分离型模式？什么是投资银行的混合型模式？这两种模式各有何优劣？

4. 如何理解投资银行发展模式中的全能银行型和金融控股公司型？

5. 现代投资银行具有哪些主要业务？请举例说明。

6. 什么是限价指令和市价指令？它们各有什么特点？

7. 简述报价驱动机制和指令驱动机制的交易过程。

8. 什么是限价指令簿，如何通过限价指令簿组织交易？

9. 下表是纽约证券交易所某专家的限价委托簿：

限价买入委托		限价卖出委托	
价格（美元）	数量（股）	价格（美元）	数量（股）
39.75	10 000	40.25	2 000
39.50	12 000	41.50	3 000
39.25	8 000	44.75	4 000
39.00	3 000	48.25	2 000
38.50	7 000		

该股票最新的成交价为 40 美元。

（1）如果此时有一市价委托，要求买入 2 000 股，请问按什么价格成交？

（2）下一个市价买进委托将按什么价格成交？

（3）如果你是专家，你会增加或减少该股票的存货？

10. 单一价格双向拍卖是如何确定交易价格的？

作业：

1. 查找资料，了解美国华尔街五大投资银行的历史和现状。

2. 请上网了解上海证券交易所和深圳证券交易所，简述它们的交易机制的主要特点。

第六章　其他金融机构

---------- **本章导读** ----------

你可能会接到电话问你是否需要贷款，或者是否要参加某证券公司举办的投资讲座，或者是否要购买某款保险产品；你和你的朋友、家人可能参与了余额宝或其他宝类储蓄投资；通过手机和网络，人们可以更方便地进行转账代扣、证券买卖、资金借贷、理财投资等。这些，都是因为在一国金融系统中，除了中央银行、商业银行、投资银行、交易所外，还有许多金融机构利用各种渠道为个人和企业提供金融服务，在现代经济金融活动中发挥着重要的作用。如果按照资金来源（负债）和资金运用（资产）的不同，这些金融机构可以分为投资类、契约类、存款类三类[1]，但具体的分类和名称，不同国家则不尽相同。

本章将分别介绍投资类金融机构、契约类金融机构、政策性银行和非银行金融机构，从而对一国金融体系中的各种金融机构及其主要业务和功能进行简要的了解。

第一节　投资类金融机构

投资类金融机构指在直接金融领域内为投资活动提供中介服务或直接参与投资活动的金融机构，主要包括金融公司、投资基金等。这些机构的服务或经营内容都是以证券投资活动为核心的。本节将主要介绍金融公司和投资基金。

一、金融公司

指通过出售商业票据、发行股票或债券以及向商业银行借款等方式来筹集资金，并用于向购买汽车、家具等大型耐用消费品的消费者或小型企业发放贷款的金融机构。金融公司主要分为三种：销售金融公司、消费者金融公司和商业金融公司。

销售金融公司是由一些大型零售商或制造商建立的，旨在提供消费信贷的方式来促进企业产品销售的公司。例如，福特汽车信贷公司便是福特汽车公司为了促进汽车销售而建立的；通用汽车公司等也有类似的机构。

消费者金融公司专门发放小额消费者贷款，由于贷款规模小，平均管理成本高，这些贷

---

① 参见米什金著：《货币金融学》（美国商学院版，原书第 2 版），马君潞、张庆元、刘洪海译，机械工业出版社 2011 年版，第 34 页。

款的利率一般也较高。其主要作用是为那些通过其他渠道很难获得贷款的消费者提供资金，从而使其免受高利贷之苦。消费者金融公司可以是一家独立的公司，也可以是银行的附属机构。

商业金融公司主要向企业发放应收账款、存货和设备为担保的抵押贷款。但在 20 世纪 70 年代后，出现了一种新的商业金融公司，它们专门买断企业应收账款来为企业提供资金（这种金融公司也叫保付代理商，这种提供资金的方式称之为保付代理，简称"保理"）。后者业务风险较高，因为金融公司是买断了企业的应收账款，如果这些应收账款到期无法收回，金融公司必须自行承担全部损失而无权向原企业追索，如果能很好地控制这方面风险的话，则金融公司会获得较高利润。

在我国，金融公司更多地表现为财务公司，是"企业集团财务公司"的简称，是一类由大型企业集团内部成员单位出资组建、并为各成员单位提供金融服务的非银行金融机构，其宗旨和任务是为本企业集团内部各企业筹资和融通资金，促进其技术改造和技术进步。企业集团财务公司是中国企业体制改革和金融体制改革的产物。1987 年批准成立了中国第一家企业集团财务公司，即东风汽车工业集团财务公司。此后，根据《国务院批转国家计委、国家体政委、国家生产办公室关于选择一批大型企业集团进行试点请示的通知》的决定，一些大型企业集团也相继建立了财务公司。历经 20 多年的发展，我国财务公司的规模日渐庞大。截至 2016 年三季度末，全国财务公司法人机构为 234 家，其中 74 家为中央企业财务公司，120 家为地方国企财务公司，民营企业财务公司与外资企业财务公司分别为 37 家与 3 家[①]。

二、投资基金

从广义上说，基金是指为了某种目的而设立的具有一定数量的资金。例如，信托投资基金、公积金、保险基金、退休基金，各种基金会的基金。人们平常所说的基金主要是指证券投资基金（简称投资基金）。

证券投资基金是指通过公开发售基金份额募集资金，由基金托管人托管，由基金管理人管理和运作资金，为基金份额持有人的利益，以资产组合方式进行证券投资的一种利益共享、风险共担的集合投资方式。

英国和美国都是世界上投资基金制度建立最早的国家。英国于 1968 年创立了世界上第一只基金，即"海外殖民地政府信托基金"，但现代意义上的第一个投资基金却是美国 1924 年建立的马萨诸塞州投资信托基金。在不同的国家，投资基金的称谓有所不同，英国和我国香港称之为"单位信托投资基金"，美国称为"共同基金"或"互助基金"，日本则称为"证券投资信托基金"。这些不同的称谓在内涵和运作上无太大区别。我国在 20 世纪 80 年代末出现了投资基金形式，并从 90 年代以后得到了较快的发展，为广大投资者提供了一种新型的金融投资选择，活跃了金融市场，丰富了金融市场的内容，促进了金融市场的发展和完善。

---

① 资料来源：2016 年 12 月 3 日 06：21 金融时报；或，新浪财经，http：//finance. sina. com. cn/roll/2016 – 12 – 03/doc-ifxyiayq2146999. shtml。

　　投资基金也可作为基金证券来理解，是指由投资基金组织发行的受益凭证或股票。它和一般的股票、债券一样都是金融投资工具，但又有些不同于一般股票、债券的特点。首先，一般的股票反映的是产权关系，债券反映的是债权关系，而投资基金反映的是信托关系。其次，股票和债券的集资主要是投向实业，而投资基金筹集的资金主要是投向其他有价证券及不动产。最后，股票的收益取决于发行公司的经营效益，因此是不确定的，投资于股票有较大风险。债券的收益一般事先确定，投资风险较小。而投资基金主要投资于有价证券，而且这种投资选择可以灵活多样，从而使投资基金券的收益和风险可能介于股票和债券之间，这就增大了投资者的选择空间。

　　投资基金的种类非常丰富，并不断出现创新发展的新形式，依据不同的标准，可以将其划分为不同的种类，见表6－1。

表6－1　　　　　　　　　　　　　　　　　投资基金的种类

分类方式	投资基金的类型
按基金的组织方式分	公司型基金和契约型基金
按基金运作方式分	开放式基金和封闭式基金
按投资目标分	成长型基金、收入型基金、平衡型基金
按投资标的分	股票基金、债券基金、货币市场基金、指数基金、黄金基金、衍生证券基金、混合基金和基金中低基金等
按基金资本来源和运用地域分	国内基金、国际基金、离岸基金和海外基金
按投资货币种类分	美元基金、英镑基金和日元基金等
按募集对象分	公募基金和私募基金

1. 公司型基金和契约型基金

　　公司型基金是按照公司法以公司形态组成的，该基金公司以发行股份的方式募集资金，一般投资者则为认购基金而购买该公司的股份，也就成为该公司的股东，凭其持有的股份依法享有投资收益。这种基金要设立董事会，重大事项由董事会讨论决定。

　　公司型基金的特点是：基金公司的设立程序类似于一般股份公司，基金公司本身依法注册为法人，但不同于一般股份公司的是，它是委托专业的财务顾问或管理公司来经营与管理；基金公司的组织结构也与一般股份公司类似，设有董事会和持有人大会，基金资产由公司所有。投资者则是这家公司的股东，承担风险并通过股东大会行使权利。

　　契约型基金又称为单位信托基金，是指把投资者、管理人、托管人三者作为基金的当事人，通过签订基金契约的形式，发行受益凭证而设立的一种基金。契约型基金是基于契约原理而组织起来的代理投资行为，没有基金章程，也没有董事会，而是通过基金契约来规范三方当事人的行为。基金管理人负责基金的管理操作。基金托管人作为基金资产的名义持有人，负责基金资产的保管和处置，对基金管理人的运作实行监督。契约型基金起源于英国，后在中国香港、新加坡、印度尼西亚等国家和地区十分流行。

2. 开放式基金和封闭式基金

　　开放式基金是指基金发起人在设立基金时，基金份额总规模不固定，可视投资者的需求，随时向投资者出售基金份额，并可应投资者要求赎回发行在外的基金份额的一种基金运作方式。投资者既可以通过基金销售机构购买基金使基金资产和规模由此相应增加，也可以将所持有的基金份额卖给基金并收回现金使得基金资产和规模相应的减少。开放式基金已成为国际基金市场的主流品种，美国、英国、中国香港和中国台湾的公募基金市场90%以上是开放式基金。

封闭式基金是指基金的发起人在设立基金时，限定了基金单位的发行总额，筹足总额后，基金即宣告成立，并进行封闭，在一定时期内不再接受新的投资。基金单位的流通采取在证券交易所上市的办法，投资者日后买卖基金单位，都必须通过证券经纪商在二级市场上进行竞价交易。由于封闭式基金在证券交易所的交易采取竞价的方式，因此交易价格受到市场供求关系的影响，并不必然反映基金的净资产值，即相对其净资产值，封闭式基金的交易价格有溢价、折价现象。国外封闭式基金的实践显示其交易价格往往存在先溢价后折价的价格波动规律。从中国封闭式基金的运行情况看，无论基本面状况如何变化，中国封闭式基金的交易价格走势也始终未能脱离先溢价、后折价的价格波动规律。

3. 货币市场基金

货币市场基金是指投资于货币市场上短期（一年以内，平均期限120天）有价证券的一种投资基金。购买者通常按固定价格（通常为1元）购入若干个基金股份，货币市场共同基金的管理者就利用这些资金投资于可获利的短期货币市场工具，如国库券、商业票据、银行定期存单、政府短期债券、企业债券等短期有价证券。因此，货币市场基金具有收益稳定、流动性强、购买限额低、资本安全性高等特点。除此之外，货币市场基金还有其他一些优点，比如可以用基金账户签发支票、支付消费账单；通常被作为进行新的投资之前暂时存放现金的场所，这些现金可以获得高于活期存款的收益，并可随时撤回用于投资。一些投资人大量认购货币市场基金，然后逐步赎回用以投资股票、债券或其他类型的基金。许多投资人还将以备应急之需的现金以货币市场基金的形式持有。有的货币市场基金甚至允许投资人直接通过自动取款机支取资金。

设立至今仅四年　余额宝成为全球最大货币市场基金

余额宝基金已超过规模1 500亿美元的摩根大通（JPMorgan）美国政府货币市场基金，成为全球最大的货币市场基金。

据英国金融时报报道，一个由中国一家高科技公司设立、用来存放网络购物剩余资金的货币市场基金，以1 656亿美元的托管资金规模，成为全球最大的货币市场基金。阿里巴巴设立四年的余额宝基金，已超过了规模1 500亿美元的摩根大通（JPMorgan）美国政府货币市场基金。

（资料来源：新浪财经2017年4月27日报道）

---

4. 对冲基金

对冲基金，也称避险基金或套利基金，是指由金融期货和金融期权等金融衍生工具与金融组织结合后，以高风险投机为手段，并以盈利为目的的金融基金。它是投资基金的一种形式，意为"风险对冲过的基金"，对冲基金名为基金，实际与互惠基金安全、收益、增值的投资理念有本质区别。对冲基金通常采用各种交易手段（如卖空、杠杆操作、程序交易、互换交易、套利交易、衍生品种等）运行对冲、换位、套头、套期来赚取巨额利润。这些概念已经超出了传统的防止风险、保障收益操作范畴。加之发起和设立对冲基金的法律门槛远低于互惠基金，使之风险进一步加大。为了保护投资者，北美的证券管理机构将其列入高风险投资品种行列，严格限制普通投资者介入，如规定每个对冲基金的投资者应少于 100 人，最低投资额为 100 万美元等。

经过几十年的演变，对冲基金已失去其初始的风险对冲的内涵。对冲基金已成为一种新的投资模式的代名词，即基于最新的投资理论和极其复杂的金融市场操作技巧，充分利用各种金融衍生产品的杠杆效用，承担高风险、追求高收益的投资模式。

5. 私募股权投资基金

私募股权投资基金，是指投资于非上市股权，或者上市公司非公开交易股权的一种投资基金。从投资方式角度看，主要指通过私募形式对私有企业，即非上市企业进行的权益性投资，在交易实施过程中附带考虑了将来的退出机制，即通过上市、并购或管理层回购等方式，出售持股获利。这一过程充满了诸多不确定因素，所以，投资者面临较大的投资风险。广义的私募股权投资基金涵盖了企业首次公开发行股票（IPO）前各阶段的权益投资，即对处于种子期、初创期、发展期、扩展期、成熟期和 Pre-IPO 等各个时期企业所进行的投资，相关资本按照投资阶段可划分为创业投资（venture capital，也叫风险投资）、发展资本、并购基金、夹层资本、重振资本、Pre-IPO 资本，以及其他如上市后私募投资（private investment in public equity，即 PIPE）、不良债权和不动产投资等。

第二节　保险公司

一、保险公司

保险公司是收取保费并承担风险补偿责任，拥有专业化风险管理技术的金融机构。企事业单位和个人为降低意外事件带来的损失，可以有意识地缴纳保险费为代价，将风险转移给保险公司承担。当保险范围内的事项发生时，保险公司给予投保人一定的经济补偿。投保人对风险进行转移和管理的客观需求是保险公司开业的最基本条件。

（一）保险公司的分类

从整体上看，保险标的可以分为两种：一是经济生活的主体，即人的身体或者生命；二是经济生活客体，即财产。因此，无论在理论还是在实践中，保险业务通常分为两大类：人寿保险和财产保险。随着社会经济关系的不断复杂化以及保险经营技术的不断发展，再保险也越来越受到重视。因此，现代商业性保险公司主要由人寿保险公司、财产保险公司和再保险公司组成。

1. 人寿保险公司

人寿保险公司主要经营人身保险，其规模普遍最大。人寿保险是以人的寿命和身体为保险标的的保险。当人们遭受不幸事故或因疾病、年老以致丧失工作能力、伤残、死亡或年老退休时，根据保险合同的约定，保险人对被保险人或受益人给付保险金或年金，以解决其因病、残、老、死所造成的经济困难。根据保障范围的不同，可以划分为人寿保险、人身意外伤害保险和健康保险。

（1）人寿保险。人寿保险又称生命保险，是以人的生存或者死亡作为保险事故的人身保险业务。对投保人来说，人寿保险兼有储蓄的性质，因为即使是定期人寿保险，投保人在投保期内未发生任何意外也可以得到一笔可观的偿付，所以，人寿保险公司可以说是一种特殊形式的储蓄机构。从总体上看，人口死亡率比较稳定；人寿保险公司能够相当准确地计算其未来的保险金支付额，且一般保险公司的保费收入经常远远超过它的赔付金额，从而聚集起大量的货币资金，保险公司通常将它用于长期投资，如购买国债及公司的债券和股票，发放不动产抵押贷款，短期资产相对较少。此外，为满足投保人意外的资金需求，西方的人寿保险公司往往也对投保人提供短期贷款。

（2）意外伤害保险。人身意外伤害保险是以人的身体为保险标的，以被保险人遭受意外伤害导致的残疾（或死亡）为给付条件的保险。人身意外伤害保险的保障项目主要有四项：死亡给付、残废给付、医疗给付和收入损失给付。一种意外伤害保险可以提供这四项保障，也可以提供其中任何一项或若干项。

人身意外伤害险一般可分为个人意外伤害保险、团队意外伤害险和特种意外伤害保险三类。个人意外伤害保险，是指以被保险人在日常生活、工作中可能遇到的意外伤害为标的的保险，保险期限一般较短，以一年或一年以下为期。团体意外伤害保险，是指社会组织为了防止本组织内的成员因遭受意外伤害致残或致死而受到巨大的损失，以本社会组织为投保人，以该社会组织的全体成员为被保险人，以被保险人因意外事故造成的人身重大伤害、残废、死亡为保险事故的保险。特种意外伤害保险是一种保险责任范围仅限于某种特种原因造成意外伤害的合同，其中最主要的是旅行意外伤害保险合同、交通事故意外伤害保险合同和电梯乘客意外伤害保险合同。

（3）健康保险。健康保险是以人的身体为保险标的，以被保险人因疾病或意外伤害而导致的伤、病风险为保险责任，使被保险人因伤、病发生的费用或损失得到补偿的保险。按照保险责任，健康保险分为疾病保险、医疗保险、收入保障保险等。医疗保险是指以约定的医疗费用为给付保险金条件的保险，即提供医疗费用保障的保险，它是健康保险的主要内容之一。疾病保险指以疾病为给付保险金条件的保险，通常这种保单的保险金额比较大，给付方式一般是在确诊为特种疾病后，立即一次性支付保险金额。收入保障保险指以因意外伤害、疾病导致收入中断或减少为给付保险金条件的保险，具体是指当被保险人由于疾病或意外伤害导致残疾，丧失劳动能力不能工作以致失去收入或减少收入时，由保险人在一定期限内分期给付保险金的一种健康保险。

健康保险按给付方式，一般可分为三种：给付型，保险公司在被保险人患保险合同约定的疾病或发生合同约定的情况时，按照合同规定向被保险人给付保险金；保险金的数目是确定的，一旦确诊，保险公司按合同所载的保险金额一次性给付保险金；各保险公司的重大疾病保险等就属于给付型；报销型，保险公司依照被保险人实际支出的各项医疗费用按保险合同约定的比例报销，如住院医疗保险、意外伤害医疗保险等就属于报销型；津贴型，保险公司依照被保险人实际住院天数及手术项目赔付保险金，保险金一般按天计算，保险金的总数依住院天数及手术项目的不同而不同，如住院医疗补贴保险、住院安心保险等就属于津贴型。

2. 财产保险公司

财产保险起源于意大利的海上保险，早在中世纪的海事法规中就已含有规章性条款。16世纪以后，在其他西欧国家迅速发展起来，当时买卖保险契约行为已相当普遍。随着海上贸易中心的转移，到17世纪，英国伦敦成为世界最主要的海上保险市场。1666年9月2日伦敦发生历史上最严重的火灾，第二年，有人开始承保房屋的火灾风险。此后，依照海上保险的做法，对陆上财产的承保范围逐步扩大到几乎一切自然灾害和意外事故风险，保险标的从房屋扩大到任何有形财产，最后发展到许多无形财产，甚至于因财产而产生的利益也可以承保。广义的财产保险包括各种财产损失保险、责任保险、信用保证保险等业务。

（1）财产损失险。财产损失保险是以各类有形财产为保险标的的财产保险。其主要包括的业务种类有：企业财产保险、家庭财产保险、运输工具保险、货物运输保险、工程保险、特殊风险保险和农业保险等。

企业财产保险是一切工商、建筑、交通运输、饮食服务行业、国家机关、社会团体等，对因火灾及保险单中列明的各种自然灾害和意外事故引起的保险标的的直接损失、从属或后果损失和与之相关联的费用损失提供经济补偿的财产保险。

家庭财产保险是个人和家庭投保的最主要险种。凡存放、坐落在保险单列明的地址，属于被保险人自有的家庭财产，都可以向保险人投保家庭财产保险。

运输工具保险是以各种运输工具本身（如汽车、飞机、船舶、火车等）和运输工具所引起对第三者依法应负的赔偿责任为保险标的的保险，主要承保各类运输工具遭受自然灾害和意外事故而造成的损失，以及对第三者造成的财产直接损失和人身伤害依法应负的赔偿责任。一般按运输工具不同分为机动车辆保险、飞机保险、船舶保险、其他运输工具保险（包括铁路车辆保险、排筏保险）。

货物运输保险是以运输途中的货物作为保险标的，保险人对由自然灾害和意外事故造成的货物损失负责赔偿责任的保险。

工程保险是对建筑工程、安装工程及各种机器设备因自然灾害和意外事故造成物质财产损失和第三者责任进行赔偿的保险。它是以各种工程项目为主要承保对象的保险。

特殊风险保险是指为特殊行业设计的各种保险。主要指航空保险、航天保险、核电站保险和海洋石油开发保险，其特征是高价值、高风险、高技术（其中高技术是指特殊风险保险承保、理赔的技术含量较高）。

农业保险是指专为农业生产者在从事种植业和养殖业生产过程中，对遭受自然灾害和意外事故所造成的经济损失提供保障的一种保险。

（2）责任保险。责任保险是以被保险人依法应负的民事损害赔偿责任或者经过特别合同约定的合同责任作为保险标的的一种保险。责任保险作为一类独立体系的保险业务，开始于19世纪中叶，发展于20世纪70年代。责任保险的产生与发展壮大，被称为保险业发展的第三阶段，使保险业由承保物质利益风险和人身风险后，扩展到保各种法律风险。虽然责任保险发展的时间相对其他保险而言非常短，但是目前已经成为具有相当规模和影响力的保险险种。

根据业务内容的不同，责任保险可以分为公众责任保险、产品责任保险、雇主责任保险、职业责任保险和第三者责任保险五类业务，其中每一类业务又由若干具体的险种构成。

（3）信用保证保险。信用保证保险是以信用风险为保险标的保险，它实际上是由保险人（保证人）为信用关系中的义务人（被保证人）提供信用担保的一类保险业务。信用保证保险是现代保险中的一类新兴业务，相对于一般财产保险和人寿保险来说历史不长。

在业务习惯上，因投保人在信用关系中的身份不同，而将其分为信用保险和保证保险两类。通常将权利人投保义务人信用的保险业务叫信用保险。例如，货物出口方担心进口方拖欠货款而要求保险人为其提供保险，保证其在遇到上述情况遭受经济损失时，由保险人赔偿。将义务人投保自己信用的保险业务叫保证保险。保证保险是指被保证人根据权利人的要求，请求保险人担保自己信用的一种保险。例如，某工程承包合同规定，承包人应在签订合同后一年半内交工，业主（权利人）为能按时接收工程，要求承包人购买履约保证保险，假如在约定条件下承包人不能按时交付工程项目，给权利人造成经济损失，由保险人负责赔偿。

3. 再保险公司

再保险公司是指专门从事再保险业务、不直接向投保人签发保单的保险公司，即保险公司的保险公司。再保险也称分保或"保险的保险"，指保险人将自己所承担的保险责任，全部或部分地转嫁给其他保险人承保的业务。再保险业务中分出保险的一方为原保险人，接受再保险的一方为再保险人。再保险人与本来的被保险人无直接关系，只对原保险人负责。作为保险市场一种通行的业务，再保险可以使保险人不致因一次事故损失过大而形成对赔偿责任履行的影响，一般出现在财险中比较多。

（二）保险公司的社会与经济功能

保险公司在承保风险过程中，具有独特的社会功能和重要的经济功能，主要反映在如下四个方面。

1. 提供有形的经济补偿

保险公司对投保人在意外事故中遭受的经济损失和人身伤害，按照合同规定的责任范围给予一定数量的经济补偿和给付，达到少数人的损失由多数人共同分担的目的。

2. 提供无形的、精神上的安全保障

通过保险合同的签订，保险公司在精神上为投保人提供了安全保障。在承保期间，如果没有发生承保范围内的意外事故，保险公司无须向投保人提供经济补偿。

3. 强化了投保人的风险意识

人们越来越多地关注生产生活中不确定因素所造成的不利影响，积极防范风险。除了采取与保险公司建立一定保险合同关系的方式防范风险，还通过完善自身防范措施降低风险发生的可能性，使生产生活中的一些隐患问题得到解决。

4. 参与金融市场的投融资活动

保险公司在集中投保人特定范围的风险、为投保人提供风险管理服务的同时，涉及对保险资金进行运作的业务。保险资金一般情况下比较稳定，保险公司可以进行多样化的投资运作。这当中，保险公司作为机构投资者向金融市场提供了大量资金，并促进了储蓄资金向生产性资金的有效转化。

二、社会保险与社会保障机构

社会保险与社会保障机构是在商业保险的基础上出现的。社会劳动者在劳动就业过程中可能会遭遇一些变化从而使其生活水平受到一定程度的影响，如失业、退休、生病等使劳动所得收入减少、额外支出增加，进而影响个人和家庭的正常生活，甚至基本生活需求都难以保障。于是，除了对意外的不幸事件进行防范的保险需求外，单位企业职工还产生了预防失业、退休、生病等事项的保险需求，相应产生了养老保险、失业保险、医疗保险等保险种类，这些险种能满足职工退休后的养老费用、失业后的生活费用和生病后的医疗费用的支出需要，满足了个人和家庭的基本生活需要，能够发挥安定人心、保障政治经济的稳定作用，因此这类保险除了具有一般的社会和经济功能外，还具有更重要的社会意义。养老保险、失业保险、医疗保险等统称为社会保险。

社会保险进入政府立法阶段并作为制度建立形成于 19 世纪的德国。为缓解劳资矛盾，1883 年俾斯麦政府制定并通过了《疾病保险法》，1884 年制定并通过了《工伤保险法》，1889 年制定并通过了《伤残及养老保险法》[①]。通过这三个保险法的颁布，德国成为最早建立社会保险制度的国家。随后，其他资本主义国家也积极建立了本国的社会保险制度。社会保险制度，是指国家通过立法强制建立的一项计划安排，其核心是建立社会保险基金，对劳动者在丧失劳动能力、失业或遭受其他风险时，给予必要的经济补偿，为劳动者提供基本生活保障。

社会保障制度是在社会保险制度基础上扩展的概念，既包含了为劳动者提供的社会保险制度，又包含了为全社会成员提供最低生活保障以及一些特殊保障内容的制度安排（如社会福利、社会救助、社会优抚）。"社会保障"一词的英文"social security"，最早出现于美国 1935 年颁布的《社会保障法》，后被国际劳工组织接受并沿用至今。社会保险是社会保障的核心。社会保障是劳动者应享有的一项基本权利，是社会稳定和国家长治久安的重要保证，也是国家承担的一种法律责任，并与国家的经济发展水平相适应。

社会保险有不同的投保方式。对处于改善目的的保险需求，一般采取灵活的商业保险方式运作；对属于满足基本需求和基本生活保障的，如基本养老保险、基本医疗保险、基本失业保险等均由各国政府出面干预实施，而且投保时，大体上实行"权利和义务对等"的原则，个人要依据一定比例进行缴纳，或者有些需要个人和企业缴纳，而有些则要政府给予财政支持。目前世界各国都通过政府参与来解决社会上大量存在的失业、退休养老等社会问题。

在我国，社会保险除了包括养老保险、医疗保险、失业保险、工伤保险外，还包括特殊的住房公积金制度。我国社会保险资金的筹集采取用人单位、职工按规定各自缴纳一定比例的费用，国家财政拨款给予一定补助的做法。

一般情况下，各国政府都有专设的社会保障机构来负责各种社会保险的管理事务，而对于社会保险资金的运作则由专业投资机构负责。从社会保险资金运作机构的形式看，有的国家是由政府社会保障机构委托保险公司经营运作，有的国家是由政府社会保障机构委托基金

[①]　王广谦：《金融中介学》（第三版），高等教育出版社 2016 年版。

管理公司运作。在我国，全国社会保险基金理事会是唯一的统筹管理和运作全国社保基金的社会保障机构，简称全国社保基金。目前，理事会已经初步建立全国社会保障基金的直接投资运作与委托投资管理人相结合的制度来运作社保基金，通过战略和战术性资产配置对资产结构实施比例控制。

三、保险公司与社会保障机构的金融属性

保险公司和社会保障机构作为保险机构对所涉保险资金的运作原理是相同的，在这些资金的运作过程中，促进了储蓄资金向投资的转化，充当了金融中介。

保险机构在承保风险的过程中，通过扩大保单销售数量，汇集起大量资金。对聚积的巨额资金，保险机构除了用于对约定范围的出险进行补偿外，还需要对其进行必要的运作，也就是通过一定的方式向外融通资金，以期获得增值，从而提高保费的盈利水平，加强自身的赔付能力。保险机构在收取保费承保风险后，与投保人之间实际上建立了一种预期的债权债务关系，当投保标的发生约定损失时，保险机构必须按约进行赔偿给付，但偿付能力只有在其资产等于或超过其负债时才能得到保证，因此保险机构必须通过对资金的运用，向外融通资金，使保险资金获得增值。一般情况下，保险机构在金融市场上以机构投资者的身份对保险资金进行多样化的投资运作，比如美国的社会保障基金已成为证券市场上最主要的机构投资者，养老保险金和医疗保险金也有相当比例投放到证券市场上。由于保险资金的特殊性，保险机构对其进行的投资运作既要遵循投资的一般运作规则，也要符合国家有关资金运用的法规和政策。

总之，保险公司和社会保障机构在集中投保人特定范围的风险、为投保人提供风险损失补偿的同时，发挥了金融中介作用。

宝能系举牌万科

2015 年 1 月，前海人寿（宝能系）就通过证券交易所买入万科 A 股股票，根据披露的信息，前海人寿于 2015 年 1 月、2015 年 2 月、2015 年 3 月、2015 年 4 月、2015 年 6 月和 2015 年 7 月都有所交易。

而第一次构成举牌为 2015 年 7 月。

万科公告显示，截至 7 月 10 日，前海人寿（宝能系）通过二级市场耗资 80 亿元买入万科 A 约 5.52 亿股，占万科 A 总股本的约 5%。

半个月不到的时间，7 月 24 日，前海人寿及其一致行动人钜盛华对万科二度举牌，持有万科股份 11.05 亿股，占万科总股本的 10%。而前海人寿与钜盛华的实际控制人均为姚振华。

值得注意的是，在完成本次增持后，姚振华方面持有的万科股票数量距离万科单一大股东华润已经非常接近。

2015 年 8 月 26 日，前海人寿、钜盛华通知万科，截至当天，两家公司增持了万科 5.04% 的股份，加上此前的两次举牌，宝能系合计持有万科 15.04%，以 0.15% 的优势，首次超越了万科原第一大股东华润集团。

但是，9月4日，港交所披露．华润耗资4.97亿元，分别于8月31日和9月1日两次增持，重新夺回万科的大股东之位。截至11月20日，华润共持有万科A股15.29%股份。

11月27日～12月4日钜盛华买入万科5.49亿股，合计持有万科A股股票约22.1亿股，占总股本的20.008%，取代华润成为万科第一大股东。

宝能系"买买买"的节奏根本停不下来。截至12月24日，宝能系对万科的持股比例增至24.26%。

2016年6月26日当天万科公告，收到宝能系要求罢免包括王石、郁亮在内的万科10名董事、2名监事。至此，宝能系亮出了底牌，旨在终结万科的"王石时代"。

宝能系，则在万科A复牌后，再度"买买买"，将持有万科的股份数提至25.04%。

（资料来源：百度百科）

第三节 政策性银行

一、政策性银行的概念与特征

政策性银行是指由政府发起、出资成立，为贯彻和配合政府特定经济政策和意图而进行融资和信用活动的机构。政策性银行不以盈利为目的，专门为贯彻、配合政府社会经济政策或意图，在特定的业务领域为，直接或间接地从事政策性融资活动，充当政府发展经济、促进社会进步、进行宏观经济管理的工具。

当今世界上许多国家都建立有政策性银行，其种类较为全面，并构成较为完整的政策性银行体系。这些政策性银行在各国社会经济生活中发挥着独特而重要的作用，构成各国金融体系中的一部分。

政策性银行具有如下特征：

1. 不以盈利为经营目标

政府通过设立政策性银行来弥补商业性融资机制的不足，从而实现国家宏观经济政策目标。政策性银行业务的开展是为实现社会整体效益，不是微观效益。

2. 资金运用有特定的业务领域和对象

政策性银行只是面对那些事关国民经济全局或经济发展的薄弱环节，或是对社会稳定、经济协调发展有重要意义又无法得到商业银行融资支持的领域。

3. 不以吸收存款为主要资金来源

资金来源主要是国家预算拨款、发债集资或中央银行再贷款。资金运用以发放长期贷款为主，贷款利率较同期商业贷款要低。

二、政策性银行的作用

（一）补充和完善市场融资机制

政策性银行的融资对象，一般仅限于社会发展需要而商业性金融机构又不愿意提供资金的领域或项目，因此可以补充商业性融资的缺陷，完善金融体系的功能。

（二）诱导和牵制商业性资金的流向

一是政策性银行通过自身的先行投资行为，给商业性金融机构指示了国家经济政策的导向和支持重心，从而消除商业性金融机构的疑虑，带动商业性资金参与；二是政策性银行通过提供低息或贴息贷款可以部分弥补项目投资利润低而又无保证的不足，从而吸引商业性资金的参与；三是政策性银行通过对基础行业或新兴行业的投入，可以打破经济发展的"瓶颈"或开辟新的市场，促使商业性资金的后续跟进。

（三）提供专业性的金融服务

政策性银行一般为特定的行业或者领域提供金融服务，具有很强的专业性，积累了丰富的实践经验和专业技能，聚集了一大批精通业务的技术人员，可以为这些领域提供专业化的金融服务。

三、中国的政策性银行

1994 年，为了适应经济发展的需要，根据政策性金融与商业性金融相分离的原则，为了协调政府与市场在金融资源配置中的关系、提高整体金融运行效率，经国务院批准，中国相继建立了国家开发银行、中国进出口银行和中国农业发展银行 3 家政策性银行。它们均直属国务院领导。

这三家银行的资金来源和主要资金运用见表 6 - 2。

表 6 - 2　　　　　　　　三家政策性银行的资金来源与主要资金运用比较

名　称	资金来源	主要资金运用
国家开发银行	主要靠向国内外金融机构发行金融债券	制约经济发展的"瓶颈"项目，直接增强综合国力的支柱产业重大项目，高新技术在经济领域应用的重大项目，跨地区的大政策性项目等
中国进出口银行	以发行政策性金融债券为主，从国际金融市场筹措资金	为机电产品和成套设备等资本性货物出口提供出口信贷，办理与机电产品有关的各种贷款以及出口信息保险和担保业务，办理出口信用保险、出口信贷担保等
中国农业发展银行	以中国人民银行的再贷款为主，同时发行少量政策性金融债券	办理粮食、棉花、油料等主要农副产品的国家专项储备和收购贷款，办理扶贫贷款和农业综合开发贷款以及小型农、林、牧、水基本建设和技术改造贷款

"一带一路"资金融通力度不断加大 政策性银行 2017 年将再加码

据统计 2016 年，中国对"一带一路"沿线 53 个国家直接投资达到 145.3 亿美元，中国企业在相关 61 个国家新签的合同总额达到 1 260.3 亿美元。

财政部国际财经中心三任周强武表示，资金融通是"一带一路"建设的重要支撑，是"五通"中的关键一环。当前形成了以国家政策性银行、开发性金融机构为主导，市场化运作的丝路基金、商业机构、私营部门资金投入等多种资金协同支持的局面。

目前来看，两大政策性银行 2017 年国际业务很重要的工作就是支持"一带一路"建设，丝路基金将加大拓展相关业务，亚投行 2017 年投资规模也有望加大。

截至 2016 年年底，作为我国最大的对外投融资合作银行——国家开发银行在"一带一路"沿线国家累计支持项目超过 600 个，贷款余额超过 1 100 亿美元，项目涵盖基础设施、产能合作、金融合作等领域。

中国进出口银行 2016 年支持"一带一路"、国际产能和装备制造合作项目 603 个，贷款余额同比增长 13%，"走出去"贷款项目 208 个，贷款余额同比增长 17%。

2017 年，两大政策性银行还将加大支持力度。

（资料来源：21 世纪经济报道，2017 年 3 月 9 日）

第四节 其他非银行金融机构

金融服务需求的多样化促生了金融机构的多元化和专业化发展，除投资类金融机构、保险保障类金融机构和政策性银行以外，非银行金融机构还包括一些满足特定服务需求和特定行业发展的金融机构，如合作金融机构、信托投资公司、金融租赁公司、资产管理公司、金融担保公司、资信评估机构以及金融信息咨询机构等。虽然它们在金融机构体系中的比重不大，但却发挥着不可或缺的作用。

一、合作金融机构

合作金融机构是指按照合作原则，以股金为资本，以入股者为服务对象、以基本金融业务为经营内容的金融合作组织。

合作金融机构的特点主要表现在自愿性、民主性和合作性。符合章程规定的条件下入社自愿，退社自由；所有成员地位平等，机构内部实行民主管理，重大事项集体决策，决策投票一员一票，收益共享，风险共担；与成员或任何的相关经济组织在资本和金融业务上合作，业务对象主要是合作社成员。

（一）合作金融机构与商业银行、政策性银行的关系

首先，商业银行与借贷者之间是纯粹的借贷关系；而合作金融机构与其成员之间，不仅是借贷关系，更重要的还是利益同享、风险共担、互助互利的合作关系。其次，商业银行在

小规模的个体经济或农村经济开展经营的交易成本过高，缺乏比较优势，过于分散的零售市场往往使商业银行无利可图甚至亏本；而合作金融机构则可以及时获得信息，并提供有效服务，充分发挥其交易成本方面的比较优势。最后，政策银行是为支持国家政策而开展业务活动，难以满足零散市场小规模经济的多元化金融服务需求；合作金融机构正好可以弥补其不足。因此，合作金融机构、商业银行以及政策性银行在满足金融服务需求方面存在互补的关系。

（二）我国的合作金融机构及其主要业务

1. 城市信用合作社

城市信用合作社是在城市中按一定的社区范围，由城市居民和法人集资入股建立的合作金融组织，是具有独立法人地位的经济实体。城市信用合作社为城市集体企业、个体工商户以及城市居民服务，独立核算、自主经营、自负盈亏、民主管理。经营的业务有：办理城市集体企业和个体经济的存、贷、汇业务；办理城市储蓄存款业务；代办保险及其代收代付的业务等。

2. 农村信用合作社

农村信用合作社是由农民或农村的其他个人集资联合组成，以互助为主要宗旨的合作金融组织。主要业务有：吸收农民和各种合作组织以及农村的机关、团体、学校等的储蓄存款；发放农民为解决临时生活困难所需的贷款，对农民和各种合作组织发放临时性的生产费用贷款；发放长期的生产设施贷款、开放性投资贷款及社员购买耐用消费品、建筑用房的贷款；办理农民、机关、团体等委托的信托业务；接受国家银行委托的代理农贷、公债和其他业务。

二、信托投资公司

信托是一种以信用为基础的法律行为，一般涉及三方面当事人，即委托人、受托人以及受益人。信托业务是由委托人依照契约或遗嘱的规定，为自己或第三者（即受益人）的利益，将财产上的权利转给受托人（自然人或法人），受托人按规定条件和范围占有、管理、使用信托财产，并处理其收益。

从委托人角度讲，信托就是委托人为收受、保存、处置自己的财产，在信任他人的基础上委托他人按自己的要求管理和处置归己所有的财产。从受托人角度讲，信托就是受托人受委托人委托，并根据委托人的要求，替其本人或由其指定的第三者谋利益。

"受人之托，代人理财"是信托的基本特征，其实质是一种财产转移与管理或安排。信托以信任为基础，成立的前提是委托人将自己的物权、债权、知识产权或其他无形财产权转移给受托人，受托人在管理信托财产时要履行谨慎义务。信托一经成立，信托财产即从委托人、受托人、受益人的自有财产中分离出来，而成为一种独立运作的财产，仅服务于信托目的，并具有独特的破产隔离功能和存续的连贯性。

根据信托关系成立的方式划分为任意信托和法定信托。任意信托是根据当事人之间的自由意思表示而成立的信托，又称为自由信托或明示信托，主要指委托人、受托人、受益人自由自愿形成信托关系，而且这种自由自愿意思在信托契约中明确地表示出来，大部分信托业务都属于任意信托。

法定信托是与任意信托相对应的一种信托形式。主要指由司法机关确定当事人之间的信托关系而成立的信托。也即信托的当事人之间原本并没有成立信托的意思，司法机关为了当事人的利益，根据实际情况和法律规定，判定当事人之间的关系为信托关系，当事人无论自己的意愿如何，都要服从司法机关的判定。设立法定信托的目的主要是保护当事人的合法利益，防止当事人财产被不法使用。比如，某人去世后，留下一笔遗产，但他并未对遗产的处置留下任何遗言，这时只能通过法庭来判定遗产的分配，即由法庭依照法律对遗产的分配进行裁决。法庭为此要做一系列的准备工作，比如进行法庭调查等。在法庭调查期间，遗产不能无人照管，这时，司法机关就可委托一个受托人在此期间管理遗产，妥善保护遗产。

从事信托业务的机构包括各种信托投资公司、各种银行或非银行金融机构的信托部。信托投资公司是指以受托人身份专门从事信托业务的非存款类金融机构。

信托业在经营中以"受托人"或"中间人"的身份出现，为委托人或受益人利益着想并为他们提供各种投资服务，收益来源为手续费。基于此经营特点，有关法律严格限制信托机构利用信托财产为自己谋利，而且必须把信托财产与信托机构本身的财产加以区分管理。

三、金融租赁公司

租赁是由财产所有者（出租人）按契约规定，将财产租让给承租人使用，承租人根据契约按期支付租金给出租人的经济行为，属于对物品使用权的借贷活动。

根据租赁的目的不同，可将租赁分为融资租赁和经营租赁。

融资租赁是设备租赁的基本形式，以融通资金为主要目的。其特点是：第一，不可撤销。这是一种不可解约的租赁，在基本租期内双方均无权撤销合同。第二，完全付清。在基本租期内，设备只租给一个用户使用，承租人支付租金的累计总额为设备价款、利息及租赁公司的手续费之和。承租人付清全部租金后，设备的所有权即归于承租人。第三，租期较长。基本租期一般相当于设备的有效寿命。第四，承租人负责设备的选择、保险、保养和维修等；出资人仅负责垫付货款，购进承租人所需的设备，按期出租，以及享有设备的期末残值。

经营租赁是以获得租赁物的使用权为目的。其主要特点是：第一，可撤销性。这种租赁是一种可解约的租赁，在合理的条件下，承租人预先通知出租人即可解除租赁合同，或要求更换租赁物。第二，经营租赁的期限一般比较短，远低于租赁物的经济寿命。第三，不完全付清性。经营租赁的租金总额一般不足以弥补出租人的租赁物成本并使其获得正常收益，出租人在租赁期满时将其再出租或在市场上出售才能收回成本，因此，经营租赁不是全额清偿的租赁。第四，出租人不仅负责提供租金信贷，而且要提供各种专门的技术设备。经营租赁中租赁物所有权引起的成本和风险全部由出租人承担，其租金一般较融资租赁为高。经营租赁的对象主要是那些技术进步快、用途较广泛或使用具有季节性的物品。

金融租赁又叫资本租赁，也是一种通过融资租赁形式获得资金支持的金融业务，金融租赁公司是指专门为承租人提供资金融通的长期租赁公司，它以商品交易为基础将融资与融物相结合，既有别于传统租赁，又不同于银行贷款。其所提供的融资租赁服务是所有权和经营权相分离的一种新的经济活动方式，具有投资、融资、促销和管理的功能。

四、金融资产管理公司

金融资产管理公司（AMC）在国际金融市场上有两类：从事"优良"资产管理业务的 AMC 和"不良"资产管理业务的 AMC，前者外延较广，涵盖诸如商业银行、投资银行以及证券公司设立的资产管理部或资产管理方面的子公司，主要面向个人、企业和机构等，提供的服务主要有账户分立、合伙投资、单位信托等；后者是专门处置银行剥离的不良资产的金融资产管理公司，通常是在银行出现危机或存在大量不良债权时由政府设立的，其主要目标是：通过剥离银行不良债权向银行系统注入资金，重建公众对银行的信心；通过有效的资产管理和资产变现，尽可能多地从所接受的不良资产中回收价值；尽量减少对由问题银行或破产倒闭银行重组所带来的负面影响。

我国的金融资产管理公司，是指经国务院决定设立的收购国有银行不良贷款，管理和处置因收购国有银行不良贷款形成的资产的国有独资非银行金融机构。为处理国有商业银行的不良资产，1999 年成立了华融、东方、信达、长城 4 家金融资产管理公司，分别处理中国工商银行、中国银行、中国建设银行、中国农业银行的不良资产。公司通过划转中央银行再贷款和定向发行以国家财政为背景的金融债券，以融资收购和处置银行的不良债权，实行经营目标责任制，以最大限度保全资产、减少损失为主要经营目标，依法独立承担民事责任。

我国的资产管理公司具有独特的法人地位（它是经国务院决定设立的国有独资非银行金融机构）、特殊的经营目标（政策性收购国有银行不良贷款，管理和采取市场化手段处置因收购国有银行不良贷款形成的资产）及广泛的业务范围（包括资产处置、公司重组、证券承销、兼并等，很多业务等同于全方位的投资银行），这一状况为其日后可能较为独特的运营模式埋下了伏笔，其运营模式呈现出"政策性保障与市场化运营"并重的特点。

1. 政策性保障是资产管理公司运营的前提

由于四大国有商业银行的不良贷款主要来源于国有企业，设立初衷是收购国有银行不良贷款，管理和处置因收购国有银行不良贷款形成的资产，收购范围和额度均由国务院批准，资本金由财政部统一划拨，其运营目标则是最大限度保全资产、减少损失。并且，资产管理公司成立于计划经济向市场经济的过渡阶段，为此，不良资产的收购采取了政策性方式，在处置中，国家给资产管理公司在业务活动中享有税收等一系列优惠。

2. 市场化运营是资产管理公司运营的手段

资产管理公司具体的处置不良资产的方式包括：收购并经营商业银行剥离的不良资产；债务追偿，资产置换、转让与销售；债务重组及企业重组；债权转股权及阶段性持股，资产证券化；资产管理范围内的上市推荐及债券、股票承销；资产管理范围内的担保；直接投资；发行债券，商业借款；向金融机构借款和向中国人民银行申请再贷款；投资、财务及法律咨询与顾问；资产及项目评估；企业审计与破产清算；经金融监管部门批准的其他业务。

长城资产管理股份有限公司挂牌　四大金融资产管理公司股改收官

中国长城资产管理股份有限公司于 2016 年 12 月 11 日在京正式挂牌成立，这标志着我国四大金融资产管理公司股份制改革正式收官。

国务院于 2015 年 8 月批复通过长城资产转型改制方案，2016 年 11 月 25 日，财政部、全国社会保障基金理事会、中国人寿保险（集团）公司共同发起设立中国长城资产管理股份有限公司。中国长城资产管理股份有限公司注册资本 431.5 亿元人民币，其中财政部以中国长城资产管理公司净资产出资，持股比例为 97%，股份性质为国家股；社保基金会以货币出资，持股比例为 2%，股份性质为国家股；中国人寿以货币出资，持股比例为 1%，股份性质为国有法人股。

目前，中国长城资产管理股份有限公司在全国设有 31 家分公司和 1 家业务部，旗下拥有长城华西银行、长城国瑞证券、长生人寿保险、长城新盛信托、长城金融租赁、长城投资基金、长城环亚国际等 11 家子公司，形成了拥有银行、证券、保险、信托、租赁等各类金融服务功能的“全牌照”金融控股经营格局。

截至目前，信达、华融、东方和长城四家金融资产管理公司均已完成股份制改革，其中，信达和华融均在 H 股上市。银监会主席助理杨家才表示，资产管理公司要发挥好四大金融功能，一是资产收持功能，即积极承接金融债权、转持金融股权，帮助企业降杠杆、减负债、压成本；二是资产重组功能，即把剥离、收购甚至受托的资产拿来进行重组，实现资产价格的企稳回升；三是资产流转功能，即通过一级市场的收购、二级市场的转让和委托资产的管理，促进资产市场的交投活跃，对市场有需求的优质资产不要长期持有，让这些资产债权适时地回归业主、回归生产、回归市场；四是保理功能，即利用全牌照和多平台，为金融企业和工商企业提供资产买卖、资金融通、资信评估、信用担保、销售账户管理、应收账款管理等一系列金融保理工作。他建议，可把整个行业凝聚起来，成立一个资产行业协会，引领整个行业发挥其特殊功能，为银行和企业化解和处置不良资产。

（资料来源：《长城资产管理股份有限公司挂牌四大金融资产管理公司股改收官》，
载于《经济参考报》2016 年 12 月 12 日）

五、汽车金融公司

汽车金融服务主要是指在汽车的生产、流通、购买与消费环节中提供的金融服务。汽车金融公司是从事汽车消费信贷业务并提供相关汽车金融服务的专业机构。其设置与运作对汽车工业的发展具有十分重要的作用。

首先，汽车金融公司在专业产品服务方面有良好的经验和条件。汽车信贷只是汽车金融服务的一部分，实际上汽车金融服务对发展汽车制造、流通、消费等都具有重要意义。国外大部分汽车金融公司从事服务的第一任务并不是赚钱，而是促进母公司汽车产品的销售。其次，汽车金融公司通常隶属于较大的汽车工业集团，不仅向消费者提供汽车消费服务，而且向企业提供优惠贷款。

　　根据银监会制定的《汽车金融公司管理办法》规定，我国的汽车金融公司是指经银监会批准设立的，为中国境内的汽车购买者及销售者提供金融服务的非银行金融机构。主要出资人须为生产或销售汽车整车的企业或非银行金融机构。汽车金融公司出资人中至少应有1名出资人具备5年以上丰富的汽车金融业务管理和风险控制经验。

　　银监会批准的汽车金融公司业务主要有：接受境外股东及其所在集团在华全资子公司和境内股东3月（含）以上定期存款；接受汽车经销商采购车辆贷款保证金和承租人汽车租赁保证金；经批准发行金融债券；从事同业拆借；向金融机构借款；提供购车贷款业务；提供汽车经销商采购车辆贷款和营运设备贷款，包括展示厅建设贷款和零配件贷款以及维修设备贷款等；提供汽车融资租赁业务；办理租赁汽车残值变卖及处理业务；从事与购车融资活动相关的咨询、代理业务；经批准，从事与汽车金融业务相关的金融机构股权投资业务等。

汽车金融市场中新的驱动因素及影响

　　2016年10月14日，安亭国际汽车金融论坛在上海安亭召开，该次由上海汽车金融港、建元资本（中国）融资租赁有限公司、汽车商业评论以及罗兰贝格联合主办。罗兰贝格与建元资本联合发布《2016中国汽车金融报告》，重点分析金融科技和汽车共享这两个创新领域对传统汽车金融市场带来的影响。该报告重点分析了金融科技和汽车共享两个创新领域对传统的汽车金融市场带来的影响。在分析回顾了当前汽车金融市场的现状和主要趋势后，报告指出由于金融科技对传统金融行业的革命，以及汽车共享模式对汽车消费者出行方式的改变，导致传统的汽车金融模式将会受到极大的冲击。国内外的先行者们已经在这两个领域做出了许多的尝试，如Insurethebox的UBI保险，阿里巴巴的车秒贷，易车的互联网金融业务，UBER、滴滴的移动出行平台，乃至宝马、戴姆勒、吉利等整车厂都开启了汽车共享业务等。

六、金融担保公司

　　金融担保是一种以金融债权为对象的担保，包括直接融资担保和间接融资担保两部分，涉及的担保业务主要有借贷市场担保、履约担保和金融创新产品或衍生产品担保三类。借贷市场担保有企业借款、个人消费借款等项目的担保，履约担保有工程建设完工、项目融资、房地产借款、设备租赁、信用证和商业票据等项目的担保，金融创新或衍生产品担保有企业债券担保、信托产品担保、保本基金等。

　　现代的新型担保虽然仍以债权为基础，但更侧重交易的促成，提供偿债保障是手段而非最终目的。它所起的作用就是分摊和弱化风险，实质上是风险管理和风险交易，体现了担保的金融本质。担保业务与金融业务特别是金融创新业务的紧密结合，是担保业务的未来发展方向，是担保成熟化、技术化和价值化的标志。

　　金融担保公司是专业从事信用担保的金融中介组织，为受信者提供信用保证，是具有独特的信用增强作用和风险管理特征的非存款类金融机构。金融担保公司在中小企业与银行之间起着桥梁与纽带作用，能解决中小企业融资难与银行放贷难的两难处境，对于增强中小企的信用，防范和化解银行信贷风险，通畅融资渠道，引导资金流向具有重要作用。因此，建立金融担保机构，缓解中小企业融资难的问题，是各国扶持中小企业发展的重要手段。

七、典当行

典当行亦称典当公司或当铺，是主要以财物作为质押进行有偿有期借贷融资的非银行金融机构。从事典当的人士称为典当商，从事典当的地点一般称为"当铺""押店"或"典当行"，在粤港地区又曾叫作"二叔公"，行业一般分为典、当、按、押四类，"典当"一词就是从这四种的典和当而来。

典当是指当户将其动产、财产权利作为当物质押或者将其房地产作为抵押物给典当行，交付一定比例费用，取得当金，并在约定期限内支付当金利息、偿还当金、赎回当物的行为。首先，需要借贷的人把抵押品交由典当商估价，典当商以估价的某个百分比借出款项，并在借单的限期内保管借贷者的财物。如果借贷者能够偿还借款并缴交手续费，就可以取回抵押品，反之典当商会没收抵押品并变卖，也可以收买方式取得抵押品，然后即时卖出。

以物换钱是典当的本质特征和运作模式。当户把自己具有一定价值的财产交付典当机构实际占有作为债权担保，从而换取一定数额的资金使用，当期届满，典当公司通常有两条营利渠道：一是当户赎当，收取当金利息和其他费用盈利；二是当户死当，处分当物用于弥补损失并盈利。

融资服务功能是典当公司最主要的，也是首要的社会功能，是典当行的货币交易功能。典当公司还发挥着当物保管功能和商品交易功能，此外典当行也提供对当物的鉴定、评估、作价等服务功能。

典当行在中国已经有了1600多年的历史，其起源与流变的基本历史轨迹是：初见萌芽于两汉，肇始于南朝寺庙，入俗于唐五代市井，立行于南北两宋，兴盛于明、清两代，衰落于清末民初，复兴于当代改革，在新世纪有序发展。

我国早期的典当行，一般局限于寺院经营。从唐朝起，出现了大量的民办性质和官办性质的典当经营。到了元末明初，寺院经营的典当业开始减少，民办典当行开始占整个典当业的主导地位。到了清代后，典当行开始形成民办，官办和皇室办的三大类型。清代的典当行的业务范围比以前任何朝代还要广泛，除传统的典当业务以外，还出现了房地产、粮食等方面的典当业务。近代以来，由于受到钱庄、票号、银行等金融机构的冲击，许多典当行还开始从事兑换、发行信用货币等金融业务。但是到了现代，由于国内战争和政府限制等原因，典当业的发展受到一定的影响，新中国成立以后，逐步取消了典当业。

改革开放后，随着市场经济和金融业的发展，古老的典当行业以崭新的面貌再度兴起，并有着良好的发展态势。1987年12月，成都开办了新中国第一家当铺，率先恢复了典当业，随后全国多个省市都开始兴办典当行业。目前典当的主要客户群体是中小企业主，所当的物品以房产、车辆、股票等新三件为主，黄金珠宝、摩托车、家电等老三件为次，典当金额从几百至几百万元人民币，其中几万至几十万元占多数。

八、小额贷款公司

小额贷款公司是由自然人、企业法人与其他社会组织投资设立，不吸收公众存款，经营小额贷款业务的有限责任公司或股份有限公司。与银行相比，小额贷款公司更为便捷、迅速，适合中小企业、个体工商户的资金需求；与民间借贷相比，小额贷款更加规范、贷款利息可双方协商。

小额贷款公司的主要资金来源为股东缴纳的资本金、捐赠资金，以及来自不超过两个银行业金融机构的融入资金。目前我国金融监管规定，小额贷款公司从银行业金融机构获得融入资金的余额，不得超过资本净额的50%。

小额贷款公司发放贷款坚持"小额、分散"的原则，鼓励小额贷款公司面向农户和小企业提供信贷服务，着力扩大客户数量和服务覆盖面。

小额贷款公司按照市场化原则进行经营，贷款利率上限放开，但不得超过司法部门规定的上限，下限为人民银行公布的贷款基准利率的0.9倍，具体浮动幅度按照市场原则自主确定。

本章小结

按照资金来源（负债）和资金运用（资产）的不同，金融机构可以分为投资类金融机构、契约类金融机构、存款类金融机构三类。投资类金融机构指在直接金融领域内为投资活动提供中介服务或直接参与投资活动的金融机构，主要包括投资银行、证券经纪和交易公司、金融公司、投资基金等，主要有金融公司和投资基金。金融公司主要分为三种：销售金融公司、消费者金融公司和商业金融公司。在我国，金融公司更多地表现为财务公司，是"企业集团财务公司"的简称。证券投资基金（简称投资基金），有很多种类，比如公司型基金和契约型基金、开放式基金和封闭式基金、货币市场基金、对冲基金、私募股权投资基金。

契约性储蓄机构主要是保险公司，包括各种商业保险公司、社会保险和保障机构。现代商业性保险公司主要由人寿保险公司、财产保险公司和再保险公司组成。除了对意外的不幸事件进行防范的保险需求外，劳动者还产生了养老保险、失业保险、医疗保险等社会保险种类。我国社会保险除了上述外，还包括特殊的住房公积金制度。

政策性银行是指由政府发起、出资成立，为贯彻和配合政府特定经济政策和意图而进行融资和信用活动的机构。政策性银行不以盈利为目的，专门为贯彻、配合政府社会经济政策或意图，在特定的业务领域内，直接或间接地从事政策性融资活动，充当政府发展经济、促进社会进步、进行宏观经济管理工具。世界上许多国家都建立有政策性银行，并构成较为完整的政策性银行体系。我国有国家开发银行、中国进出口银行和中国农业发展银行三家政策性银行。

其他非银行金融机构还包括一些满足特定服务需求和特定行业发展的金融机构，如合作金融机构、财务公司、信托投资公司、金融租赁公司、金融担保公司等。虽然它们在金融机构体系中的比重不大，但却发挥着不可或缺的作用。

知识要点：

金融公司（财务公司）、基金、投资基金、公司型投资基金、契约型投资基金、封闭式基金、开放式基金、对冲基金、货币基金、保险公司、人寿保险、财产保险、再保险、社会保险、社会保障、政策性银行、合作金融机构、城市信用合作社、信托投资公司、金融租赁、金融资产管理公司、汽车金融、金融担保、典当、小额贷款公司

复习思考题：

1. 按照资金来源和资金运用的不同，金融机构可以分成哪几类？
2. 查找资料，了解我国信用合作社的发展与改革。
3. 国外的财务公司主要有哪几种类型？
4. 投资基金为什么能在全球范围内发展迅速？
5. 货币市场基金具有哪些优点？
6. 你如何看待我国金融资产管理公司的运作与发展？
7. 商业保险公司主要有哪几种类型？
8. 保险公司经营与其他金融机构有哪些不同？
9. 我国的社会保险体系是怎样的？
10. 什么是政策性银行？与商业银行相比，它具有哪些特点？
11. 你怎么看待我国金融租赁业的发展前景？

作业：

请调查你身边的和你所认识的其他金融机构，分析它们是为哪些交易提交提供服务，如何为这些交易提供服务，以及它们的区别与联系。

第三篇

金融制度

◆ 制度是一个社会的游戏规则，是为协调人际关系而人为设定的一些制约。分为正式规则、非正式规则和这些规则的执行机制。正式规则又称正式制度，是指政府、国家或统治者等按照一定的目的和程序有意识创造的一系列的政治、经济规则及契约等法律法规，它们共同构成人们行为的激励和约束。非正式规则是在长期实践中无意识形成的，构成世代相传的文化的一部分，包括价值信念、伦理规范、道德观念、风俗习惯及意识形态等因素；有些非正式规则经过一定时期的实践，会被上升为正式规则。实施机制是为确保上述规则得以执行的相关制度安排。

◆ 金融制度是以国家的强制手段保护金融标准化、规范化的成果，维护金融工具有效性、真实性；维护市场化金融交易秩序的正式制度安排。主要包括货币制度、公司制度、财务会计制度和证券发行和交易制度等。

◆ 货币制度是为了保证货币的标准、统一和币值稳定，主要体现在中央银行法和商业银行法等法律法规上。

◆ 公司制度和财务会计制度是股票和企业债券创造的基石。公司法人制度为企业的独立性和人格化、为股票和债券等证券的真实有效性提供了基础性的制度安排；财务会计制度则进一步为这些工具的真实有效性提供技术保证和制度保证。证券发行和交易制度是保证证券交易的公平公正、打击交易欺诈和操纵行为的制度安排。这些制度主要体现在公司法、会计法、会计准则和证券法等法律法规中。

◆ 金融制度是维护和巩固标准化、证券化、市场化等金融发展成果的重要手段。

◆ 保证金融实体制度得以执行的相关制度安排就是金融监管制度。

第七章 货币制度

本章导读

2008 年华尔街金融危机之后，由于不满美联储的货币政策，2011 年 3 月 4 日，犹他州众议院以 47 票赞成、26 票反对最终通过一项法案，认可联邦政府发行的黄金白银成为法定货币并且进入流通领域，居民可以参照国际市场金银现货的价格，自由选择用金银币或者美元支付税收、偿还债务等。该议案一旦进入犹他州参议院投票程序通过，犹他州将成为美国第一个允许金银币自由流通的州。议案还提出免除黄金和白银在支付环节的销售税、收入税和资本利得税，居民日后使用金银币支付可以参照国际市场金银现货的价格，不必受其本身币值的限制。议案提议州政府应该成立专门的部门，研究在犹他州推行替代美元的另一种货币的可行性。另据媒体报道，美国又有 12 个州也在讨论通过类似的议案。

据分析人士指出，金币真正流通起来困难重重，因此法案的象征意义大于实际意义，包括犹他州在内的 13 个州主要为了表达对美联储推行量化宽松政策、美元持续贬值的不满。[1]

为何会有这样的提案？信用货币时代的当今社会能否重回金银复本位制？货币制度真的是少数人主观臆断的结果吗？本章将学习货币制度的起源、发展过程及其内在的演变规律，主要包括金属货币的统一、标准化过程、币材供应量和稳定性对货币制度的选择的影响；是哪些因素导致从金属货币制度向信用货币制度发展？在信用货币流通的条件下如何保证币值的稳定？

第一节 货币制度的主要内容

货币制度又称"币制"或"货币本位制度"，是指一个国家以法律形式确定的货币流通的结构和组织形式。一个国家或地区为了保持其货币流通的正常和稳定，通常要制定、颁布一系列的法律和规定。这些法律和规定强制性地把有关货币流通的各个方面、各个要素联系起来，并在实践中不断地修正、补充，从而形成一个有机整体，这就是一个国家或地区的货币制度。

货币制度最早是伴随着国家统一铸币而产生的。在前资本主义社会中，由于商品经济不发达和市场的分割，以及政治割据等因素，货币流通长期处于分散混乱的状态。货币流通的混乱不利于正确地计算成本、价格和利润，不利于形成广泛而稳定的信用关系，从而阻碍了

---

① 资料来源：《每日经济新闻》，2011 年 3 月 9 日。

商品经济的发展和统一市场的建立。于是，新兴资产阶级在掌握国家政权之后，以法律形式规范国家货币流通的结构、体系和组织形式，从而建立起统一的货币制度。

一般而言，货币制度大体涉及这样一些方面：货币材料的确定；货币单位的确定；流通中货币种类的确定；对不同种类的货币的铸造和发行的管理；对不同种类货币的支付能力的规定；发行准备制度等。所有这些方面也称为货币制度的构成要素。

一、货币材料的确定

货币材料是指国家以法律的形式明确规定哪种或哪几种商品作为铸造货币的材料。规定货币材料是货币制度最基本的内容。

在金属货币流通条件下，货币金属是整个货币制度的基础。货币制度规定以何种金属铸造本位货币，就称为该种金属本位币制度，如以银为货币材料的银本位制，以金为货币材料的金本位制，以金银同时作为货币材料的金银复本位制等。货币材料虽然是由国家规定的，但国家不能随心所欲地任意指定某种金属为货币材料，它是由客观经济发展的进程决定的，国家规定只是对流通中已经形成的客观现实进行法律上的肯定。

在不兑现的信用货币流通的条件下，国家不规定单位货币的金属含量，纸币成为流通中商品价值的符号，纸币币值以流通中商品的价值为基础，这就是目前世界各国所普遍实行的纸币本位制，也称为不兑现的信用货币制度。

二、货币单位的确定

货币单位的确定包括确定货币单位的名称和货币单位的"值"两个方面。

确定货币单位的名称就是指规定一个货币单位叫什么。货币单位名称和重量单位名称在历史上曾是一致的，如英国的货币单位英镑就是重一镑的白银的货币名称；我国古代秦铸造过"半两"铜钱，汉铸造过"五铢"铜钱，钱面上分别铸有半两、五铢（铢即重量单位，1铢等于1/24两）字样，史书上说，这些铜钱"重如其文"，即含铜重量与钱面上的文字相符。后来由于种种原因，这两种名称相分离了，有的是保持原名，内容发生变化，有的则完全摆脱旧名，重立新名。现在法律规定的名称，通常都是以习惯形成的名称为基础。按照国际惯例，一国货币单位的名称往往就是该国货币名称；几个国家同用一个单位名称则在前面加国名，如美国的"元"称"美元"，而日本的"元"称"日元"。中国有些特殊，货币名称是人民币，而货币单位是元，两者不一致。外国人搞不清，往往按照他们的习惯把中国的货币叫作"中国元"。

货币单位的确定更重要的是确定币值。当铸币流通时，确定币值就是确定单位货币所包含的货币金属的重量和成色。例如，根据美国 1934 年 1 月的法令，1 美元的含金量为 0.888671 克；按照 1870 年英国的铸币条例，1 英镑的含金量为 7.97 克；旧中国 1914 年的《国币条例》规定，每一枚银圆含纯银 23.977 克。当流通中只有不兑现的货币且尚未与黄金脱离直接联系的情况下，确定货币单位的值则是确定本国货币单位的含金量，或确定本国货币与在世界上占主导地位的货币如美元的固定比价。当黄金在世界范围内非货币化后，则是如何维持符合自身利益的本国货币与外国货币的比价，货币单位的值是由本国货币的购买力所决定的。

三、货币的铸造、发行与流通程序

（一）本位币

本位币又称主币，是一个国家的基本通货和计价结算的货币。所谓基本通货，是指一个国家的计价标准单位，如美元、英镑等。在金属货币制度下，本位币有两个特点：一是足值货币，可以自由铸造；二是具有法律规定的无限制的偿付能力，即无限法偿。

在金属货币制度下，本位币是按照国家规定的货币金属和货币单位所铸造的货币，其名义价值与实际价值一致，为足值货币。金属本位币可以自由铸造和熔毁，即无论是国家还是私人，都可以将其持有的货币金属送铸币厂，按照国家的规定铸造成本位币，也可以将其持有的金属本位币送铸币厂熔为金属条块，铸币厂仅收取少量的铸造或熔化费用。金属本位币的自由铸造和熔毁不仅具有自发调节货币流通的意义，使流通中的货币量与货币需要量保持一致，还可以保证金属本位币的名义价值与其实际价值相一致。由于金属本位币在流通中不断磨损，致使其名义价值不断高于实际价值。在这种情况下，货币制度规定对实际价值严重低于名义价值的金属本位币进行熔毁，以重新铸造出名义价值与实际价值相符的足值本位币。例如，1870 年英国的铸币条例规定，1 英镑金币的标准重量是 123.27447 格令，磨损后的铸币重量不得低于 122.5 格令，如果低于这一重量，可以请求政府兑换新币。

在当代不兑现的信用货币制度下，纸币是国家垄断发行、强制流通的价值符号。除中央银行外，任何单位和个人都不得自行印制、变造和故意损毁货币，否则视为非法行为，并按国家有关法规予以惩处。流通中完全不兑现的法定钞票也称为本位币。本位币的最小规格是 1 个货币单位。无论是足值金属本位币还是纸币本位币，各国货币制度都有"无限法偿"的规定，不管是用本位币偿还债务或其他支付，也不管每次支付的本位币的数额的大小，债权人和受款人都不得拒绝接受，否则视为违法。

（二）辅币

即辅助货币，是指本位币以下的小面额货币，专供日常零星交易与找零之用。例如，美元的辅币为"分"，1 美元等于 100 分；英镑的辅币为"新便士"，1 英镑等于 100 新便士。

在金属货币流通条件下，辅币以贱金属铸造，其实际价值低于名义价值，为不足值货币。各国货币制度一般都规定辅币限制铸造，即只能由国家铸造，不准公民铸造。这是因为金属辅币是不足值货币，铸造辅币可获得额外收益，国家垄断辅币铸造权，可使这部分收益归国家所有。如果允许公民自由铸造，就会造成公民为获得"额外收益"而用贱金属大量铸造不足值的辅币，使辅币充斥市场，影响到货币流通的正常和稳定。贵金属铸币退出流通以后，辅币制度则保存了下来。

在金属货币流通条件下，法律一般规定辅币为有限法偿货币，即每次支付辅币的数量不能超过规定的额度，否则债权人或受款人有权拒收。但是，在用辅币向国家缴税和兑换本位币时不受数量的限制。在当代纸币本位制度下，辅币即是本位币单位以下的小额零星货币，各国对其法偿能力的规定不完全相同，有的规定为有限法偿，如美国；有的则没有做明确规定，如我国。

当流通中全部都是信用货币时，主币和辅币已不存在足值与不足值的区别。

四、货币发行准备制度

货币发行准备制度也称准备金制度，是为约束货币发行规模、维护货币信用而制定的，要求货币发行者在发行货币时必须以某种金属或资产作为发行准备的规章制度。

黄金储备是货币发行准备的重要内容。世界上大多数国家黄金储备都集中在中央银行或集中在国库。黄金储备数量的多少，是一国经济实力状况的标志之一，也是一国货币稳定的基础。在金属货币流通条件下，金准备有三方面的用途：一是作为国际支付的准备金；二是作为扩大和收缩国内金属货币流通的准备金；三是作为支付存款和兑换银行券的准备金。自20世纪30年代以来，由于发生世界性经济危机，各国先后放弃了金本位制，银行券也停止兑现，因此，金准备的用途只是作为国际支付的准备金。而且，为了强化国际支付准备金，各国还建立了外汇储备，即以特定的世界货币如美元、日元、欧元等作为准备。

在现代信用货币制度下，各国货币发行准备制度的内容比较复杂，一般包括两个层次：一是各国中央银行为了保证有充足的国际支付手段，持有一定的黄金和外汇资产；二是商业银行的存款准备金制度。由于商业银行的存贷循环也是货币创造的过程，为了避免货币创造的过度扩张和满足存款取现的要求，商业银行必须满足存款准备金制度的要求，持有一定的现金资产和证券资产。

第二节 货币制度的发展演变

一般来说，货币制度可以分为金属货币本位制度和纸币本位制度两大类。前者又可分为银本位制、金银复本位制及金本位制；后者又称为不兑现的信用货币制度（如图7－1所示）。

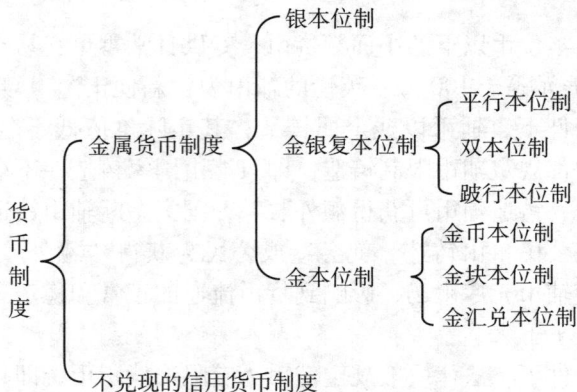

图 7－1 货币制度的类型

一、金属货币制度

（一）银本位制

银本位制是以白银作为本位币币材的一种货币制度，是最早的货币制度之一。其内容包括如下四个方面。

（1）以白银作为本位币币材，银币为无限法偿货币。

（2）银币的名义价值与其作为白银的实际价值相等，银币可以自由铸造与熔化。

（3）银行券可以自由兑换银币或等量白银。

（4）白银和银币可以自由输出输入。

银本位制从 16 世纪开始盛行，不少国家如墨西哥、日本、印度等国均实行过银本位制。我国于清宣统二年（1910 年）四月颁布《币制则例》，正式采用银本位制，实际上是银圆与银两并用。1935 年 11 月国民党政府实行"法币改革"，废止了银本位制。银本位制是与商品经济不发达、商品交易主要以零星小额交易为主的经济状况相适应的货币制度。随着资本主义商品经济的发展，银本位制逐渐显示出其不适应性：一是白银单位价值较小，不能适应日益扩大的巨额交易和对外支付的需要；二是白银价值不稳定，尤其是在 19 世纪中叶，白银产量的增加使银价大幅下降。如 1860 年金银的比价为 1 : 15，1930 年则为 1 : 53。由于金贵银贱，到 19 世纪末，一些主要资本主义国家纷纷放弃这种制度，改用金银复本位制或金本位制。

（二）金银复本位制

随着商品货币经济的发展，在商品交易中，对金银两种贵金属的需求都增加了，白银主要用于小额交易，黄金则用于大宗买卖，这样就形成了白银与黄金都作为主币流通的局面，金银复本位制也因此而产生。

金银复本位制是指以金币和银币同时作为本位货币的货币制度。这种货币制度的特征是：金币和银币同时被确定为主币；金币和银币均可自由铸造，并且都具有无限法偿能力；金币、银币可自由兑换；金银可自由输出输入国境。

金银复本位制先后经历了平行本位制、双本位制和跛行本位制三种类型。

（1）平行本位制。它是两种货币均按其所含金属的实际价值流通的一种金银复本位制。在平行本位制下，金、银货币的交换比率完全由市场上生金、银的比价自由确定，国家对此不加任何规定。这样，市场上的各种商品价格就会有两种标价方式——按金币标价和按银币标价，而金银的市场比价频繁发生变动，从而引起价格混乱，使市场交易陷入非常混乱的困难境地。为弥补平行本位制的不足，采用了双本位制。

（2）双本位制。它是指国家以法律形式规定金、银币之间的固定比价，金银币按法定比价流通，而不随金银市场比价的变动而变动的一种金银复本位制。在双本位制下，国家依据市场上的金银比价将金银币兑换比率用法律固定下来，使金币和银币的交换比率不受市场上生金、银价格波动的影响。双本位制虽然克服了平行本位制的缺陷，但又产生了新的矛盾，当金银的法定比价与市场比价不一致时，就会引起金币或银币的实际价值和名义价值相背离，出现"劣币驱逐良币"的现象。劣币是指国家法定价值高于市场价值的货币；良币是指国家法定价值低于市场价值的货币。例如，金银币法定比价为1:15，而金银市场比价为1:16，则黄金的价值被低估（良币），白银的价值被高估（劣币）。当两种铸币在同一市场上流通时，实际价值高于法定价值的良币会被人们熔化而退出流通领域，而实际价值低于法定价值的劣币则会充斥市场。"劣币驱逐良币"规律，是英国理财家汤姆斯·格雷欣最早发现的，因此又被称为"格雷欣法则"。

（3）跛行本位制。它是双本位制的变体。在这一制度下，金币与银币仍然同时为本位货币，仍按照法定比价同时流通，都具有无限法偿能力，但只有金币可以自由铸造，银币则不得自由铸造。人们形象地把金和银比做人的两只脚，银这只脚不能行走了，因此这种货币制度运转起来就像跛了一只脚的人走路一样，所以称为"跛行本位制"。从科学的划分标准来看，跛行本位制实质上已经不是金银复本位制，而是由复本位制向金本制过渡的一种货币制度。

金银复本位制是一种不稳定的货币制度，因为它与货币作为一般等价物而具有的排他性、独占性的本质特性相冲突，所以，随着资本主义经济的进一步发展，金银复本位制让位于金本位制，乃是历史的必然。

（三）金本位制

金本位制是指以黄金作为本位币的一种货币制度。它包括金币本位制、金块本位制和金汇兑本位制三种类型。

（1）金币本位制。金币本位制是以金铸币作为本位货币的一种货币制度，是典型的金本位制。金币本位制有以下三个特征：第一，金币的形状、重量、成色由国家法律规定，但可以自由铸造和自由熔化。这就保证了黄金在货币制度中的主导地位，使金币数量能自发地适应商品流通对货币的需要，使金币的币值与其所含黄金的价值保持一致。第二，流通中的价值符号可以自由兑换为金币或等量黄金。这就使各种价值符号稳定地代表一定数量的金币进行流通，而不至于出现通货贬值现象。第三，黄金在各国之间可以自由地输出、输入。这就使外汇汇价维持相对稳定，为国际贸易的顺利进行提供了前提条件。金币本位制的上述三个特点使它成为具有相对稳定性的货币制度，从而促进了资本主义生产和商品流通的发展，促进了国际贸易的发展，同时也促进了信用制度的发展。

金币本位制于1816年首先在英国推行，一些主要资本主义国家相继施行了将近一个世纪。其崩溃的主要原因是：第一，由于世界各国经济发展水平不平衡，引起世界黄金存量分配极不平衡，使得金币自由铸造与自由流通的基础受到削弱。1914年末，美、英、法、德、俄五国占有世界黄金储存量的2/3，其他许多国家货币流通的黄金基础相应缩小，动摇了这些国家货币制度的基础。第二，因黄金储备的有限使价值符号对金币的自由兑换受到削弱。随着商品经济的发展，对黄金的需求量不断增加，加之战争等因素的影响使财政支出大量增加，迫使国家大量发行货币符号，价值符号对金币自由兑换的可能性日益缩小。第三，黄金外流迫使一些国家出面干预，限制黄金输出，从而使黄金在国际间的自由输出输入受到阻碍。最终导致西方国家于第一次世界大战爆发后，宣告金币本位制的崩溃。于是，建立了变相的金本位制，即金块本位制和金汇兑本位制。

（2）金块本位制。金块本位制又称生金本位制，是指国内不铸造金币，也不流通金币，中央银行只发行代表一定含金量的纸币或银行券的货币制度。在这种货币制度下，纸币或银行券只能按一定条件向发行银行兑换金块，兑换条件是"高起点"的，如英国 1925 年规定，银行券与金块兑换的最低起点是 1 700 英镑，含金量 1 400 盎司；低于 1 700 英镑不予兑换，个人也不允许自由铸造金币。这实际上是只有拥有大量货币符号的少数富人，才能用货币符号去兑换金块。所以，有人称它为"富人本位制"。

（3）金汇兑本位制。金汇兑本位制又称虚金本位制，是指国内不流通金币，只流通银行券，而银行券可以在政府规定的汇率下自由地兑换另一采用金币或金块本位制国家的货币，再兑换黄金的一种货币制度。在这种货币制度下，国家规定货币单位的含金量，但国内不铸造金币，也不使用金币，无金块可供兑换。中央银行将黄金和外汇存在另一个实行金本位制的国家，并规定本国货币与该国货币的兑换比率，居民可按这一比率用本国银行券兑换该国货币，再向该国兑换黄金。实行金汇兑本位制的国家要维持本国货币与该国货币的法定比价。第一次世界大战后，战败国和其他一些国家如德国、智利、意大利等国货币与美元、英镑、法国法郎挂钩，保持固定兑换比率，将自己的软通货隶属于其他国家的硬通货。

金块本位制和金汇兑本位制两种货币制度都是既不稳定又残缺不全的货币制度。第一，这两种货币制度都没有铸币流通，黄金失去了流通手段的职能，从而也失去了自发调节货币流通的可能性。第二，由于银行券不能自由兑换黄金，所以，一旦过多就会贬值。第三，在金汇兑本位制下，本国货币制度依附于外国货币制度，无法独立自主地保持本国货币制度的稳定，一旦外国货币制度发生动摇，本国货币制度也必然随之动摇。20 世纪 30 年代的经济大危机摧毁了这两种残缺不全的金本位制。

布雷顿森林体系（美元—黄金本位制）

经过两次世界大战以及 1929~1933 年资本主义世界经济总危机的冲击，金本位制的世界货币体系崩溃。为了恢复各国经济，重建世界货币秩序，发展国际贸易，急需建立新的国际货币体系。1944 年 7 月 1 日，44 个国家的代表在美国新罕布什尔州的布雷顿森林召开了"联合国联盟国家国际货币金融会议"，通过了《国际货币基金协定》，即布雷顿森林协定，建立了以美元为中心的国际货币制度。该制度以黄金为基础，以美元作为主要的国际储备货币。美国政府承诺按 35 美元等于 1 盎司黄金的官价兑付其他国家政府或中央银行持有的美元储备，以维护黄金价格的稳定。其他国家的货币也以法律形式规定各自的含金量，与美元保持固定比价。

布雷顿森林体系是在第二次世界大战后建立起来的相对稳定的国际汇率体系和国际支付制度，促进了国际贸易的发展，对战后世界经济的长期稳定发展起过积极的作用。但这种以美元为中心的国际货币制度具有内在缺陷，由于美元是唯一的国际储备货币，当美国国际收支处于长期顺差时，人们都会愿意持有美元，但却得不到它；而当美国国际收支出现持续逆差时，人们对美元的需求得到满足，但此时人们却因对美元丧失信心而不愿再持有它。对其他国家来说，持有美元过多，有可能遭受贬值的风险；而抛售美元，会引起美元危机。加上黄金的非货币性用途的增加，其他国家经济的迅速发展，动摇了美元的霸权地位，使黄金市场价格剧增，最高时达到 1 盎司黄金价格为 200 美元以上，大大超过了黄金官价。美元危机频繁爆发，20 世纪 70 年代初，美元连续两次贬值后，美国政府宣布美元停止兑换黄金，各国也相继宣布放弃固定汇率制度，改行浮动汇率制。至此，布雷顿森林体系彻底崩溃，各国纷纷实行不兑现的信用货币制度。

布雷顿森林体系崩溃以后，国际货币基金组织成立了一个"二十国集团"，专门负责有关国际货币制度改革的技术问题。1976 年 1 月，"二十国集团"在牙买加举行了第五次会议，对国际货币制度的长期性改革达成《牙买加协定》。该协定决定增加货币基金组织会员国的基金份额，以提高融资能力；各国可以自由选择汇率制度，形成有管理的浮动汇率制；黄金退出国际货币体系，储备资产多元化，国际货币基金组织的特别提款权（SDR）作为主要的国际储备资产；扩大对发展中国家的资金融通等。由此，形成了现行的国际货币体系。

二、不兑现的信用货币制度

不兑现的信用货币制度是指以不兑换黄金，也不以黄金作保证的信用货币作为本位币的货币制度。它是当今世界各国普遍推行的一种货币制度。

不兑现的信用货币制度具有如下特征。第一，流通中的货币是不兑现的信用货币，包括不兑现的纸币、存款货币、非全值的硬币等，黄金已退出国内货币流通领域。第二，不兑现的信用货币不能兑换黄金，也不规定含金量，不与任何金属货币保持等价关系，货币发行不以金银作准备，不受金银数量的约束。第三，不兑现的信用货币一般是由国家授权中央银行垄断发行，国家法律规定具有无限法偿的能力。第四，信用货币通过银行信贷程序投放和回笼。第五，在不兑现的信用货币制度下，国家对货币流通的调节日益重要。

不兑现的信用货币制度使货币制度进入了一个新的历史时期。它克服了金属货币在产量、储量及流通费用等方面的诸多局限，具有较大的伸缩性和灵活性，适应了社会经济发展的需要。但是，不兑现的信用货币制度也为国家干预经济、控制货币流通数量提出了新的课题和更高要求。在纸币流通条件下，因为纸币不能兑换成黄金，且它的发行也不需要十足的准备金，所以金本位制下的货币自发调节机制已不复存在。流通中可以吸纳任意数量的货币，纸币过多或过少，就有可能发生通货膨胀或通货紧缩的现象，对经济产生负面的影响。因此，中央银行和政府必须对货币的发行量和银行信用进行管理，正因为如此，这种货币也被称为"管理货币"。

货币制度的历史演变过程表明，每一种新的货币制度都是在克服前一种货币制度自身难以克服的缺陷基础上产生，而每一种新的货币制度又都不是尽善尽美的，即使在当代采用的有管理的货币制度，它的职能的发挥也需要一系列的前提条件。如何更好地创造条件，实现国家对货币制度的管理和对货币流通的调控是当代金融研究的重要课题。

三、我国的人民币制度

我国的人民币制度的建立，是以 1948 年 12 月 1 日的人民币发行为标志的。1948 年 12 月 1 日，我国将原华北银行、北海银行和西北农民银行合并，成立中国人民银行，并同时开始发行人民币。为及早建立全国统一的人民币市场，党和政府采取了一系列措施，稳定经济，稳定金融，主要有：（1）收兑各解放区的货币；（2）肃清国民党政府遗留下来的各种货币；（3）禁止一切外币在我国境内流通；（4）严禁金银计价流通和私下买卖；（5）制止通货膨胀。由于采取了上述一系列具有战略意义的重大措施，经过艰苦努力，新中国成立刚半年时间，就结束了连续12年通货膨胀的历史，财政收支状况迅速好转，趋于平衡，为以后人民币的长期稳定奠定了坚实基础。可以说，到1950年末我国已经形成了独立、统一和稳定的人民币制度。

我国人民币制度的主要内容有如下六个方面。

（1）人民币是我国的本位货币。人民币是具有法偿权的本位币，即国家以法律赋予购买和支付能力的货币。人民币以元为单位，元是本位币即主币，1元等于10角，1角等于10分。分币目前已退出市场流通。人民币的票币、铸币种类由国务院决定。

（2）人民币是我国唯一合法流通的货币。国家规定，在国内禁止一切外国货币和金银流通；严禁伪造、变造人民币，破坏我国货币的声誉。凡违反上述规定，均应按国家有关法律条文加以处罚，以维护人民币的信誉和合法地位。

（3）人民币制度是一种不兑现的信用货币制度。人民币没有规定含金量，是纸制不兑现的信用货币，是代表一定价值的价值符号。人民币在流通中起一般等价物作用。用作稳定人民币价值的最基本的保证是商品，是国家拥有的大量的生产和生活所必需的各类重要物资。

（4）人民币发行坚持高度集中统一和经济发行原则。国家规定，中国人民银行是我国唯一的发行货币的银行，除此之外，任何地区和部门不准发行任何货币、变相货币和货币代用品。人民币的发行坚持经济发行的原则，即根据商品流通扩大和经济增长的客观合理需要发行货币，坚持按货币流通规律的客观要求发行货币，投放的货币数量与商品生产和流通相适应，保证货币流通的稳定。

（5）人民币是一种管理通货，实施严格的管理制度。国家对人民币流通进行组织、调节和管理，为适应社会主义市场经济的需要，正努力创造条件实现由主要运用直接调控手段向主要运用间接调控手段的转换，以便更有效地对货币流通进行调节和控制。

（6）人民币是独立自主的货币。中国的人民币是不依附于任何国家的货币，也不与任何国家的货币保持固定比价。人民币外汇价格由银行间外汇交易市场的外汇供求关系所确定，是外汇市场外汇交易的结果。

改革与开放以来，尽管我国在不同的时期和阶段出现过比较严重的通货膨胀，但中国的人民币制度已有了相当稳定的经济基础和社会基础。1997年东南亚金融危机在泰国爆发继而波及整个东南亚以及日本、韩国、俄罗斯等亚洲国家，发展成为震撼亚洲乃至全球的金融风波。中国经济虽然也深受危机冲击，但人民币币值却依然稳如泰山。这说明我国人民币的价值基础是坚实的，也充分地显示了我国人民币的独立自主性。在与中国接壤的一些国家中，人民币已经被当作"硬通货"，特别是2015年以来人民币在国际收支资本项目可兑换改革的加速推进，表明了中国经济的开放度和人民币制度具有雄厚的经济力量作后盾。2016年10月1日，人民币正式加入国际货币基金组织（IMF）特别提款权（SDR）货币篮子，这是人民币国际化的重要里程碑。

人民币正式加入 SDR，国际货币体系迈向新阶段

2016 年 10 月 1 日，国际货币基金组织（IMF）宣布纳入人民币的特别提款权（SDR）新货币篮子正式生效。IMF 总裁拉加德发表声明称，这反映了人民币在国际货币体系中不断上升的地位，有利于建立一个更强劲的国际货币金融体系。新的 SDR 货币篮子包含美元、欧元、人民币、日元和英镑五种货币，人民币权重为 10.92%。IMF 每周计算新 SDR 利率，人民币代表性利率为 3 个月国债收益率。

人民币加入 SDR 是中国、IMF 和世界的共赢。

人民币加入 SDR 对 IMF 是"赢"。IMF 是全球金融市场的监督者和"救火队"，为 189 个成员国的经济和金融发展保驾护航。但要保持自己的合法性，IMF 必须证明自己真实反映当今全球经济的脉络。人民币入篮是 IMF 自改革的一个重要方面，是第一次有新兴经济体的货币加入 SDR，使得 IMF 具有更好的代表性，使得 SDR 篮子更平衡、更综合、更具有风险的综合平衡性。也为 IMF 成员国参与国际金融活动提供了新的选项，增加了支付和接受的灵活性。从更广义的角度看，人民币加入 SDR 有利于 IMF 更积极主动地推进全球货币体系的建设和全球金融治理机制的改革。

人民币加入 SDR 对世界是"赢"。金融危机以来，全球经济在初步反弹后缓慢下行，全球经济处于低增长、低投资、低贸易、低 FDI、低油价、低通货膨胀、低利率的低位运行。同时，在持续的非常规量化宽松货币政策下，金融市场持续处于高位，非银行金融机构发展迅速，金融风险的集中度，特别是信用风险大大增加。美、欧、日等主要发达国家或地区的货币政策背离，加大了货币市场波动和全球资本流动。而全球金融市场关联度和共移性的大大加强，既增加了市场流动性风险，也大大加大了金融市场的波动。金融市场高频波动或将成为全球金融市场新常态。在此背景下，积极预防和降低金融风险，改革和加强国际货币体系以应对全球经济金融新挑战是世界的首要任务。人民币加入 SDR 有利于构架和加强更平衡和更有活力的世界货币体系和全球金融安全网，有利于完善全球金融救助体系。人民币加入 SDR 也将进一步促进世界金融市场的发展，扩大世界金融市场上产品的多元化。

人民币加入 SDR 对中国是"赢"。SDR 把人民币带入了国际官方金融舞台的中心，事实上承认了人民币的国际储备货币地位和在官方金融市场的"可自由兑换"。在 SDR 的框架下，从而在国际官方金融系统，人民币获得了重要的发展空间。"入篮"一事将使得人民币的信誉度和国际地位大大提高。在可预见的将来，其作为支付手段、资产计价的功能将得到加强，人民币在国际上的需求也会随之增加。比如，在"一带一路"的建设中，将会有越来越多的国家愿意接受人民币。在加入 SDR 的过程中，中国人民银行果断积极地推动中国金融体系的改革，特别是大力推进货币政策框架改革、人民币利率和汇率政策框架改革、金融市场建设和进一步开放，增强了透明度。这一切为未来中国宏观和微观金融深化改革为推动中国金融稳定增长奠定了非常重要的基础。

SDR 是 IMF 于 1969 年创设的一种储备资产，旨在弥补布雷顿森林体系中美元和黄金不足的问题，以确保不断发展的全球贸易和金融市场有充足的流动性。2016 年 9 月，在中国召开的 G20 会议中，中国积极推动在 G20 框架下重启国际金融架构工作组，推动

国际货币体系改革。展望未来，人民币加入 SDR 为国际货币体系改革提供了中国方案，有助于 SDR 革故鼎新，为进一步提升储备货币多元性与新兴市场话语权，增强 SDR 代表性与吸引力打下基础。这一切都是在进一步加强全球金融安全网、推进 IMF 份额改革、进一步增强国际金融架构的韧性，提高国际货币体系稳定性。人民币加入 SDR 也会进一步夯实人民币金融交易与国际储备职能，鼓励中国深化金融改革，扩大金融开放，加深参与对世界金融市场的稳定和参与。

　　（资料来源：《2016 年国际金融十大新闻》，载于《国际金融研究》2017 年第 1 期）

四、特殊的地区货币制度和跨国货币制度

（一）我国"一国两制"下的地区货币制度

　　1997 年 7 月和 1999 年 12 月香港、澳门相继回归祖国后，我国出现了人民币、港币、澳元"一国三币"的特有历史现象。

　　货币作为一般等价物的独占性、排他性规律，在金银复本位制下表现为价值体系的紊乱和"劣币驱逐良币"的格雷欣法则。在纸币本位制下，如果在同一市场上出现两种以上纸币流通，而当这两种纸币的法定比价和实际比价发生背离时，同样会产生货币的排他和独占现象。不过，由于纸币本身只是一种价值符号，其排他和独占现象与金属本位货币恰好相反，不再是实际价值低的货币排斥实际价值高的货币，而会出现实际价值高的货币排斥实际价值低的货币的"良币驱逐劣币"现象。而"一国三币"是特定历史条件下中国人民的智慧创造，它不是三种货币在同一个市场上流通，所以，不会产生"良币驱逐劣币"现象。

　　根据《中华人民共和国中国人民银行法》第三章第十五条的规定和 2000 年 2 月颁布的《中华人民共和国人民币管理条例》第三条的规定，中华人民共和国的法定货币是人民币。以人民币支付中华人民共和国境内的一切公共和私人的债务，任何单位和个人不得拒收。香港、澳门虽然已经回归祖国，但是，根据《中华人民共和国香港特别行政区基本法》和《中华人民共和国澳门特别行政区基本法》，港币和澳元分别是香港特别行政区和澳门特别行政区的法定货币。人民币和港币、澳元的关系，是在一个国家的不同社会经济制度区域内流通的三种货币，它们所隶属的货币管理当局各按自己的货币管理方法发行和管理货币。

（二）香港货币制度简介

　　现行的香港货币制度规定，其发行货币为港元，货币单位为"元"，港元实行与美元联系的汇率制度，港币实行自由兑换。具体内容有如下三个方面。

　　（1）香港流通的货币包括纸币和铸币。由三家获授权的商业银行发行，这三家银行分别是香港上海汇丰银行、中国银行和渣打银行。

　　（2）香港纸币的发行制度。香港于 1935 年成立了外汇基金，作为法定货币的保证，并负责管理纸币的发行事宜。银行首先要向外汇基金购买负债证明书，然后才获授权去发行港

元纸币。从 1983 年 10 月 17 日开始，外汇基金实行了一些发行纸币的新措施，规定港元与美元挂钩，且以 1 美元兑换 7.8 港元的固定汇率进行交换，这一汇率称为联系汇率，而三家发行纸币的银行须以美元根据上述汇率向外汇基金购入负债证明书，然后才可以发行证明书上所列明的等值的港元。

（3）香港法定货币的价值。在现行的港币发行制度下，香港发行纸币是有 100% 同等币值的美元储备作支持的，这些储备存放在外汇基金内，因此，如果发行纸币的银行要增加纸币的流通数量，银行会向外汇基金缴交同等币值的美元；相反，如果银行要减少港元纸币的流通数量，外汇基金同样会将同等价值的美元支付给银行。

（三）澳门货币制度简介

澳门特别行政区政府自行制定货币金融政策，保障金融市场和各种金融机构的经营自由，并依法进行管理和监督。

澳门元为澳门特别行政区的法定货币；澳门货币发行权属于澳门特别行政区政府，澳门货币的发行须有百分之百的准备金，澳门货币的发行制度和准备金制度，由法律规定；澳门特别行政区政府可授权指定银行行使或继续行使发行澳门货币的代理职能；澳门特别行政区不实行外汇管制政策，澳门元自由兑换；澳门特别行政区的外汇储备由澳门特别行政区政府依法管理和支配；澳门特别行政区政府保障资金的流动和进出自由。

由此可见，澳门元是澳门的法定货币，目前采用与港元挂钩的办法来衡量其币值，实行与港元挂钩并间接与美元挂钩的固定汇率制，从而使其币值都保持稳定。现行的纸币和铸币，由两家获政府授权的银行所发行，分别是中国银行和大西洋银行。

为维护及提高澳门货币的信用地位和可兑换性，澳门元实行完全的储备基础，这是澳门货币制度的重要内容。这一制度在维护澳门经济金融稳定发展中发挥了积极作用。

（四）跨国货币制度和欧元

迄今为止，我们对货币制度的研究，都与国家主权不可分割地结合在一起，是研究一个主权国家内的货币制度。人类社会进入 20 世纪末 21 世纪初，随着经济和金融全球一体化的发展，地区性货币一体化十分引人注目，超国家主权的跨国货币制度开始诞生，欧元是其典型的代表。

1998 年 5 月 3 日，欧盟特别首脑会议在布鲁塞尔闭幕。会议最终确认了欧盟 11 个成员国成为欧元创始国，这 11 个国家是比利时、德国、西班牙、法国、爱尔兰、意大利、卢森堡、荷兰、奥地利、葡萄牙和芬兰。为了保证单一货币的顺利实施，欧洲中央银行也于 1998 年 7 月 1 日正式成立，欧洲中央银行统一发行欧元，制定和执行统一的货币政策和汇率政策，并依据《稳定和增长条约》对各成员国的金融管理进行监管。1999 年 1 月 1 日，欧元正式启动，标志着欧洲货币一体化质的飞跃。欧元从问世到最终取代各国货币，经历了三个阶段：第一阶段，1999 年 1 月 1 日欧元成为会计或电子交易单位。11 国货币与欧元的比价不可撤销地确定下来；第二阶段，2002 年 1 月 1 日欧元纸币和硬币开始流通。欧元同成员国货币同时流通；第三阶段，2002 年 7 月 1 日欧元成为欧盟 11 国唯一的法定货币。成员国货币停止流通。

欧元的诞生对欧洲和世界经济产生了深远的影响，对加快世界经济一体化和货币一体化进程起到了积极的作用。但是，欧元作为人类历史上跨国货币制度的创新，在单一货币和新汇率制度运行、跨国中央银行的运作等方面，还存在着不少困难和障碍，如2015年希腊债务危机和2016年6月24日英国脱欧对欧盟的消极影响，都有待于在实践进程中逐步加以克服。

在欧元的启示下，世界各大洲都出现了建立跨国货币制度的动向。在美洲，秘鲁和厄瓜多尔试图实行以美元为基础的经济；被誉为"欧元之父"的罗伯特·达德尔（Robert Darder）在2000年4～5月的巡回演讲中，大力倡导巴西、阿根廷、乌拉圭和巴拉圭建立南美共同货币；在非洲，西非经济共同体六国领导人于2000年4月21日签署协议，准备建立统一货币；经历1997年亚洲金融危机之后，为了稳定亚洲的货币环境，一些国家和地区也提出了建立"亚元"的构想等。但是，跨国的货币制度必须建立在各国经济、政治制度接近，生产力发展水平相近，各国货币政策、经济政策和价值观念趋同的基础之上，因此，需要一个较长的发展和磨合过程。

本章小结

货币制度是国家以法律形式规定的货币流通结构和组织形式。一般而言，货币制度大体涉及这样一些方面：货币材料的确定；货币单位的确定；流通中货币种类的确定；对不同种类货币的铸造和发行的管理；对不同种类货币支付能力的规定；发行准备制度等。所有这些方面也称为货币制度的构成要素。

从货币制度的历史演变看，货币制度可以分为金属货币本位制度和纸币本位制度两大类。前者又可分为银本位制、金银复本位制及金本位制；后者又称为不兑现的信用货币制度。不兑现的信用货币制度是指以不兑换黄金，也不以黄金作保证的信用货币作为本位币的货币制度。它是当今世界各国普遍推行的一种货币制度。

我国的人民币制度的建立，是以1948年12月1日的人民币发行为标志的。人民币是我国的本位货币；人民币是我国唯一合法流通的货币；人民币制度是一种不兑现的信用货币制度；人民币发行坚持高度集中统一和经济发行原则；人民币是一种管理通货，实施严格的管理制度；人民币是独立自主的货币。1997年、1999年香港、澳门回归祖国以后，由于我国目前实行"一国两制"的方针，从而形成了"一国三币"的特殊货币制度。

知识要点：

货币制度、货币单位、本位币、辅币、无限法偿、有限法偿、货币发行准备制度、银本位制、格雷欣法则、金本位制、信用货币制度

复习思考题：

1. 试述货币制度的构成要素。

2. 人民币制度的主要内容有哪些？

3. 为什么说金本位制是相对稳定的货币制度，金银复本位制是不稳定的货币制度？

4. 不兑现的信用货币制度有何特点?

课堂讨论题:

网络货币是否会对当前的货币构成竞争威胁? 谈谈你对网络货币发展前景的看法。

综合案例题:

通过以下案例资料的学习, 学生可以充分理解货币的"世界货币"这一重要职能, 更为重要的是, 让学生意识到两大强势货币在国际贸易结算和储备货币上的激烈竞争背后, 世界上各大经济实体之间的强弱对比, 意识到强货币背后是强经济实力的支撑。

分析与思考:

1. 请查阅相关资料, 谈谈欧元的产生与发展。
2. 请结合教材知识谈谈一国货币成为"世界货币"的条件是什么。
3. 思考讨论, 人民币在什么样的条件下会成为世界货币。

案例资料:

欧元崛起撼动美元霸权

欧元启动以来, 在经历种种考验之后, 现已确立世界第二大货币地位, 对美元的霸权地位形成了挑战。在国际贸易中, 美元虽然仍是主要计价货币, 但以欧元计价并统计数据的做法越来越普遍。

从国际计价单位的职能来看, 目前世界上有 50 多个国家和地区货币与欧元建立了联系汇率制。为维护各自汇率稳定, 大多数将欧元作为主要的干预货币。在外汇市场上, 欧元与美元全球交易额比过去马克与美元交易额高 10%。欧元在全球外汇交易中的份额高于欧元区成员国原货币所占份额的总和。就外汇交易市场增长情况而言, 欧元是最有活力的货币。

欧元在全球外汇储备中约占五分之一。在国际资本市场上, 欧元作为国际融资货币的作用日显突出。1999 年, 欧元启动当年即一举超越美元, 在国际债券发行中居首位。非欧元区居民持有的欧元面额的债券存量已增至 8 000 亿欧元。2004 年, 欧元在国际债券存量中的比重由 1999 年的约 20% 增至 30% 以上, 而美元面额债券的比重维持在 45% 左右。同年, 欧元在国际债券发行额中的比重约为 39%, 接近美元的 45%。

国际货币的地位是由市场力量即主要是需求因素决定的。在其背后支撑作用的是货币发行国的经济实力, 综合国力及具备成为主要国际货币的综合条件。虽然欧元区经济增长率还不及美国, 但欧元的出现对欧元区经济增长与经济社会改革产生了积极效果, 包括汇率风险消失、交易成本降低、货币金融稳定、投资消费便捷、价格透明可比、竞争气氛加浓、市场统一以及各项改革推进等, 增强了欧元区经济的整体实力地位。

欧元启动以来, 欧元区通货的平均通货膨胀率维持在 2% 上下。欧洲央行为建立可信度和稳定物价, 实施"双支柱战略"。第一支柱为货币供应量, 欧洲央行制定了与物价水平相关的中期相对稳定的货币供应量。第二支柱为物价发展预测, 包括一系列经济指标, 这些指标对物价发展提供早期信号。

从贸易情况看，2002年起，欧元区的贸易额就比美国高出24%，贸易额占国内生产总值的37.3%，高于美国的22.5%。欧元区贸易额及其国内生产总值的比重较大，表明其对外经济开放度较高，对国家经济的影响也较深。其他国家可以通过正常的贸易获得欧元，也可使用欧元购买本国或其他国家需要的贸易商品，欧元的国际地位不断增强。

欧元的国际地位根本上取决于欧盟的经济实力，欧元成功启动和初期良好运行为进一步增强影响力奠定了基础。除了雄厚的经济实力作后盾，欧元稳定的制度和法律上都有保障。有关条约除以法律形式保障了欧洲央行体系的独立性之外，还为加入欧元区的国家规定了经济趋同标准。《稳定与增长公约》还规定了对财政赤字的非保护原则和赤字超标的处分原则。控制通胀是币值稳定的基础，限制财政赤字堵住了其间接诱发通胀的途径；从金融市场看，欧洲投资市场的广度和深度不断拓展，将使欧元对投资人的吸引力增强，为欧元的稳定和发展提供有利条件。

欧元运行对欧洲政治联合不断提出新要求，欧盟国家将力争改变"美欧主从关系"，与美国争夺在欧洲乃至全球事务中的主导权。欧元不仅对区域货币合作，而且对促进未来"世界货币"的形成起了示范作用，也是对美元霸主地位的挑战。

第八章　资本市场制度

本章导读

　　作为现代金融体系的重要组成部分——资本市场，它不仅提供了一种与经济增长相匹配的财富增长机制，还建立了一种人人可以参与的财富分享机制。资本市场的交易方式解决了巨额资本的融资和资本资源的优化配置问题，促进了现代公司经济的发展。本章将学习支撑资本市场发展的基础性金融制度。公司法人制度和有限责任制度通过实现公司产权独立和责任独立，降低了投资者风险，在宏观上实现了公司产权的可交易；股份公司制度通过对公司股份的标准化和平等化制度安排，实现了公司股份易交易，以扩大资本市场的范围和规模；财务会计制度则通过复式记账方法和财务报告制度，从微观上实现了经营业务可记录、可核查，在技术上和制度上防止欺诈；证券发行审核制度和上市交易制度通过制度门槛，筛选出符合公司规范和质量优良的企业进入市场，降低市场的系统性风险，建立投资者信心。这些制度安排共同促进了证券市场的发展。

　　在本章我们主要思考以下问题：

1. 资本市场制度主要包括哪些？
2. 公司法人制度和有限责任制度的作用是什么？
3. 资本市场和财务会计制度的关系如何？

第一节　股份公司制度

一、企业制度的演变和主要类型

　　企业是在社会分工和商品经济条件下，集合生产要素（土地、劳动力、资本和技术），并在利润机制驱动和承担风险的条件下，为社会提供产品和服务的基本经济单位。企业不是一般的生产单位而是一种营利性机构，其生存与发展的核心目标是通过分工与合作创造利润，然后在合作者之间分配利润。为此，企业就必须具有一定的营业效率，而营业效率又主要来自于企业的制度效率和经营管理效率。其中，制度效率是由土地、资本、劳动力和技术等生产要素投入到生产活动中的组织方式所决定。经营效率则是由企业内部计划、组织、市场营销等管理方式决定。

　　企业制度主要是指以产权制度为基础和核心的企业组织制度。因此，企业制度主要包括两方面的内容：一是企业的组织形式和结构；二是企业的产权制度和财产关系。纵观市场经济各国企业制度的演变，从产权角度看，共经历了业主制企业、合伙制企业、公司制企业三个发展阶段。企业形态的变迁史也就是一部资本集中史，股份公司的形成史则是这种资本集中史的一个阶段，它以市场交易的方式实现资本集中。

（一）业主制企业

业主制企业（sole proprietorship）又称为古典企业制度，它是企业制度最早出现的形式，产生于资本主义发展的早期阶段，其主要特征是企业的投资主体是单一的自然人。业主制企业通常为业主自己经营。在个人业主制企业中，直接使用资源的产权主体是自然人，自然人财产与企业财产是合二为一的，企业资产归出资人所有和控制，企业的寿命最长不超过出资人的寿命，出资人要对企业的全部债务承担连带责任，责任无限化。出资人既是所有者主体，也是经营管理主体。由于业主制企业的所有权、企业的经营权以及剩余价值收益权、占有权、支配权合一，企业主与经理合一，使业主制企业具有生产经营决策权高度集中，企业主决断贯彻通畅，管理效率较高等优点。

然而，业主制企业也存在一些弊端，例如，业主制企业对于经营需要大量投资的事业无法靠一己之力得以实现，其发展规模会受到限制。同时，业主制企业的生产经营成员都是雇用劳动者，无权参与企业决策，其收入局限于与企业主协议的报酬，企业的生产经营成果与他们无关，故难以发挥他们的积极性和创造性。

（二）合伙制企业

随着社会生产力的进步，机器生产逐步取代手工生产，由于生产中更多地使用机器设备等固定资本，生产规模的扩大需要更多资本，仅靠私人资本单独出资已经不足以兴办更大规模和竞争力更强的企业，从而产生了合伙制企业。

合伙制企业（partnership）是指两个或两个以上的自然人共同投资并分享剩余、共同监督和管理的企业制度。因此，合伙制企业扩大了资金来源和信用能力，合伙人的才智和经验可以相互融合，从而提高了合伙企业的竞争能力，为企业扩大和发展提供了可能。在这种企业中，所有权与经营权也是统一的。因此，投资者即合伙人拥有企业的全部剩余。但这种制度也有局限性。首先，如果每个合伙人的监督努力都达到最大，合伙制将是促进生产力的理想制度。但由于每一个合伙人的努力都会给其他合伙人带来更多的剩余，因而他们也会萌生偷懒行为。其次，每一合伙人的产权无法自由转让，合伙人共同承担着无限经济责任，这就决定了合伙人的联合是以人际关系为基础的，如某个合伙人出现变故，这种合伙关系将不复存在。这些局限性从一定程度上来说会限制合伙制企业的规模，同时企业的存续期也不稳定。但是，从企业发展史看，合伙制企业是单个资本走向资本联合，从而发展成公司法人制的过渡点。

（三）公司制企业

随着科学技术的发展，以及生产规模的进一步扩大，出现了使用庞大的技术手段的机器大工业，需要进一步扩大资本联合的范围和规模。这时，合伙企业继续扩大规模筹集资金出现困难，主要是某些拥有资本的人不愿意承担无限经济责任的风险，于是公司制企业应运而生。公司制企业最早产生于16世纪末和17世纪初，其代表是荷兰和英国的特许贸易公司，如1600年英国女王伊丽莎白特许建立的东印度公司。公司制企业的组织形式，统称公司。公司按股东所负的责任与筹资方式不同，可分为如下三种：即有限责任公司、两合公司、股份有限公司。

1. 有限责任公司

有限责任公司是指由两个以上股东共同出资，每个股东以其所认缴的出资额对公司承担有限责任，公司以其全部资产对其债务承担责任的企业法人。其特点是：（1）股东按其出资份额享有权利，承担义务，但对公司债务负有限责任；（2）公司不能公开发行股票；（3）公司的最低注册资本额要求较低，财务无须对外公开；（4）公司股份一般不得转让，因特殊情况需要转让时，必须经全体股东同意，通常在股东内部转让；（5）股东可以作为雇员直接参与公司管理，法律上允许公司财产所有权与经营权合二为一。

2. 两合公司

两合公司是指由少数负无限责任的股东和少数负有限责任的股东共同组成的公司。在公司股东中，既有无限责任股东，又有有限责任股东。无限责任股东对公司债务负连带无限责任，有限责任股东对公司债务的责任仅以其出资额为限。由于公司股东的责任不同，在公司中的地位和作用也不同。无限责任股东在公司中享有控制权，管理公司的业务活动；而有限责任股东不能管理公司业务，也不能对外代表公司，若要转让股份，还必须得到半数以上无限责任股东的同意。两合公司兼有人合和资合的双重特点，适合不同投资者的需要，但该制度人为因素影响较大，股份转让也不灵活。

3. 股份有限公司

股份有限公司是指全部注册资本划分为等额股份，股东以其所持股份为限对公司承担责任，公司以其全部资产对公司债务承担责任的企业法人。股份公司有一套完整的组织结构，摆脱了独资与合伙等企业以血缘关系为基础的管理，实行了企业管理权与所有权的分离。股份有限公司是现代资本主义国家中作用最大、地位最重要的一类公司。目前，世界上绝大多数跨国公司都采取股份有限公司这一形式。

我国目前的公司法规定在我国境内只能设立有限责任公司和股份有限公司两种类型的公司。

综上所述，企业制度的演变随着经济和社会的进步经历了一个长期的发展过程，如今现代企业制度的主体就是公司制度。公司制企业为聚集众多分散的个人资本成为一个集中的股份资本提供了一种有效组织形式。

二、公司法人和有限责任制度

（一）公司法人制度

"公司法人制度"是指通过国家法律，将企业这一经济组织，塑造成一个"人格"实体，并相应地赋予它作为"人"所应享有的权利和应尽的义务。由于公司法人是作为企业发展到一定阶段的制度安排，因而通称为"公司法人制度"。

在我国法律中，2015年新《中华人民共和国公司法》第三条规定公司是企业法人，有独立的法人财产，享有法人财产权。公司以其全部财产对公司的债务承担责任。此项规定明确了我国公司的法人地位。

1. 公司法人制度的形成

公司法人制度是企业制度发展到一定阶段的产物。严格来说，在公司法人制度产生和发展初期，由于大多数公司是无限公司，股票不公开上市，所以用现代眼光看，可将其称为"没有法人地位的全股公司"或"非法人公司"。英国最早的以"公司"命名的组织是商业冒险家在海外贸易中采用的，他们通过受领皇家特许状或经国会法令特准成为法人社团。到16 世纪这类管制公司才变得普遍起来，著名的荷兰及英国东印度公司是其典型代表。在这类公司中，每个成员的债务与公司及公司其他成员的债务完全分离。该类公司的主要职能在于为公司成员取得贸易独占权，使公司自己取得对特定地域的管理权。英国詹姆士一世统治时期，正式通过法律程序，将一些特许公司确认为法人公司。至此，"公司法人"才正式确立。不过，这时的公司法人制度作为一种企业制度安排还很不完善。比如，法人财产权应包括哪些具体权利，这些权利如何行使等，均未在法律细则中作出明确规定。

现代公司法人制度较为典型的形式产生于 19 世纪中后期，在西方发达市场经济国家的法典中最早完成。1844 年英国《股份公司法》明确规定了公司登记注册制度，从而开始明确公司应具有稳定的财产；1862 年的《公司法》规定，公司既可以是有限公司也可以是无限公司，1897 年的"所罗门有限公司案"实际上确立了这一原则，即公司与作为公司成员的股东各自具有自己独立的法律人格和财产所有权。至此，公司法人和有限责任制度最终得以确定下来。到了 19 世纪末，英国法典中明确规定了现代公司的"三原则"，即：有限责任原则、合股原则、法人资格原则。在这三原则中，对公司法人资格原则又作了若干具体规定：

一是公司法人是一个独立于成员（股东）而存在的经济实体，它不因其设立人或成员或经理的死亡而终止，它的生命具有相对的稳定性和持久性；

二是它可以以法人资格起诉其中的任何一个成员，它也可被其中任何一个成员作为法人起诉；

三是它可以以自己的名义对出资者提供的包括动产和不动产在内的所有财产享有所有权，内含占有、使用、处置、收益分配等权利。

2. 公司法人制度的主要内容

公司法人制度的内容主要有三方面：一是法人财产制度，这是公司法人制度的核心；二是法人责任制度，它与法人财产制度互相依存；三是公司内部治理结构，它是由法人财产制度和法人责任制度所决定。

（1）法人财产制度。法人财产制度是公司法人制度的核心，它从形式上确定了以市场交易方式实现资本集中的可能性。

公司法人财产制度实现了出资者所有权和企业法人所有权的分离。出资者所有权是指投资者对公司投入资本所形成的企业法人财产和企业主体由此所拥有的财产权利。它从财产归属的意义上讲，是出资者向企业投资而产生的一种财产权利，公司内各个出资者都不能对自己出资的财产直接行使所有权，而是要委托他人经营。同时，公司股东作为出资者按投入公司的资本享有所有者权益，承担对公司的有限责任。企业法人所有权是指企业对其全部法人财产依法拥有独立支配的权利，其本质特征是权利主体不是自然人，而是由许多自然人所构成的一个整体作为法人人格。法人所有权的形成是以出资人向法人让渡其所拥有的财产权利，并保留股东权作为前提；同时又是企业法人维护出资者权益、实现资产保值增值的必备条件。公司法人作为经营者享有股东投资形成的全部法人所有权，承担对公司债务的无限责任。股东只能作为一个整体抽象地、间接地支配公司财产。

在公司法人制度中，所有权和经营权要经过两次分离：第一次是公司股东与公司法人的两权分离；第二次是公司法人与公司的经营者即经理人的两权分离。这种两权分离在组织形式上就具体地表现为公司的股东与董事会和董事会与总经理的两权分离。

公司法人制度的这种两次两权分离，在成熟的公司制度条件下就使公司形成了两个法人主体，两个法人客体和两个相对独立的运行过程：一个是由股东这个主体利用股票这个客体来从事股票经营活动的运行过程（即股票的买卖和转让过程），这个过程是由股东来完成的；另一个是由公司法人这个主体利用法人财产这个客体来从事生产经营活动的运行过程（即生产、交换、分配和消费过程），这个过程是由公司法人来完成的。这两个相互独立而又相互联系的主客体运行过程，通过公司业务经营的好坏和股票行市的涨落来相互影响，相互作用，从而不断提高公司的经营管理水平。

（2）法人责任制度。公司法人责任制度包括两层含义：对股东而言，是以其出资于公司的财产数额对公司债务负有限责任；对公司法人而言，可以在经营不好发生债务危机时，以其法人财产抵债，争取企业转机，当法人资不抵债时，只能申请破产，这样法人作为一个"团体人格"实体，将不复存在。因此，公司法人对法人债务负担的其实是无限责任。可见，法人财产所有权制度和责任制度是公司法人制度的核心内容，这两者是相互依存，互为前提。

（3）公司内部治理结构。为保证公司法人制度和公司责任制度的有效实施，需要有相应的内部治理结构。公司内部治理结构是以股东大会、董事会和监事会等"三会"为主形成的制衡关系。

股东大会是体现出资者利益的最高权力机关，它需要有科学的议事制度以保证所有股东的公平权利。股东以信托方式把财产委托给董事会；董事会作为最高决策机关，又通过委托—代理方式聘任高层经理，由经理人员行使公司的日常经营管理权。监事会由股东大会选举产生，负责监督董事和经理的用权行为。这样，公司内部就形成了出资者、受托者、经营者三方在各自利益偏好不尽相同基础上的互相制衡关系，从而实现了企业内部所有权与经营权的两权分离。

3. 公司法人制度的基本特征

公司作为法人，具有法人必备的三个共同特征：组织特征、财产特征和人身特征。

组织特征是指公司必须依法成立，并作为一个整体从事经济活动的统一组织，要有自己的名称和场所，有固定组织和必要职能部门。

财产特征是指公司必须拥有自己能够独立支配和管理的财产或法定的注册资金数额。这是公司作为法人存在和进行经济活动的必要条件。

人身特征是指公司必须具有法律所认可的独立人格，是一种"人格化"的经济组织，是经济法律关系以及各项权利与义务的直接承担者。公司作为法人能像自然人一样参与社会经济活动。法律赋予公司某些人身特征。如：公司应有自己独享的名称、字号和"经济户口"即营业执照；对自己的名称拥有专用权，享有专利权、发明权、商标权和荣誉权等；以自己的名义参与经济法律关系，既享受一定的经济权利，又承担相应的经济义务；能以自己的名义在法院应诉，具有完整的权利能力和行为能力。

（二）有限责任制度

有限责任是指公司以其全部资产承担责任，股东以其出资额为限对公司承担责任。有限责任制度并不影响公司以其自身拥有的全部财产对外独立承担民事责任，公司对其债权人承担的仍是无限清偿责任。有限责任制度改变了投资者对责任与利益关系的传统认识，并激励投资者积极、自愿的投资于风险企业，在获得利益的同时，也为社会创造了财富；所以有限责任制度一出现即受到极大欢迎，同时也受到理论界的高度评价。正如20世纪初美国哥伦比亚大学校长巴特尔（Butler）所言："有限责任形态的公司乃现最伟大的创举，以致蒸汽机和电的发明也远不能与其媲美。"

1. 有限责任制度的历史变迁

有限责任制度起源于12世纪和13世纪古罗马的新型公司"康孟德"（Commenda）。康孟德制在1582年的《安特卫普习惯法集成》中已经对有限责任做了明确规定。在"康孟德"之前很长一段时间里很多公司是事实上存在的，而非依法注册的，公司的责任是无限的。在"康孟德"出现以后，有限责任制度随即迅速取代无限责任制度，并在地中海地区海运贸易方面被广泛采用，继而逐步为世界各国公司立法所首选。可见，中世纪的康孟德契约确立了有限责任制度的早期形式，是股东有限责任的雏形。

16、17世纪随着资本主义商品经济的出现和迅速发展，英国与欧亚大陆间进出口贸易迅速发展，许多从事海外商业活动的殖民公司获得了独立法人地位，团体成员责任也开始逐步进入了有限责任阶段。1657年英国通过克伦威尔的改组，东印度公司的总会转化或完全的"民主总会"。但成为股份公司基本特征的"全体出资人有限责任制"在克伦威尔改组中尚未出现，东印度公司的责任形态依然是原来的特殊英国式的"征收"。在王政复辟的1662年，全体出资人的有限责任制确立，由此东印度公司发展成为了名副其实的近代民主型股份公司。

从17世纪中期开始，西方资本主义国家开始了产业革命，并进入了自由竞争的空前发展时期，从而商品生产迅速占据了统治地位。同时，社会化大生产和激烈的市场竞争要求资本集中，并且激烈竞争本身又要求尽量减少资本所有者风险。所有这一切使得赋予商业组织以独立法人地位成为历史的必然选择。正是在这一时期之后，公司法人责任制度逐渐在英国和欧洲大陆国家成为占统治地位的团体责任形式。

有限责任制度在保护投资者利益的同时，也为商人和政府募集因工业革命所带来的对资金的大量需求提供了制度上的保障。同时由于1845～1848年经济萧条所暴露出来的无限责任的种种弊端，国会加快了公司有限责任法制化的进程。在1855年国会通过《有限责任法》（《Limited Liability Act 1855》），该法明确规定具备法定条件的公司一经注册完毕，股东即只负有限责任，责任的限度为股东所持股份的名义价值，并要求"有限"字样须在公司名称中反映出来。由于《有限责任法》在立法形式、有限责任公司设立条件等方面不能满足公司发展的需要，该法于1856年被更为激进的《合股公司法》所取代。法国于1807年公布的《商法典》首次从法律上规定了股份有限公司。股份有限公司承担有限责任，又可以通过发行股票筹资。1892年，德国制定《有限责任公司法》，使中小企业的投资者和股份公司的股东一样，可以享受有限责任的便利，从而促进了社会的投资和经济发展。接着，葡萄牙、奥地利、日本等国均仿效德国，建立了有限责任公司制度。

2. 有限责任制度的经济学分析

有限责任制是现代市场经济的一项伟大发现，该制度把股东的投资风险限制在一定的限度内，有利于刺激投资积极性，其具体表现如下。

（1）有限责任制度可以有效促进市场交易。在无限责任制度下，股东面临失去全部个人资产的危险，由于风险增加，许多在有限责任制度下具有投资价值的项目在无限责任制度下将使投资者望而却步。在有限责任制度下，无论什么样的投资项目，股东的最大风险不会超出其投资数额，而如果股东经营得好，其投资回报具有无限性。股东风险责任的有限性和投资回报无限性的有机结合，客观上鼓励了股东投资。

（2）有限责任制度可以降低监控成本。因为有限责任制度促进了所有权与经营权的分离，形成了经营管理的专业化分工，所以有限责任制度大大降低了监控成本，其主要体现在两个方面：一是有限责任制度的存在降低了股东监控管理层的成本。在有限责任制度下，由于投资风险的事先确定性和有限性，股东没有必要紧密关注公司及其管理层的行为，从而降低了监督成本；二是有限责任制度降低了监控其他股东的成本。如果投资者将资金投入无限责任公司，投资者不仅要监控其代理人，而且股东之间还要相互监控，其监控成本随之增加。

（3）有限责任制度可以减少和转移投资风险。有限责任制度将股东投资的风险限制在其投资额范围内，如果损失超过了其投资额，则债务风险将转嫁给银行和公司其他债权人。如果公司经营不善破产倒闭，股东的最大损失则是其出资额，投资安全保障大大提高。所以，有限责任制度可以减少和转移股东的投资风险，这是现代企业制度中最基本、最重要的共同特征。

（4）有限责任制度促进了证券市场的形成与发展，实现了资源的优化配置。

由于有限责任制度吸引了大量投资者，公司的股权被分散给各个投资者，再加上投资风险的有限性，从而使公司的股份可以自由转让，于是以融通资本为主要功能的证券市场得以形成与发展。如果公司经营管理不善将使公司股东以较低的价格抛售股票，行使"用脚投票"的权利，而新投资者也将行使投票权来替换原来无能的管理者。这种被替换的危机，刺激现任的公司管理人员有效率地经营企业，以保持股票的高价位，从而优化了资源配置。

三、股份有限公司

股份有限公司形式产生于欧洲，德国称为 Aktingesellshaft，法国称为 SocieteAnonyme，英国称为 Company Limited by Shares，美国称为 Stock Corporation，日本叫作株式会社。根据我国《公司法》（2015 年最新修订版）规定："公司是指依照本法在中国境内设立的有限责任公司和股份有限公司。股份有限公司的股东以其认购的股份为限对公司承担责任"。

（一）股份有限公司特征

股份有限公司是公司的最高级形态，它具备公司法人制度和有限责任制度的所有特征。

1. 股份有限公司是法人

股份有限公司依照公司法的规定，履行必备的审批和登记程序才能设立。股份有限公司一旦成立，具有自己的组织，拥有自己的独立资产，以独立的法人资格参与经济生活、承担责任。股份有限公司是投资者投资形成的结果，以经营业务并获得投资回报为目的，因此其性质上属于企业法人。

2. 股份有限公司的股东不得少于法律规定的最低数目

由于股份有限公司具有法人属性，各国法律对股份有限公司的设立都具体规定了股东的最低人数。股东可以是自然人，也可以是法人。我国《公司法》第七十八条规定，设立股份有限公司，应当有二人以上二百人以下为发起人，其中须有半数以上的发起人在中国境内有住所。此外，持有股票面值达人民币 1 000 元以上的股东人数不少于 1 000 人，向社会公开发行的股份达到公司股份总数的 25% 以上。

3. 股份有限公司的资本全部划分为等额股份

股份有限公司的资本划分为若干股份，且每股面额相等，并以股票形式表现，这是股份有限公司的重要特征。等额股份对股份有限公司具有特殊的法律意义：首先，等额股份可以推动股份有限公司集资活动的标准化。因为每股面额相等，投资者可以根据自己的具体情况确定认购的数量，而无须复杂的计算；其次，等额股份便于股东根据其所持股份参与股份有限公司的决策，也有利于股息和红利的计算、交付。

4. 股份有限公司的股票可以自由转让

股东购买了公司的股票，不能要求中途退股，但股东有权自由转让和买卖。股东对所认购的股票，可以选择持当股东，也可以把股票转让出去，具有充分的自由。股票转让只影响到原股东的地位和新投资者的身份，与公司资本及地位无直接关系。股东是股票的持有者，其所有权集中体现在股票上，随着股票的转移而转移，而股价也就随行就市。

5. 股份有限公司股东的责任是有限责任

股东仅在其出资范围内对公司债务承担有限责任，即以其认购股份额为限，承担有限责任。公司一旦破产或解散进行清算时，公司债权人只能对公司的资产提出要求，公司法人只能以公司本身的全部资产对所负债务负责，股东的个人财产与此无关。

（二）股份有限公司与有限责任公司的异同

有限责任公司与股份有限公司都是公司，具有公司的一些共性特征，从本质上讲，股份有限公司只是一种特殊的有限责任公司而已。英国、法国、日本规定有限责任公司的股东人数，必须在 2～50 人之间，如有特殊情况超过 50 人以上时，须向法院申请特许，或者转为股份有限公司。有限责任公司限制了公司筹集资金的能力。而股份有限公司则克服了这种弊端，将整个公司的注册资本分解为小面值的股票，可以吸引数目众多的投资者，特别是小型投资者。由于股份有限公司的特点，使得它在组织管理上有很多不同于有限责任公司的地方，两者的区别主要表现在如下六个方面。

1. 股份有限公司只有资合性，而有限责任公司既有人合性又有资合性

有限责任公司是在对无限公司和股份有限公司两者的优点兼收并蓄的基础上产生的。它将人合性和资合性统一起来：一方面，它的股东以出资为限，享受权利，承担责任，具有资合的性质，与无限公司不同；另一方面，因其不公开招股，股东之间关系较密切，具有一定的人合性质，因而与股份有限公司又有区别。

股份有限公司是资合公司。公司的信用完全建立在公司资本的基础上。与股东的个人人身特征（信誉、地位、声望）没有联系，股东个人也不得以个人信用和劳务进行投资，这种完全的资合性与无限公司和有限责任公司均不同。

2. 股份有限公司的资本划分为等额股份，有限责任公司的资本不必划分为等额股份

一般来说，股份有限公司的资本必须划分为等额股份，且同股同权，同股同利。股份有限公司发起人的出资应折合为股份，即折合为与公司向社会公开募集股份的每股票面金额等值的股份数额，根据股票数量计算每个股东拥有的权益，出资多的股东只是持有股数多，占有股票的数量多，但不能单独增大每股股份的金额。

有限责任公司的资本不划分为均等的股份，股东有各自的份额，但每个股东的股份金额不一定均等，也不要求均等。有限责任公司股东出资不必折合成股票面额等值的股份数额，而只需计算出出资比例。

3. 股份有限公司的股东没有最高人数的限制，有限责任公司的股东有最高人数的限制

有限责任公司因其具有一定的人合性，以股东之间一定的信任为基础，所以其股东数额不宜过多。我国的《公司法》规定为 1 ~ 50 人。

有限责任公司股东数额上下限均有规定，股份有限公司则只有下限规定，即只规定最低限额发起人，实际只规定股东最低法定人数，而对股东的上限则不作规定。这就使得股份有限公司的股东具有最大的广泛性和相当的不确定性。

4. 股份有限公司募集资金具有开放性，而有限责任公司具有封闭性

股份有限公司募股集资的方式是开放的，无论是发起设立或是募集设立，都须向社会公开或在一定范围内公开募集资本，财务经营状况也必须公开。一个人能否成为公司股东决定于他是否缴纳了股款，购买了股票，而不取决于他与其他股东的人身关系，因此，股份有限公司能够迅速扩大企业规模，增强企业在市场上的竞争力。

与股份有限公司的开放性不同，有限责任公司只能在出资者范围内募股集资，公司不得向社会公开招股集资，有限责任公司证明股东出资份额的权利证书称为出资证明书，又称股单。股东的股单不是股票，不是有价证券，也不能转让。

5. 股份有限公司财务会计报告需公开，有限责任公司财务会计报告无须公开

《公司法》规定，股份有限公司的财务会计报告应当在召开股东大会年会的 20 日以前置备于本公司，供股东查阅。股份有限公司采用募集方式设立，发行新股及公司上市必须公告其财务会计报告。

有限责任公司的财务会计报告只需在股东之间公开，不需要向社会公开。《公司法》规定，有限责任公司应当按照公司章程规定的期限将财务会计报告送交各股东。

6. 股份有限公司设立的条件严格，有限责任公司设立的条件较宽松

股份有限公司的设立必须采取核准主义。核准主义（又称许可主义），指设立公司除必须具备法律所定条件之外，还必须经行政机关批准才能成立。我国《公司法》规定，采取发起设立方式设立股份有限公司，必须经国务院授权的部门或省级人民政府批准才能成立。采用募集设立方式设立股份有限公司，必须报经国务院证券管理部门批准才能成立。

有限责任公司的设立以准则主义为主，核准主义为辅。准则主义，指法律（公司法）规定各种要件，设立公司只要符合所定要件，国家给予登记，赋予法人人格。一般来说，设立有限责任公司只要具备法定条件，依法经公司登记机关登记即可成立，不须审批。只有法律、行政法规规定对设立公司必须报经审批的，公司登记前才须报经审批。

（三）股份公司制度的意义

产生于西方发达国家的股份有限公司与一国经济的发展具有十分密切的关系，并且具有决定性作用。股份公司制度以股份平等、运作公开、贯彻公平、公正原则为制度基础，保证投资者和资本交易者的信心；以资本等额划分的标准化、证券化为手段，实现资本交易的市场化，达到资本集中和资本有效配置的目的。

股份公司制度所实行的股权平等，主要是指按一股一权一利和同股同权同利同风险的原则办事，实行股权平等，不承认任何特权。股东拥有的股票多其权利也就大，股票少权利也小。股票的权利和义务是对等的，股东拥有的权力大，得到的收益也多，同时所负的经济责任也就相应大一些，承担的风险也大。

股份公司制度从公司筹资、运作、破产倒闭以及证券交易买卖，必须贯彻公开、公平、公正原则。《公司法》规定，股份公司发行股票，必须在当地有影响的大报，公开向社会发布招股集资公告，股份公司的经营情况必须公开，股份公司要定期（季、半年、一年）公布："资产负债表""损益表""现金流量表"等财务报表，而且要真实、准确，并经过会计师事务所、律师事务所审核、公证才有效。公平性原则包括地位公平、权利公平、利益公平、机会均等、平等竞争。公正性原则要求立法公正、执法公正、仲裁公正。股票上市要经过证券交易所审查批准，并公布其经营状况，证券交易的全过程要严格执行公开、公平、公正原则。

股份公司制度在保证投资者信心的基础上，以资本等额划分的标准化手段，实现资本的证券化、市场化。在股份公司制度中，无论是法人产权还是股东的股权都是商品，而且都采取有价证券的形式，可以通过证券市场进行自由转让或买卖。股份公司制度的产权股票化、股票大众化，是股份公司内部产权结构的开放性决定的，能广泛地吸收和容纳社会资金。资本的证券化和市场化，有效地扩大了资本交易的市场范围和市场规模，形成了巨大的动员社会资本的能力。它加速了资本的集中，使社会化大生产空前发展。

四、公司制度的新发展

公司制企业经历了无限公司、两合公司、有限责任公司、股份有限公司几个不同的发展模式，从20世纪后期开始，美国各界人士对公司制未来演变的可能性进行了深入的探讨。诺贝尔经济学奖得主弗里德曼1970年在纽约时报杂志（New York Times）发表文章声称，如果需要强调公司的社会责任，它的责任就是为股东（即企业的拥有者）增加利润，但这一观点遭到了一些商界人士的反驳。这表明现代公司制的发展正在从"股东至上"原则向"利益共同体"的观念转变。

美国宾夕法尼亚公司法改革之后，美国布鲁金斯研究所布莱尔（Magaret M. Blair）教授通过对新公司法和公司制度的研究，提出了状态依存所有权理论。该理论认为，企业是股东、债权人、工人、经理四方不同利益相关者的共同体，而不同的利益主体在公司中的状态是不同的。尽管利益主体的状态不同，但其关联性、协同性、相互依存性是客观存在的。各方关系人中，如果失去任何一方，他方都无法单独存在，企业也将解体。因此，从状态依存所有权模式来看，股东不过是正常状态下的企业所有者，尽管这个"正常状态"通常占有较大的比重。布莱尔教授对此有一经典分析：（1）当企业总收入大于等于工人工资与债权人的本息和时，股东则是企业所有者；（2）当企业总收入大于等于工人工资小于工人工资与债权人的本息和时，债权人则是企业所有者；（3）当企业总收入小于工人工资时，工人则是企业所有者；（4）当企业总收入大于等于工人工资与企业的满意利润以及债权人本息和时，经理则是实际上的所有者。

布莱尔教授分析表明，公司经营状况决定了股东、债权人、工人和经理都可能是企业的所有者，他们之间存在相互依存的关系，如果任何一方的利益不能得到有效保护，都将导致公司经营目标无法实现。因此，布莱尔指出，仅仅将股东视为公司的所有者是不正确的。公司不只是股东的公司，而是"利益依存者"的公司，是全社会的公司。状态依存所有权理论是现代美国公司内部治理理论和公司社会责任理论的基石。

此外，为救助他人，美国近年来出现了共益公司制。自从马里兰州于2010年起通过第一个共益公司法案，到目前为止美国已经有27个州通过了共益公司法案。与传统形式的公司制度不同，共益公司制度在考虑财务利益之外，将企业的社会使命和责任注入企业中，同时以法律的强制力要求企业将社会利益与财务利益放在同等地位。因此共益公司制度还要考虑雇员、职工、子公司、供应商、消费者、社区、社会、环境等商业利益以外的因素。当公共利益与企业的股东权益相矛盾时，共益公司制度不必根据股东利益最大化的原则做出抉择。从法律角度看，共益公司制度是美国社会中一项自下而上产生的创新体系，反映了公司、管理者、专家团队等相关利益者之间的协同合作关系。

第二节　财务会计与信息披露制度

股份有限公司因为其股权分散，大多数中小投资者没有控股权，他们只能通过股份有限公司所呈报的财务会计信息作出持有或出售股票的决策。因此，股份有限公司的财务会计制度与信息披露制度的完善对中小投资者投资股票的信心具有至关重要的作用。财务会计制度是公司财务制度和会计制度的统称，具体指法律、法规及公司章程中所确立的一系列公司财务会计规程和方法。通常由《公司法》《会计准则》《财务通则》等专门的法律和法规、规章规定构成。

一、财务会计制度的主要内容

财务会计制度的核心目的是保证公司法人独立制度得以贯彻和实现。主要内容包括如下三个方面。

一是财务会计核算制度，主要规范会计核算方法、原则和准则，规范会计确认，计量，公允地处理会计事项、保证会计信息质量。

二是财务会计报告制度，依法编制财务会计报表和制作财务会计报告，以客观准确地报告公司财务状况和经营成果。

三是财务会计内部控制和管理制度，主要规范财务会计工作人员的资格、岗位设置、业务流程，以防止差错和舞弊；以及会计档案等财务会计信息安全的管理制度和安排。

在实践中，一国的财务会计制度通常是分层次的。我国的财务会计制度包括四个层次：国家法律、行政法规、国家统一的财务会计制度和地方性财务会计法规。

（1）国家法律。是指由全国人民代表大会及其常委会经过一定立法程序制定的有关财务会计工作的法律，是财务会计制度中层次最高的法律规范。主要有《会计法》《注册会计师法》《审计法》《公司法》《证券法》等。

（2）行政法规。是指国务院制定发布或者国务院有关部门拟订，经国务院批准发布的法律规范。如《总会计师条例》《企业财务会计报告条例》等等。

（3）国家统一的财务会计制度。是指国务院财政部门根据《会计法》等国家法律制定的关于会计核算、会计监督、会计机构和会计人员以及会计工作管理的制度，包括会计规章和规范性文件。如《企业会计准则》《会计从业资格管理办法》《小企业会计准则》《会计档案管理办法》《会计基础工作规范》等。

（4）地方性会计法规。是指省、自治区、直辖市的人民代表大会及其常务委员会在与宪法、法律和行政法规不相抵触的前提下，根据本地区情况制定、发布的会计规范性文件。

此外，具体的公司或企业，特别是公开上市的股份公司，还要根据以上法律法规的要求，结合公司章程和其他具体情况制定公司具体的"财务会计制度"，以便在实践中更好地执行财务会计制度的法律法规。

二、复式记账是一项保证公司财产和责任独立的技术和制度

复式记账法（double-entry bookkeeping），是一种科学的记账方法，它是在市场经济长期发展的过程中，通过会计实践逐步形成和发展起来的。复式记账法是指以资产与权益平衡关系作为记账基础，对于每一项经济业务，都要在相互联系的两个或两个以上的账户中以相等金额进行登记，系统地反映资金运动变化结果的一种记账方法。其特征主要表现在通过两个（或两个以上）相互关系的账号以相等的金额来记录一项经济业务。复式记账法有借贷记账法、增减记账法、收付记账法等，目前世界各国广泛采用借贷记账法。我国企业的会计准则从1993年7月1日起统一采用借贷记账法。

（一）基本原理

复式记账的基本原理是通过"会计恒等式"反映出来的，即：

$$资产 = 负债 + 所有者权益$$

该等式反映的是一种资金平衡关系，具体体现在三个方面：首先，复式记账的经济内容是会计要素，该等式反映了各会计要素之间的数字平衡关系，即会计主体有一定数量的资产，则需有一定数量的负债和所有者权益相对应；其次，该等式反映了资产、负债和所有者权益的增减变化的相互关系，即在一项会计要素发生变化时，则另一类会计要素的项目必然发生增减变化，以维持等式的平衡；最后，该等式通过相反方向的记账方法反映了各会计要素之间的对立统一关系，即资产与负债和所有者权益分列等式两边，资产类账号借方记录增加额，贷方记录减少额，而负债和所有者权益类账户，借方记录减少额，贷方记录增加额。此外，通过复式记账法还能了解股份有限公司的收入、费用和利润等数额及其形成原因。这

是复式记账能够全面核算和监督公司经济活动、保证公司的财产和责任独立的根本原因。

（二）基本特征

1. 以会计方程式作为记账基础

为了揭示资金运动的内在规律性，复式记账必须以会计方程式作为其记账的基础。会计方程式是将会计对象的内容即会计要素之间的相互关系，运用数学方程式的原理进行描述而形成的。会计方程式能清晰地阐明经济活动的来龙去脉，同时方便试算平衡和检查账户记录的正确性。

2. 对每项经济业务，必须通过两个（或两个以上）相互联系的账户以相等的金额进行记录

每项经济业务的发生必然要引起资金的增减变动，而这种变动可以通过复式记账的会计方程式中的两个要素或同一要素中至少两个项目的变动反映出来。为反映这种等量变动关系，会计上就必须在来龙与去脉两个方面的账户中进行等额记录。因此，复式记账能够综合反映出企业经营过程和经营成果的全貌。

3. 经济业务记录的结果应符合会计方程式的影响类型

尽管企业单位发生的经济业务复杂多样，但对会计方程式的影响无外乎两种类型：一类是影响会计方程式等号两边会计要素同时发生变化的经济业务。这类业务能够改变企业资金总额，使会计方程式等号两边等额同增或等额同减。另一类是影响会计方程式等号一边会计要素发生变化的经济业务，这类经济业务不会影响企业资金总额变动，是会计方程式等号一边等额的增减。这就决定了会计上对第一类经济业务，应在方程式等号两边的账户中等额记同增或同减；对第二类业务，应在方程式等号一边的账户中等额记录有增有减。

（三）复式记账方法的意义

复式记账法的基本原理简单地说可以理解为：任何一个企业所发生的一切业务，都可以通过会计恒等式双重记录下来。复式记账在追踪资本流动性上的优势是无可替代的。不管是哪个企业的账簿，其资产都恒等于负债和所有者权益的总和。当资产同负债或所有者权益同时增加时，表明增加的资产来自于负债或所有者权益。相反，当资产同负债或所有者权益减少时，表明减少的资产将返回负债或所有者权益中去。

在实践中，人们是通过复式记账中的资本和其他账户，从量上把握资本并具体证实作为经营实体的企业的存在。企业的一些经济关系只有通过复试记账才能更加准确地定性和定量。正如马克思指出的那样：资本价值"在它循环时都要经过不同的存在形式。这个资本价值自身的同一性，是在资本家的账簿上或在计算货币的形式上得到证实的"。

美籍日本著名会计学家井尻雄士（Yuji Ijiri）把复式簿记的优点作了比较全面而深刻的阐述。他说："人们说到复式簿记的长处往往只从小节着眼，说它因为一笔数目登记两次可以通过计数核对而减少差错。其实远非如此。在单式簿记下，一家企业的现状，只能用现在财富的一套账户来表示。而复式簿记却迫使人们以一套适当的资本账户，来'算得'现状。资本账户记录了导致现状的各种过去业务。所以，经管责任乃是复式簿记制的核心"。"更重要的是，在复式记账制之下，从过去算到现在的会计，不是碰巧地、随意地完成的，而是完全地、有系统地完成的，因为不然的话，两方就失去平衡。复式簿记制最基本的贡献就

是它让经理和会计人员经受这种压力，一定要交代财富的变化。"

总之，复式记账的方法可以把原本孤立而实际上具有各种经济关系的企业通过账户反映出来，从而使人们对企业的生产经营活动及其与社会各部门的经济关系进行全面了解。

三、信息披露制度

信息披露制度，也称公示制度，是指证券市场上的有关当事人在证券的发行、上市和交易等一系列环节中，依照法律法规、证券主管机关及证券交易所的有关规定，以一定的方式向社会公众公开与证券有关的财务和相关信息而形成的一整套行为规范和活动准则的总称。信息披露制度主要涉及初次披露、持续披露和内幕人员交易披露等方面的内容。完善的信息披露制度是证券市场健康发展的基础和保障。

（一）信息披露制度的起源和发展

信息披露制度是证券市场发展到一定阶段的产物，该制度最早起源于英国。1720 年，英国爆发了"南海泡沫事件"，投资者遭受了巨大损失，直接导致《防止欺诈案或泡沫法》的出台。1844 年，英国颁布了《英国合股公司法》，其中规定证券发行公司在办理有关发行审核手续时，必须公开其财务资料以及其他信息。该法律首次确立了强制性信息披露原则，从而奠定了现代意义上信息披露制度的基础。

在英国示范作用的带动下，其他国家在其证券市场发展过程中相继采用这一制度，且不断加强对信息披露制度的完善，以保证证券市场运行效率和公平的目的，从而促进证券市场的良性发展。从全球范围看，美国是当今信息披露制度最完善的国家。美国关于信息披露的规定源于 1911 年堪萨斯州的《蓝天法》，该法律规定发行人有义务披露财务报告。1929 年华尔街证券市场的大危机充分暴露了美国证券市场存在的各种非法投机、欺诈与操纵市场的行为。这次危机迫使美国先后于 1933 年和 1934 年颁布了《证券法》和《证券交易法》。《证券法》规定已经发行和上市的公司定期向美国证券交易委员会或证券交易所等监管机构披露公司财务资料和审计报告等情况，特别是当公司经营状况等发生重大变化时，应及时向公众披露相关情况。进入 20 世纪 90 年代后，美国证券交易委员会针对证券市场出现的新变化，对原有的信息披露制度进行了修改，从而提高了信息披露制度的效率和作用。21 世纪后，安然公司、世界通讯、施乐公司等会计丑闻事件促使美国在 2002 年 7 通过了《萨班尼斯—奥克斯利法》，该法律从上市公司信息披露审查权和高层财务人员"道德法典"两个方面强化了上市公司信息披露制度，并加大了对违法行为的处罚力度。

在英国、美国等西方国家的带动下，世界其他国家也纷纷制定详细的信息披露规则，以达到证券市场信息迅速、高效地传播。但是，由于各个国家在证券市场发展所处的阶段不同，各个国家的信息披露规则也各不相同。

（二）信息披露制度的基本原则

信息披露制度涉及披露的当事人、披露时间和披露内容等几个方面。信息披露制度的当事人主要包括承担信息披露义务的信息发布人、证券监管机构以及会计师事务所等；信息披露时间有定期披露和不定期披露；信息披露的内容包括初次发行时的招股说明书、上市公告书以及上市后能够反映公司经营状况的各种定期报告和侧重于重大事件的临时报告。信息披露制度所涉及的以上内容应遵循以下原则。

1. 及时性原则

及时性原则指所披露的信息必须反映当时的客观事实。信息披露的及时性原则对证券市场的健康发展具有重要的意义。首先，公众对证券发行人的信息披露行为具有很强的依赖性，如果某一信息未及时披露，公众将会猜疑、恐慌，进而对证券市场产生一定的影响；其次，及时性的信息披露可以使投资者及时调整投资策略，从而保护投资者的利益；最后，及时性的信息披露可以减少某些处于特殊地位的人利用该信息获利，从而防止内幕交易。因此，各国证券法中有关信息披露制度的部分都采用及时性原则。

2. 有效性原则

有效性原则指所披露的信息，必须让社会一般公众投资者容易取得、容易理解、分析并掌握。信息披露的有效性是通过信息的准确性和信息的重要性两个方面体现的。信息的准确性体现在所披露的信息含义要明确，内容与表达方式不得让人产生误解、不存在歧义和误导性陈述，语言简洁、明了。信息的重要性体现在所披露的信息必须是重要且有用的。在实践中，信息重要性的标准可以通过影响投资者决策标准和股价敏感标准两个方面进行评判。

3. 充分性原则

充分性原则指信息披露人将所有的信息全部予以公开，不得有任何隐瞒或遗漏。信息披露充分性原则体现在形式上的充分和内容上的完整。信息披露的形式具有多样性，可以是法定形式和任意形式，也可以是书面形式和口头形式等。信息披露的完整性要求所披露信息的各个方面需周密、完整和全面，不仅需披露对公司股价有利的信息，更需要披露对公司股价不利的各种风险因素，不能有所遗漏。

以上有关信息披露的三个原则体现了证券市场监管制度的不断完善，为证券市场的发展提供了制度保障。

（三）我国上市公司信息披露制度的基本框架

我国证券市场自20世纪90年代初开始，至今已接近30年的发展历程，琼民源、银广夏和蓝田股份等事件的发生促使我国在证券市场信息披露制度方面进行了严格的监管。到目前为止，我国在上市公司信息披露制度的建设方面已基本与国际接轨。

1. 监管主体

目前，我国上市公司信息披露制度的监管主体主要有证监会、证券交易所、中国注册会计师协会（以下简称"中注协"）、上市公司协会和律师事务所等。证监会拥有中国证券市场的最高监管权，也是最权威的监管者，主要负责基本规则的制定、重大或无先例的信息披露个案的处理，指导、协调派出机构和交易所进行信息披露的监管。证监会设有发行监管部和上市公司监管部，它们履行着大部分监管职责。证券交易所处于一线监管的地位，主要负责上市公司持续性信息披露的监管。证券交易所的监管权限主要体现在处罚权和调查取证权两个方面，监管的权限相对有限。中国注册会计师协会、上市公司协会和律师事务所等对上市公司信息披露实行自律性监督，其对上市公司信息披露实行间接监管。

2. 监管制度

随着经济发展的需要，我国对上市公司信息披露的监管制度主要借鉴国际经验，形成了以《证券法》为主体，以行政法规、部门规章制度等规范性文件为补充的上市公司信息披露制度体系。该体系的第一层次主要指《证券法》《公司法》等制约力度最强的国家立法机关制定的基本法律；第二层次是指政府制定的有关证券市场的行政法规，主要有《股票发行与交易管理暂行条例》《可转换债券管理暂行办法》等；第三层次是指证监会制定的适用于上市公司信息披露的制度规范。2006年12月13日中国证券监督管理委员会第196次主席办公会议审议通过的《上市公司信息披露管理办法》，是我国迄今为止最主要的上市公司信息披露法规。第四层次是指证券交易所的自律性规则，如上海和深圳证券交易所制定的《股票上市规则》。

3. 监管内容

按照我国《上市公司信息披露管理办法》的规定，信息披露制度可分为两大部分，即发行信息披露和持续性信息披露。发行信息披露是指公司在初次募集、发行证券所披露的信息，主要包括招股说明书、募集说明书、上市公告书。《管理办法》第十三条规定发行人申请首次公开发行股票的，中国证监会受理申请文件后，发行审核委员会审核前，发行人应当将招股说明书申报稿在中国证监会网站预先披露。内容包括：发起人制定的公司章程，发起人认购的股份数，每股的票面金额和发行价格，无记名股票的发行总数，认股人的权利义务，本次募股的起止期限及逾期，未募足时认股人可撤回所认股份的说明等。募集说明书主要适用于公司债券的发行。有关招股说明书的规定同样适用于公司债券。上市公告书主要包括：发行企业概况；股票发行及承销；公司内高级领导层及高级管理人员的持股情况；公司设立情况；是否存在关联企业以及是否存在关联交易情形；公司的股本结构以及公司的大股东持股情况；公司的财务会计资料；董事会上市承诺；主要事项揭示；上市推荐意见；证券监督管理机构规定的其他事项。持续性信息披露是指股票上市后，在二级市场的信息披露，主要包括定期报告、临时报告、信息事务管理。定期报告包括年度报告、中期报告和季度报告。凡是对投资者作出投资决策有重大影响的信息，均应当披露。临时报告指发生可能对上市公司证券及其衍生品种交易价格产生较大影响的重大事件，投资者尚未得知时，上市公司应当立即披露，说明事件的起因、目前的状态和可能产生的影响。此外，上市公司还应当制定信息披露事务管理制度，上市公司信息披露事务管理制度应当经公司董事会审议通过，报注册地证监局和证券交易所备案。

案例：博元投资案

自1990年上市以来，作为老八股之一的 *ST博元在过往有着辉煌的保壳"成绩"。历经股市25年，9次更名顽强存活，股市不死鸟的博元投资，这一次真的走到了尽头。根据中国证监会行政调查情况，公司违法行为十分严重。从目的看，公司为掩盖股改业绩承诺资金未真实履行到位的事实，伪造银行承兑汇票，导致其2011年年报虚增银行存款、股东权益3.8亿余元；从手段上看，公司2011～2014年多次伪造银行承兑汇票，并虚构票据贴现、置换交易，且多次使用虚假银行进账单和虚假银行承兑汇票入账；从金额上看，2011～2014年公司在其相关定期报告中虚增资产、负债、收入和利润，金额巨大；从后果上看，公司2010年年报披露的净资产为 −3.62亿元，追溯调整后，2010～2013年连续4个会计年度净资产均为负值。造假金额巨大，披露公告严重失实。2015

年 3 月 26 日，公司因涉嫌违规披露、不披露重要信息罪和伪造、变造金融票证罪，被中国证监会依法移送公安机关。2016 年 3 月 21 日，上交所对 *ST 博元实行终止上市，自此 *ST 博元成为证监会《退市意见》颁布后首家因重大信息披露违法被终止上市的公司。博元投资案并非披露虚假信息的个案，从 20 世纪 90 年代被查出的造假大案诸如郑百文、东方锅炉、ST 黎明等公司，到 2000 年后曝出的丑闻如华锐风电、绿大地、万福生科、皖江物流等案件，我国资本市场里因信息披露违法违规被调查的案例层出不穷。

（资料来源：高冉：《我国上市公司信息披露不足与完善》，
载于《合作经济与科技》2017 年第 4 期）

四、资本市场与财务会计制度的关系

（一）财务会计制度是资本市场发展的基础和保证

财务会计信息真实地记录了股份公司经营状况和财务状况，财务会计制度则从制度上保证了股份公司必须根据国家法律要求如实地记录公司的财务状况和经营成果。因此，财务会计制度为证券市场的平等、公开、公平原则提供了制度保障。

早期的欧洲，日趋成熟的簿记理论和相对健全的法律制度，使欧洲的资本市场迅速发展。然而 18 世纪初期，欧洲资本市场出现了虚假的繁荣，一方面是资本市场过度发展，另一方面由于缺乏完善的财务会计制度，使资本市场的投资、资产定价和资源配置等功能无法有效地发挥，而筹资功能因受投机心理影响而变异，导致资本市场出现重行情信息，轻财务会计信息的状况。1844 年，英国颁布了《股份公司法》，对资产负债表做出了详细而具体的规定。

美国的财务会计制度最初是借鉴英国的，其财务会计概念框架可以追溯到 1907 年的《账户哲理》，以及 1922 年的《会计理论》、1929 年的《会计的经济学》。随着美国逐渐成为新的世界经济中心，以华尔街为代表的美国资本市场也逐步成为世界主要的金融中心。但美国在统一公司法、统一会计标准、财务会计信息披露制度建设等问题落后于其资本市场发展速度，导致了作为基础控制体系的财务会计信息和会计控制体系的运行失常，最终与其他因素共同作用引发了 1929～1933 年的经济危机。此次危机深刻地说明了财务会计制度建设是资本市场健康发展的基础和保证。

我国的财务会计制度起步较晚，严格意义上说，我国并没有自己独特的财务会计概念框架。2003 年，为适应 WTO 背景下会计国际化的现实需求，财政部启动了中国财务会计概念框架的研究计划，为我国财务会计制度的完善奠定了基础。20 世纪 90 年代发展起来的我国资本市场，因其上市公司股东构成的特殊性，导致公司股东所能掌握的信息仅仅是公司管理当局向外报告的会计信息，至于这些信息是否与实际情况相符，只能依靠投资人自己的判断。公司管理当局为了实现自身利益的最大化，有意隐瞒或虚报会计信息，虽然有中介机构如会计师事务所对其进行审计并出具审计报告，但其可信度一直较低。在我国资本市场发展的历程中，会计信息造假的例子层出不穷，如郑百文、獐子岛、*ST 新都等。由于会计信息造假的理论可能和现实存在，我国资本市场发展的初期曾一度放弃了对会计信息基础性作用的认识，因此股票价格与会计信息毫无关系或发生背离，股票价格信号传导功能失效，经济资源并不是由效率低的企业流向效率高的企业，最终打击了中小投资者的投资信心，威胁到资本市场的发展和稳定。

（二）资本市场的发展促进了财务会计制度的完善

资本市场的不断发展，促进了财务会计信息在技术和制度方面的不断完善。资本市场复杂的产权结构不仅促进了会计核算标准（会计准则）地位的提高和体系的完善，还促使财务会计信息披露理论逐渐成熟。近代会计审计史也表明，证券市场发生的重大危机事件，极大地影响甚至改变了财务会计制度的发展进程、发展模式和方向。

十七世纪的英国在南海事件的教训后，十分重视会计信息对资本市场的保障作用，将对会计信息、外部审计等方面的要求作为重要的法律条文写入《公司法》；同时，作为独立的第三方对企业会计信息进行签证的公共会计师职业得以兴起。1844 年，英国商务部审查股份公司资产负债表，并将其结果公开。《股份银行法》规定了银行必须提供年度会计报表。《1845 年公司条款统一法案》明确规定，公司要在每次普通股股东大会召开前 14 天，编制提交资产负债表，以加强提供报表的责任。《1857 年欺诈性交易法案》保护投资者不受公司管理部门造成亏损的影响。《1857 年惩治欺诈行为法案》和《1861 年盗窃罪法案》禁止财务报告舞弊。《1879 年公司法》再次规定了必须对银行财务报告进行鉴定。终于在 1900 年，所有按《公司法》登记注册的公司都要向贸易委员会提交经过审计的年度会计报告。国家从制度上加大了对扩大融资渠道激励股份公司发展的过程中风险管理的力度，谨防股份公司用高估资产或低估负债的手段向股票中"掺水"。

美国资本市场在经历过 1929～1933 年经济危机的惨重代价之后，深刻认识到财务会计信息在资本市场中的深刻影响。为了重振市场信心，繁荣金融市场，美国进行了一场反欺诈的斗争，启动最高规格的立法加强监管，建立最有权威的监管机构，毫不手软地打击骗子，恢复市场信心，建立一个公开、公平、公正的市场环境，加大了对会计信息披露与监管的力度。1933 年《证券法》和 1934 年证券交易法与证券交易管理委员会（SEC）的成立，最终促使美国公认会计准则和审计准则的诞生；从而也促成了公共会计师职业的不断发展。新千年伊始，美国又出现了新一轮的财务造假和证券市场欺诈行为。因美国财务会计准则委员会（FASB）选择的是以具体规则为基础的准则制定方式，安然公司通过"业务安排"和"组织设计"虚报近 6 亿美元的盈余和掩盖 10 亿多美元的巨额债务。在安然公司事件还未平复之际，世界通讯和施乐又曝出了两桩会计丑闻。以上事件迫使美国在 2002 年 7 月通过了新的公司改革法案《萨班尼斯—奥克斯利法》，该法案完善了上市公司审计制度，并加大了违法行为的处罚力度。至此，美国建立了世界公认的较为严密完善的法律制度，严谨详尽的披露规则及严厉明确的法律约束，形成了世界公认的高标准的财务会计制度。

1990 年在我国资本市场开始形成时期，财政部就积极推进财务会计制度改革，从 1993 年 7 月开始颁布了会计基本准则，以后又陆续颁布一些具体准则。1997 年，琼民源事件逼出了我国第一个具体会计准则《关联方关系及其交易的披露》（1997），截至 1999 年 9 月，财政部颁布了 9 项具体会计准则。其中除了 3 个准则（现金流量表、债务重组和非货币性交易准则）在全部的企业实施以外，其余准则都是在上市公司中施行。为了推进资本市场的国际化进程，2005 年 10 月，我国分别对《公司法》和《证券法》进行了修订，进一步规范上市公司行为。2006 年初出台了新会计准则征求意见稿，掀开了会计准则系统改革的序幕，2007 年 1 月 1 日正式实施的 39 项新会计准则和 48 项注册会计师审计准则，实现以会计准则全面取代会计制度（除少数准则保持中国特色外），与国际会计准则实现了全面趋同。

第三节 证券发行审核和上市交易制度

一、证券发行审核制度

根据各国的证券法规，证券发行人在获得证券交易所上市批准之前，一般都需要使其发行上市行为获得该国证券监督管理部门的批准，从而衍生了证券发行审核制度。证券发行审核制度是指一国证券监督管理部门对发行人公开发行证券的申请材料进行审阅活动所遵循的原则。从各国证券市场的实践情况看，证券发行审核制度有两种基本类型：一是注册制，二是核准制。

（一）证券发行注册制

注册制也称"申报制"或"登记制"，它是指发行人在公开发行前，按法律的规定向证券发行监管机关提交与发行有关的文件，在一定期限内，监管机关未提出异议的，证券发行注册申请即发生效力的一种证券发行审核制度。注册制一般为较成熟的市场所采用，它的监管理念反映了市场经济的自由性、主体活动的自主性和政府监管的规范性和效率性。在这一制度下，发行主体的行为比较自由，只要发行人符合发行条件并完成必要的审核过程，就可以申请发行证券，至于发行是否成功以及发行后的投资决策都取决于投资者自己。

目前，世界上很多国家普遍采取证券发行注册制度，例如澳大利亚、巴西、加拿大、德国、法国、意大利、荷兰、菲律宾、新加坡、英国和美国等国家。其中，美国是采取注册制的典型代表。

1. 证券发行注册制的主要特点

（1）注册制强调公开原则。公开原则是注册制的精髓和根基。证券监管机关要求发行人依照法律、法规的规定，全面、真实、准确地提供一切与发行有关的资料，包括招股说明书、公司章程、经会计师审核的各项财务报表、筹资用途、发行人董事和公司高级管理人员及主要股东情况、主要法律诉讼等。证券监管机构只负责确定哪些信息应该公开并确保提供恰当的信息。公开原则的目的在于使投资者能获得与证券发行有关的各种信息，在做出投资决策前，投资者有均等的机会来判断证券的投资价值。

（2）注册制下证券监管机构注重形式审查原则，不作实质判断。注册制下证券监管机构只负责发行人所披露信息的完整性和准确性，但对证券的投资价值或者定价是否合理不做判断，即证券监管机构只注重形式审查，不作实质判断。发行人在提交申报文件后，证券监管机关未提出补充或修订意见或未以停止命令阻止注册生效，即视为已依法注册，发行人可以正式公开发行股票。

（3）注册制下证券发行属于法定权利，无须政府授权。注册制下的证券发行，是发行人的一项固有权利，无须经过政府批准或进行特别授权。就证券发行注册的主体而言，《证券法》未规定证券发行者是业绩优良的公司，还是业绩较差的公司。只要申请发行者提供与发行有关的一切信息，并对该信息的真实性、准确性、及时性承担法律责任，其发行申请在法定期限内就应当得到监管机构的同意，不能以公司业绩优劣作为证券发行条件。这意味着一些盈利能力、经营管理能力差、风险大的公司，只要它们提供了充分的、真实的信息，并且投资者愿意购买，发行人即可发行证券，证券监管机关无权干涉。

（4）注册制强调事后审查和处罚。注册制下的注册程序并不保证注册文件（一般包括注册申请书和招股说明书）中陈述事实的准确性，但是如果注册文件登记完成后，投资者发现存在虚假、误导性陈述或遗漏，投资者有损害赔偿请求权，证券监管机关或司法部可以启动民事、行政或司法诉讼程序以追究证券发行人的法律责任。事后审查和处罚可以有效约束证券发行人的行为，同时对其他发行人起到以儆效尤的作用。

2. 证券发行注册制的程序

《1933年证券法》是美国证监会负责实施的最主要的关于证券发行上市的监管法律，并沿用至今。如果一个公司在美国发行股票，只要完整和准确地披露证券交易委员会要求的资料，无论它是否盈利，均可上市，因为在美国是市场而不是管理者决定什么样的公司可以发行股票。美国《1933年证券法》规定了证券发行审核程序和行政程序。从审核程序看，证券发行注册分为以下三个阶段：

（1）注册申请书送达前阶段。发行证券的公司必须向美国证券交易委员会（SEC）和证券交易所提供"注册申请书"，由招股说明书、公司财务报表两部分组成。一般包括公司的财产和经营状况、募集资金的用途及其与公司其他资本证券的关系、由独立会计师出具的财务报表等。注册申请书送达SEC之前，发行者、承销商和自营商不得有任何推销证券的行为。注册申请书提交SEC的同时需向社会公布。

（2）等待阶段。等待阶段指注册申报书送达，尚待确定生效与否阶段。美国SEC收到发行公司提交的注册申请书后，SEC公司融资部对其进行审查。一般而言，公司融资部的官员会检查注册申请书中存在的问题，并向发行人发出"评议书"或"缺陷书"，要求发行人对说明书中存在的问题进行解释并责令其改正。上报注册文件20天后，发行公司未收到SEC提出的修改意见，注册就会自动生效。等待阶段的作用是放慢审核程序，使证券自营商及潜在投资者与发行者接触。此期间可从事以下行为：作出口头要约、简单广告，制定初步公开说明书等。

（3）登记生效阶段。证券注册申报文件经SEC审查后，如未发现问题，则在接到申报文件之日起20日后自动生效。发行公司可以公开出售证券。如果发行公司已经公开发行证券，但SEC发现公司所提供的材料存在重大遗漏或与事实不符的地方，有权命令其发行停止并立即改正。经过修改后，如果发行人申报材料仍不符合《证券法》的规定，SEC有权取消该公司的注册资格。

（二）证券发行核准制

证券发行核准制又称为"准则制"或"实质审查制"，是指证券监管机构在审查证券发行人的发行申请时，不仅要求其充分公开披露企业的真实情况，而且必须符合有关法律和证券监管机构规定的必备条件；申请经过证券监管机构或其授权单位的审查并获批准后，发行人方可发行证券的证券监管制度。新兴市场经济国家及发展中国家多采用核准制。采取核准制主要是因为证券市场不发达，其体现了国家干预的特征。证券发行核准制与注册制一样都强调信息公开的原则，此外还具有如下特点。

1. 核准制下证券监管机构遵循"实质性管理原则"

核准制下公司发行证券既要公开披露所有信息，还要符合证券监管机构规定的若干实质条件，具体包括：发行人的营业性质及其证券发行与上市的作用；发行证券所筹资金的投资有无合理的成功机会；发行管理人员的资格、能力；发行人资本结构的合理性；发行人所得报酬的合理性；各类股票权利、义务及出资是否公平；投资人将承担风险的程度、发展前景、发行数量和发行价格等。证券监管机构有权否决不符合法定条件的公司发行证券的申请。

2. 核准制下证券发行需经证券监管机构的核准

核准制下证券的发行必须获得证券监管机构的批准，充分体现了行政权力对证券市场的干预，如果没有证券监管机构或其授权单位的批准，一切证券发行活动皆为非法，不仅发行的证券无效，非法发行人和参与的中介方都可能受到严厉的处罚。核准制下证券监管机构通过实质性审查在监管层面上参与了对发行公司的价值判断，从而使证券监管机构的政策意图可以贯彻到证券市场的管理中。

3. 核准制下强调事前与事后并举的审查制度

核准制依法律规定强调证券发行的事前审查。其原因是证券市场的专业性较强，同时存在信息不对称的情况，证券监管机构通过事前审查可以帮助投资者判断该公司是否有问题。同时，核准制的审核机关也享有事后审查和撤销权。在发行人获得核准之后，如果证券监管机构发现所核准的事项存在虚假、舞弊等违法行为，有权对已作出的核准予以撤销，并追究发行人及相关责任者的法律责任。

（三）证券发行注册制与核准制的比较

1. 证券发行条件的法律地位

采用核准制的国家往往对证券发行人的资格及条件，包括发行人营业状况、盈利状况、支付状况和股本总额等，作出明确规定。同时证券监管机构为各种类型的市场参与者，如证券发行者、投资者、中间商等制定比一般的公司法更高的准入标准。但在采用注册制国家中，证券法对证券发行条件往往不直接作出明确规定，只需按照一般公司法的要求向证券监管部门注册登记，不存在高于或严于公司设立条件的发行条件。

2. 信息公开原则的实现方式

注册制的信息披露是以市场行为和政府行为共同推动的，借助各中介机构的介入，使证券发行的信息披露实现标准化和规范化。政府在信息披露中的作用非常特殊，就是坚持证券发行前必须完全公开信息，并且不允许与发行相关的任何重要信息在公开前遗漏，将提供真实信息的义务赋予发行者，使其成为诚信发行证券和公众对市场建立信心的动力。政府审查并非是在评价所发行证券的品质，政府签发的许可、注册并不代表所发行证券的合格证书。注册制的信息公开原则依赖对信息披露情况的事后监管。

在核准制下，信息披露同样是基础性法律要求，证券发行人必须履行信息披露义务，应当对与证券发行有关的各种重大信息予以充分有效的事前披露；但为了使所披露信息适合其发行条件的要求，使所发行证券对特定市场具有更强的适应性，证券监管机构有权对拟发行证券的实质作出审查，并决定是否允许其发行。在这个意义上，发行核准制提供了比注册制更严格的审查制度。

3. 投资者素质的假定

任何证券发行审核制度的设计，都以对投资者群体的素质假设为存在前提。在发行注册制下，证券投资者被假定为消息灵通的商人。所谓商人，应当是能够判断投资之商业利益并趋利避害的人；在信息充分、准确的情况下，能够作出正确而非错误的投资判断。证券发行审查不会对一个公司，也不会对一个公司发行的证券，评审其有无价值。而是要求对接受募股的人提供一份招股说明书。这种说明书，从理论上讲应当包括一个消息灵通人士做出一项投资决定所必需的资料。这样，做出投资决定的责任就落在投资者身上；而保证投资者得到有关资料的责任，则在证券发行审查机关。

发行核准制同样以投资者素质的理论假定为前提。它以广泛存在各种非专业投资者作为其假定前提。在新生证券市场中，主要投资者是非专业投资者，他们缺乏证券市场的投资经验，对证券信息的把握和处理具有非理性化色彩。如果放任其自行评价证券价值，即使在充分、准确和完整地披露信息基础上，也将难以有效地保护自身利益。为了保护证券投资者的合法利益，证券监管机构必须以适当方式介入证券发行审查，以减少劣质证券的存在。

4. 市场功能的发挥

首先，核准制下证券监管机构对证券定价、交易干预过多，不利于市场价格发现功能的实现；其次，核准制下证券发行节奏由行政手段控制，不利于融资功能的实现；最后，核准制下公司上市门槛过高，审核过严，则不利于资源配置功能的实现。注册制与核准制相比，发行人成本更低、上市效率更高、对社会资源耗费更少，资本市场可以快速实现资源配置功能。

二、我国证券发行审核制度

1993 年，我国证券市场建立了全国统一的股票发行审核制度，并先后经历了行政主导的审批制和市场化方向的核准制两个阶段。具体而言，审批制包括"额度管理"和"指标管理"两个阶段，而核准制包括"通道制"和"保荐制"两个阶段。

（一）证券发行审批制阶段

1. "额度管理"阶段（1993～1995 年）

1993 年 4 月 25 日，国务院证券委员会颁布的《股票发行与交易管理暂行条例》规定"在国家下达的发行规模内，地方政府对地方企业的发行申请进行审批，中央企业主管部门在与申请人所在地方政府协商后对中央企业的发行申请进行审批；地方政府、中央企业主管部门应当自收到发行申请之日起三十个工作日内作出审批决定，并抄报证券委；被批准的发行申请，送证监会复审；证监会应当自收到复审申请之日起二十个工作日内出具复审意见书，并将复审意见书抄报证券委"。由此确定在全国范围内实行证券发行的额度管理制。额度管理制是一种典型的行政审批制度，带有较明显的计划经济色彩。1993 年和 1994 年的发行额度分别是 50 亿元、55 亿元。1995 年因市场低迷，未下达额度。

2. "指标管理"阶段(1996~2000年)

1996年,国务院证券委员会公布了《关于1996年全国证券期货工作安排意见》,推行"总量控制、限报家数"的指标管理办法。由国家计委、证券委共同制定股票发行总规模,证监会在确定的规模内,根据市场情况向各省级政府和行业管理部门下达股票发行家数指标,省级政府或行业管理部门在指标内推荐预选企业,证券监管部门对符合条件的预选企业同意其上报发行股票正式申报材料并审核。1997年,证监会下发了《关于做好1997年股票发行工作的通知》,同时增加了拟发行股票公司预选材料审核的程序,由证监会对地方政府或中央企业主管部门推荐的企业进行预选,改变了两级行政审批下单纯由地方推荐企业的做法,开始了对企业的事前审核。1996年、1997年分别确定了150亿股和300亿股的发行量,共有700多家企业发行,筹资4 000多亿元。

在审批制下,所有证券的发行必须经主管部门的行政审批,这种由行政机关决定企业上市的审批制不能从根本上解决新股上市之后公司业绩"变脸"和资源有效配置的问题,证监会有限的审核资源,也难以满足发行节奏市场化的要求。

(二)证券发行核准制阶段

1. "通道制"阶段(2001~2004年)

2000年3月16日中国证监会发布《中国证监会股票发行核准程序》《股票发行上市辅导工作暂行办法》《信誉主承销商考评试行办法》,对股票发行核准程序作了明确、具体的规定,将《证券法》规定的程序具体化。2001年中国证券业协会发布了《关于证券公司推荐发行申请有关工作方案的通知》,明确要求证券公司推荐企业发行股票实行"证券公司自行排队,限报家数"的通道制方案。通道制又称推荐制,是指由证券监管部门确定各家综合类证券商所拥有的发行股票的通道数量,券商按照发行1家再上报1家的程序来推荐发行股票的发行制度。到2005年1月1日"通道制"被废除时,全国83家证券公司一共拥有318条通道。"通道制"没有改变股票发行"名额有限"的特点,但改变了由行政机制遴选和推荐发行人的做法,使主承销商在一定程度上承担起股票发行的风险,同时也获得了遴选和推荐股票发行人的权利。

2. "保荐制"阶段(2004年至今)

随着证券发行监管体制内部改革的进一步深化,2003年12月28日,中国证监会发布《证券发行上市保荐制度暂行办法》,证券发行上市保荐制度于2004年2月1日起正式实施。"保荐制"起源于英国,全称是保荐代表人制度。保荐制度是指拟公开发行证券的公司必须经过合格保荐人的保荐方可有资格接受中国证监会对其股票公开发行申请进行核查的制度。保荐制度要求保荐人负责发行人的上市推荐和辅导,核实公司发行文件与上市文件中所载资料的真实、准确和完整,协助发行人建立严格的信息披露制度,并承担相应的风险防范责任。在公司上市后的规定时间内,保荐人需继续协助上市公司建立完善的法人治理结构,督促上市公司遵守上市规定,完成招股计划所提的标准,并对上市公司的信息披露承担连带责任。与"通道制"相比,保荐制度增加了由保荐人承担发行上市过程中连带责任的内容。保荐人的保荐责任期包括发行上市全过程,以及上市后的一段时期(比如两个会计年度)。2004年5月10日,首批共有67家证券公司、609人被分别注册登记为保荐机构和保荐代表人。

我国证券发行审核制度的演进过程，无论是早期的审批制，还是核准制下的通道制和保荐人制度，证券监管机构对证券发行人的申请不仅包括形式审查，即审查发行申请中公开的资料是否真实、准确、完整；也进行实质审查，即审查其拟发行的股票未来的盈利能力和投资价值。无论是审批制，还是核准制，股票发行的决定权都掌握在证券监管机构的手中。

三、证券上市交易制度

证券上市指已公开发行的有价证券，依据法定条件和程序，到证券交易所或场外交易市场等依法设立的场所挂牌上市交易的行为。世界主要证券交易市场对上市证券都规定了一定的条件。有的国家规定证券的发行与证券的上市交易程序相结合，即发行即上市，如英国与德国；有的国家规定证券的发行与证券的上市交易程序相分离，如美国。这两种不同的模式主要是由各国经济背景、市场发展阶段和历史条件等方面不同造成的。通常情况下，证券上市制度包括证券上市的条件与程序，证券上市的暂停与终止等规范。这些规范构成了证券市场的准入与退出机制。

（一）证券上市条件

证券上市条件，也称证券上市标准，是指证券交易所制定的、证券发行人获得上市资格的基本条件和要求。为保证证券的流通性和交易的安全性，证券必须符合一定的条件方可挂牌上市。各国证券法对证券上市的条件规定、宽严不同，但基本标准大致相同，通常包括上市公司的资本额、资本结构、盈利能力、偿债能力、股权分散状况、公司财务情况、开业时间等。

1. 我国股票上市条件

根据 2014 年 8 月 31 日第十二届全国人民代表大会常务委员会第十次会议作出的《中华人民共和国证券法》的最新修订，第五十条明确了规定股份有限公司申请股票上市，应当符合下列条件：

（1）股票经国务院证券监督管理机构核准已公开发行；

（2）公司股本总额不少于人民币三千万元；

（3）公开发行的股份达到公司股份总数的百分之二十五以上；公司股本总额超过人民币四亿元的，公开发行股份的比例为百分之十以上；

（4）公司最近三年无重大违法行为，财务会计报告无虚假记载。

证券交易所可以规定高于前款规定的上市条件，并报国务院证券监督管理机构批准。

2. 纽约股票交易所对美国国内公司上市条件

（1）公司最近一年的税前盈利不少于 250 万美元；

（2）社会公众手中拥有该公司的股票不少于 110 万股；

（3）公司至少有 2 000 名投资者，每个投资者拥有 100 股以上的股票；

（4）普通股的发行额按市场价格计算不少于 4 000 万美元；

（5）公司的有形资产净值不少于 4 000 万美元。

（二）证券上市程序

证券上市程序，是指证券发行人申请证券上市，证券上市的审核机构对其证券上市的条件进行审核，并依法核准该证券在证券交易所公开挂牌交易的步骤。因证券种类不同，其上市程序上亦有差别，股票上市程序较公司债券上市程序要复杂些，但主要程序基本相同。我国《证券法》规定，申请证券上市交易，应当向证券交易所提出申请，由证券交易所依法审核同意，并由双方签订上市协议。通常股票上市程序包括如下步骤。

1. 申请核准

股份有限公司股票经证券监管部门核准公开发行后，申请股票上市交易。按照我国《证券法》第五十二条的规定，申请股票上市交易，应当向证券交易所报送下列文件：（1）上市报告书；（2）申请股票上市的股东大会决议；（3）公司章程；（4）公司营业执照；（5）依法经会计师事务所审计的公司最近三年的财务会计报告；（6）法律意见书和上市保荐书；（7）最近一次的招股说明书；（8）证券交易所上市规则规定的其他文件。

2. 签署上市协议

签署上市协议是股票上市的必要程序，也是必经程序。按照国际惯例，上市公司应与证券交易所签订上市协议，以明确相互权利义务关系。上市公司须承诺接受证券交易所的管理，遵守交易所的规则，履行上市协议中承担的义务。

3. 上市公告

股票上市交易申请经证券交易所审核同意后，签订上市协议的公司应当在规定的期限内公告股票上市的有关文件，并将该文件置备于指定场所供公众查阅。按照我国《证券法》第五十四条的规定，签订上市协议的公司还应当公告下列事项：（1）股票获准在证券交易所交易的日期；（2）持有公司股份最多的前十名股东的名单和持股数额；（3）公司的实际控制人；（4）董事、监事、高级管理人员的姓名及其持有本公司股票和债券的情况。

4. 挂牌交易

挂牌交易是股票上市的最后一道程序。股票在证券交易所挂牌交易，标志着股票正式上市，除法定持股人在持股期限内不得转让股票外，其他持股人均可通过证券交易所转让其股票；所有二级市场的投资者均可买卖挂牌交易的股票。

（三）证券上市暂停与终止

证券上市暂停，是指证券发行人出现了法定原因时，其上市证券暂时停止在证券交易所挂牌交易的情形。暂停上市的证券因暂停的原因消除后，可恢复上市。我国《证券法》第五十五条规定，上市公司有下列情形之一的，由证券交易所决定暂停其股票上市交易：（1）公司股本总额、股权分布等发生变化不再具备上市条件；（2）公司不按照规定公开其财务状况，或者对财务会计报告作虚假记载，可能误导投资者；（3）公司有重大违法行为；（4）公司最近三年连续亏损；（5）证券交易所上市规则规定的其他情形。

证券上市的终止，是指证券发行人出现了法定原因后，其上市证券被取消上市资格，不能在证券交易所继续挂牌交易的情形。上市证券被终止后，可以在终止上市原因消除后，重新申请证券上市。上市证券依法被证券管理部门决定终止上市后，可继续在依法设立的非集中竞价的交易场所继续交易。我国《证券法》第五十六条规定，上市公司有下列情形之一的，由证券交易所决定终止其股票上市交易：（1）公司股本总额、股权分布等发生变化不再具备上市条件，在证券交易所规定的期限内仍不能达到上市条件；（2）公司不按照规定公开其财务状况，或者对财务会计报告作虚假记载，且拒绝纠正；（3）公司最近三年连续亏损，在其后一个年度内未能恢复盈利；（4）公司解散或者被宣告破产；（5）证券交易所上市规则规定的其他情形。

证券上市的暂停与终止是两个既有联系又有区别的概念。前者一旦暂停上市的情形消除，证券即可恢复上市。因此，证券上市暂停时，该证券仍为上市证券。后者被终止上市后，其证券不能恢复上市，只能在被终止的情形消除后，重新申请上市，故终止上市的证券不再属于上市证券，而是退市证券。

证券上市的暂停与终止，是证券上市制度的重要组成部分，它构成了证券上市的退出机制，使得证券市场上的证券有进有出，形成优胜劣汰的机制，促使上市公司依法经营，并努力提高经营业绩，否则将面临退市风险。同时，证券上市的退出机制，有助于提高投资者的证券投资风险意识，促进投资者的理性投资，从而更好地保护投资者的利益。此外，还有助于化解证券市场的系统风险，使证券市场保持竞争活力。

本章小结

公司制度是指适应社会化大生产和现代市场经济要求的公司法人制度和有限责任制度，其表现形式主要是股份有限公司和有限责任公司。公司法人制度是指通过国家法律，将公司塑造成一个"人格"实体，并相应地赋予它作为"人"所应享有的权利和应尽义务。公司法人制度的内容主要有三方面：法人财产制度、法人责任制度、公司内部治理结构。

股份有限公司是公司的最高级形态，它具备公司法人制度和有限责任制度的所有特征；除此之外，它还具备股份等额性和平等性、公开性和自由性等特征；股份公司制度以股份平等、运作公开、贯彻公平、公正原则为制度基础，保证投资者和资本交易者的信心；以资本等额划分的标准化、证券化为手段，实现资本交易的市场化，达到资本集中和资本有效配置的目的。

财务会计制度的核心目的是保证公司法人独立制度得以贯彻和实现。主要内容包括财务会计核算制度、财务会计报告制度和内部控制和管理制度；而复式记账是一项保证公司财产和责任独立的技术和制度

复式记账法以资产与权益平衡关系作为记账基础，对于每一项经济业务，都在相互联系的两个或两个以上的账户中以相等金额进行登记，系统地反映资金运动变化结果的一种记账方法。是一项基础性的金融技术，从技术上提供了客观真实地记录公司经营业务、报告公司经营成果和财务状况的方法和手段。

信息披露制度，也称公示制度，是指证券市场上的有关当事人在证券的发行、上市和交易等一系列环节中，依照法律法规、证券主管机关及证券交易所的有关规定，以一定的方式向社会公众公开与证券有关的财务和相关信息而形成的一整套行为规范和活动准则的总称。信息披露制度主要涉及初次披露、持续披露和内幕人员交易披露等方面的内容。完善的信息披露制度是证券市场健康发展的基础和保障。

当财务会计制度适应资本市场发展的要求时，资本市场就能健康发展，相反，资本市场的发展就会出现问题。同时，资本市场的发展，也促进了财务会计技术和制度的不断完善。

证券发行审核制度是证券进入市场的第一个也是最重要的门槛，是国家证券监督管理部门对发行人利用证券向社会公开募集资金的有关申报资料进行审查的制度。包括注册制和核准制两种形式。证券发行注册制是指政府监管部门对发行人发行证券，事先不作实质性审查，仅对申请文件进行形式审查，发行者在申报申请文件以后的一定时期以内，若没有被政府否定，即可以发行证券。而核准制下，证券的发行必须获得证券监管机构的批准。

知识要点：

无限公司、有限责任公司、两合公司、股份有限公司、公司法人制度、有限责任制度、复式记账法、财务会计制度、信息披露制度、注册制、核准制、证券发行、证券上市、证券退市

复习思考题：

1. 公司法人制度的主要内容是什么？基本特征是什么？
2. 分析公司法人责任制度与股东有限责任制度的关系。
3. 股份公司制度的主要内容是什么？它是如何实现资本可交易和易交易的？
4. 简述股份公司和有限责任公司的异同。
5. 简述信息披露制度的基本原则。
6. 请分析财务会计制度对资本市场发展的意义和相互关系。
7. 比较注册制与核准的异同点。

作业：

1. 请收集我国近几年来股份公司违反信息披露制度的相关案例，分析其原因并探求解决之道。
2. 请你对我国证券发行审核制度的改革方向进行评述。

第四篇

金融理论

◆ 金融现象是金融世界中发生或存在的客观事实，金融理论是对金融现象的解释。

◆ 传统的金融理论主要关注对利息（率）、货币数量和通货膨胀等金融现象的解释。

◆ 利息理论探究利息的产生、性质、影响和决定利率变动的因素等问题。对利息的认识决定了是否可以有偿放贷、利率可以多高。

◆ 货币供求理论在宏观上研究整个社会对货币需要量的决定因素、货币的供给过程、如何实现货币供给与需求的均衡、导致货币供求失衡（通货膨胀或紧缩）的原因是什么。对货币供求理论的认识，指导着各国中央银行对货币数量的调控、保持币值稳定。

◆ 现代金融理论重点关注除货币之外的金融工具的定价问题和市场交易的组织问题，主要包括证券组合选择、资本资产定价、期权定价、金融市场微观结构理论等内容。资产定价理论的发展，使交易者对金融工具的价值判断不再盲目；微观结构理论探究如何高效组织交易过程，研究信息如何融入价格过程等内容。

◆ 现代金融理论是各金融专业课程的学习内容，本篇主要学习利息理论和货币供求理论。

第九章　利息理论

.... 本章导读 ....

"2015 年 12 月 16 日，美国联邦储备委员会终于在结束当年最后一次货币政策例会后发表声明，宣布将联邦基金利率上调 25 个基点，达到 0.25% ~ 0.5% 的水平，这也是美联储近 10 年来的首次加息，上一次加息还是在 2006 年 6 月"。这一则号称 "结束零利率时代"的新闻在当天几乎所有的全球主要新闻媒体上都被作为重要新闻播报。

为什么一则关于利率调整的新闻会如此重要？而事实上，利息和利率是一个古老的问题，在很长的历史中，人类社会是反对利息的。在《圣经》等教义中反对、甚至禁止放贷取息；我国古代也有很多诸如 "放贷取息、不劳而获""利滚利" 等关于利息的负面词汇。为什么利息这一概念或相关行为在古今得到的待遇是如此不同？

本章将从利息的本质、利率的基本概念和应用问题、利率决定理论等角度学习利息和利率的相关问题。

第一节　利息的本质

一、利息的含义

利息就其表现形式而言，就是货币或其他价值形式的使用权价格，反映的是一种借贷关系。

从债权人的角度看，利息是储蓄人或贷款者放弃当期使用货币或消费特定价值形式的权利，并在信用基础上将货币资金的使用权暂时让渡给他人，而从债务人那里获得的多出本金的部分；是债权人因贷出货币资金而获得的报酬。从债务人的角度看，利息是债务人向债权人支付的多出本金的部分，是债务人为取得货币资金的使用权所花费的代价。

利息的存在表明货币（资金）是有时间价值的，等量的货币在不同的时点上具有不同的价值量。今天的 100 元与 1 年后的 100 元是不等值的；对于理性人来说，会选择今天的 100 元而不是 1 年后的 100 元。货币的时间价值对于借贷行为来说，就是贷出（或借入）本金之后所得到（或付出）的利息；对于投资行为来说，就是将货币资本转化成生产经营活动所必需的各类资产，并对这些资产加以有效利用而创造出来的利润（包括股息和红利等利润的转化形式）。

二、对利息本质的认识过程

利息的本质是什么？在历史上有过长期的争论。争论的目的主要有两个，一是利息的存在是否合理，二是过高的利息是否合理。即高利贷的合理性问题。人类对利息的认识过程大致经历了三个阶段。

（一）早期朴素劳动价值论下的利息罪恶论和贪婪论

传统思想认为，任何成果必须出于劳作，不劳而获是罪恶的，有钱人通过贷款收取利息是基于贪婪、欺骗和操控，是不道德的。这也是朴素劳动价值论的起源。

古希腊思想家亚里士多德从货币原始职能出发反对放贷取息。他认为人们是因为交换的方便才使用货币，而放贷业者却强使货币做父亲以进行生殖，像父亲生子一样由货币产生利息，是对货币职能的歪曲。货币是"不会生育的金属"，因为金属不能培育和饲养，任何超过贷出资本的货币报酬，均与其本金毫无关系。

柏拉图也强烈谴责放贷取息的行为，认为利息现象的存在构成了对整个社会安定的重大威胁。在《理想国》中，柏拉图把高利贷者比喻为蜜蜂，谴责他们将蜂针（货币）刺入借款人的身上为取得增值的利息而损害他们，从而使因借债而沦为奴隶的人和放贷取息而变得懒惰的人遍布全国，他建议禁止放贷取息。

反对放贷取息的思想，也体现在各种宗教教义之中。伊斯兰教禁止收取利息，《古兰经》说"真主准许买卖，而禁止利息"，又说知道此教义而再犯的人"是火狱的居民，他们将永居其中"。基督教的教义也认为利息是与基督教慈善之心相悖的"毒瘤"。《圣经·旧约》的《申命记》禁止上帝的子民犹太人相互放高利贷，只准许他们向外族人放债。公元325年，基督教教会尼西亚会议禁止牧师以任何形式收取贷款利息，否则要受到开除教籍的惩罚。五世纪意大利籍教皇利奥（Leo）一世的格言说："钱生息是灵魂的死亡"。圣·奥古斯丁（Saint Augustine）禁止所有人放高利贷。7世纪时，禁令已经扩大到在俗教徒。

公元789年，查理曼大帝禁止牧师和一般人放高利贷。公元1139年，教会第二次拉特兰会议明确禁止一切高利贷，认为它违背了自然法及正义准则，是缺乏慈悲或贪婪的表现。禁令一直持续到19世纪，1816年，英国规定的最高利率为5厘，议员昂兹洛于1816年呼吁议会废除法令，但无人响应。1818年，高利贷法令特别委员会邀请李嘉图（Ricardo）作为证人，对高利贷法令的实际效果进行了咨询。李嘉图认为，高利贷法令是有害无益的，应当废除。1833年，该项法令才逐渐松动，1854年才将高利贷法令予以废除。

这种传统的慈善之心只有慈善的愿望，却没有实现慈善的手段；没有认识到禁止放贷取息，就没有人愿意放贷的事实，需要借贷者也同样得不到救助。而原始的劳动价值论，也没有认识到，交易也能创造价值。交易不仅直接创造交易剩余，还通过促进分工，提高劳动效率，间接创造价值；并且在劳动效率提高的条件下，才会有更多的积累，才有更多的价值可供借贷，进而降低借贷利息，才能更多地帮助需要借贷者，更好地实现慈善的愿望。

（二）在借贷需求和利息客观存在下的资本生产力说和利息补偿说

在中世纪之后，随着社会分工和生产力发展，对借贷资本的需求日益扩张。在宗教势力比较强势的欧洲各国形成了社会借贷需求与宗教利息罪恶论之间的激烈矛盾，在该背景下，许多经济学家、社会学家、甚至开明的宗教人士都从不同的角度论述了利息的本质，为利息正名。主要的学说有两类，一是从借入方能获得的利益方面论述的资本生产力说，二是从资金供给方需要付出的损失方面论述的利息补偿说。

1. 资本生产力说

威廉·配第（William Petty）（1633～1687）和达德利·诺思（Dudley North）（1641～1691）先后提出了"资本租金论"，从人们出租土地收取地租的合理性，来说明人们贷出货币收取利息的合理性。

萨伊（Say）认为资本具有生产力，利息是资本生产力的产物，借贷资本的利息有两部分组成，一是风险性利息，二是纯利息。风险性利息是贷款者借出货币后要承担一定风险的报酬，不能说明利息的本质，只能说明收取利息的原因。利息本身是指纯利息，资本像自然力一样，共同对生产做出贡献，因此，借款人用借入资本从事生产，其生产出的价值的一部分必须用来支付资本生产力的报酬。

约瑟夫·马西（Joseph Massie）提出了"利息源于利润说"，他认为贷款人贷出的是货币或资本的使用价值，即生产利润的能力，因此，得到的利息直接来源于利润，并且是利润的一部分。

亚当·斯密（Adam Smith）（1723～1790）提出了"利息剩余价值说"。他认为利息具有双重来源，当借贷资本用于生产时，利息来源于利润；当用于消费时，利息来源于别的收入，如地租等；并明确地说明利息代表剩余价值。

马克思（Max）在总结前人的利息理论的基础上，提出利息不是产生于货币的自行增值，而是产生于它作为资本的使用。利息以货币转化为货币资本为前提，货币如果不是参加资本的运动，而是被贮藏或用于消费，就不可能有货币的增值；利息和利润一样，都是剩余价值的转化形式。马克思对利息本质的论述是为了揭露私有制下的剥削关系。

约翰·克拉克（John Clark）（1847～1938）进一步提出了"边际生产力说"，他不仅认为利息来源于资本的生产力，还指出利息的大小取决于资本边际生产力的大小。他认为当劳动量不变而资本相继增加时，每增加一个单位资本所带来的产量增加依次递减，最后增加一单位资本所增加的产量就是决定利息高低的"资本边际产生力"。

2. 利息补偿说

利息补偿说主要有节欲论、"人性不耐说"和流动性偏好理论。

马歇尔（Marshall）认为利息是"等待的报酬"，利息是对人们延期消费的一种报酬，之所以需要这种报酬，是因为绝大多数人都喜欢现在的满足而不喜欢延期的满足。英国经济学家西尼尔在《政治经济学大纲》提出了"节欲论"，西尼尔认为，价值的生产有劳动、资本和自然（土地）三种要素，其中劳动者的劳动是对于安乐和自由的牺牲，资本家的资本是对眼前消费的牺牲。产品的价值就是由这两种牺牲生产出来的。劳动牺牲的报酬是工资，资本牺牲的报酬是利润，二者也构成生产的成本。把利息看成是货币所有者为积累资本放弃当前消费而"节欲"的报酬。

而欧文·费雪（Irving Fisher）也从纯心理因素来解释利息，提出了"人性不耐说"。他认为人具有目光短浅、意志薄弱、随便花钱的习惯，强调自己生命的短促和不确定、自私和不愿为后生的孤独打算、盲目追随时尚等，都倾向于增大不耐。相反，高度的远见、高度的自制、节约的习惯、强调长寿的预期、有家属并深切关怀家属在他死后的幸福、保持收支适当平衡的独立自由等，则倾向于减少不耐。在任何一个人身上，这种种倾向的总结果将会决定他在一定时间、一定情形与特定收入条件下的不耐程度。这一结果因人而异，即使对于同一个人来讲，也因时而异。不耐程度低的人具有较低的时间偏好，不耐程度高的人具有较高的时间偏好。不耐程度低的人倾向于借债，不耐程度高的人倾向于放款。这些活动如果进行的充分的话，将降低高度的时间偏好并提高低度的时间偏好，一直到大家在共同的目标下达到了某一中间地带为止。因此，"利息是不耐的指标"。

威廉·配第在提出"资本租金说"的同时，也认为人们出借货币给自己造成了不方便，因此可以索取补偿，利息正是人们在一定时期内因放弃货币的支配权而获得的报酬。利息是人们因出借货币给自己带来了"不方便"而索取的补偿。

凯恩斯认为货币最富有流动性，它在任何时候都能转化为任何资产。利息就是在一定时期内放弃流动性的报酬。因为人们存在流动性偏好，即人们普遍具有的喜欢持有可灵活周转的货币的倾向。人们持有货币虽然没有收益，但持有货币有着高度的安全性和流动性，因此，在借贷活动中，借者应该向贷者支付一定的利息，作为对其丧失流动性的补偿。

三、高利贷的合理性

当利息的存在已经成为普通接受的客观现实时，继续抽象地讨论利息的本质，其现实意义不大。但现在还有不少国家存在对过高利息（高利贷）的限制。因此，探讨对"高利贷"的限制是否合理的问题，还是具有重要的现实意义。

在欧洲，真正为高利贷正名的，其实是宗教改革运动中的加尔文（Chauvin，1509～1564）。生活在瑞士的加尔文重新诠释《圣经》，声称圣法并不禁止高利贷，自然法允许高利贷，放债是帮忙，任何劳动都应得到报酬，钱并非不能创造财富。他不把财富看成罪恶，认为旧约中亚伯拉罕的财富并没有妨碍他成义，相反，他还认为，合理合法地赚取更多的财富，也是上帝恩宠的外在证据，这样一种对财富观念的革命，直接影响了资本主义经济的最初发展。

加尔文打破钱不生利的教条，为瑞士现代银行业的兴盛开辟了道路。他大声疾呼："不要让钱闲着，让它生利"，这就是贷款的法则。在宗教改革中实行新教的瑞士、英国和荷兰都先后废除了高利贷禁令，为这些国家的经济发展扫除了融资的障碍，而天主教国家如法国则继续禁止高利贷，时间长达两百年。荷兰和英国走向腾飞而法国则长期落后，对于高利贷的态度未尝不是一个原因。

实际上，对高利贷合理性的解释还有如下理由。

首先，利息应包括对风险的补偿。萨伊在论述利息的本质时，就已经指出，利息包含风险性利息，它是贷款者借出货币后要承担一定风险的报酬，虽然风险性利息不能说明利息的本质，但能说明收取利息的原因。利息作为资金的使用价格，与一般商品交换价格的最大不同就是货币的借贷存在违约问题。当出现违约时，资金的贷出方连本金都无法收回。因此，当违约的可能性较高时，如果利息太低，货币借贷就无法实现。

比如：有一家公司出现了临时性的资金周围困难，需要100万元的资金使用半年以渡过难关。如果能借到100万元，公司能起死回生，并如期偿还这100万元的本息；但这种概率只有50%；还有一种可能是，即使借到这100万元，该公司还是破产，这100万元本息将全部违约，无法偿还。在这种情况下，要求100%的利率是否合理（即到期还本付息200万元）？显然在这种情况下，贷款就跟买彩票类似，要求更高的利息有其合理性。同样地，如果50%的破产概率真实发生了，资金的供出方也应接受现实，而不能通过违法手段强行要求还贷。强行要求还贷也是违背契约精神的，因为高利率本身就隐含有无法还贷的概率。即，"欠债还钱、天经地义"，该说法本身就是不正确的。

其次，交易在理论上应该是公平交易、等价交易（劳动价值论认为应以劳动价值为基础的等价）。但在实践中，任何一笔交易都有其特殊性，这种特殊性只有交易双方自身才能理解，实际的交易从来都是讨价还价的结果。任何没有欺诈、自愿的交易都应被认为是公平的，也应该是经济个体的权利。

比如：现在社会上普通的利率水平是10%。现有A公司急需借入1年期100万元的借款，以接下一笔额外的订单。现有B银行通过公开的和A公司提供的资料判断，A公司在贷款期内有20%的破产违约概率；因此，B银行通过分析认为，如果要放这笔款，到期应还本付息137.5万元，即要求利率为37.5%。而A公司对自己的公司情况非常清楚，根本不存在破产违约可能，若能借入这100万元，就能额外完成一笔订单，实现额外的利润60万元。因此，对B银行的要价，公司很愿意接受。显然这种交易对全社会都是有益的，会增加社会福利。但这种借贷活动，在我国的现行法律下，却是违法的，被限制的，它超过了央行基准利率的四倍。

最后，反对高利贷的理由是放贷会加重借款人的负担，使困难的借款人更易违约，并形成对借款人的迫害，进而影响社会稳定。这种观点首先在逻辑上就不成立，如果限制高利贷，困难的贷款人连借钱的机会都被封死了，连重生的机会都没，还不是更加困难？如果不希望增加借款人的负担，又能对其提供帮助，那是社会保障和慈善的范畴，应该通过纳税和慈善倡议来解决。如果担心对无法还款的借款人的迫害，应该通过完善个人生存权和生命权的法律保障给予解决；完善的法律保障还有利于放款人将其纳入风险考虑范畴，增强其通过价格机制化解风险的意识，反而有利于社会稳定。且允许自由借贷，更能促进企业的冒险和创业，有利于社会财富的积累，从而有更多的资金可用于借贷，反而能降低全社会的总体利息水平。

总之，利息的本质是来源于资金的所有权与使用权分离的结果。资金使用权的转让，对于受让方，该使用权能为其带来生产能力或使得性收益，而转让方将付出机会成本、便利性成本和风险成本等。因此，利息从不同角度分析就有不同的含义。在实践中，正如其他的价格形式一样，不同人对该使用权的价值判断也不同，真实存在的利息通常是市场议价的结果。因此，反对高利贷，在一定意义上也是对货币资金市场交易的限制。而货币资金的交易是资本形成和生产力发展的重要渠道。

第二节 利率及其表现形式

一、利率和计息方式

利率是为使用一段时间单位资金而进行的支付，或者说是单位时间内付出利息的数量与本金的比率。即：

$$利率 = \frac{单位时间内的利息}{本金}$$

因为利率的定义与时间相关，如果时间单位为年，就称为年利率，简称年率，是一年内的利息与本金之比；以此类推还有月率和日率等。通常实践中所用的利率都是年率（以后所有标明的利率，除非特殊说明，均指年利率），计算利息时，时间单位也相应地用"年"。

（一）计息和利息支付方式

通常借贷时，除了要指明借贷的本金、利率和时间外，还应约定好计算利息或支付利息的方式。

计息方式有单利和复利两种。

单利是指总利息为各期利息的简单加总，前面各期的利息不能计入本金作为以后各期利息的计息基础。

例1 假设你将1 000元存入银行，定期5年，银行承诺利率为6%，单利计算，到期一次还本付息。

则到期时，你从银行取回的本息和将是：

$$1\ 000 + 1\ 000 \times 6\% \times 5 = 1\ 300(元)$$

即：每年的利息是60元，5年的总利息就是300元。

复利的计息方式与单利不同，它是将每期的利息都计入本金，作为下一期的计算基础；利息生成之后还应作为本金继续计息。因此，复利计息方式也称为"利滚利"。

复利计息方式还必须明确计算周期，不同的计算周期会有不同的结果。

例2 假设你将1 000元存入银行，定期5年，银行承诺利率为6%，复利计息，计息周期为1年，到期一次还本付息。则5年内各年的利息和本息和的变化过程见表9－1。

表9－1   复利计息的利息和本息变化过程

时　间	计息公式	利息（元）	本息和（元）
第一年末	1 000元×6%	60.00	1 060.00
第二年末	1 060元×6%	63.60	1 123.60
第三年末	1 123.6元×6%	67.42	1 191.02
第四年末	1 191.02元×6%	71.46	1 262.48
第五年末	1 262.48元×6%	75.75	1 338.23

比较以上两例可见，复利计息比单利计息多了38.23元的利息，这部分利息就是利息产生的，而不是原始本金（1 000元）产生的。

一般地，设PV表示本金，或称为现值；FV表示未来的本息和，也称为终值；i表示利率，是计息周期内的利率；N表示时间长度，时间单位与计息周期相同。则有：

$$FV = PV \times (1 + i)^N \tag{9.1}$$

式（9.1）是金融的基本公式。它在复利计息的环境下，将一个时点的价值与另一个时点的价值联系了起来。式（9.1）中 $(1 + i)^N$ 项称为"复利系数"，它是资金 N 期之后的终值与当前现值之间的转换比率。

前述例子都假设为到期还本付息，但在实践中，多数利息都是分期支付，最后再返本。例如，长期国债通常是按约定的票面利率每半年支付一次利息。这种分期支付的情况是属于单利还是复利？

表面上看，如果不考虑时间差异，最终获得的总利息确实与单利计息时相同。但最重要的差异就是利息的支付时间。提前支付了利息，就意味着，这部分利息的使用权已经回到了投资者手中，该投资者至少可以将该部分利息再投资。比如：全部再投入购买该债券，那么这部分已支付的利息就相当于可以计入本金。因此，提前支付利息的利息支付方式都可以看成是复利计息。利息的支付周期就是计息周期。

（二） 计息周期

在理论上，计息周期或付息周期可以是任意时间长度。在实践中，通常为年、半年、季度、月度、周或按日计息。例 2 就是以年为计息周期。由于实践中，所标明的利率均为年率，当计息周期小于 1 年时，该年率就是名义利率，实际计息周期的利率要用每年的计息次数去除名义利率。

例如：若利率为 4%，计息周期为季度，则，一个计息周期的利率就是 4% ÷ 4 = 1%

在相同的名义利率下，不同的计息周期会有不同的本息和。

例 3 假设你将 1 000 元存入银行，定期 5 年，银行承诺利率为 6%，复利计息，请计算计息周期分别为年、季度、月、周和日时的到期本息和。见表 9 - 2。

表 9 - 2 不同计息周期下的本息和

计息周期	每年计算次数	周期利率（%）	周期数	5 年末本息和（元）
年	1	6	5	1 338.23
季度	4	1.50	20	1 346.86
月	12	0.50	60	1 348.85
周	52	0.115	260	1 349.63
日	365	0.016	1 825	1 349.83
连续计息	∞	→0	→ + ∞	1 349.86

如表 9 - 2 所示，在给定的名义利率下，不同的计息周期会有不同的本息和。在本例中，计息周期为 1 年时，本息和为 1 338.23 元；1 季度时，为 1 346.86 元；1 个月时，1 348.85 元；1 周时，为 1 349.63 元；1 天时，为 1 349.83 元。可见，计息周期的缩短会增大借贷的终值，但计息周期减小到一定程度之后，最终本息和变化不大。

复利频率是指单位时间的计息次数；计息周期等于单位时间与复利频率之比。例如：单位时间为 1 年，复利频率为 4 次时，就是 1 年计息 4 次，则计息周期就是 1/4 年，即 1 个季度。

（三）连续复利

连续复利是指无限缩短计息周期，即复利每时每刻都在进行，复利频率趋于无穷大的一种复利计息方式。

设每年支付 m 次利息，年利率为 r，时间长度为 T 年；则计息周期为 $1/m$ 年，总期数为 mT 期，每个计算周期的实际利率为 i/m。根据一般的复利公式（9.1）有：

$$FV = PV \times \left(1 + \frac{r}{m}\right)^{mT} \tag{9.2}$$

令：$g = \dfrac{m}{r}$

则：$mT = \dfrac{m}{r}rT = grT$

$$FV = PV \times \left(1 + \frac{1}{g}\right)^{grT} \tag{9.3}$$

当 $m \to \infty$ 时，$g \to \infty$；根据极限理论有：

$e = \lim\limits_{g \to \infty} \left(1 + \dfrac{1}{g}\right)^{g} = 2.71828$（$e$ 为自然对数的底，是一个常数）

$$FV = PV \cdot e^{rT} \tag{9.4}$$

在例 9.3 中，按连续复利计息时：

$$FV = PV \cdot e^{6\% \times 5} = 1\,349.86$$

这表明，即使不断缩短计息周期，最多的本息和也只能达到 1 349.86 元，与按日计息基本相同。

由于连续复利公式简单方便，在理论分析中通常都用连续复利。在实践中也可以将不同计息方式下的利率转换成等价的连续复利，然后用连续复利分析。

二、贴现率

通常情况下，资金借贷的利息支付都是在约定的借贷期末进行，并且是先已知本金再计算利息的。但在有些情况下，是先已知期末的本息和再计算利息。比如：在票据贴现中，企业将自己持有的票据转让给银行，实际上就是银行放款的一种方式；它相当于企业承诺在票据到期时向银行支付票面注明的金额，这就是银行期末收回的本息和；而现在银行给企业的款项就是银行给企业贷款的本金。在该情形下，是已知期末的本息和，要计算利息显然以期末的本息和（终值）为基础更方便。

在这种情况银行给出的利息率就是利息与期末本息和之比，即贴现率：

$$贴现率 = \frac{单位时间内的利息}{期末本息和（终值）}$$

因此，贴现率只是利率的另一种表示方式。在给定借贷资金流的情况，贴现率与利率的关系如下：

$$d = \frac{r}{1 + r} \tag{9.5}$$

其中：d 为贴现率，r 为利率。

三、到期收益率

在借贷活动或金融投资活动中，最简单的形式是：贷方即时将本金交付给借方并约定好利率，每年支付一次利率，到期返本。这时，该约定利率就可以称为贷方的收益率。但在实践中，借贷或投资活动产生的现金流形式复杂多样，我们如何去比较两种不同投资活动的收益大小？

例：某个投资者 A，面临两个投资机会，一是购买某一新发行的债券 B1，该债券票面利率5%，每年支付一次利息，3 年后到期，按面值出售。二是购买某一以前发行的债券B2，票面利率为8%，也是每年支付一次利息，3 年后到期。本次利息刚刚支付过，市场价格为 105 元。请问该投资者该如何选择？（假设这两个债券的其他条件都相同）

对于债券 B1，可以很直观说，投资债券 B1 的年收益率为5%；但对于债券 B2，却无法如此简单地判断。因为债券 B2，虽然每期利息也相等，但期初投入的本金是 105 元，而期末收回的本金却是 100 元。对于债券 B1，如果对其未来的现金流用5%的利率贴现回期初，它会刚好等于期初的本金 100 元，即：

$$\frac{5}{1 + 5\%} + \frac{5}{(1 + 5\%)^2} + \frac{105}{(1 + 5\%)^3} = 100$$

这正好给我们一个启示，能否找到一个比率 r，用该比率将债券 B2 的未来现金流贴现，使之刚好等于现在的市场价格。即：

$$\frac{8}{1 + r} + \frac{8}{(1 + r)^2} + \frac{108}{(1 + r)^3} = 105 \tag{9.6}$$

求解式（9.6），可得 $r = 6.12\%$。

这就容易比较以上两个投资项目。显然投资债券 B2 的收益要高于债券 B1。

这个 r 就是到期收益率。它是使债券等投资项目的投资支出和回报收入现金流折现值相等的一个折现比率；是以复利形式表示的资金使用价格，是一种通用的价格形式。由于其计算过程包括的重要经济学意义，而被认为是衡量利率最精确的指标。对于上述例子，计算该收益率时，假设投资者将持有该债券到期，因此称为到期收益率。

在实践中，有的投资者不会将债券一直持有到期，而是在中间某个时间出售转让了。如果根据从买入到出售期间所产生的现金流计算得到的收益率，就称为持有期收益率，这是已实现的过去的收益。对于一般的投资项目，未来的现金流是无法确知的，只能做事前预测；如果根据某个投资项目预测的现金流计算得到的收益率，称之为内部收益率。

此外，收益率也和利率一样，对于相同的现金流，不同计息周期的收益率是不同的。上例中，B2 债券计算得到的到期收益率是假设按年复利的。如果要计算连续复利，应改用下式：

$$8e^{-r_c} + 8e^{-2r_c} + 108e^{-3r_c} = 105 \tag{9.7}$$

可解得：$r_c = 5.94\%$

它与前面计算的 r 不同。

某些现金流的时间不是很规则，即不是每隔相同时间产生一个现金流。在这种情况，直接计算年收益率是比较困难的，但计算连续复利就相对简单。

例如：对于任意的现金流 CF_t，可以直接列出式（9.8）：

$$\sum CF_t \cdot e^{-t \cdot r_c} = 0 \tag{9.8}$$

求得 r_c，再用连续复利转换成等价的按年计息的收益率，等价公式如下：

$$r_1 = e^{r_c} - 1 \tag{9.9}$$

例如：对于 B2 债券的上述两个结果有：

$$r_1 = e^{5.94\%} - 1 = 6.12\%$$

由于需求解的（9.5）、（9.6）、（9.7）等收益率方程都是高阶的，通常没有解析解，因此在传统上，很多教科书都提供了各种近似方程。但在计算机和各种计算器如此便利的条件下，这类方程可以很容易地求得其数值解，也有现成的计算器可用。因此，本书不再罗列各种近似公式。

四、利率的种类

（一）按利率的真实水平分类

根据利率的真实水平划分，可分为名义利率和实际利率。

名义利率是指包括了通货膨胀因素的利率，通常金融机构公布或采用的利率都是名义利率。

实际利率是指货币购买力不变条件下的利率，通常用名义利率减去通货膨胀率即为实际利率。

例如：在银行存入一般定期存款 100 元，一年到期，银行的年利率是 6%，即一年后将连本带息得到 106 元。但是，如果在这一年发生了通货膨胀，物价水平普遍上涨 5%，那么在期末得到的 106 元，其真实的购买力只比期初的 100 元多 1 元；因为这时 105 元的购买力才相当于期初的 100 元。因而，这笔存款的实际利率为 6% - 5% = 1%。

（二）按借贷期内利率是否变动分类

根据借贷期内利率是否变动，利率可分为固定利率和浮动利率。

固定利率是指在整个借贷期间内按事先约定的利率计息而不作调整的利率。

浮动利率是指在借贷期间内随市场利率的变化而定期进行调整的利率。但调整规则是事先约定的。在借贷期比较长的场合，通常使用浮动利率，如住房贷款等。

（三） 按利率的决定方式分类

根据利率的决定方式，通常分为市场利率和基准利率，基准利率又分为官定利率和公定利率。

市场利率是指按市场规律自由变动的利率，它主要反映了市场内在力量对利率形成的作用。

基准利率是指在多种利率并存的条件下起决定性作用的利率，当基准利率变动时，其他利率也相应发生变化。

官定利率又称法定利率，是由一国中央银行所规定的利率，各金融机构必须执行。

公定利率由民间权威性金融组织商定的利率，各成员机构必须执行。

（四） 按照实际借贷发生时间的不同分类

根据实际借贷发生的时间不同可分为即期利率与远期利率。

如果当借贷合约签订时，资金立即从一方转入另一方，借款将在未来某一特定时间连本带利还清，这时的利率就是即期利率。

如果在合约中确定一个利率条件，但在未来某一时间进行实际借贷资金交割，则约定的利率就是远期利率。在这种情况下，届时的利率水平是无法预知的；远期利率是根据当时市场状况对未来即期利率的预期或预测。

第三节　利率的应用

一、利息问题的四要素

利息问题是微观经济个体的经济、金融决策实践中的基本问题，也是货币时间价值的实践应用。分析利息问题首先必须明确问题的主体，任何利息问题都是关于某个微观主体的投资活动，或其他经济活动，不可将不同主体的信息相混淆。另外，一个完整的利息问题包括四个方面的基本要素。

1. 现金流出

现金流出一般是投资本金，通常在期初流出；有些情况下，也可能是一系列的现金流出。

2. 现金流入

现金流入一般是投资回报，可能是在投资期末一次性的返本付息，也可能是一系列的现金回流。

3. 现金流的时间特征

所有现金流都有流出或流入的具体时间，这就是现金流变动的时间特征。

4. 利率及计息方式

利率和计息方式通常要明确是期初计息还是期末计息，期初计息用利率，期末计息用贴现率；是单利或复利计息，除非特别说明，通常情况下，涉及多个现金流的都指复利计息；

在复利情况下，还要明确计息周期或者说明是否连续复利。

此外，根据具体问题的不同，所使用的利率类型也可能不同。它可能是投资者的要求收益率，也可能是市场利率，或者是到期收益率等。

二、分析利息问题的一般方法

所有有关利息问题都是对利息四要素知三求一的问题。利息问题的分析首先要借助现金流图等工具将现金流入、流出及其时间特征描述清楚；其次，利用合适的利率对所有现金流进行时间贴现或利息累计列出现金流分析方程，根据已知的三要素求解第四个要素。

（一）现金流图

现金流图是描述现金流量作为时间函数的图形，表示资金在不同时间点流入与流出的情况。

现金流图包括三大要素：现金大小、流向、时间点。其中：大小表示资金的数额；流向指现金流入或流出；时间点是指现金流入或现金流出所发生的时间。

现金流图的画法。

（1）横轴表示时间轴，将横轴分为 n 等分，注意第 $n-1$ 期终点和第 n 期的始点是重合的。每一等分代表一个时间单位，可以是年、半年、季、月或天。

（2）与横轴垂直向下的箭头代表现金流出，与横轴垂直向上的箭头代表现金流入，箭头的长短与金额的大小成比例。

（3）代表现金流量的箭头与时间轴的交点即表示该现金流量发生的时间。

正确绘制现金流图，必须把握好现金流的三要素，即现金流量的大小、方向、时间点。在现金流图上，现金流出就是投资本金、现金流入就是投资回报，发生的时间点就是投资的时间特征（如图 9-1 所示）。

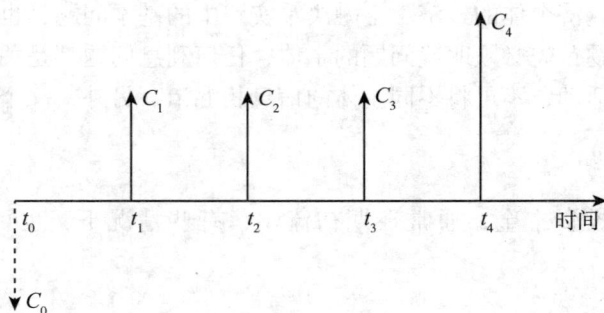

图 9-1 现金流图

从借款人角度出发和从贷款人角度出发所绘现金流图方向是相反的。

（二）现金流分析方程

资金借贷的基本原则是：在任意时间参照点上，所有现金流出与流入量通过投资者的要求收益率或市场收益率的利息积累或贴现应该相等。根据该原则可以建立现金流分析方程。

在该方程中，综合体现了利息问题的四个要素。通常已知利息问题的三个要素，利用该方程可求解第四个要素。

三、应用实例

（一）求本金

例4　某人为了能在第 7 年末得到 1 万元款项，他愿意在第一年末付出 1 000 元，第 3 年末付出 4 000 元，第 8 年末付出 X 元，如果以 6% 的年利率复利计息，问 X 等于多少？

以第 7 年末为时间参照点，有：

$$1.06^6 + 4 \times 1.06^4 + Xgl.\ 1.06^{-1} = 10$$

解得：$X = 3\ 743.5$（元）

以第 8 年末为时间参照点，有：

$$1.06^7 + 4 \times 1.06^5 + X = 10 \times 1.06$$

解得：$X = 3\ 743.5$（元）

也可以其他时刻为参照点，结果也相同。

例5　假设你计划以每月等额还款的方式融资 20 万元购买住房。你面临以下贷款期限和相应的利率：

- 30 年期（360 个月等额支付）　5.625%
- 20 年期（240 个月等额支付）　5.500%
- 10 年期（120 个月等额支付）　4.625%

请问以上三种贷款方式相应的每月还款金额 X 分别是多少？

（1）30 年期。以期初为参照点，则有以下现金流分析方程：

$$200\ 000 = \sum_{n=1}^{360} \frac{X}{(1 + 5.625\%/12)^n}$$

利用等比公式解得：

$$X = \frac{200\ 000 \times (5.625\%/12)\ (1 + 5.625\%/12)^{360}}{(1 + 5.625\%/12)^{360} - 1} = 1\ 151.31$$

（建议用 Excel 的单变量求解功能求解）

（2）20 年期。以期初为参照点，则有以下现金流分析方程：

$$200\ 000 = \sum_{n=1}^{240} \frac{X}{(1 + 5.5\%/12)^n}$$

利用等比公式解得：

$$X = \frac{200\ 000 \times (5.5\%/12)\ (1 + 5.5\%/12)^{240}}{(1 + 5.5\%/12)^{240} - 1} = 1\ 375.77$$

（3）10 年期。以期初为参照点，则有以下现金流分析方程：

$$200\,000 = \sum_{n=1}^{120} \frac{X}{(1 + 4.625\%/12)^n}$$

利用等比公式解得：

$$X = \frac{200\,000 \times (4.625\%/12)\,(1 + 4.625\%/12)^{120}}{(1 + 4.625\%/12)^{120} - 1} = 2\,413.92$$

（二）求利率

例 6　某人现在投资 4 000 元，3 年后积累到 5 700 元，问按季度计息的名义利率等于多少？

以第三年末为时间参照点有：

$$4\,000(1 + j)^{3 \times 4} = 5\,700$$

解得季度利率：$j = 3\%$

因此名义利率为：$i^{(4)} = 4j = 12\%$

例 7　假设你计划以融资方式购买一辆 200 000 元的汽车，有如下两种融资方式可选。

（1）租赁 + 购买方式，首先每月支付 2 466.5 元的租赁费，可以使用该车；在第 4 年末，你如果想拥有该车，再一次性支付 120 000 元。

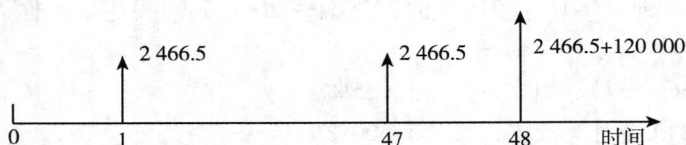

（2）分期支付购买方式，分期四年每月支付 4 560.70 元购买该车。

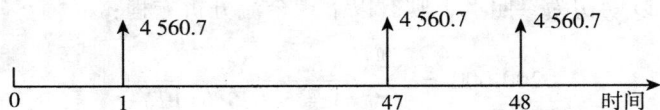

请问从资金成本角度看，哪种方式更好？

为了比较两种购买方式，需要计算每种购买方式的资金成本（从金融机构看是贷款的到期收益率），设你实际支付的资金成本率（年利率）为 r，则：

（1）方式一的现金流方程为：

$$200\,000 = \sum_{n=1}^{48} \frac{2\,466.5}{(1 + r/12)^n} + \frac{120\,000}{(1 + r/12)^{48}}$$

解得：$r = 5.91\%$

（2）方式二的现金流方程为：

$$200\,000 = \sum_{n=1}^{48} \frac{4\,560.7}{(1 + r/12)^n}$$

解得：$r = 4.50\%$

因此，如果只从资金成本看，方式二更好。

（三）求时间

例8 假定名义利率分别为12%、6%、2%，问在这三种不同的利率情况下，按月复利计息，本金翻倍分别需要几年？

均以本金翻倍的时间点为参照；

$i^{(12)} = 12\%$ 时，

$$(1 + 1\%)^{12n} = 2$$

解得：$n = \dfrac{\ln2}{12\ln1.01} = 5.8$

$i^{(12)} = 6\%$ 时，

$$(1 + 0.5\%)^{12n} = 2$$

解得：$n = \dfrac{\ln2}{12\ln1.005} = 11.6$

$i^{(12)} = 2\%$ 时，

$$(1 + 0.17\%)^{12n} = 2$$

解得：$n = \dfrac{\ln2}{12\ln1.0017} = 34.7$

例9 假设在例5中30年期的贷款条件下，银行允许你将每月的支付由1 151.31元提高到1 200元，该贷款的到期时间是多少？如果每月支付额提高到1 500元呢？

（1）设到期时间为 n 个月，则有：

$$1\,200 = \frac{200\,000 \times (5.625\%/12)(1 + 5.625\%/12)^n}{(1 + 5.625\%/12)^n - 1}$$

得，

$$n = \frac{\ln[1\,200/(1\,200 - 200\,000) \times (5.625\%/12)]}{\ln(1 + 5.625\%/12)}$$

$$= 324.99（月）$$

$$= 27.03（年）$$

（2）如果每月支付额提高到1 500元，则：

$$n = \frac{\ln[1\,500/(1\,500 - 200\,000) \times (5.625\%/12)]}{\ln(1 + 5.625\%/12)}$$

$$= 209.73（月）$$

$$= 17.43（年）$$

（四）求终值

例10 某人现在投资1 000元，第3年末再投资2 000元，第5年末再投资2 000元。其中前4年以名义利率5%每半年复利计息一次，后3年以连续复利3%计息，问到第7年末，此人可获得本息和是多少?

以第 7 年末为时间参照点：

$$A(7) = 1\,000 \times (1 + j)^8 \times e^{3 \times 0.03} + 2\,000(1 + j)^2 \times e^{3 \times 0.03} + 2\,000e^{2 \times 0.03}$$
$$= 1\,000 \times 1.025^8 \times e^{0.09} + 2\,000 \times 1.025^2 \times e^{0.09} + 2\,000e^{0.06}$$
$$= 5\,756$$

第四节　利率决定理论和期限结构理论

一、利率决定理论

利率作为资金使用权的价格，在某笔交易或某项投资中，通常由交易双方通过议价决定。但在一般意义上的利率水平，是指一个国家或一个地区在某个时期内的平均利率水平，这种平均利率水平，在不同国家和不同时期之间都存在很大差异。

如图 9 – 2 和图 9 – 3 显示了 2016 年世界各主要国家央行存款基准利率的差异，图 9 – 2 显示的是名义基准利率，最高的是加纳，达 25.5%，最低的是瑞典，为 – 0.5%。即使扣除各国的通货膨胀，比较其实际基准利率，各国之间仍然存在很大差异；如图 9 – 3，最高的是塔吉克斯坦，达 12%，最低的还是瑞典，为 – 1.48%。

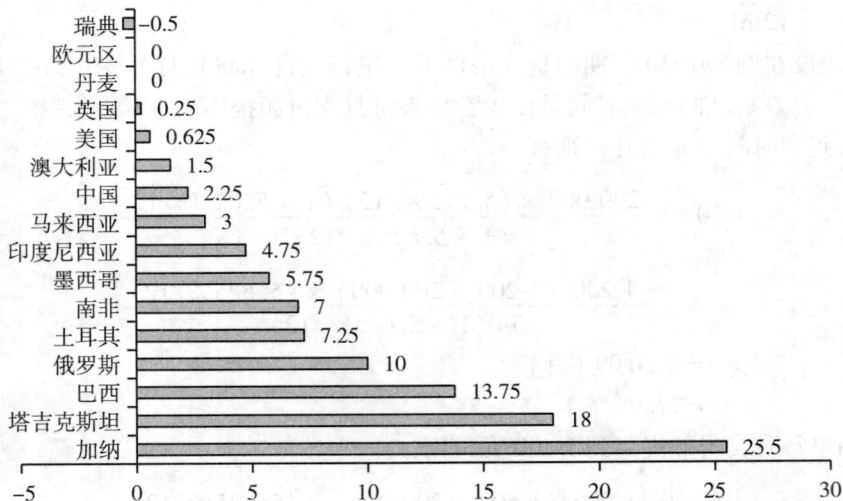

图 9 – 2　2016 年各主要国家央行存款基准利率

资料来源：IMF IFS 数据库。

从纵向比较看，各国在不同时期的利率水平也差别很大。图 9 – 4 和图 9 – 5 分别显示了 1990 ~ 2016 年中国人民银行的短期贷款基准利率和美国联邦基准利率的变化情况，在这期间，中国的短期贷款基准利率最高达 12.06%（1995 年前后），最低为 4.35%（2016 年），最高和最低之间相差 7.71%。而美国的联邦基准利率最高为 7%（1990 年），最低的是在

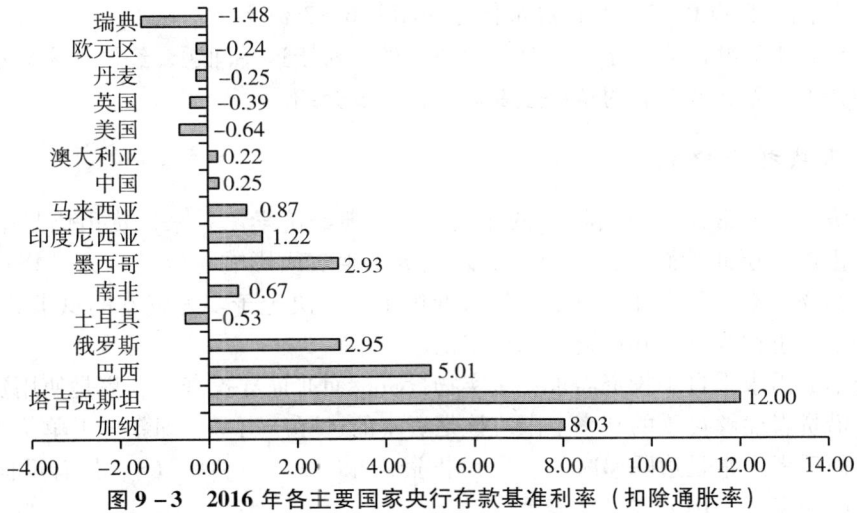

图 9 - 3　2016 年各主要国家央行存款基准利率（扣除通胀率）

资料来源：IMF IFS 数据库。

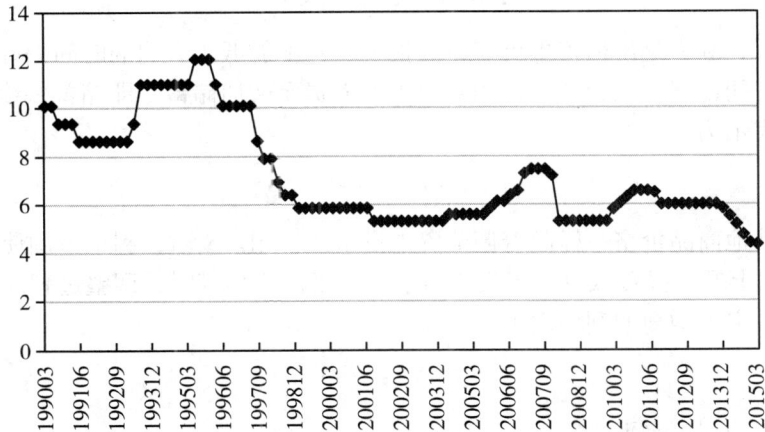

图 9 - 4　1990～2016 年中国人民银行短期贷款基准利率变化趋势

资料来源：中国人民银行网站（季度数据，根据具体执行的基准利率的时间长度进行加权计算）。

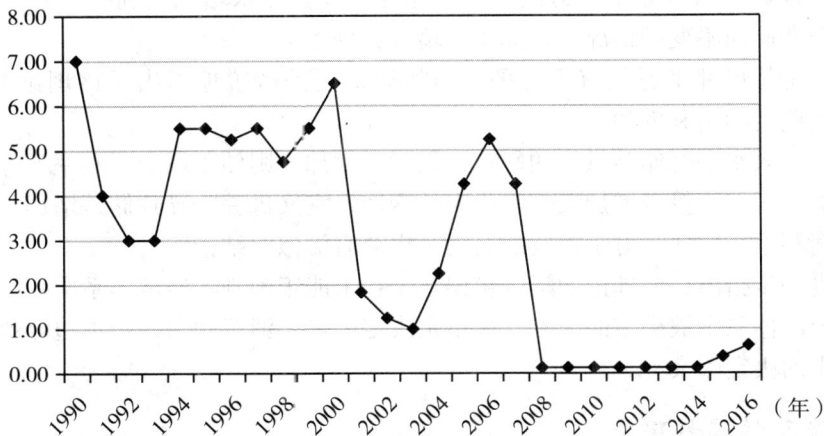

图 9 - 5　1990～2016 年美国联邦基准利率变化趋势

资料来源：IMF IFS 数据库。

2008～2014 年间，只有 0.13%；最高最低之间相差 6.87%。

这种差异是由哪些因素决定的？是如何决定的？对于这一问题，经济学家有过长期的研究，但意见并不一致，本节将对这些主要观点作简要介绍。

（一）古典利率决定论

古典经济学家通常强调"实物"的作用。在古典经济学家看来，货币仍是附着在"实物"经济之上的一层面纱而已，不会对实体经济产生实质影响。他们认为借贷货币背后的本质是借贷实物资本。利率并不决定于货币的供求，而决定于实物资本的供求关系。因此，古典利率决定论也称为储蓄和投资供求决定论。

借贷资本的需求来自于投资需求，是实物投资，而非证券投资。利率是使用资本需要付出的代价，借贷者能够接受的利率上限应该是资本的边际产出率，即新增 1 单位投资能够带来的收益，而后者通常是边际递减的，所以投资需求（I）与利率（r）具有反向变动的关系，是利率的减函数，用公式可以表示为：

$$I = I(r), I'(r) < 0 \tag{9.10}$$

从储蓄供给来看，利率是出借资本可获得的报酬，它不能低于人们的时间偏好。如果利率水平高于人们的时间偏好，则会诱使人们减少当前消费而增加储蓄。即储蓄供给是利率的增函数，可用公式表示为：

$$S = S(r), S'(r) > 0 \tag{9.11}$$

利率如同其他商品价格一样起着调节资本供求的作用。$S > I$，利率下调使投资增加。反之，$S < I$，利率上升，投资减少。当投资需求与储蓄供给相等时，调整过程才会停止。储蓄与投资的均衡决定了均衡的利率水平 r^*，即：

$$S(r) = I(r) \tag{9.12}$$

时，可求得均衡的利率水平。

在储蓄和投资供求决定论下，分析利率的变动就要从储蓄与投资的变动入手。例如：如果技术进步导致资本的边际生产力提高，可能导致投资需求增加，利率上升；如果收入增加，在边际消费倾向不变的情况下，储蓄会增加，利率会下降等。

虽然该理论从局部来看是有道理的，但凯恩斯还是敏锐地指出了该理论的内在矛盾，即，它是无法确定均衡利率的。

考虑实际收入水平对储蓄供给的影响。设收入增加，则储蓄增加，利率下降。但在利率下降时，投资会增加，投资增加又带来收入的增加，它又进一步导致储蓄增加，从而难以形成确定的均衡利率。同样，对于投资的变动，也会有类似的结论。

凯恩斯进一步指出，该理论的根本错误在于：未能正确判断经济体系中的因果关系。储蓄和投资是经济体系中被决定的因素，而不是决定因素。消费倾向，资本边际效率和利率才是经济体系中的决定因素。

（二）流动性偏好理论

凯恩斯的利率理论以强调人们的流动性偏好为特点，因此称为流动性偏好理论，货币是流动性最强的资产，因此该理论也称为货币供求决定论。

人们之所以喜欢流动性，是因为人们都希望在需要用钱时，可立刻自行支配自己的钱。而把钱借给别人，意味着要承受未来可能出现的不方便，利率是使货币持有者放弃货币灵活控制权而支付的价格。

凯恩斯假设只有两种持有财富的形式：货币和债券。前者没有利息只有流动性便利。后者没有流动性便利，但有利息收入，且有不确定风险。利率 r 是债券的预期回报率，利率上升相当于持有货币的机会成本上升，货币需求下降。因此，货币需求 M_d 是利率的减函数（如图 9-6 所示）。

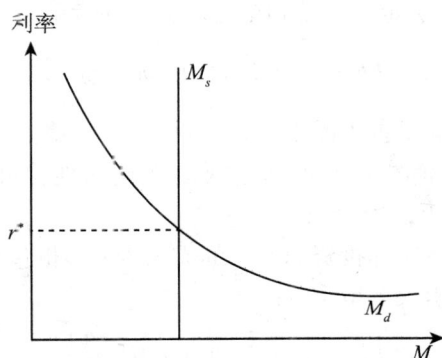

图 9-6　流动性偏好利率决定论

凯恩斯认为，货币供给是取决于货币当局的一个外生变量，与利率水平无关。因此，在 M-r 坐标系中，M_s 是一条垂直于横轴的一条直线。

当 $M_d = M_s$ 时，即公众愿意持有的货币量刚好等于现有货币存量时，可以得到均衡的利率水平 r^*。因此，利率完全是一个货币现象，取决于货币的供给和需求。

从货币需求来看，利率主要受收入水平和价格水平的影响。若收入增加，通常人们的支出计划也会增加，货币需求也上升。若价格水平上升，为维持原来的购买力，也倾向于增加货币持有量。在 M_s 不变的情况，都会导致 M_d 右移，使利率 r 上升。

从货币供给看，货币当局增加货币供给时，在货币需求 M_d 不变的情况下，会降低利率。

但问题并不会这么简单。实际上，货币供给增加时，也会内生地导致 M_d 发生变化，从而导致均衡利率无法确定。这是由于货币供给增加通常还有其他三种效应：收入水平效应、价格水平效应和通胀预期效应。

收入水平效应是指货币量的增加意味着名义收入增加，在价格水平不变时，首先得到这部增加货币的人们，相当于实际收入增加，会倾向于持有更多的货币，导致货币需求曲线右移。

价格水平效应是指，在产出不变时，增加货币供给，会形成过多的货币追逐不变的商品，从而价格上升；价格上升时，为维持消费水平，也会持有更多的货币，即货币需求曲线右移。在价格水平上升的影响下，人们还会形成通胀预期，为维持购买力，也会增加货币需求。

货币供给增加的收入水平效应、价格水平效应和通胀预期效应都会导致货币需求曲线向右移动，从而导致均衡利率无法确定。如果再考虑货币当局是否真的能有效控制货币供给的问题；该理论的有效性就更加受到质疑。

（三）可贷资金理论

古典利率决定论只强调实物因素，凯恩斯的流动性偏好理论又只强调货币因素。二者都存在片面性问题。俄林和罗伯逊等人在批判凯恩斯理论的过程中，提出了可贷资金理论。

该理论认为利率既不是由投资与储蓄的均衡决定，也不是由货币供给与货币需求的均衡决定，而是由综合实物因素和货币因素的可贷资金供求决定的。

可贷资金的供给（LF_s）决定于储蓄和银行新创造的货币（ΔM^s）

$$LF_s(r) = S(r) + \Delta M^s(r) \tag{9.13}$$

ΔM^s是指银行通过贷款满足投资需求时，导致货币供给增加。它也可能是由于货币供给增加使价格水平上升，迫使消费者增加储蓄或改变流动性偏好，减少货币持有，形成的"强迫储蓄"，进一步导致货币供给增加。

可贷资金的需求包括进行实际投资而产生的需求$I(r)$，也包括因超前消费或流动性偏好提升而增加的对窖藏货币的需求$\Delta M^d(r)$；

$$LF_d(r) = I(r) + \Delta M^d(r) \tag{9.14}$$

可见，可贷资金供求分析，不仅包括了实物因素，也包含有货币因素，因此，也被称为准一般均衡分析。均衡利率决定于可贷资金供求相等之时。即：

$$LF_s(r^*) = LF_d(r^*) \tag{9.15}$$

按照可贷资金论的分析，利率决定于可贷资金供求的均衡点。可贷资金供给的增加来自于储蓄、新增货币和闲置余额的增加，既然供给曲线中"储蓄"会随着"可支配收入"水平的变化而变化，那么可贷资金总供给曲线也会随收入而变化；同样也会导致均衡利率"无法确定"的结果。

至此，前述三种利率决定理论都有结果"不确定"的局限。

（四）一般均衡的利率决定理论

希克斯和汉森在新古典和凯恩斯理论的基础理上，提出了关于利率决定的一般均衡分析方法（IS—LM 理论）。

首先，在实物的商品市场上，他们认为，储蓄不仅与利率相关，也与收入（Y）相关，是利率和收入的增函数，即：

$$S = S(Y,r),\ S_y > 0,\ S_r > 0 \tag{9.16}$$

投资是利率的减函数：

$$I = I(r),\ I'(r) < 0 \tag{9.17}$$

当储蓄等于投资时（$S = I$），将得到一条关于收入（Y）和利率（r）的曲线 IS(y, r)，称为 IS 曲线，而不是古典利率理论的一个均衡点。它表明，在商品市场均衡时，不同的利率水平会有不同的收入水平与之对应。

其次，在货币市场上也有类似的情形。货币需求同样不仅与利率相关，也是收入的函数。货币需求是利率的减函数，是收入的增函数，即：

$$M^d = M^c(Y, r), M_y^d > 0, M_r^d < 0 \tag{9.18}$$

货币 M^s 由货币当局外生决定。当货币供给等于货币需求（$M^s = M^d$）时，同样会得到一条关于收入（Y）和利率（r）的曲线 LM（y, r），称为 LM 曲线（L 代表流动性，M 代表货币数量）。它也不是一个均衡点，即只有货币市场均衡也无法确定利率。

可见，仅仅是商品市场均衡（投资等于储蓄，IS 曲线）无法决定利率。只有货币市场均衡（货币供给等于货币需求，LM 曲线）也无法决定利率。只有当 IS 和 LM 两条曲线相交之时，即联立 IS 和 LM 两个方程，才同时决定均衡的利率水平 r^* 和收入水平 Y^*。

IS—LM 理论再次证明了，古典利率决定理论和凯恩斯的货币均衡理论都是片面的或特殊的。只有同时考虑商品市场和货币市场，同时考虑储蓄的实物供给，投资的实物需求、流动性偏好的货币需求、货币供给才能在一般均衡意义上分析利率决定问题。

二、利率期限结构理论

在同一个国度、同一时点上，具体的利率水平还受到很多因素影响。例如：不同的发行者（借款人）利率水平不同；同一个发行者，其借款期限不同，利率水平也不同。这些差异中，市场参与者和理论研究者最关注的是利率水平与借款期限的关系，即，利率期限结构。

利率期限结构是指在风险等条件都相同的情况下，期限不同的债务工具的利率区别和联系。通常可以用收益率曲线反映利率期限结构。收益率曲线反映的是一种市场状况，随着观察时点的变化利率期限结构是随时变化的。如图 9 - 7 所示，2017 年 1 月中国国债的收益率曲线表明，期限越长的国债，收益率越高。

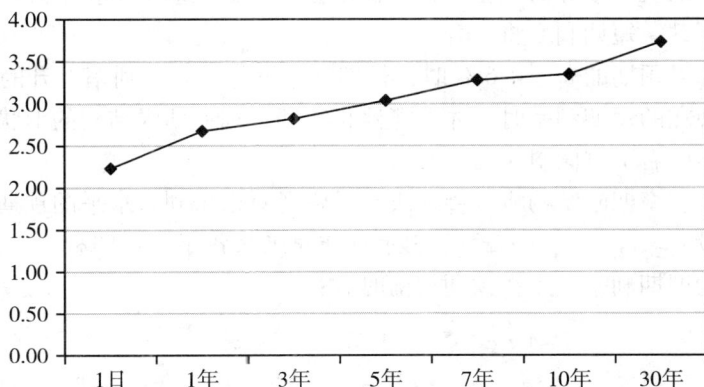

图 9 - 7　2017 年 1 月中债国债收益率期限结构

资料来源：国家统计局网站。

历史数据表明，利率期限结构的既有可能是向上倾斜，也有可能是向右下倾斜，还有可能是水平的。同时，历史数据还表现出如下三种事实特征。

（1）不同期限的利率随着时间的推移会呈现出相同变动特征。

（2）如果短期利率较低，利率期限结构通常向上倾斜；如果短期利率较高，那么利率期限结构更多的是向下倾斜。

（3）利率期限结构通常是向上倾斜。

究竟是什么因素决定了利率的期限结构呢？为什么利率期限结构会呈现出以上三种特征？经济学家为此提出了多种假设，这里简单介绍三种：预期理论、市场分割理论和流动性溢价理论。

（一）预期理论

该理论假设投资者仅关心债务工具的预期收益，而对期限没有任何偏好。只要某种债券的收益率更高，投资者会立即转向持有该债券，而不论其期限长短。

例如：假设某投资者有一笔闲置资金（A）要投资两年，现在市场上有一年期的债券和两年期债券可供选择，一年期债券的利率为 $r_{0,1} = 6\%$，两年期的利率为 $r_{0,2} = 8\%$，该投资者会如何选择投资策略？

直接投资两年期的收益率是确定的，如果选择投资一年期债券，该债券到期后，还要再投资，继续购买一年期的债券；但在一年之后的一年期债券的利率现在无法得知；投资者只能通过预期判断，假设该投资者预期该利率为 $r_{1,2}$，那么 $r_{1,2}$ 应等于多少会使得这两种投资策略无差异？即：

$$A \cdot e^{2 \times 8\%} = A \cdot e^{6\%} e^{r_{1,2}}$$

得：$r_{1,2} = 10\%$

这表明，如果投资者预期 $r_{1,2} = 10\%$，那么 $r_{0,1} = 6\%$，$r_{0,2} = 8\%$ 是合理的、无差异的。投资者现在购买 1 年期或两年债券都行，现在的利率结构是能保持的。

相反，如果投资者预期 $r_{1,2} < 10\%$，投资者会直接购买两年期债券，而不购买 1 年期债券。这说明市场上的长期债券需求会上升，价格会上涨，长期利率将下降。短期债券的需求会下降，价格会下跌，短期利率将上升。

更进一步，如果预期的 $r_{1,2} < 6\%$ 时，长期利率下降、短期利率上升的调整过程将持续到长期利率低于现在的短期利率时，才可能停止。即，利率期限结构的形状将不是现在的向右上方倾斜，将会向右下方倾斜。

该例子表明，利率期限结构将直接取决于投资者对未来利率水平的预期。

一般地，假设 $r_{1,2}, r_{2,3}, r_{3,4}, \cdots, r_{n-1,n}$ 表示现在对未来各年 1 年期利率的预期值，$r_{0,n}$ 表示现在 n 年期债券的即期利率。则在预期均衡时有：

$$A \cdot e^{r_{0,n} \times n} = A \cdot e^{r_{0,1}} e^{r_{1,2}} \cdots e^{r_{n-1,n}}$$

$$r_{0,n} = \frac{r_{0,1} + r_{1,2} + r_{2,3} + \cdots + r_{n-1,n}}{n} \tag{9.19}$$

或：

$$A \cdot e^{r_{0,n} \times n} = A \cdot e^{r_{0,n-1} \times (n-1)} e^{r_{n-1,n}}$$

$$r_{0,n} = \frac{r_{0,n-1} \times (n-1) + r_{n-1,n}}{n}$$ (9.20)

利率期限结构的形状取决于 $r_{0,n}$ 与 $r_{0,n-1}$ 的大小关系：

当 $r_{0,n} > r_{0,n-1}$ 时，利率期限结构右上方倾斜；

当 $r_{0,n} = r_{0,n-1}$ 时，利率期限结构是水平；

当 $r_{0,n} < r_{0,n-1}$ 时，利率期限结构右下方倾斜；

因此，利率期限结构完全取决于投资者对未来各期即期利率的预期，即对 $r_{1,2}, r_{2,3}, r_{3,4}, \cdots,$ $r_{n-1,n}$ 等的预期。如果预期未来利率是高于现在或短期利率，即未来利率将走高。那么利率期限结构将向上倾斜，或者说如果利率期限结构是向上倾斜，表示投资者预期未来的利率将走高。

如果预期未来的利率等于现在利率，即利率水平不变，利率期限结构将是平的。

相反，如果预期未来的利率将下降，利率期限结构将向右下倾斜。

预期理论是一个精妙的理论，它揭示了在不同时间上利率期限结构发生变动的原因；它能够很好也解释事实特征（1）和（2）。从历史上看，如果短期利率上升，未来的短期利率将会更高；因此，短期利率上升，会提高人们对未来短期利率的预期值，根据预期理论，长期利率也会提高，即长短期利率同向变动。相反，短期利率下降时也类似。预期理论解释了利率期限结构呈现相同的变动特征。此外，当短期利率较低时，人们通常会预期未来短期利率会上升至一个正常的水平，从而利率期限结构向右上倾斜；相反，当短期利率较高时，通常会预期未来短期利率会下降，从而利率期限结构会向右下倾斜。因此，预期理论也解释了事实特征（2）；但不幸的是，由于短期利率既可能上升，也可能下降，因此预期理论无法解释事实特征（3）。

（二）市场分割理论

市场分割理论认为，在通常的情况下，投资者不愿冒太大的风险，而是希望确保收益。投资者要做到确保收益，就要使自己的资产和负债的期限相一致。例如，退休基金的债务大部分是定期定量支付的退休金。如果退休基金投资短期债券，在短期利率下降的情况下，它支付的退休金不变，但得到的短期债券的利息却不断减少，从而会遭受损失。所以，退休基金将选择投资与自己的债务期限相一致的长期债券。由于投资者总是努力使自己的资产和负债的期限相一致，不同期限的债券是不能相互替代的，债券市场将分割为期限不同的多个市场。

为简便，假定债券市场分割为短期债券市场和长期债券市场两个市场。在这两个债券市场上，债券的发行者是资金的需求者，他们需要资金的数量是随着债券收益率的上升而下降的。债券收益率越高，他们所需要的资金越少。债券的购买者是资金的供给者，他们提供资金的数量是随着债券收益率的上升而增加的；债券收益率越高，他们所提供的资金越多。因此，在横轴表示资金数量、纵轴表示债券收益率的坐标系里，资金需求曲线（D）是一条向右下方倾斜的曲线，资金供给曲线（S）是一条向右上方倾斜的曲线。当资金需求量和资金供给量相等时，即资金需求曲线和资金供给曲线相交时，形成了均衡的市场利率，如图9-8的（a）和（b）所示。

因为债券市场分割为多个期限不同的市场，而每个市场的收益率是由该市场上资金的供

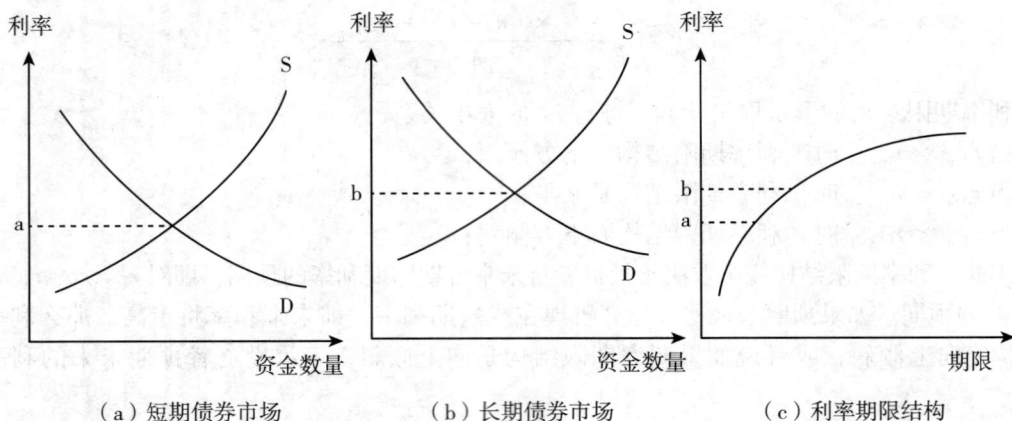

（a）短期债券市场　　　　（b）长期债券市场　　　　（c）利率期限结构

图 9 - 8　市场分割理论

给和需求决定的，所以就形成了水平的利率期限结构、上升的利率期限结构或下降的利率期限结构。例如，在图 9 - 8 中，短期债券市场的收益率较低，长期债券市场的收益率较高，形成了上升的利率期限结构，如（c）所示。

在通常情况下，资金供给者中能够提供短期资金的较多，提供长期资金的较少；而资金需求者通常更偏好于长期资金；形成短期资金市场供多需少，长期资金市场供少需多的局面，从而长期利率通常高于短期利率，即利率期限结构通常向上倾斜。但市场分割理论却无法解释前两个事实特征。

（三）流动性溢价理论

流动性溢价理论实际上是对预期理论的修正，使之也能解释事实特征（3）。该理论假设，不同期限的债券之间可以相互替代（与预期理论相同），但允许投资者对不同期限的债券存在偏好（类似市场分割，但不是完全分割）。偏好的来源是流动性差异，因此称为流动溢价理论。

流动性偏好认为短期债券的流动性较强，由于人们偏好于流动性，购买长期债券会要求得到流动性补偿，即对失去流动性的补偿。债券的期限越长，投资者要求得到的流动性补偿就越高。因此，按照流动性溢价理论，长期债券的年收益率等于短期债券预期年收益率的算术平均数与流动性补偿之和。具体地，流动性溢价理论可以写为：

$$r_{0,n} = \frac{r_{0,1} + r_{1,2} + r_{2,3} + \cdots + r_{n-1,n}}{n} + l_{0,n} \tag{9.21}$$

式（9.21）中第一项与预期理论完全相同，第二 $l_{0,n}$ 就是流动性偏好的修正项，它是指在 0 时刻的 n 期债券的流动性溢价，它总是取正值，并随着期限 n 的延长而上升。

从而，流动性溢价理论即可以用式（9.21）的第一项解释事实特征（1）和（2），又可以用第二项解释事实特征（3）。

本章小结

利息是货币或其他价值形式的使用权价格，反映的是一种借贷关系。传统思想认为任何成果必须出于劳作，不劳而获是罪恶的，放贷取息是不道德的。在中世纪之后，许多经济学家、社会学家，甚至开明的宗教人士等从不同的角度论述了利息的本质，为利息正名。主要的学说有资本生产力说和利息补偿说。利息的本质是来源于资金的所有权与使用权分离的结果。资金使用权的转让，对于受让方，该使用权能为其带来生产能力或使得性收益，而转让方将付出机会成本、便利性成本和风险成本等。货币资金使用权的交易是资本形成和生产力发展的重要渠道。

利率是单位时间内付出利息的数量与本金的比率。利率与时间相关，有年率、月率和日率之分。计息方式有单利和复利两种。单利是指总利息为各期利息的简单加总，前面各期的利息不计入本金作为以后各期利息的计息基础。复利是将每期的利息都计入本金，作为下一期利息的计算基础。复利计息还必须明确计算周期，不同的计息周期会有不同的本息和。计息周期或付息周期可以是任意时间长度。连续复利是指无限缩短计息周期，即复利每时每刻都在进行，复利频率趋于无穷大的一种复利计息方式。

贴现率是利率的另一种表现形式，是利息与期末本息和之比。到期收益率是使债券等投资项目的投资支出和回报收入现金流折现值相等的一个折现比率；被认为是衡量利率最精确的指标。

利息问题包括四个方面的基本要素：现金流出、现金流入、现金流的时间特征和利率及计息方式。利息问题的分析首先要借助现金流图等工具将现金流入、流出及其时间特征描述清楚；其次，利用合适的利率对所有现金流进行时间贴现或利息累计列出现金流分析方程，根据已知的三要素求解第四个要素。现金流图是描述现金流量作为时间函数的图形，表示资金在不同时间点流入与流出的情况。

平均利率水平，在不同国家和不同时期之间都存在很大差异。解释这种差异的理论发展主要经历了古典利率决定论、流动性偏好理论、可贷资金论和一般均衡理论。

在同一时点上，在风险等条件都相同的情况下，期限不同的债务工具的利率之间的区别和联系称为利率期限结构。它反映的是一种市场状况，随着观察时点的变化，利率期限结构是随时变化的。对利率期限结构现象的理论解释主要经历了预期理论、市场分割理论和流动性溢价理论。

知识要点：

利息、利率、资本生产力说、利息补偿说、单利、复利、计息周期、连续复利、贴现率、到期收益率、利息问题、现金流图、现金流分析方程、古典利率决定论、流动性偏好理论、可贷资金论、一般均衡理论、利率期限结构、预期理论、市场分割理论、流动性溢价理论

复习思考题：

1. 简述历史上对利息的认识过程。

2. 利息的本质是什么？

3. 高利贷的存在有其合理性吗？

4. 单利和复利有何区别？

5. 计息周期对本息和有何影响。

6. 什么是连续复利？有何意义？

7. 分期付息方式是复利吗？

8. 贴现率与利率有何区别与联系？

9. 什么是到期收益率？举例说明到期收益率的主要用途。

10. 简述利息问题的主要特征、一般求解过程和方法。

11. 简述和比较主要的利率决定理论。

12. 什么是利率期限结构？它有哪些主要事实特征？

13. 简述并比较主要的利率期限结构理论。

作业：

1. 请查阅近 30 年来的中国人民银行的短期存款、贷款基准利率的变化情况，据此分析你对利率决定的理解，以及利率与经济发展的关系。

2. 请对上网查收 5 条与"高利贷"相关的新闻、案例或法律条文，并据此分析你对"高利贷"的理解。

3. 如果预期理论是正确的。请根据以下未来 5 年的 1 年期利率（第 1 年为实际利率，其余 4 年为预期利率），计算出期限分别为 1 年到 5 年的利率，并绘制相应的利率期限结构图：

（1）6%，7%，8%，8%，8%

（2）6%，5%，4%，4%，4%

如果，人们偏好短期债券，那么上述期限结构会如何变化？

4. 你现在需要一笔 30 万元的 5 年期的贷款，以购买车位。现有某银行信贷业务员向你介绍一款"非常便宜的"专用的"车位信用卡分期"产品，你可以申请 30 万元信用借款，按 5 年共 60 期分期还款，分期费率为 3.15，即每期还 5 945 元。当时市场上 5 年期的贷款利率为 5.6%。请问，该车位专用产品真得便宜吗？实际贷款利率是多少？

第十章 货币需求和供给理论

▎**本章导读**

　　信用货币体系克服了金本位制下货币供应缺乏弹性的致命缺陷，政府货币当局在应对经济危机时有了更大的调控空间，但其最大的危险性在于政府的货币发行规模摆脱了黄金储备的束缚之后，很容易失控。由于纸币的信誉依赖于政府信用，一旦政府出现货币的超量发行，引发恶性通货膨胀，信用货币便会一文不值，从而造成社会危机。

　　第一次世界大战之后，德国经历了一次历史上最引人注目的超速通货膨胀。在战争结束时，同盟国要求德国支付巨额赔款。这种支付引起德国财政赤字，德国最终通过大量发行货币来为赔款筹资。从1922年1月到1924年12月德国的货币和物价都以惊人的比率上升。例如，每份报纸的价格从1921年1月的0.3马克上升到1922年5月的1马克、1922年10月的8马克、1923年2月的100马克直到1923年9月的1 000马克。农产品和工业品生产都在急剧萎缩，市面上商品奇缺，唯一不缺的就是钱。孩子们把马克当成积木，在街上大捆大捆地用它们堆房子玩耍。1923年，《每日快报》上刊登过一则轶事：一对老夫妇金婚之喜，市政府发来贺信，通知他们将按照普鲁士风俗得到一笔礼金。第二天，市长带着一众随从隆重而来，庄严地以国家名义赠给他们1 000 000 000 000马克——相当于0.24美元或者半个便士。更有甚者，就连钞票也先是改成单色油墨印刷，继而又改成单面印刷——因为来不及晾干。而最经典的一幕，莫过于一名女子用马克代替木柴，投入火炉中烧火取暖，因为这样更划算一些。1919年1月到1923年12月，德国的物价指数由262上升为126 160 000 000 000，上升了4 815亿倍，被称为"最经典的通货膨胀"。

　　如何控制信用货币的发行和供给，以适应一国经济发展客观上所需要的货币量，从而保证币值和物价的稳定，促进商品经济的发展，始终是各国中央银行不断探索的课题。

　　在本章我们主要思考如下问题：

　　1. 什么是货币需求？货币需求的决定因素有哪些？

　　2. 商业银行是如何创造派生存款的？影响货币乘数的因素有哪些？

　　3. 货币供求失衡可能产生什么后果？

第一节 货币需求

一、货币需求的含义和类型

（一）货币需求

货币需求是指经济主体（如居民、企业单位、政府）在既定的收入或财富范围内能够而且愿意以货币形式持有的数量，或社会各阶层对执行流通手段、支付手段和价值贮藏手段的货币的需求。对于货币需求的理解，我们需要把握以下几点。

（1）货币需求是一个存量的概念。它考察的是在某个时点和空间内社会各部门在其拥有的全部资产中愿意以货币形式持有的数量或份额。而不是在某一段时间内各部门所持有的货币数额的变化量。因此，货币需求是个存量概念，而非流量概念。

（2）货币需求不单纯是一种心理上的欲望，而是一种能力和愿望的统一体，是由货币需求能力和货币需求愿望共同决定的有效需求，是一种客观需求。二者缺一不可，有能力而不愿意持有货币不会形成对货币的需求；有愿望却无能力获得货币也只是一种不现实的幻想。

（3）现实中的货币需求不仅包括对现金的需求，而且包括对存款货币的需求。因为货币需求是所有商品、劳务的流通以及有关一切货币支付所提出的需求。这种需求不仅现金可以满足，存款货币也同样可以满足。如果把货币需求仅仅局限于现金，显然是片面的。

（4）人们对货币的需求既包括了执行流通手段和支付手段职能的货币需求，也包括了执行价值贮藏手段职能的货币需求。二者差别只在于持有货币的动机不同或货币发挥职能作用的不同，但都在货币需求的范畴之内。

（二）货币需求的类型

从货币需求主体的角度来划分，货币需求可分为微观货币需求与宏观货币需求。

所谓微观货币需求，是指企业、家庭、个人等微观经济主体，在既定的收入水平、利率水平和其他经济条件下，把自己财富（或收入）中的多大比例以货币形式持有。微观货币需求主要是从微观主体的心理、动机入手，研究每一个微观经济主体持有多少货币最为合算，即机会成本最低和所得效用最大。一般指个人所持现金或企业库存现金以及各自在银行保留存款的必要量，即指货币执行贮藏手段职能所需要的货币量。

宏观货币需求是指一国经济合理协调运转或者要达到当局制定的某些经济目标在总体上需要多少货币供给量。宏观货币需求是从市场供给、货币流通速度等宏观变量入手，探讨一国经济发展客观上所需要的货币量。一般指货币执行流通手段职能和支付手段职能所需要的货币量，它不包括货币发挥贮藏手段职能所需要的货币量。

从数量上来说，全部微观货币需求的总和即为相应的宏观货币需求。

（三）名义货币需求与实际货币需求

从货币需求与物价的关系的角度来划分，货币需求可分为名义货币需求和实际货币需求。

名义货币需求是指一个国家或一个经济部门不考虑物价变动情况下的货币需求，一般用 M_d 表示。而实际货币需求是指剔除物价变动因素之后的货币需求，也就是以某一不变价格为基础计算的商品和劳务量对货币的需求。如果将名义货币需求（M_d）用某一具有代表性的物价指数（如 GDP 平减指数）进行平减后，就可以得到实际的货币需求，所以实际货币需求通常可以记作 M_d/p。

名义货币需求与实际货币需求的根本区别，在于是否剔除了通货膨胀或通货紧缩所引起的物价变动的影响。区分名义货币需求与实际货币需求的目的，是为了使我们能更准确地判断宏观经济形势，从而正确进行宏观经济金融政策的选择。

二、货币需求的决定因素

1. 收入状况

首先，收入水平的高低与货币需求成正比。货币是人们持有财富的一种形式，收入的数量往往决定着总财富的规模及其增长速度。居民收入水平越高，财富越多，货币需求越多；反之，收入水平越低，财富越少，货币需求越少。

另外，在收入水平一定的条件下，人们取得收入的时间间隔与货币需求正相关。也就是说，人们取得收入的时间间隔越长，货币需求就越多；反之，人们取得收入的时间间隔越短，货币需求也就越少。

在每个月只支付一次收入的情形中，人们必须持有足以应付整个月支出所需的货币额，而在半个月取得一次收入的情形中，人们只需持有足以应付半个月支出所需要的货币额。在全部收入用于当期支出而没有节余的假设条件下，其平均货币持有额即为货币需求额。例如，某人一个月的总收入为工资 5 000 元，不存入银行，全部用于当期支出，且假设支出是均匀的。那么，在每一个月支付一次工资的情况下，他的平均货币持有额就是其月工资的一半，即 2 500 元；而在每半个月支付一次工资的情况下，虽然其月工资仍为 5 000 元，但由于每次支付的工资只有月工资的一半，即 2 500 元，其平均货币持有额也就只有每次支付工资的一半，即 1 250 元。

所以，即使人们的收入水平一定，其取得收入的时间间隔长短也将对货币需求产生明显的影响。

2. 市场利率

一方面，市场利率决定人们持有货币的机会成本。在现代市场经济中，可供人们选择的资产持有形式很多，货币只是其中的一种。货币虽然有着高度的流动性和安全性，但人们持有货币一般没有收益或只有很少的收益；而人们若持有各种非货币的金融资产，则其收益率将明显高于货币。二者的差额构成了人们持有货币的机会成本。当利率较高时，持有非货币金融资产的利息收入较大，意味着人们持有货币的机会成本（即因持有货币而放弃的收益）增加，货币需求将减少；市场利率下降，则意味着人们持有货币的机会成本减少，货币需求将增加。

另一方面，市场利率影响人们对资产持有形式的选择。在一般情况下，市场利率与有价证券的价格成反比。市场利率上升，有价证券的价格下降；市场利率下降，则有价证券的价格上升。在市场经济中，利率上升到一定高度时将回落；反之亦然。当利率上升时，特别是上升到一定高度时，人们往往预期利率将下降，从而有价证券的价格将上升，人们将减少货币持有量，相应地增加有价证券持有量，以期日后取得资本溢价的收入；反之，当利率下降时，特别是在下降到一定程度后，人们通常又会预期利率上升和有价证券价格下跌，为了避免资本损失，人们将减少有价证券持有量，增加货币持有量，并准备在有价证券价格下跌后以较低的价格再买进。

由此可见，市场利率变动不仅改变了人们持有货币的机会成本，而且通过影响人们对未来利率变动方向的预期而改变他们的投资组合份额。一般来说，利率与货币需求负相关：利率上升，人们持有的货币数量减少；反之，利率下降，人们持有的货币数量增加。

3. 信用的发达程度

一般来说，信用的发达程度和货币需求负相关，随着信用制度的日益发达，货币需求量将逐渐减少。

一方面，在发达的信用制度下，相当一部分交易可通过债权与债务的相互抵消来结算，从而减少了作为流通手段和支付手段的货币持有量，货币需求量因此减少。另一方面，在信用制度比较发达的经济中，金融市场比较完善，投融资渠道比较畅通，人们可以很便利地通过金融市场取得现金或贷款，从而可以减少货币的持有量。而在信用不发达的经济中，由于金融市场不完善，金融机构匮乏，金融产品很少，人们通常会以现金的形式进行储蓄，从而货币需求量增加。

4. 价格水平

货币需求是在一定价格水平下人们从事经济活动所需要的货币量。在商品和劳务量既定的条件下，价格越高，用于商品和劳务交易的货币需求也必然越多。因此，价格水平和货币需求，尤其是交易性货币需求之间，呈正比例关系。

5. 制度性因素

主要包括主观偏好、客观技术、制度等方面，虽然它是一个极难测度的量，但却是影响货币需求的不容忽视的因素。

三、货币需求理论

西方货币需求理论沿着货币持有动机和货币需求决定因素这一脉络，经历了传统货币数量论、凯恩斯（Keynes）学派货币需求理论和弗里德曼（Friedmann）的现代货币数量论。

（一）传统货币数量论

传统货币数量论是相对于弗里德曼的现代货币数量论而言的。传统的货币数量论认为在货币数量变动与物价及货币价值变动之间存在着一种因果关系，在其他条件不变的情况下，物价水平的高低和货币价值的大小由一国的货币数量所决定的。货币数量增加，物价随之正比上涨，而货币价值则随之反比下降；反之则相反。该理论以费雪的现金交易说和剑桥学派的现金余额说为主要代表。

1. 现金交易说

美国经济学家欧文·费雪（Irving Fisher）在他 1911 年出版的《货币的购买力》一书中，分析了对于既定的名义总收入下人们所持的货币数量，它反映的是货币需求数量论，又称现金交易说。费雪认为人们持有货币的目的在于交易，在一定时期内，社会的货币支出总量与商品、劳务的交易量的总值一定相等。据此，提出了著名的交易方程式：

$$MV = PT \tag{10.1}$$

式（10.1）中，M 代表一定时期流通中的货币数量，V 代表货币流通速度，P 代表物价水平，T 代表商品和劳务的交易量。

该方程式表示货币数量乘以货币流通速度必定等于名义收入。费雪进一步分析认为，M

是一个由模型之外的因素决定的外生变量；V 由于由社会制度和习惯等因素决定的，所以长期内比较稳定，视为常数；在充分就业条件下，T 相对产出水平保持固定的比例，也是大体稳定的，也可以视为常数。只有 P 和 M 是变动的，价格水平 P 变动仅源于货币数量 M 的变动，当 M 变动时，P 作同比例的变动。因此货币量的增加必然引起商品价格的上涨。

交易方程式虽然说明主要由 M 决定 P，但当把 P 视为给定价格水平时，这个方程式就成为货币需求的函数：

$$M = \frac{1}{V} \cdot PT \tag{10.2}$$

式（10.2）表明，在给定的价格水平下，总交易量与所需要的名义货币量具有一定的比例关系，这个比例就是 $1/V$。换言之，要使价格保持给定水平，就必须使货币量与交易量保持一定比例关系。

2. 现金余额说

现金余额说是以马歇尔（Marshall）和庇古（Pigou）为首的英国剑桥大学经济学家创立的，从而开创了微观货币需求理论的元河。他们从微观主体角度研究货币数量和物价水平之间的关系。

剑桥学派认为，人们通常会都把财产和收入的一部分用货币形式持有，而另一部分用非货币的形式持有。而影响人们持币意愿的因素主要有：（1）个人财富总额。货币需求仅仅是指人们希望以货币这种形式持有其财富的愿望，所以货币需求首先受个人财富总额的限制。（2）持有货币的机会成本。人们所愿意持有货币的数额实际上是人们在持有货币获得便利、进行投资获得收益两者之间权衡的结果。持有货币的机会成本就是市场利率，即人们的持币意愿也与市场利率有关。

上述分析表明，剑桥学派已经考虑到了利率因素。但遗憾的是，他们在做出结论的时候，又把利率因素忽略了，而只是简单地断定人们的货币需求同财富总额成比例，财富又同国民收入成比例，所以货币需求就同名义国民收入成比例。即：

$$M_d = K \cdot PY \tag{10.3}$$

式（10.3）中，K 为人们意愿以货币形式持有的财富占总财富的比例；M_d 表示名义货币需求；Y 为实际国民收入；P 为价格水平。这就是著名的剑桥方程式。如果把 K 看成一个常数，该方程式和费雪的交易方程式就只有符号的不同，只需令 $K = 1/V$，它们便完全一样了。

3. 现金交易说与现金余额说的区别

从以上的分析可以看出，现金交易说与现金余额说的相同之处在于两者都将货币数量作为物价变动的原因，并且所得结论是相同的。但是，两者也存在着显著的差异。

第一，对货币需求分析的侧重点不同。现金交易说主要从宏观角度分析了在一定时期内，为完成一定的交易规模，整个社会所需要的货币量，强调的是货币的交易职能。而现金余额说则着重从微观角度强调人们"想要"持有多少货币，以满足自己的交易需要和贮藏需要。

第二，现金交易说所指的货币数量是某一时期的货币流量，着重分析货币的支出流；而现金余额说所指的货币数量是某一时点上人们手中所持有的货币存量，着重分析货币的持有而不是支出。

第三，二者在利率能否影响货币需求上存在分歧。现金交易说认为货币需求不受利率水平的影响。现金余额说认为，货币需求除了受名义收入的影响外，还受到其他资产的收益率的影响。

（二）凯恩斯的货币需求理论

1. 凯恩斯货币需求理论的主要内容

凯恩斯的货币需求理论主要是基于其著名的《就业利息和货币通论》一书所提出的流动性偏好理论，由于凯恩斯师从马歇尔，他的货币理论在某种程度上是剑桥货币需求理论合乎逻辑的发展。凯恩斯货币需求理论的显著特点在于对人们持币动机分析得更为精确。

凯恩斯认为，人们心理上的"流动性偏好"或人们的货币需求是由三个动机所决定的：即交易动机、预防动机和投机动机。相应地，货币需求也被分为三部分：交易性需求、预防性需求和投机性需求。

（1）交易性需求。交易动机是指人们为了应付日常的交易而愿意持有一部分货币的愿望。这是由于货币的交易媒介职能而导致的一种需求。由于收入的获得和支出的发生之间总会有一定的时间间隔，在这段间隔内，企业或个人固然可以把收入转换成货币以外的资产形式加以保存，但是为了支付时的方便，仍必须持有一定量的货币。基于交易动机而产生的货币需求就构成货币的交易性需求。它主要是取决于收入的大小，并与收入的大小成正比。

（2）预防性需求。预防动机是指企业或个人为了应付意外、临时的或紧急需要的支出而持有货币的动机。凯恩斯认为，人们出于交易动机而在手中保有的货币是可以根据实际情况事先确定的。但生活中常常会出现一些意想不到的、不确定的支出和购物机会，为此，人们也需要保持一定量的货币在手中，这类货币需求称为货币的预防性需求。它也是同收入成正比的。

（3）投机性需求。投机动机是指人们根据对市场利率变化的预测，需要持有货币以满足从中获利的动机。由于利率的变化将造成证券价格的升降，这使得人们有机会在货币与证券之间进行选择。由这一动机产生的货币需求称为货币的投机性需求。投机性货币需求取决于利率的高低。

2. 凯恩斯货币需求函数式

根据上述分析，由于交易动机和预防动机的货币需求主要取决于收入，是收入的增函数，若以 L_1 表示这两种动机的货币需求，y 表示收入，则其函数式为：

$$L_1 = L_1(y), \frac{\mathrm{d}L_1}{\mathrm{d}y} > 0 \tag{10.4}$$

投机动机的货币需求主要取决于利率，是利率的减函数。凯恩斯认为，未来经济是不确定的，利率也是不确定的。当利率高时，人们预期利率在将来会下降，由于债券价格与利率的变化成反比，即人们预期债券价格会上升，那么，现在以低价买进债券将来就会获利。为了投机盈利，人们就会抛出货币，购买债券，即人们的货币需求减少；反之，当利率低时，人们预期利率今后会上升，即人们预期债券价格会下降，为了避免资本损失，人们就不愿意持有债券，而愿持有货币，即人们的货币需求会增加。因此，投机动机的货币需求是利率的减函数。若以 L_2 表示投机动机的货币需求，r 表示利率，则其函数式为：

$$L_2 = L_2(r), \frac{dL_2}{dr} < 0 \tag{10.5}$$

这样，基于三种动机的总货币需求为：

$$L = L_1(y) + L_2(r) \tag{10.6}$$

这就是凯恩斯根据人们持有货币动机的分析所提出的货币需求函数。

凯恩斯货币需求理论的建立为政府解决失业问题提供了理论基础，被称为"相机抉择"政策。凯恩斯认为，在有效需求不足的情况下，可以通过扩大货币供给量来降低利率，以刺激投资、增加就业、扩大产出、促进经济增长。但凯恩斯又提到了所谓的"流动性陷阱"，即当利率降到一定低点之后，由于利息率太低，人们不再愿意持有没有什么收益的生息资产，而宁愿以持有货币的形式来持有其全部财富。这时，货币需求便不再是有限的，而是无限大了。如果利率稍微下降，不论中央银行增加多少货币供应量，都将被货币需求所吸收。也就是说，利率在一定低点以下对货币需求是不起任何作用的。这就像存在着一个大陷阱，中央银行的货币供给都落入其中，在这种情况下，中央银行试图通过增加货币供应量来降低利率的意图就会落空。

3. 凯恩斯货币需求理论的发展

由于凯恩斯的货币需求理论在现代宏观经济学和宏观经济政策制订中的核心作用，因此，进一步完善深化凯恩斯所提出的流动性偏好理论就显得非常重要。20 世纪 50 年代以后，一批受凯恩斯影响的经济学家进一步丰富和发展了凯恩斯的货币需求理论。这些新出现的理论模型有一个共同的特点，那就是都突出地强调了利率对货币需求的影响。

凯恩斯货币理论的首要发展是围绕交易性需求所做出的更加精细的研究。鲍莫尔（Baumol，1952）和托宾（Tobin，1956）假定，人们持币与否包括两种相关的费用：持有现金的机会损失和处置有价证券的佣金支出，由于这两种费用互为消长，个人决策将面临选择和权衡，并使得总费用最小，由此得出了著名的"平方根公式"，即：

$$M_d = \alpha T^{0.5} i^{-0.5} \tag{10.7}$$

式（10.7）表明货币的交易性需求随利率 i 呈反向变化，交易性需求的收入弹性和利率弹性分别为 0.5 和 -0.5。

预防性需求主要取决于未来的不确定性，但不确定性如何影响货币需求，凯恩斯的分析未见细致，致使后来的经济学家分别在不同的方向上进行拓展和进一步规范，最有名的拓展如惠伦（Whalen，1966）所提出的立方根模型：

$$M_d = \sqrt[3]{\frac{2\sigma^2 C}{i}} \tag{10.8}$$

在惠伦的货币需求模型中，货币需求依赖于三个因素：持有货币的机会成本 i、变现的手续费 C 和支出的不确定性 σ^2。惠伦模型认为，源于预防动机的货币需求同样受到利率的影响：利率越高，货币需求量越低，两者呈负相关关系。

投机动机是凯恩斯最为关注和重视的一个动机，它是凯恩斯货币理论区别于其他货币理论的一个显要特征，不过凯恩斯的投机模型是一个纯投机性的货币需求模型，在该模型中，投机者面临的是非此即彼的选择，借助预期利率，个人要么全部持有货币，要么全部持有债券。为克服这一缺陷，托宾（Tobin，1958）以风险因素为中心分析了利率和风险对货币投机需求的影响，提出了著名的"资产选择理论"，用投资者避免风险的行为动机重新解释流动性偏好理论。托宾认为，资产的保有形式主要有两种：货币和证券。持有证券可以得到收益，但要承担由于证券价格下降而受到损失的风险，因此，证券称为风险性资产；持有货币虽然没有收益，但不必承担风险，故货币称为安全性资产。一般而言，风险和收益是同方向变化、同步消长的。若一个人的资产构成中只有货币而没有证券时，为了获得收益，他会把一部分货币换成证券，因为减少了货币在资产中的比例就带来了收益的效用。但随着证券比例的增加，收益的边际效用递减而风险的负效用递增，当新增加证券带来的收益正效用与风险的负效用之和等于零时，他就会停止将货币换成证券的行为。同样，若一个人的全部资产都是证券时，为了安全，他会抛出证券而增加货币的持有额，直到抛出最后一张证券带来的风险的负效用与收益正效用之和等于零为止。只有这样，人们得到的总效用才能最大，这就是所谓的资产分散化原则。这一理论说明了在不确定状态下人们同时持有货币和证券的原因。

（三）弗里德曼的货币需求理论

1956 年，弗里德曼发表了《货币数量理论的重新表述》一文，为传统货币数量论翻开了新的篇章。弗里德曼认为，货币数量理论首先是一种货币需求理论，其次才是产出、货币收入或物价水平的理论。弗里德曼探讨人们持有货币的原因采取了与凯恩斯不同的方法，不再具体研究人们持有货币的动机，而将货币作为财富资产的一种，通过分析影响人们资产选择的因素来研究货币需求，实际上是资产需求理论在货币需求理论的应用。

1. 影响货币需求的因素

弗里德曼认为，影响货币需求的因素可以分为如下四类。

（1）财富总量。财富总量是制约人们货币需求的规模变量。人们的货币需求总量不能超过其财富总量。通常，总财富可以分为人力财富和非人力财富。前者是指人们所具有的能够为自己带来收入的能力，包括体力、智力等；后者是指各种实物财富。

由于财富总量无法用货币加以直接测量，因此，无法作为一个重要的变量列入货币需求函数。考虑到财富总量与收入的紧密联系，人们通常将收入当作一个变量放入货币需求函数。根据弗里德曼的恒永性收入假设，进入货币需求函数的应该是个体的恒久性收入，即过去、现在和未来一段较长时间内的平均收入。

（2）人力财富和非人力财富的比例。由于人力财富转变为非人力财富时会受到经济形势、经济环境和制度等方面的限制，在为所有者带来收入方面具有较大的不稳定性，因此，财富结构（即人力财富和非人力财富在总财富中的比例）在一定程度上也影响着个体的货币需求。一般来说，人力财富在财富总量中的比例越高，相应的货币需求量也越大。

（3）各种资产的收益率。人们可以持有货币，也可以持有债券、股票或其他实物资产。个体在决定货币持有量时必须考虑货币和其他资产的收益率和风险。当其他资产的收益率上升时，个体将减少货币的持有；当其他资产的收益率下降时，个体将增加货币的持有。弗里德曼在货币需求函数中引入了债券收益率、股票收益率和实物资产收益率。

（4）影响货币需求的其他因素。除了上述因素外，弗里德曼认为还有一些因素也会影响货币需求，如人口因素、技术因素、制度因素、人们的心理因素等。

2. 弗里德曼的货币需求函数

根据以上影响货币需求因素的分析，弗里德曼将他的货币需求函数表示为：

$$\frac{M_d}{P} = f\left(Y_p, r_b, r_e, \frac{1}{P}\frac{dP}{dt}, w, u\right) \tag{10.9}$$

其中，Y_p 代表恒久性收入；r_b 代表债券的预期回报率；r_e 代表股票的预期回报率；$\frac{1}{P}\frac{dP}{dt} = \pi^e$，代表物价水平的预期变动率，也即实物资产的收益率；w 代表非人力财富占总财富的比例；u 代表影响货币需求的其他因素。

式（10.9）中，个体恒久性收入的上升将导致货币需求的上升；因此，恒久性收入和实际货币需求正相关。r_b 与 r_e 分别代表债券持有和股票持有相对于货币持有的预期超额收益率，也就是持有货币的机会成本。机会成本越高，实际货币需求也就越小，因此，这两个变量与实际货币需求负相关。π^e 代表相对于持有货币而言持有商品的预期超额收益率，π^e 上升，个体将更多地选择持有商品而不是货币，因此，该变量与实际货币需求负相关。

尽管弗里德曼在他的货币需求函数中列出的因素很多，但他十分强调恒久性收入的主导作用。弗里德曼认为，利率变动对货币需求的影响很小。这是因为，利率的变动往往是与货币的预期回报率同向变化的。当市场利率上升时，银行可以从贷款中获得较高的收益，所以会希望吸引更多的存款来发放贷款，当存款利率不受限制时，银行将通过提高存款利率来做到这一点，这意味着货币的预期收益率也提高了。由于影响货币需求的是货币与其他资产之间的相对预期回报率的高低，所以，当货币的预期回报率与其他资产的预期回报率同向变化时，货币需求将保持不变。另外，w 在一定时期内是一个相对稳定的值，u 一般来说也是相对稳定的，而 π^e 只有在变动幅度较大、持续时间较长的情况下才会对实际的货币需求产生影响，而这种情况一般很少出现，因此在对货币需求的分析中可以忽略这些因素。弗里德曼认为，影响货币需求的主要因素是恒久性收入，从而得出了简化了的货币需求函数即：

$$\frac{M_d}{P} = f(Y_p) \tag{10.10}$$

由于永久性收入具有相对稳定性，不像利率那样经常上下波动，所以，弗里德曼认为，货币需求及其函数都是相对稳定的。

弗里德曼货币需求理论的建立为政府解决通货膨胀问题提供了理论基础。弗里德曼根据货币需求分析认为，恒久收入对货币需求的影响最重要。由于恒久收入是稳定的，主要由恒久收入决定的货币需求量也是稳定的、可以预测的。当货币数量的增加明显快于产量的增加时，通货膨胀便会发生。因此引起物价全面上涨和持续性通货膨胀的根本原因只能是货币供给量的过度增长。治理通货膨胀，实现经济的稳定增长，唯一有效的措施是控制货币供给量的增长率，使它与经济增长相适应。这种单一地控制货币供给量，使货币供给量始终不变地以一种固定的比率增加，并大致与经济增长率相适应的政策，被称为"单一规则"的货币政策。

3. 弗里德曼的现代货币数量论与凯恩斯货币需求理论的比较

虽然弗里德曼的现代货币数量论与凯恩斯的货币需求理论都将货币视为一种资产，并从资产选择角度入手分析货币需求，但是，二者还是有着明显的不同的。主要表现在如下几个方面。

（1）资产的范围不同。弗里德曼的资产概念要宽泛得多。凯恩斯所考虑的仅仅是货币与作为生息资产的债券之间的选择；而弗里德曼关注的资产除货币以外还有股票、债券、实物资产等。

（2）对货币的预期回报率的看法不同。凯恩斯认为，货币的预期回报率为零，而弗里德曼则把它当作一个会随着其他资产预期回报率的变化而变化的量。比如，当市场利率上升引起其他资产预期回报率上升时，银行就会提高存款利率以吸引更多的存款来发放贷款，从而货币的预期回报率也就会随之上升。

（3）收入的内涵不同。凯恩斯货币需求函数中的收入，是指实际收入水平。而弗里德曼货币需求函数中的收入是指恒久性收入水平，即较长一段时间内的平均收入水平。

（4）货币需求函数的稳定性不同。凯恩斯认为，货币需求函数受到利率波动的影响，因而是不稳定的；因为利率是受多种因素影响而经常上下波动的。弗里德曼认为，影响货币需求的主要因素是恒久性收入，由于恒久性收入的相对稳定性，不像利率那样经常上下波动，所以，货币需求及其函数都是相对稳定的。

总的来讲，弗里德曼的货币需求理论采用了与凯恩斯理论相类似的方法，但没有对持有货币的动机进行深入分析。弗里德曼利用资产需求理论来说明货币需求是恒久性收入和各种替代资产相对于货币的预期回报率的函数。

第二节 货币供给

货币供给是相对于货币需求而言的，指的是一国经济中货币的投入、创造和扩张（收缩）的过程，即是指一定时期内一国银行体系向经济中投入或抽离货币的行为过程。具体来说，包括商业银行通过派生存款机制向流通领域供给货币的过程和中央银行通过调节基础货币量而影响货币供给的过程。

货币供给量则是指一国银行体系通过货币乘数为一国的政府、企事业单位及居民个人所提供的现金和银行存款货币的总和，即一个国家在某一时点上实际存在的货币总量。

一、商业银行的存款货币创造

商业银行的活期存款是现代经济中最主要的货币形式。存款货币的创造过程在很大程度上反映了现代经济中货币供给量的决定过程。为了理解存款货币创造的基本原理和过程，我们先来介绍存款创造的基本条件及两个基本概念。

（一）存款货币创造的基本条件

（1）实行部分准备金制度。存款准备金是指商业银行在吸收存款后，以库存现金或在中央银行的存款的形式保留的，用于应付存款人随时提现的货币资金。部分准备金制度就是商业银行将全部存款的一定比率（存款准备金率）作为存款准备金，以应付提现的需要，其余部分可用于贷款或投资。在现代各国，部分准备金制度中存款准备金率多由中央银行来确定，称为法定准备金率。商业银行只要按法定准备金率保持一定量的现金准备，其余部分均可用于放款或投资。法定存款准备金率的高低直接影响银行创造派生存款的能力，法定存款准备金率的高低与商业银行创造派生存款的数量成反比，因而许多国家的中央银行都把调高或降低法定存款准备金率作为紧缩或扩张信用的一个重要手段。

（2）实行转账结算制度。转账结算是在活期存款的基础上，人们可以通过开出支票进行货币支付，银行之间的往来通过转账结算，无须现金。这样，银行可以通过记账的方式发放贷款，从而进行信用扩张。

（二）基本概念

原始存款，一般是指商业银行的客户以现金形式存入银行形成的存款。原始存款是商业银行从事资产业务的基础，也是扩张信用的源泉。

派生存款，是相对于原始存款而言的，它是指由商业银行的贷款、贴现、投资等业务活动而派生的存款。派生存款产生的过程，就是商业银行不断吸收存款、发放贷款、形成新的存款，最终导致银行体系存款总量增加的过程。

在现代信用货币制度下，现金和存款（尤其是商业银行的活期存款）是货币的两种不同的表现形式。因此，原始存款的发生只是改变了货币的存在形式，而并不改变货币总量。但是，派生存款则不同，它的发生就意味着货币总量的增加。在实行部分准备金制度和转账结算制度的前提下，商业银行体系可通过其信贷活动创造出数倍于原始存款的派生存款。

（三）存款货币的多倍扩张过程

为了更好地分析存款货币多倍扩张和多倍紧缩的基本原理和过程，我们先分析一种最简单的情形。首先做出如下几个假设：第一，整个银行体系由中央银行和至少两家商业银行所构成；第二，中央银行规定的法定存款准备金比率为10%；第三，商业银行只有活期存款而没有定期存款；第四，商业银行并不保留超额准备金；第五，客户收入的一切款项全部存入银行，不提取现金。

假设 A 银行吸收到其客户存入的 10 000 元现金（原始存款），A 银行按照规定提取10%的准备金 1 000 元后，就可把剩下的 9 000 元全部用于贷款。这样，A 银行的资产负债表会出现以下变化，如表 10－1 所示。

表 10－1　　　　　　　　　　　　　　　　A 银行　　　　　　　　　　　　　　　　单位：元

资　　产	负　　债
准备金存款 + 1 000	支票存款 + 10 000
贷款 + 9 000	

当 A 银行贷出 9 000 元后，取得贷款的客户必将这笔款项用于支付，而收款人又将把这

笔款项全部存入其开户的另一家银行——B 银行。B 银行按照规定提取 10% 的准备金 900 元后，剩下的 8 100 元全部用于贷款。这时，B 银行的资产负债表会出现以下变化，如表 10 – 2 所示。

表 10 – 2	B 银行		单位：元
资　产		负　债	
准备金存款 +900		支票存款 +9 000	
贷款 +8 100			

同样，B 银行贷出的 8 100 元也将被借款人用于支付，收款人将这笔款项全部存入其开户的一家银行——C 银行。C 银行也同样按照规定提取 10% 的准备金 810 元，剩下的 7 290 元用于贷款。这时，C 银行的资产负债表会出现以下变化，如表 10 – 3 所示。

表 10 – 3	C 银行		单位：元
资　产		负　债	
准备金存款 +810		支票存款 +8 100	
贷款 +7 290			

同样，D 银行在提取了 729 元的法定存款准备金后，可将剩余的 6 561 元贷放给借款人，并最终形成 E 银行的存款，这一连续的存款货币创造过程可用表 10 – 4 表示。

表 10 – 4	存款货币创造过程		单位：元
银　行	支票存款	贷　款	准备金
A	10 000	9 000	1 000
B	9 000	8 100	900
C	8 100	7 290	810
D	7 290	6 561	729
…	…	…	…
合计	100 000	90 000	10 000

从表中可以看出，各银行吸收的存款数量是一个无穷递减等比数列，其初始值为 10 000元，公比为（1 − 10%），这样，各银行的存款总数为：

$$10\ 000 + 10\ 000 \times (1 - 10\%) + 10\ 000 \times (1 - 10\%)^2 + 10\ 000 \times (1 - 10\%)^3 + \cdots$$
$$= 10\ 000 \times 1 / [1 - (1 - 10\%)]$$
$$= 100\ 000(元)$$

这表明 10 000 元的原始存款在法定存款准备金率为 10% 的情况下，经过银行系统的存款货币创造功能，最终创造出 100 000 元的存款。其中原始存款为 10 000 元，经过商业银行货币创造机制而创造出来的存款即派生存款为 90 000 元。

如果以 R 代表原始存款，r 代表法定准备率，D 代表活期存款总额，则以上几何级数可表示为：

$$D = R \cdot [1 + (1 - r) + (1 - r)^2 + (1 - r)^3 + \cdots + (1 - r)^n]$$
$$= R \cdot 1/[1 - (1 - r)]$$
$$= R/r \qquad\qquad (10.11)$$

令 $K = 1/r$，则 $D = R \cdot K$

从式（10.11）可知，活期存款的变动与原始存款的变动存在着一种倍数关系，即活期存款总额在原始存款的基础上放大了 K 倍，我们将 K 称为派生倍数（或存款乘数），也就是法定存款准备金率的倒数。

将上例数据代入式（10.11）求得：$K = 1/10\% = 10$，即包括原始存款在内的存款总额为原始存款的 10 倍。

在现代银行制度中，中央银行正是以调整法定存款准备金率来控制商业银行及其他金融机构派生存款的能力的。提高法定准备金率，派生倍数缩小，商业银行体系创造存款的能力下降；降低法定准备金率，派生倍数扩大，商业银行体系创造存款的能力增强。

（四）存款多倍收缩过程

上述银行存款的多倍扩张过程是由客户将 10 000 元现金存入 A 银行，使 A 银行的原始存款增加而引起的。如果某一客户从银行提取 10 000 元现金，则会引起原始存款减少，在银行体系无超额准备金的前提下，必然会出现存款多倍紧缩的过程。存款货币的多倍紧缩过程与多倍扩张过程正好相反。

假设某客户到 A 银行提取 10 000 元现金，A 银行的存款就减少了 10 000 元，在存款减少的情况下，在银行不保留超额准备金的条件下，银行也会相应减少准备金 1 000 元，收回贷款 9 000 元。A 银行的资产负债表会出现以下变化，如表 10-5 所示。

表 10-5　　　　　　　　　　　　　　　　　　　A 银行　　　　　　　　　　　　　　　　　单位：元

资　产	负　债
准备金存款 -1 000	支票存款 -10 000
贷款 -9 000	

然而，A 银行收回贷款必然使其他银行因此而减少存款。假设因 A 银行向客户收回贷款而使 B 银行减少了 9 000 元存款，并相应减少了 10% 的准备金 900 元，同时还要收回贷款 8 100 元以应付客户支取 9 000 元存款的需要。这样，B 银行的资产负债表会出现以下变化，如表 10-6 所示。

表 10-6　　　　　　　　　　　　　　　　　　　B 银行　　　　　　　　　　　　　　　　　单位：元

资　产	负　债
准备金存款 -900	支票存款 -9 000
贷款 -8 100	

这一过程一直持续下去，最初减少的 10 000 元原始存款，将使整个银行体系紧缩

100 000 元存款。

$$(-10\ 000) + (-9\ 000) + (-8\ 100) + (-7\ 290) + \cdots$$
$$= -10\ 000 \times 1/[1 - (1 - 10\%)]$$
$$= -100\ 000(元)$$

因此，存款货币多倍紧缩的原理和多倍扩张的原理完全相同，二者仅是方向不同：在扩张过程中，存款变动的数量为正；在紧缩过程中，存款变动的数量为负。

（五）影响存款乘数的其他因素

在上述的存款货币的多倍扩张与紧缩的例子中，我们做了一系列的假设，简化了制约存款创造的若干因素。但是，在现实的经济运行中，存款乘数的决定却要复杂得多，它要受到以下诸多因素的制约。

1. 超额准备率的影响

以上分析假定银行将超额准备金全部贷出。事实上，多数银行除了持有法定存款准备金以外，还会持有少量的超额准备金。超额准备金是银行的总准备金与法定准备金之差。商业银行持有超额准备金的目的是为了应付各种情况的存款兑付。银行持有超额准备金占活期存款的比率即超额准备率。银行按一定的超额准备率保持一部分超额准备金，这样可用于放款或者投资的资金就减少，银行创造存款的能力就削弱，从而引起存款乘数的变动。用 e 表示超额准备率，则银行的存款货币创造乘数为：

$$K = \frac{1}{r + e} \tag{10.12}$$

2. 现金漏损率的影响

前面假定，客户将收入的全部款项存入银行体系，而不提现金。事实上，多数客户总会有提现的行为。如果在存款派生过程中某客户提取现金，则现金就会流出银行体系，出现现金漏损。现金漏损后使银行创造存款的能力下降。现金漏损占活期存款总的比率，即现金漏损率，也叫通货存款比。用 c 表示，则银行的派生乘数变为：

$$K = \frac{1}{r + e + c} \tag{10.13}$$

3. 活期存款转为定期存款的影响

在现实经济生活中，社会公众不会把收入的全部都以活期存款的形式存入银行，有时还会将一部分活期存款转为定期存款。转换为定期存款的部分只有保留的定期存款准备金不能进入存款货币的创造过程。因此，如果以 r_t 代表定期存款的准备率，t 为定期存款与活期存款的比率，则派生乘数变为：

$$K = \frac{1}{r + e + c + t \times r_t} \tag{10.14}$$

综上分析可知，商业银行吸收一笔原始存款能够创造多少存款货币，要受到法定存款准备金率、现金漏损率、超额准备金率、定期存款比率等因素的影响，这些因素都与派生乘数存在着倒数关系。

二、基础货币和货币乘数

现有的货币供给理论研究成果都认为货币供给量是由基础货币和货币乘数两个因素共同决定。

（一）基础货币

1. 基础货币的含义

基础货币又称高能货币或强力货币，是指流通中的现金和商业银行存款准备金的总和。由于商业银行准备金具有货币创造的功能，所以每一单位基础货币的增加，会导致数倍的货币供给增加。作为整个商业银行体系存款扩张的基础，基础货币常用下式来表示：

$$B = R + C \tag{10.15}$$

其中：B 为基础货币；R 为商业银行存款准备金总额，它由法定存款准备金、超额准备金、定期存款准备金三部分构成；C 为流通于银行体系之外的现金。基础货币直接表现为中央银行的负债。在基础货币的两项内容中，中央银行对两部分都具有直接的控制能力。但中央银行对 R 部分的控制能力较强，而对于 C 部分则控制力很小。

2. 基础货币的决定因素

既然基础货币是由现金和存款准备金两部分构成，而现金是中央银行对社会公众的负债，存款准备金是中央银行对商业银行的负债，两者都是中央银行的负债，所以，通过中央银行资产负债表就能考察影响基础货币变动的因素。

基础货币的增减变化主要取决于如下因素。

（1）国外净资产。它是由外汇、黄金占款和中央银行在国际金融机构的净资产构成。其中，外汇、黄金占款是中央银行用基础货币来收购的。当中央银行收购外汇、黄金时，基础货币增加；反之，基础货币则减少。

（2）对政府债权净额。中央银行代理政府债券的发行，但一般不能直接认购。中央银行持有的政府债券，都是从事公开市场业务的结果。因此，中央银行如果对政府债权净额增加，或是购买了政府债券，或是贷款给政府弥补财政赤字，都表明中央银行通过财政部门把基础货币注入流通中。

（3）对商业银行债权。中央银行对商业银行债权增加，意味着中央银行再贴现和再贷款资产增加，说明通过商业银行注入流通的基础货币增加；相反，如果中央银行对商业银行的债权减少，则意味着中央银行减少了再贴现和再贷款资产，基础货币收缩。

（4）其他项目净额。主要指固定资产的增减变化以及中央银行在资金清算过程中应收应付的增减变化。它们都会对基础货币量产生影响。

3. 基础货币对货币供给的影响

基础货币作为整个银行体系内存款扩张、货币创造的基础，其数额大小对货币供给量具有决定性的影响。从前面的分析我们知道，中央银行投放基础货币的渠道主要有三条：一是对商业银行等金融机构的再贷款；二是收购金、银、外汇等储备资产投放的货币；三是对政府部门的贷款。

由于货币供给量是基础货币与货币乘数的乘积，因此当中央银行通过上述渠道增加基础货币投放时，货币供给量会倍数扩张；反之，当中央银行回笼基础货币时，货币供给量会倍数收缩。中央银行可以采取公开市场操作、再贴现、法定准备金政策等工具来调控基础货币，从而调节和控制本国货币供给量。

（二）货币乘数

1. 货币乘数的概念

货币乘数也称为货币扩张系数，是用以说明货币供给量与基础货币之间的倍数关系的一种系数。在基础货币一定的条件下，货币乘数就决定了货币供给量。货币乘数越大，则货币供给量越多；反之，货币乘数越小，则货币供给量也就越少。所以，货币乘数是决定货币供给量的另一个重要的甚至是更为关键的因素。但是，与基础货币不同，货币乘数并不是一个外生变量，因为决定货币乘数的大部分因素都不取决于中央银行的行为，而是取决于商业银行或社会公众的行为。

从商业银行的多倍存款创造过程可以得出一个大家普遍接受的货币供给模型，即货币供给量 = 基础货币 × 货币乘数

$$Ms = m \times B \tag{10.16}$$

其中，Ms 为货币供给量，m 为货币乘数，B 为基础货币。这是最一般的货币供给模型。

因为 M_1 是货币供给中最重要的货币层次，我们在这里先来考察 M_1 的货币乘数决定问题。

假定活期存款为 D，流通中的现金为 C，活期存款的法定存款准备金率为 r，定期存款的法定存款准备金率为 r_t，流通中的现金 C 与活期存款、定期存款 T 与活期存款、超额准备金 E 与活期存款分别维持较稳定的比例关系，其系数分别用 c、t、e 表示，则：

$$M_1 = D + C, B = R + C, R = r \cdot D + r_t \cdot t \cdot D + e \cdot D$$

令货币供给 M_1 的货币乘数为 m_1，则

$$m_1 = M_1/B = (D + C)/(R + C) = (D + c \cdot D)/(r \cdot D + r_t \cdot t \cdot D + e \cdot D + c \cdot D)$$
$$= (1 + c)/(r + t \cdot r_t + e + c) \tag{10.17}$$

类似地，我们还可以推导出 M_2 的乘数 m_2。

因为 $M_2 = D + C + T$，$B = R + C$

则

$$m_2 = M_2/B = (D + C + T)/(R + C)$$
$$= (D + c \cdot D + t \cdot D)/(r \cdot D + r_t \cdot t \cdot D + e \cdot D + c \cdot D)$$
$$= (1 + c + t)/(r + t \cdot r_t + e + c) \tag{10.18}$$

2. 货币乘数的影响因素

从以上货币乘数的推导过程中可以看出决定货币乘数的因素主要有四个方面。

（1）法定存款准备金率。如果中央银行提高法定准备率，商业银行需要更多的准备。由此形成的准备不足意味着银行必须收缩贷款，使得存款及货币供应减少，货币乘数下降；

法定准备率提高时，存款多倍扩张的倍数缩小，所以货币乘数也变小。因此，存款准备率与货币乘数呈负向相关。

法定存款准备金的变动主要取决于中央银行对当前宏观经济形势的判断。当中央银行认为目前经济过热，出现比较严重的通货膨胀时，中央银行将通过提高法定存款准备金率以紧缩信用；反之，当中央银行认为目前经济萧条或发展缓慢时，中央银行将通过降低法定存款准备金率以扩张信用。

（2）超额准备率。商业银行持有的超额准备金越多，能够进行存款创造的资金就减少，最终形成的货币供给量就小，因而货币乘数也越小。所以货币乘数与银行超额准备金率也是呈反方向变化。

超额准备金率e的变动主要取决于商业银行的经营决策行为。影响商业银行的经营决策行为的因素主要有以下几个：①市场利率。市场利率决定着商业银行贷款和投资的收益水平，也反映商业银行持有超额准备金的机会成本。因此，若市场利率上升，则商业银行将减少超额准备金而相应地增加贷款或投资以获得较多的收益，于是，e下降；反之，若市场利率下降，则e上升。②借入资金的难易程度及资金成本的高低。如果商业银行在急需资金时能较容易地从金融市场或中央银行借入资金，且资金成本较低，则商业银行可减少超额准备金，从而使e下降；反之，e提高。③社会对资金的需求程度。商业银行贷款或投资的规模归根结底要受到经济社会对资金需求程度的制约。如果社会对资金的需求较大，借款者也愿意支付较高的利率，则商业银行将增加贷款或投资，从而相应地减少超额准备金，e下降；反之，如果社会对资金缺乏需求，则即使商业银行希望减少超额准备金以增加贷款或投资，也将因需求缺乏而被迫将资金闲置于银行，从而形成超额准备金，使e上升。

（3）通货存款比。也即流通中现金与活期存款的比率。该比率受经济货币化程度、居民货币收入、储蓄倾向以及通货膨胀的心理预期等多种因素的影响，中央银行不能完全控制。但它对货币乘数影响较大。一般而言，当存款人的行为导致通货存款比率升高时，意味着存款人将部分活期存款转化为现金，多倍存款扩张的总体水平会下降，因而货币乘数也必然下降。因此，货币乘数与通货存款比率负向相关。

（4）定期存款与活期存款的比率。当货币被定义为 M_1 时，由于货币 M_1 仅包括现金和活期存款两部分，定期存款本身不是货币，因此，定期存款比率t的上升往往意味着更多的活期存款转化为定期存款，意味着货币 M_1 的减少，从而货币乘数 m_1 也较小。所以货币（M_1）的乘数与定期存款同活期存款的比率成反比。而当货币被定义为 M_2 时，货币 M_2 中包括现金、活期存款和定期存款。由于定期存款的法定准备金率往往小于活期存款的法定准备金率，更多的活期存款转化为定期存款，意味着商业银行能用于放贷的资金更多，存款创造能力增强，从而货币乘数 m_2 也较大。所以货币（M_2）的乘数与定期存款同活期存款的比率成正比。

定期存款比率t的变动主要取决于社会公众的资产选择行为。影响这种资产选择行为，从而影响定期存款比率的因素主要有三个：①定期存款利率。定期存款的利率决定着人们持有定期存款所能取得的收益。因此，在其他情况不变的条件下，若定期存款利率上升，则t上升；反之，则t下降。②其他金融资产的收益。其他金融资产的收益是人们持有定期存款的机会成本。因此，若其他金融资产的收益率提高，则持有定期存款的机会成本增加，t下降；反之，则 t 上升。③收入或财富的变动。收入或财富的增加往往引起各种资产持有额的同时增加，但各种资产的增加幅度却未必相同。仅以定期存款和活期存款这两种资产而言，随着收入或财富的增加，定期存款的增加幅度一般要大于活期存款的增加幅度。所以，收入或财富的变动一般引起 t 的同方向变动。

通过以上分析可知，一个社会一定时期的货币供给量主要取决于两个因素：基础货币和货币乘数。进一步地，货币供给量是由中央银行、商业银行及社会公众这三个经济主体的行为共同决定的。中央银行可以通过开展公开市场业务和调整再贴现政策影响基础货币，通过制定法定存款准备金率影响货币乘数；商业银行可以通过向中央银行再贴现影响基础货币，通过调整超额准备金率影响货币乘数；社会公众可以通过持有通货和存款种类选择影响货币乘数。

三、货币供给理论

货币供给问题，历来受到各国中央银行和货币管理当局高度重视，其原因皆在于货币供给是否适当会直接影响各国经济发展的状况，货币供给过多容易引起通货膨胀，货币供给不足又容易引起通货紧缩。无论是通货膨胀还是通货紧缩都不利于经济的可持续增长。

西方经济学家对货币供给理论的研究都是围绕着货币供给是内生变量还是外生变量展开的。货币供给的内生性是指货币供给由实体经济的变量因素和微观经济主体的行为共同决定，而不是由实体经济以外的因素所决定的。中央银行只是其中的一部分，并不能单独决定货币供应量。货币供给的外生性是指货币供给是由货币当局的货币政策决定的，而非由消费、投资、储蓄等经济因素来决定。对货币供给是内生变量还是外生变量的不同回答，反映了对货币当局能否有效地控制货币供给的不同看法。若认为货币供给是内生变量，则意味着货币供给是由实体经济因素决定的，货币当局不能有效地控制其变动，因而货币政策的调节就有很大的局限性。反之，若认为货币供给是外生变量，则货币当局能够对货币供给进行有效的调节，进而影响实体经济的运行。

（一）早期的内生性货币供给理论

内生性货币供给的思想可追溯至早期的货币名目主义者詹姆斯·斯图亚特（Jame Stuart）。他在 1767 年出版的《政治经济学原理的研究》一书中指出，一国经济活动水平使货币供给量与之相适应。这一原理后来被亚当·斯密加以继承，又被银行学派加以发展。马克思从劳动价值论出发，认为在金属货币时代是商品和黄金的内在价值决定了商品的价格，从而又同流通的商品量共同决定了社会的"必要货币量"，因此也持货币供给的内生性观点。

银行学派的代表人物图克和富拉顿认为，通货（银行学派的通货概念已包括了黄金、银行券、支票存款、汇票和账簿信用等其他信用形态）数量的增减不是物价变动的原因，而是其结果；通货的增减不是先行于物价，而是追随于物价。发行银行处于被动的地位，既不能任意增加银行券发行的数量，也不能任意减少。银行学派区分了货币流通的三种情形对此加以论述。

（1）纯粹金币流通情况下，多余的金币可以通过其贮藏手段的职能加以解决；

（2）银行券和其他信用形态与金币混合流通时，以贴现放款方式发行的银行券必因偿付贷款而流回。又因各种通货之间存在代替性，由某种原因引起减少的银行券会被支票、汇票、账簿信用甚至相消结算法所代替，所以通货的数量不能由银行任意增减；

（3）不兑现纸币流通的情形下，若是纸币由银行以票据贴现或短期放款的形式发行，则会像银行券一样，随着贷款的偿还而回流；即使是由政府发行，只要为之安排好确实可靠的回流渠道，其发行也不至于过多。

瑞典经济学家米尔达尔（Myral）打破了传统货币数量说所坚持的货币流通速度稳定的结论，将银行学派的货币供给内生论进一步加以发展，从而把纸币本位制下 M 与 P（或 PY）的单向前因后果重塑为双向的相互作用。在 1939 年的《货币均衡》一书中指出，"支付手段数量同物价水平之间的颇为复杂的数量关系，绝不是可称为前者决定后者的关系，而宁可说是反其道而行的关系"，"因为支付手段的流通速度，在动态过程中不能被看成是固定不变的"。

（二）后凯恩斯主义者的内生性货币供给理论

后凯恩斯货币经济学家的代表人物西德尼·温特劳布（Sydney Weintraub）和尼古拉斯·卡尔多（Nicholas Kaldor）在 20 世纪 70 年代提出的内生货币理论是从另外一个角度进行论证的，即中央银行不得不迁就市场的需要而使货币有所增加。

温特劳布认为，商品价格是在劳动成本及劳动成本之上的某种加成决定的。假定劳动生产率随时间的推移而提高的速度是相对稳定的，如果名义工资率（w）的相对增长率超过平均劳动生产率（A）的提高，物价（P）就会上升，从而社会名义收入（P_y）也就增加，货币需求随之增加。如果此时中央银行拒不增加货币供给，就会导致利率上升，投资、真实收入以及就业量就要缩减，以使货币需求与供给在低收入水平上被迫相等。这当然是中央银行，特别是政府当局所不愿看到的。因此，只要货币工资在谈判桌上外生地决定，货币当局就最多只能保证货币的充分供给，以消除充分就业和增长的金融障碍。

卡尔多认为，中央银行的基本职责是作为最后的贷款人，通过贴现窗口，保证金融部门的偿付能力。中央银行为了防止信贷紧缩导致灾难性的债务紧缩，货币当局除了满足"交易需求"之外，别无选择，否则整个金融系统都将面临流动性不足的困难。该观点表明，在中央银行制定和维持的任何既定利率水平上，货币供给曲线的弹性都无限大，即货币需求创造自己的货币供给，供给因此而能满足经济对货币的需求，货币供给曲线呈水平。

20 世纪 80 年代末，莫尔（More）又将上述理论进一步推向深化，对金融运行机制变化的影响进行了深入探讨。莫尔的理论主要包括如下几点。

（1）信用货币的供给内生。莫尔把货币分为三种，商品货币、政府货币和信用货币。商品货币是从各种实物演变而来，最后体现在黄金上的货币；政府货币是由政府发行债券而沉淀在流通中的货币，这两种货币都是外生的；信用货币是商业银行发行的各种流通和存款凭证，它们形成于商业银行的贷款发放，而这又取决于公众对贷款的需求和贷款的期限，因而信用货币的供给并不脱离于其需求，具有内生性。

（2）基础货币内生。中央银行买卖有价证券的对象是追求利润最大化的商业银行，它们通常已经将其资产用于有价证券或者商业贷款，一般不会有闲置的资金参与公开市场买卖。商业贷款在发放之前就有规定的偿还日期，企业的生产周期也限制它们提前还贷，因此商业银行很难提前收回贷款。商业银行是否出售手头持有的有价证券也取决于其自身的成本收益比较，只有政府证券的价格降低到一定程度从而使其收益率超过或至少是相当于商业银行现有的有价证券，才会吸引商业银行购买，而这时利率之高又是政府所不能承担的。所以，中央银行不能顺利地通过公开市场操作决定基础货币量。在再贴现的运用上，中央银行完全处于被动的地位，提高再贴现率虽可遏制商业银行的贷款需求，但它却不能阻止商业银行向贴现窗口寻求基础货币的补充。中央银行从理论上讲，拥有拒绝提供贴现的权力，但这种拒绝不仅会形成沉重的政治压力，甚至可能危及银行系统的流动性。

（3）负债管理使基础货币自给。莫尔指出，20世纪60年代开始的金融创新，使商业银行可以直接在金融市场上筹集资金，而无须等待中央银行的基础货币注入。商业银行已由原来的资产管理转向负债管理，其主要资金来源已由原来的吸引存款为主转变为直接在金融市场上发行融资工具，欧洲美元市场的发展更加方便了商业银行从国际市场上筹集所需的资金。由于一家企业往往与多家银行建立业务关系，这样，处于激烈竞争环境下的商业银行，为保持与客户的稳定关系，只能随时发行可上市的存款凭证来满足企业的货币需求。由于所有可上市的金融工具几乎都不受中央银行直接控制，这就使商业银行比以往任何时候都不依赖中央银行。

（4）银行角色转换传导的内生性。莫尔把金融市场分成批发市场和零售市场，前者是商业银行筹集资金的市场，后者是商业银行发放贷款的市场。在批发市场上，商业银行是贷款条件的接受者和贷款数量的决定者，而在零售市场上，商业银行则是贷款条件的决定者和贷款数量的接受者。这就是说，公众在零售市场上对于资金的需求将通过商业银行直接传导至包括中央银行在内的批发市场予以满足，货币供给因而由货币需求决定。

此外，莫尔还否定货币乘数的意义，认为它不能解释创造货币过程中的因素及其创造的过程，以往的货币供给等于基础货币乘以乘数的等式仅仅是对现象的描述，而不是对现象的解释。政府无法控制信用货币的供给。

（三）弗里德曼的外生性货币供给理论

由美国货币学派代表人物 M. 弗里德曼（M. Friedman）提出的一种货币供给理论，认为货币供应量主要是由经济体系以外的货币当局决定的，货币供给具有外生性，是外生变量。货币当局可以通过发行货币、规定存款—准备比率等手段来控制货币供应量。

在弗里德曼的货币供给理论模型中，货币供应量的决定因素主要有：

（1）强力货币 H（基础货币）；

（2）存款—准备金比率 D/R；

（3）存款—通货比率 D/C。

在这三项决定因素中，强力货币反映货币当局的行为，存款—准备金比率反映商业银行的行为，存款—通货比率反映非银行部门的行为。其中，强力货币可由货币当局直接控制，商业银行从强力货币中吸收存款准备金及其所意愿保有的超额准备金，非银行部门从强力货币中吸收通货以满足其货币需求，而存款—准备金比率和存款—通货比率则构成强力货币与货币供应量之间确定的函数关系。这样，如果假定存款—准备金比率和存款—通货比率为一常数，或者它们的变化较为稳定，那么，货币供应量的变动将完全取决于强力货币的变动，而强力货币变动本身又处于货币当局的控制之下，因而货币当局可以通过控制强力货币来控制货币供应量，货币供应量可以说是由货币当局在经济货币体系以外决定的，是一个外生的可控的变量。

在弗里德曼的理论体系中，货币供应量系一外生的可控的变量这一结论具有十分重要的意义。在他看来，经济波动即名义收入的变动取决于货币供给函数与货币需求函数的相互作用及其均衡状况。实证研究的结果表明，货币需求函数在长期内是极为稳定的，名义收入的变动主要由货币供应量的变动而引起。而货币供应量的变动主要取决于一国的货币制度，可以由货币当局直接控制，从而是外生的，与经济活动相分离的。既然货币需求函数极为稳定而货币供应量又是外生的可控的，那么，货币供应量的变动就成为影响经济活动变动的根本原因，产出和价格波动只有通过货币供应量的变动来解释，货币当局完全可以通过控制货币供应量的变动来控制产出和价格的波动。

一些西方经济学家认为，弗里德曼这种外生的可控的货币供给有其局限性。在实际的货币供给过程中，除了强力货币可以由货币当局直接控制外，存款—准备金比率和存款—通货比率都在很大程度上直接取决于商业银行与非银行部门的资产持有意愿，而这种资产持有意愿又主要决定于实际经济活动的涨落。

对此，弗里德曼指出：他并不否认实际经济活动对货币供应量决定的影响，但实际经济活动对货币供应量决定的影响远不如中央银行对货币供应量决定的影响。从这个意义上说，货币供给是外生的可控的这一结论仍然成立。此外，在弗里德曼的理论体系中，货币供应量的定义是严格界定的，它专指（即非银行部门持有的通货和商业银行的存款总额）。这个定义将货币资产与其他金融资产区别开来，强调了商业银行与非银行金融机构的区别，这就加强了他所提出的货币供给的外生性。

第三节　通货膨胀和通货紧缩

一、商品价格与货币购买力

商品价格是商品价值的货币表现，体现了商品和货币的交换关系。在信用货币流通条件下，当某种商品内在价值不变时，该商品价格的高低取决于货币的购买力。而货币购买力是指一定数量的货币能够购买的商品和劳务的数量，货币购买力的高低取决于纸币发行量与货币需求量间的差距大小。在社会商品总量一定的前提下，纸币发行过多，超过经济对货币的需求量，单位纸币代表的价值就会下降，货币购买力就会降低，表现为商品价格的上涨。

分析货币购买力的变化，通常是用货币购买力指数表示。货币购买力指数，是反映货币购买力变动的动态相对数。

$$货币购买力指数 = \frac{\sum p_0 q_1 + \sum p'_0 q'_1}{\sum p_1 q_1 + \sum p'_1 q'_1} \tag{10.19}$$

式（10.19）中，Σ 代表总和；p 代表商品的价格；q 代表商品的数量；p' 代表服务的价格；q' 代表服务的数量；1 和 0 分别代表计算期和基期。从式（10.19）可以看出，货币购买力指数，实质上就是商品价格指数和服务性支出价格指数的倒数，即货币购买力与物价水平成反比。

二、货币供需均衡与失衡

在现代商品经济条件下，一切经济活动都必须借助于货币的运动，社会需求都表现为拥有货币支付能力的需求，即需求都必须通过货币来实现。货币把整个商品世界有机地联系在一起，使它们相互依存、相互对应。各国中央银行和货币管理当局必须使一定时期内货币供给量与国民经济正常发展所必要的货币需求量基本相适应，即实现货币均衡，以保证货币购买力，维持物价水平的稳定。

从理论上定义，货币均衡是指在一定时期内社会的货币供给量与客观经济对货币需求量基本相适应的货币流通状态。若以 Md 表示货币需求量，以 Ms 表示货币供给量，货币均衡可以表示为：

$$Md = Ms \tag{10.20}$$

如果在货币流通过程中，Md 不等于 Ms，则货币失衡，或称货币供求非均衡。在货币失衡状态下，既可能存在着货币需求过大而货币供应不足，即 Md > Ms；也可能存在货币需求较小而货币供给过多，即 Md < Ms 的情况。货币供给过多容易引起通货膨胀，货币供给不足又容易引起通货紧缩。无论是通货膨胀还是通货紧缩均会导致商品价格和币值不稳定，给国民经济带来负面影响。

货币均衡有如下特征。

一是货币均衡是一种状态，是货币供给与货币需求的基本适应，而不是指货币供给与货币需求的数量上的相等。

二是货币均衡是一个动态过程。它并不要求在某一个时点上货币的供给与货币的需求完全相适应，它承认短期内货币供求不一致状态，但长期内货币供求之间应大体上是相互适应的。

三是货币均衡在一定程度上反映了国民经济的平衡状况。在现代商品经济条件下，货币不仅是商品交换的媒介，而且是国民经济发展的内在要素。货币收支的运动制约或反映着社会生产的全过程，货币收支把整个经济过程有机地联系在一起，一定时期内的国民经济状况必然要通过货币的均衡状况反映出来。

三、通货膨胀的含义及成因

（一）通货膨胀的含义

一般认为，通货膨胀是在信用货币制度下，流通中的货币数量超过经济实际需要而引起的货币贬值和物价水平全面而持续的上涨，即在一段给定的时间内，给定经济体中的物价水平普遍持续增长，从而造成货币购买力的持续下降。

通常理解通货膨胀的含义应包含如下几层意思。（1）通货膨胀是一种纸币现象。是纸币流通条件下特有的经济现象。（2）通货膨胀是一种货币现象。其原因是货币供给量过多。这里的货币包括现金和存款货币。通货膨胀率很高的国家，货币增长率也很高。（3）通货膨胀是一种价格现象。通货膨胀的表现是一般物价水平普遍、持续的上涨，而不是指个别物价、部分物价的上涨或季节性的、偶然的、暂时性的物价上涨。

市场经济条件下，通货膨胀表现为一般物价水平的持续上涨现象，所以通货膨胀的程度通常可用一般物价水平的上涨程度来表示。在实际经济分析中，一般物价水平的变动是通过物价指数来衡量的。物价指数是本期物价水平对基期物价水平的比率，通常人们将基期物价指数设定为 100（%）。常用的物价指数主要有：消费者价格指数 CPI、生产者物价指数 PPI、GDP 平减指数。

依据不同的标准，可以将通货膨胀分为不同的类型。

（1）按照价格上涨速度划分，可分为温和的通货膨胀、严重的通货膨胀和恶性的通货膨胀。

温和的通货膨胀又称为爬行的通货膨胀，是指每年的物价上涨幅度在 10% 以内的通货膨胀。一些经济学家认为，如果每年的物价上涨幅度在 3% 以下，不能认为是发生了通货膨胀，只有当物价上涨率超过了 3% 时，才构成温和的通货膨胀。他们进而认为，实施适当的通货膨胀，将物价上涨控制在 1%~2%，至多 5%，能像润滑油一样刺激经济的发展，并且基本不影响人们的生活水平，这就是所谓的"润滑油政策"。

严重的通货膨胀是指物价的上涨速度达到两位数的通货膨胀（年通货膨胀率为 10%~99%）。它是一种不稳定的、迅速恶化的、加速的通货膨胀。这种通货膨胀发生时，人们对本国货币失去信心，开始抢购商品、挤提存款或寻找其他保值方式，这是一种比较危险的通货膨胀。

恶性的通货膨胀是指物价上涨速度超过了三位数的通货膨胀（年通货膨胀率超过 100%）。这种通货膨胀发生时，政府不可避免地失去对货币的控制，其结果是社会物价持续飞速上涨、货币大幅贬值、人们对本国货币彻底失去信心。它常常由于战争、经济危机、政治动荡等引起，如不尽快加以控制，常常会导致货币制度乃至国家政权的崩溃。

（2）按照市场机制作用划分，可分为公开型通货膨胀和隐蔽性通货膨胀。

公开型通货膨胀是指在物价可以自由浮动的条件下，可完全通过一般物价水平上升的形式而表现出来的通货膨胀。

隐蔽性通货膨胀又称为抑制型通货膨胀，是指在物价水平受抑制的条件下，不以物价水平的上升而以商品短缺的形式表现出来的通货膨胀。在存在隐蔽性通货膨胀的条件下，官方的价格往往与自由市场价格或黑市价格存在较大的差距，人们往往必须支付许多额外的成本，例如排队等候的成本、各种票证的成本，甚至行贿的成本，才能以官方的价格买到一定数量的商品。

（3）按照通货膨胀的成因划分，可分为需求拉上型通货膨胀、成本推进型通货膨胀、供求混合型通货膨胀和结构型通货膨胀。

需求拉上型通货膨胀是指由于总需求超过了总供给而引起的一般物价水平持续上涨的现象。

成本推进型通货膨胀是指由于生产成本提高而引起的一般物价水平持续上涨的现象。

供求混合型通货膨胀的论点是将供求两方面的因素综合起来，认为通货膨胀是由需求拉上和成本推进二者共同作用而引发的一般物价水平持续上涨的现象。

结构型通货膨胀是指在没有需求拉上和成本推进的情况下，只是由于经济结构因素的变动而引起的通货膨胀。

关于这四种通货膨胀，我们将在通货膨胀的成因分析中作详细解释。

（二）通货膨胀的成因

1. 需求拉上型通货膨胀

西方经济学家早期主要从需求方面分析通货膨胀的成因，认为当经济中需求扩张超出总供给增长时所出现的过度需求是拉动价格总水平上升、产生通货膨胀的主要原因。通俗的说法就是"太多的货币追逐太少的商品"，使得对商品和劳务的需求超出了在现行价格条件下可得到的供给，从而导致一般物价水平的上涨。凯恩斯将经济划分为充分就业和非充分就业两种不同的状态，认为总需求的增加并不一定导致通货膨胀。

当经济处于严重失业和大量资源闲置的非充分就业状态时，总供给的增长潜力很大，如果总需求增加，将只会带来产出的增加而不会引起物价的上涨。

随着总需求的继续扩张，人口失业和资源闲置现象逐步消失，总需求的进一步扩张将导致产出和物价同时上升。此时总需求的增加具有了一定的通货膨胀效应，使得产出增加的同时，也使得物价水平开始上升。这一情形称为"半通货膨胀"。

当总需求进一步扩张到充分就业阶段时，由于不存在人口失业且资源已被充分利用，此时，总需求的增加只会造成物价水平的上升，而不能带来产出的进一步增加，这一情形称为"真正的通货膨胀"。凯恩斯的需求拉上理论可用图 10 – 1 来说明。

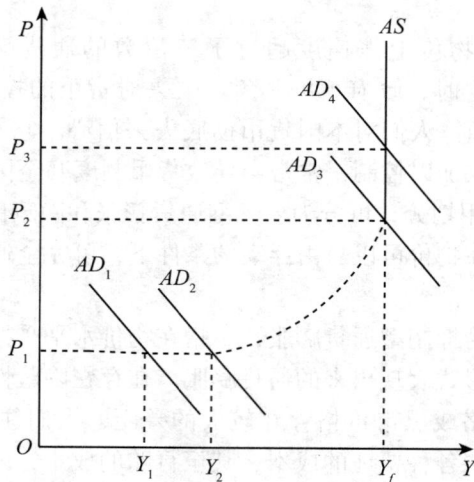

图 10 – 1　需求拉上型通货膨胀

图 10 – 1 中，横轴代表产出水平 Y，纵轴代表价格水平 P，AD_1、AD_2、AD_3 和 AD_4 代表不同价格水平的总需求曲线，AS 为总供给曲线，Y_1 为非充分就业时的产出水平。当总需求曲线由 AD_1 向右移到 AD_2 时，产出从 Y_1 增加到 Y_2，而物价水平维持在 P_1，并没有发生改变；当总需求曲线由 AD_2 向右移到 AD_3 时，产出从 Y_2 增加到充分就业产出 Y_f，并且物价也从 P_1 上

升到了 P_2；当总需求曲线由 AD_3 继续移动到 AD_4 时，由于经济已达到充分就业状态，因此产出不再增加，总需求的增加只会带来物价的上升，物价水平从 P_2 上升到了 P_3，此时表现为真正的通货膨胀。

2. 成本推进型通货膨胀

与需求拉上型通货膨胀相反，成本推进型通货膨胀主要从总供给或成本方面解释通货膨胀的生成机理。该理论认为，成本推进型通货膨胀是指在总需求不变的情况下，由于生产要素价格（工资、利润、租金、利息等）上涨而引起的一般物价水平持续上涨的现象。

成本推进型通货膨胀可以用图 10 - 2 来说明。

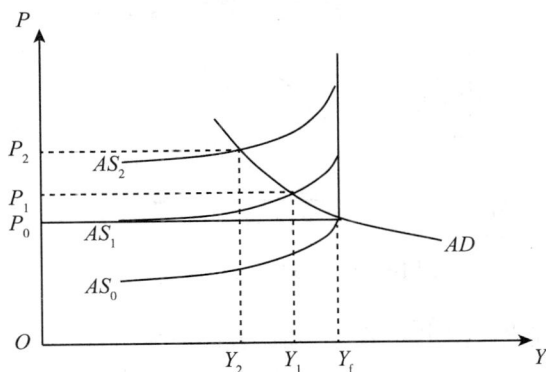

图 10 - 2　成本推进型通货膨胀

图 10 - 2 中，横轴代表产出水平 Y，纵轴代表价格水平 P，AS 为总供给曲线，AS_0、AS_1 和 AS_2 代表不同成本水平的总供给曲线，Y_f 为充分就业时的产出水平，AD 代表总需求曲线。在总需求不变的条件下，随着生产成本的提高，企业会在同等产出水平上提高价格，或在同等价格水平上只提供较少的产出，所以总供给曲线由 AS_0 向左上方移至 AS_1，再由 AS_1 移至 AS_2。相应的，价格水平由 P_0 上升至 P_1，再上升到 P_2；而产出水平由 Y_f 减少至 Y_1，再由 Y_1 减少至 Y_2。因此，生产成本的提高，将导致通货膨胀的发生，并导致了收入水平的下降。

根据成本推进论的观点，导致生产成本提高的原因主要有工资推动型通货膨胀和利润推动型通货膨胀。工资推动型通货膨胀是指现代社会中强大的工会组织不断通过谈判等手段要求厂商提高工资，当工资的增长率超过了劳动生产率的增长时，厂商的实际生产成本上升，为了维持盈利水平，厂商必须提高产品价格，从而导致物价上涨，而物价的上涨又反过来推动工会要求提高工资，再度引发物价的上涨，从而形成工资—物价的螺旋式上升。利润推动型通货膨胀是指垄断性企业为了追求更大的利润，依靠其垄断地位提高其垄断商品的价格，造成经济体中其他厂商的生产成本增加，从而引发物价上涨的现象。

3. 供求混合型通货膨胀

在实际经济生活中，需求拉动和成本推动往往交织在一起，形成混合型通货膨胀。需求膨胀促使物价上升，物价上升又增加社会总成本，进而转化为成本推动，而成本推动通常是以社会总需求的扩大为先导。因此，需求拉动和成本推动互为前提，物价螺旋式上升，极难将两者严格区分。针对这种情况，一些西方学者提出了供求混合型通货膨胀的观点。

供求混合型通货膨胀的论点是将供求两方面的因素综合起来，认为通货膨胀是由需求拉上和成本推进共同作用而引发的一般物价水平持续上涨的现象。

供求混合型通货膨胀可以用图 10-3 来说明。

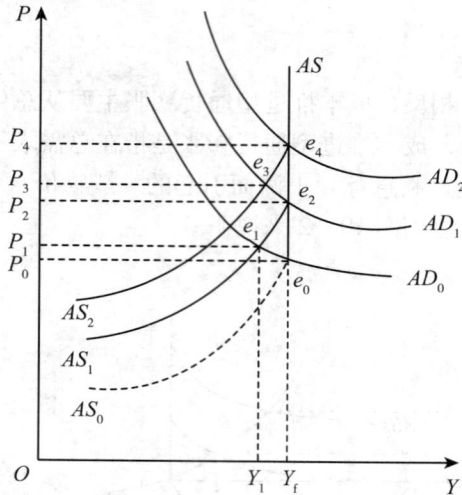

图 10-3 供求混合型通货膨胀

图 10-3 中，横轴代表产出水平 Y，纵轴代表价格水平 P，Y_f 为充分就业时的产出水平，AS 为总供给曲线，AD 为总需求曲线。假定最初由于生产领域的某些原因引起成本上升，总供给曲线由 AS_0 向左上方移动到 AS_1，AS_1 与最初的总需求曲线 AD_0 交于 e_1，价格水平由 P_0 上升至 P_1，同时产出由 Y_f 降至 Y_1。为了阻止产出的减少和失业率的增加，政府必然会采取扩张性的财政政策和货币政策，从而扩大总需求。总需求曲线由原来的 AD_0 上升到 AD_1，这样就使原本由成本推进的价格上升进一步发展到需求拉上的价格上升，价格由 P_1 上升到 P_2，AS_1 与 AD_1 相交于 e_2，产出由 Y_1 恢复到了充分就业产出 Y_f。需求拉上的价格上升又会进一步提高企业成本，导致供给曲线由 AS_1 向左上方移动到 AS_2，与 AD_1 相交于 e_3，与其相对应的价格上升到 P_3，同时产出下降。这样的过程不断持续下去，就会表现出一种总供给曲线与总需求曲线相互推进的机制，短期的均衡点则不断变化，价格呈"螺旋式"的持续上升过程。

4. 结构型通货膨胀

结构型通货膨胀是指在没有需求拉上和成本推进的情况下，只是由于经济结构因素的变动而引起的通货膨胀。结构性通货膨胀又可分为如下几种。

（1）需求移动型通货膨胀。1959 年美国经济学家舒尔茨提出了需求移动型通货膨胀理论。该理论认为，由于社会对产品和服务的需求并不是一成不变的，在总需求不变的情况下，一部分需求会转移到其他生产部门，而劳动力和生产要素却不能及时转移。这时，需求增加的部门的工资和产品价格上涨，而需求减少的部门的工资和产品价格却未必相应下降，结果导致整个社会物价总水平的上升。

（2）部门差异型通货膨胀。该理论的基本观点是，各部门间劳动生产率增长速度的差异会引起整体物价水平的上升。其基本逻辑是，一国经济可根据劳动生产率增长速度的差异而划分为不同的部门：生产率增长较快的先进部门与生产率增长较慢的落后部门。如果不同部门内的货币工资增长率都与本部门的劳动生产率增长速度相一致，则价格水平便可以维持在原有的水平上。但是落后部门的工人往往要求与先进部门的货币工资率看齐，因为如果不这样的话，他们的相对工资就要下降，而这显然是他们所不愿意的。由于这一压力，货币工资的整体水平便与先进部门的劳动生产率同比例增长。其结果是落后部门的生产成本上升，进而造成物价整体水平的上升。

（3）小国开放型通货膨胀。该理论认为，开放型小国是一个纯粹的价格接受者，其国内的通货膨胀率在很大程度上取决于世界通货膨胀水平。小国的经济可分为两个部门：一个是开放经济部门，即产品与世界市场有直接联系的部门，如制造业、工业等。另一个是非开放经济部门，即产品与世界市场没有直接联系的部门，如服务业、建筑业等。一般而言，小国开放经济部门的价格由国际市场决定，当国际市场价格上涨时，开放经济部门的产品价格随之上涨，结果也会使开放经济部门的工资相应上涨。一旦开放经济部门的工资上涨，非开放经济部门也必然受影响而相应地提高工资，结果是非开放经济部门的生产成本上升，产品价格上涨，这样就导致小国的全面物价上涨，通货膨胀发生。

四、通货紧缩的含义及成因

（一）通货紧缩的含义

通货紧缩是一个与通货膨胀相对应的概念，都是一种失衡的货币现象。一般认为，通货紧缩是指一定时期内一般物价水平的持续下降现象。

理解通货紧缩的含义要注意把握如下几点。（1）通货紧缩的主要标志是物价总水平的持续下降。个别商品和服务价格的下降，是由于某些商品或服务供大于求或技术进步、市场开放、生产效率提高降低了成本所致，反映了不同商品和服务之间比价的变化，不是通货紧缩；商品和服务价格的暂时或偶然下跌是受诸如消费心理变化、季节性因素等某些非货币因素影响而引起的价格变化，它们与货币本身没有必然联系，也不是通货紧缩。（2）通货紧缩通常伴随着生产下降、经济衰退。表现为投资的边际效益下降和投资机会相对减少，信贷增长乏力，消费和投资需求减少，企业普遍开工不足，非自愿失业增加，收入增加速度持续放慢，各个市场普遍低迷。（3）货币供应速度放缓。

（二）通货紧缩的成因

一般地说，不同国家不同时期出现通货紧缩的具体原因都有所不同，要做具体的分析。但就一般原因而言，主要有如下方面。

（1）有效需求不足的原因。当预期实际利率进一步降低和经济走势不佳时，消费和投资会出现有效需求不足，导致物价下跌，形成需求拉下型通货紧缩。

（2）生产力水平提高和生产成本降低的原因。社会的科技进步与创新必然提高社会生产力水平，放松管制和改进管理会降低生产成本，这就造成了生产能力的过剩。在供给大于需求的情况下，物价下跌不可避免。从而出现成本压低型通货紧缩。

（3）结构失调的原因。由于产业结构不合理或投资、消费需求结构的变化，出现结构性的生产过剩，从而造成了过多的无效供给，当积累到一定的程度时，必然会加剧供求之间的矛盾，使许多商品价格下跌，导致结构型通货紧缩。

（4）经济周期的变化。经济周期达到繁荣阶段，生产能力严重过剩，供大于求，引起物价下跌，出现经济周期型通货紧缩。

（5）财政货币政策的原因。政府如果前期实行紧缩性的财政货币政策，可能导致货币供给偏紧或不足，从而引起物价下跌，出现政策型通货紧缩。

（6）本币汇率高估和其他外部冲击的原因。本币汇率高估会减少出口、扩大进口，会加剧国内供大于求的矛盾，导致物价下跌；在经济和金融全球化的情况下，国际市场的动荡也会引起国际收支逆差或资本外流，形成外部冲击型的通货紧缩的压力。

五、货币供需失衡的社会经济效应

（一）通货膨胀的社会经济效应

（1）强制储蓄效应：这里所说的储蓄是指用于投资的货币积累，并非一般意义上的银行储蓄。政府如果通过向中央银行借债，从而引起货币增发这类办法筹措建设资金，就会强制增加全社会的投资需求，结果是物价上涨。在公众名义收入不变条件下，按原来的模式和数量进行的消费和储蓄，两者的实际金额均随物价的上涨而相应减少，其减少部分大体相当于政府运用通货膨胀实现政府收入的部分。如此实现的政府储蓄是通货膨胀的强制储蓄效应，这就是说，政府通过增发货币引起通货膨胀获得了超额收入，它以隐蔽的手段增加了政府的投资。

（2）收入分配效应：由于社会各阶层收入来源极不相同，因此，在物价总水平上涨时，有些人的实际收入水平会下降，有些人的实际收入水平却反而会提高。这种物价上涨造成的收入再分配，就是通货膨胀的收入分配效应。这种收入再分配表现为：有利于利润收入者而不利于工资收入者；有利于债务人而不利于债权人；有利于国家而不利于公众。

（3）资产结构调整效应：也称财富分配效应，是指由物价上涨所带来的家庭财产不同构成部分的价值有升有降的现象。实物资产的货币价值大体随通货膨胀的变动而相应升降；金融资产中的股票，它的行市是可变的，但绝非通货膨胀中稳妥的保值资产形式；至于货币债权债务的各种资产，物价上涨，实际的货币额减少；反之，实际的货币额增多。

（4）产出效应：国民经济的产出水平是随着价格水平的变化而变化的，通货膨胀的产出效应有三种情况。第一种情况：温和的或爬行的需求拉动通货膨胀对产出和就业将有扩大的效应，而通货膨胀预期会削弱通胀的经济增长效应。第二种情况：成本推动通货膨胀会使收入或产出减少，从而引致失业。第三种情况：恶性通货膨胀导致经济崩溃。

（二）通货紧缩的社会经济效应

1. 财富缩水效应

通货紧缩发生时，全社会总体物价水平下降，企业的产品价格自然也随之下降，企业的利润随之减少。而且，企业为了维持生产周转不得不增加负债，负债率的提高进一步使得企业资产的价格下降。企业资产价格的下降意味着企业净值的下降，财富减少。在通货紧缩的条件下，由于企业盈利减少，致使其减少生产规模和投资规模，进而造成失业增加。劳动力市场供大于求的状况将使工人的工资降低，居民个人财富减少。即使工资不降低，失业人数的增加也会使居民总体的收入减少、财富缩水。此外，在通货紧缩时期，由于大量企业倒闭和工人失业，政府的负担加重，财政赤字会出现显著增长。

2. 经济衰退效应

通货紧缩导致的经济衰退效应表现在三个方面：一是物价的持续、普遍下降使得企业产品价格下跌，企业利润减少甚至亏损，这将严重打击生产者的积极性，使生产者减少生产甚至停产，结果社会的经济增长受到抑制；二是物价的持续、普遍下跌使实际利率升高，这将有利于债权人而损害债务人的利益。而社会上的债务人大多是生产者和投资者，债务负担的加重无疑会影响他们的生产与投资活动，从而对经济增长带来负面影响；三是物价下跌引起的企业利润减少和生产积极性降低，将使失业率上升，实际就业率低于充分就业率，实际经济增长低于自然增长

3. 财富分配效应

在通货紧缩条件下，由于名义利率的下降幅度小于物价的下降幅度，实际利率水平提高。在这种情况下，债务人实际偿还的金额增多，债务人的还款负担加重；同时，为了保持生产或生活的流动性，债务人不得不借入新的债务，由此陷入债务泥潭。这种现象导致了社会财富从债务人向债权人转移的财富分配效应。

4. 失业效应

通货紧缩导致失业上升是显而易见的。一方面，通货紧缩意味着投资机会减少，从而就业机会减少；另一方面，通货紧缩抑制了生产者的积极性，企业减少生产甚至停产，失业人员自然增加。

六、通货膨胀和通货紧缩的治理

（一）通货膨胀的治理

通货膨胀对社会经济生活的影响是多方面的，并且弊大于利。鉴于通货膨胀的不利影响和后果，各国都把治理通货膨胀作为一个重要的宏观经济目标。但是，由于通货膨胀的发生是一个极其错综复杂的现象，因此，就需要有针对性地采取各种措施加以综合治理。

1. 需求政策——紧缩的财政、货币政策

这一政策是针对需求拉上型通货膨胀的。根据需求拉上型通货膨胀理论，通货膨胀是由总需求超过总供给而引起的，因此，通过紧缩政策来控制社会总需求是各国治理通货膨胀的重要手段。对于总需求的紧缩政策可分为紧缩性的财政政策和紧缩性的货币政策。紧缩性的财政政策可以通过减少财政支出、增加税收等手段来抑制私人部门膨胀的需求。紧缩性的货币政策则是缩减流通中的货币数量，控制货币供应量的过快增长，从而遏制膨胀的总需求。

2. 收入政策——紧缩的收入政策

收入政策也称为工资物价管制政策，是指政府对工资和物价进行管制，以破解工资—物价螺旋上升的一种措施。该政策主要是针对成本推进型通货膨胀的。在具体执行中，通常采取以综合性目标为指导、以税收工具为调控手段的方式。如果企业的工资和商品价格增长率维持在政府制定的目标范围内，则以减税作为奖励；否则就以增加税收作为惩罚。在战争时

期、恶性通货膨胀时期等比较极端的情况下，政府也会采取颁布法令的形式对工资和物价实行管制，硬性规定工资和物价的上涨幅度，甚至暂时将工资和物价冻结在某一既定水平上。例如，尼克松总统在应对第一次石油危机引发的通货膨胀中，曾经采取过全国性工资物价冻结的方式试图强制性消除通货膨胀。

3. 供给政策——增加有效供给

供给政策是指以刺激生产的方法增加供给，同时压缩总需求来抑制通货膨胀的政策，推行这种政策的学派被称为供给学派。该政策认为，为了治理通货膨胀，政府应该：一是采取减税的方法以促进生产、刺激投资、增加供给；二是减少政府对企业不必要的管制，让企业更好地扩大商品供给；三是削减政府开支以降低总需求；四是控制货币的增长，以稳定物价，保证人们对于储蓄的信心。

4. 结构调整政策

对于结构性通货膨胀，则应进行相应的结构调整，以理顺需求和供给的总体结构，使之重新实现基本平衡。结构调整政策具体包括结构调整的财政政策和结构调整的货币政策。

结构调整的财政政策主要包括税收结构政策和公共支出结构政策。前者指在税收总量不变的前提下，调节各种税率及施行范围。后者指在财政支出总量不变的前提下，调节政府支出项目及其数额。结构调整的货币政策包括利率结构调整和信贷结构调整。主要是通过各种利差的调整及各种信贷数额的变动来影响存贷结构与总额，以进一步提高资金使用效率。

此外，治理通货膨胀政策还有：收入指数化政策、反托拉斯和反垄断政策、币制改革等。

（二）通货紧缩的治理

1. 扩张性的货币政策

货币紧缩主要是由于各种原因使得货币供应量减少并造成支出减少所引起的，为了抑制通货紧缩，就需要采取扩张性的货币政策以恢复社会总需求。具体措施包括：中央银行通过降低法定存款准备金率和再贴现率，在公开市场买入政府债券等方式增加社会的货币供应量；通过降低基准利率以减少商业银行的借贷成本和降低市场利率，进一步刺激总需求；通过放宽对商业银行再贷款的各种限制，鼓励商业银行对工商企业和消费者发放贷款。

例如，为了治理通货紧缩，从 1996 年 5 月 1 日至 2002 年 2 月 21 日，我国中央银行连续 8 次调低利率，从 10.98% 下调到 1.98%。

2. 扩张性的财政政策

在通货紧缩已经形成后，仅靠货币政策刺激总需求收效并不一定显著，往往还需要其他政策特别是扩张性财政政策的配合。具体措施包括：削减税收以增加企业和个人的可支配收入，从而鼓励其对投资和消费的需求；增加财政支出、增加赤字规模，以扩大社会总需求；完善各种社会保障体系，以减少社会公众对未来预期的不确定性和增加消费。

例如，为了治理通货紧缩，从 1998 年开始，我国采取积极的财政政策。1998～1999年，政府共发行 2 100 亿元长期国债，2 000 年又发行了 1 000 亿元国债。

3. 其他政策

（1）货币贬值。当扩张性货币政策和财政政策的效果都不明显时，实行灵活的汇率政策也是许多国家治理通货紧缩的措施之一。通常采用的办法是使本国货币对外贬值，从而提高本国商品在国际市场上的竞争力，以刺激国内需求的增长、使物价回到合理的水平。不过，该政策是以牺牲贸易伙伴国的利益为代价的，容易引起贸易纠纷，一旦贸易伙伴国采取了报复性的贬值措施，则本国的货币贬值政策就不会收到预期的效果。

（2）推行信贷担保制度。在通货紧缩时期，银行出于对资产安全性的考虑往往不愿意发放新贷款，从而进一步削弱了企业的投资需求。针对这一情况，政府可以设立专门的机构为符合条件的投资项目或企业提供担保，这一方面消除了银行的后顾之忧，另一方面也有利于引导资金流向和解决通货紧缩的难题。

本章小结

货币需求是指经济主体（如居民、企业和单位）在既定的收入或财富范围内能够而且愿意以货币形式持有的数量。影响货币需求的因素主要有：收入状况、利率水平、信用的发达程度、价格水平、制度性因素等。

传统货币数量理论是相对于弗里德曼的现代货币理论而言的，其中以费雪的现金交易说和剑桥学派的现金余额说为主要代表。凯恩斯货币需求理论的显著特点在于注重对货币需求各种动机的分析，即交易动机、预防动机和投机动机。后凯恩斯学派进一步发展了凯恩斯的货币需求理论，提出了平方根定律、立方根定律以及资产组合理论等。弗里德曼认为，影响货币需求的因素有：财富总量、人力财富和非人力财富的比例、各种资产的收益率、影响货币需求的其他因素等。

货币供给是相对于货币需求而言的，指的是一国经济中货币的投入、创造和扩张（收缩）的过程，也指一定时期内一国银行体系向经济中投入或抽离货币的行为过程。存款货币的多倍扩张或多倍紧缩实际上就是指派生存款的多倍创造或多倍消失。它们的基本原理和过程完全相同，二者仅仅是方向不同：在扩张过程中，存款变动的数量为正；在紧缩过程中，存款变动的数量为负。一个社会一定时期的货币供给量主要取决于两个因素：基础货币和货币乘数。进一步地，货币供给量是由中央银行、商业银行及社会公众这三个经济主体的行为共同决定的。

通货膨胀是指一定时期内一般物价水平的持续上涨现象。大多数国家采用以下几种物价指数来度量通货膨胀：消费者物价指数、生产者物价指数、GDP 平减指数。通货膨胀无论何时何地都是一种货币现象。根据不同的主导因素，大致可以分为需求拉上型通货膨胀、成本推进型通货膨胀、供求混合型通货膨胀和结构型通货膨胀。通货膨胀对一国的社会经济可产生多方面的影响，如经济增长、强制储蓄、收入再分配、就业等。通货膨胀对社会经济生活的影响弊大于利，通常采取的治理措施有：需求政策、收入政策、供给政策、结构调整政策等。

通货紧缩是指一定时期内一般物价水平的持续下降现象。通货紧缩可能会给社会经济带来一系列负面影响，如经济衰退、财富缩水、失业增加等。通常采取的治理措施有扩张性的货币政策、扩张性的财政政策以及其他政策。

知识要点：

货币需求、微观货币需求、宏观货币需求、名义货币需求、实际货币需求、交易方程式、剑桥方程式、流动性偏好、交易动机、预防动机、投机动机、货币供给、原始存款、派生存款、存款准备金、存款准备金率、存款创造现金漏损率、基础货币、货币乘数、货币供给的外生性、货币供给的内生性、通货膨胀需求、拉上型通货膨胀、成本推进型通货膨胀、供求混合型通货膨胀、结构型通货膨胀、通货紧缩。

复习思考题：

1. 影响货币需求的因素有哪些？
2. 浅析弗里德曼现代货币数量论与凯恩斯货币需求理论的异同。
3. 分析货币乘数的决定因素。
4. 中央银行是如何影响基础货币的？
5. 何谓通货比率？它主要取决于哪些因素？
6. 何谓超额准备金率？它主要取决于哪些因素？
7. 什么是通货膨胀？通货膨胀的成因有哪些？
8. 通货膨胀有哪些社会经济后果？
9. 治理通货膨胀的措施有哪些？
10. 通货紧缩对社会经济有何危害？治理通货紧缩的措施有哪些？

作业：

请做一个关于"通货膨胀"的调查研究，了解你身边的人对于近年来我国的"通货膨胀"或物价变动的感受、认识和应对策略，并分析原因。

主要参考文献

1. 胡庆康主编：《现代货币银行学教程（第三版)》，复旦大学出版社 2011 年版。

2. 戴国强主编：《货币金融学》（第三版），上海财经大学出版社 2012 年版。

3. 黄达主编：《金融学》第四版，中国人民大学出版社 2011 年版。

4. 谢绵陛主编：《货币金融学》，厦门大学出版社 2014 年版。

5. 殷孟波：《货币金融学》（第 2 版），西南财经大学出版社 2012 年版。

6. 米什金：《货币金融学》（原书第 2 版），马君潞等译，机械工业出版社 2011 年版。

7. 谢绵陛：《交易理论——议价、拍卖和市场》，经济科学出版社 2010 年版。

8. 刘纪鹏：《大道无形：公司法人制度探索》，中国经济出版社 2009 年版。

9. 刘逖：《证券市场微观结构理论与实践》，复旦大学出版社 2002 年版。

10. 王广谦：《金融中介学》（第三版），高等教育出版社 2016 年版。

11. 屠光昭：《交易机制：原理与变革》，上海人民出版社 2000 年版。

12. 乔尔·塞里格曼：《华尔街与变迁：证券交易委员会及现代公司融资制度演进》（第三版），中国财政经济出版社 2009 年版。

13. 徐茂魁著：《现代公司制度概论》，中国人民大学出版社 2006 年版。

14. 郑彧著：《证券市场有效监管的制度选择：以转轨时期我国证券监管制度为基础的研究》，法律出版社 2012 年版。

15. 于纪渭著：《股份制经济学概论：股票、债券、证券交易所和股份制度》（第五版），复旦大学出版社 2003 年版。

16. 袁明哲著：《资本市场与会计信息》，科学出版社 2015 年版。

17. 宋建平：《证券投资学》，上海人民出版社 2012 年版。

18. 黄嵩：《资本市场学》，北京大学出版社 2011 年版。

19. 陈广志：《证券投资学》，经济科学出版社 2012 年版。

20. 李琼主编：《金融学教程》，西南财经大学出版社 2010 年版。